国家社科基金
后期资助项目

马克思主义
社会真理思想研究

Study on Marxist Social Truth

王景华 著

陕西新华出版
陕西人民出版社

图书在版编目（CIP）数据

马克思主义社会真理思想研究 / 王景华著. -- 西安：陕西人民出版社, 2024. -- ISBN 978-7-224-15429-0

Ⅰ.A811.64

中国国家版本馆 CIP 数据核字第 2024ZJ6988 号

责任编辑：马　昕
封面设计：蒲梦雅

马克思主义社会真理思想研究

作　　者	王景华
出版发行	陕西人民出版社
	（西安市北大街 147 号　邮编：710003）
印　　刷	西安市建明工贸有限责任公司
开　　本	787 毫米×1092 毫米　1/16
印　　张	25 印张
字　　数	408 千字
版　　次	2024 年 12 月第 1 版
印　　次	2024 年 12 月第 1 次印刷
书　　号	ISBN 978-7-224-15429-0
定　　价	98.00 元

如有印装质量问题，请与本社联系调换。电话：029-87205094

国家社科基金后期资助项目出版说明

后期资助项目是国家社科基金设立的一类重要项目,旨在鼓励广大社科研究者潜心治学,支持基础研究多出优秀成果。它是经过严格评审,从接近完成的科研成果中遴选立项的。为扩大后期资助项目的影响,更好地推动学术发展,促进成果转化,全国哲学社会科学工作办公室按照"统一设计、统一标识、统一版式,形成系列"的总体要求,组织出版国家社科基金后期资助项目成果。

全国哲学社会科学工作办公室

目 录

1. 导言 1
   1.1 问题的提出 2
   1.2 国内外研究现状述评 6
      1.2.1 马克思主义哲学"社会真理"的概念界定 8
      1.2.2 马克思主义哲学社会真理何以可能？ 10
      1.2.3 如何认识马克思主义哲学社会真理？ 13
      1.2.4 马克思主义哲学社会真理的特性 16
      1.2.5 真理的社会特性研究和马克思主义哲学社会真理问题研究
           17
      1.2.6 马克思主义哲学社会真理的检验 19
   1.3 目的和意义 21
   1.4 创新之处 30
   1.5 研究的思路与方法 32
2. **真理的一般思想史考察和本质规定** 41
   2.1 真理思想的溯源 41
      2.1.1 中国传统文化中的真理思想追溯 43
      2.1.2 西方文化传统中的真理思想追溯 58
      2.1.3 小结 68
   2.2 真理的语义词源辨析 70
      2.2.1 真理与真实 70
      2.2.2 真理与谬误 71
      2.2.3 真理与知识 73
      2.2.4 真理与信念 74
      2.2.5 真理与价值 76

3. 马克思主义哲学社会真理的一般规定 …… 80
3.1 马克思主义哲学社会真理释义 …… 81
3.2 马克思主义哲学社会真理提出的背景和基础 …… 88
3.2.1 心理根源：人的自由超越生存本性 …… 88
3.2.2 社会基础：确定性的寻求 …… 91
3.2.3 思想基础：文化发展的推动和对"社会逻各斯"的追问 … 95
3.2.4 理论基础：马克思实践唯物主义的社会真理思想、现代社会科学特别是现代西方哲学的发展和现代自然科学的发展 …… 100
3.3 马克思主义哲学社会真理的一般特征 …… 106
3.3.1 经验性和反思性 …… 106
3.3.2 实践性 …… 109
3.3.3 批判性、超越性和创造性 …… 110
3.3.4 客观实在性和价值理想性 …… 113
3.3.5 具体性和历史性 …… 114
3.3.6 相对性和绝对性 …… 116
3.4 马克思主义哲学社会真理的基本类型 …… 118
3.4.1 个体认知的社会真理和社会总体实现自我认知的真理 … 118
3.4.2 社会真相和社会科学理论 …… 120
3.4.3 事实真理和价值真理 …… 121
3.5 马克思主义哲学社会真理的本质规定 …… 122
3.5.1 社会真理与自然物理世界之真理 …… 122
3.5.2 社会真理与社会规律 …… 129
3.5.3 社会真理与社会价值 …… 131
3.5.4 社会真理与社会信仰 …… 133
3.5.5 社会真理与社会理想 …… 134
3.5.6 社会真理与意识形态 …… 136

4. 社会真理思想的哲学史考察 …… 140
4.1 社会真理思想的西方哲学思想史考察 …… 140
4.1.1 古希腊哲学阶段的社会真理思想 …… 140
4.1.2 中世纪基督教哲学阶段的社会真理思想 …… 150
4.1.3 近代哲学认识论中的社会真理思想 …… 154
4.1.4 现代哲学阶段的社会真理思想 …… 163

4.1.5 当代哲学主要真理观对马克思主义社会真理思想的佐证和借鉴 ………………………………………………………… 167
4.2 社会真理思想的中国哲学史考察 …………………………… 180
4.2.1 以诠释"道"为基础的先秦诸子社会真理思想 ……… 181
4.2.2 以诠释"理"为核心的宋明理学之儒学社会真理思想 … 187
4.2.3 结论 ………………………………………………………… 197

5. 马克思主义社会真理思想的形成与发展 …………………………… 201
5.1 马克思主义社会真理思想的提出 …………………………… 202
5.1.1 马克思的实践唯物主义社会真理思想的提出 ……… 202
5.1.2 恩格斯的社会真理思想的提出 ……………………… 222
5.2 马克思主义社会真理思想在东方国家的丰富与发展 ……… 225
5.3 马克思主义社会真理思想在西方国家的丰富与发展 ……… 226
5.3.1 卢卡奇的总体性辩证法社会真理思想 ……………… 226
5.3.2 葛兰西的实践哲学社会认识思想 …………………… 231
5.3.3 霍克海默的社会批判理论的社会真理思想 ………… 233
5.3.4 马尔库塞的异化劳动的社会真理思想 ……………… 238
5.3.5 哈贝马斯的社会交往论的社会真理思想 …………… 242

6. 对波普尔批判马克思实践唯物主义社会真理思想的回应 ……… 247
6.1 对波普尔否定社会发展规律的回应 ………………………… 248
6.2 对波普尔否定社会发展趋势的回应 ………………………… 255
6.3 对波普尔否定社会发展未来历史进程可预测性的回应 …… 260
6.4 结论 ……………………………………………………………… 271

7. 马克思主义哲学社会真理的实践生成 ……………………………… 273
7.1 社会实践活动及现实社会生活是马克思主义哲学社会真理生成和发展的基础 ……………………………………………… 273
7.2 人们的主体性意识自觉是马克思主义哲学社会真理生成和发展的前提和重要条件 ……………………………………… 284
7.3 马克思主义哲学中社会交往是社会真理生成和发展的主要方式和动力 …………………………………………………… 293
7.4 语言实践活动是马克思主义哲学社会真理的生成和发展的关键因素和传播中介 ……………………………………………… 300

8. 马克思主义哲学社会真理的检验标准 ……………………………… 308
8.1 马克思主义哲学社会真理的确定性标准 …………………… 308

8.1.1 人的自由超越性生存形成了马克思主义哲学社会真理
　　　　　科学性的基础标准 ………………………………………… 309
　　8.1.2 社会现实生活过程及其本性和规律构成了马克思主义哲
　　　　　学社会真理的客观标准 …………………………………… 310
　8.2 马克思主义哲学社会真理检验的标准 …………………………… 311
　　8.2.1 马克思主义哲学社会真理检验的基础标准——社会
　　　　　实践 ………………………………………………………… 312
　　8.2.2 马克思主义哲学社会真理科学性检验的补充标准——
　　　　　逻辑一贯性 ………………………………………………… 319

9. 社会思潮多样化背景下马克思主义社会真理思想的生成和发展研究……324
　9.1 国内外研究现状综述 …………………………………………… 326
　9.2 社会思潮的内涵及其与社会真理的辩证关系 ………………… 328
　　9.2.1 社会思潮的含义 ………………………………………… 328
　　9.2.2 社会真理与社会思潮的辩证关系 ……………………… 334
　9.3 当前我国社会思潮多样化背景下马克思主义社会真理思想的生
　　　成和发展机制研究 ……………………………………………… 341
　　9.3.1 当前我国多样化社会思潮的一般性质和特点 ………… 342
　　9.3.2 批判超越社会思潮的自我为本位的价值立场和主客二元论
　　　　　思维方式，引导人们科学认识我国现代化建设 ……… 349

10. 当代中国的马克思主义社会真理思想的探索与思考
　　——中国特色社会主义理论体系的形成和发展 ……………… 359
　10.1 当代中国的马克思主义社会真理思想问题的提出 ………… 359
　10.2 中国特色社会主义理论体系作为当代中国的马克思主义社会
　　　 真理思想的研究现状 ………………………………………… 363
　10.3 推动中国的马克思主义社会真理思想的生成和发展 ……… 364
　10.4 推进中国的马克思主义社会真理思想探索和创新 ………… 368

参考文献 …………………………………………………………………… 375

1. 导言

哲学是思想中所把握到的时代。"时代并不在思想之外,不在思想之上,理性成为事物的普遍直观形式"①。这要求哲学不只是"时代的一面镜子"②,而且是要求每一时代都必须以新的力量并且以自己的方式对时代的要求和时代所面临的问题给予回应和解答,来完成它的任务。当下时代,是一个以科技理性为主导的生产力大发展的现代性的时代。现代性一方面使人类由传统社会过渡到工业社会,使人类社会走向一个理想化、民主化的繁荣共同体,并为人们带来了丰富无比的物质财富、高效运行的社会组织机制和自由民主平等的现代价值理念,进而使人类相信"科学会把人类从古至今一直向往的'乌托邦'变为现实"③;另一方面又使人类社会陷入现代性困境。人类社会就像从其所有井然有序的各种关系或从被当作秩序而得以接受的整体规则中被揪出来一样,人们对"全部现实的完整概览也失去了",人们再也"没有世界观了"④,结果人们对于社会发展确定无疑的可知性、可准确预测的未来图景的信念也随之失去了,人们开始对未来感到担忧。于是,人们开始质疑启蒙时代以来"理性支配一切"的进步主义乐观信念,反思实证科学化认知世界的思维模式的正当性和合理性。人们应该如何科学合理地看待人类社会的变化发展,人们应当如何正确合理地认识自身的社会历史性生存,就成为人们现时代生存所面临的根本问题。而且,理论是实践的先导。先进的理论引导伟大的实践,伟大的社会实践要求科学理论的指引。恩格斯在《社会主义从空想到科学的发

---

① 《路德维希·费尔巴哈致乔·威·弗·黑格尔》,选自《黑格尔通信百封》,苗力田译编,中国人民大学出版社2015年版,第273页。
② [德]卡尔·洛维特:《从黑格尔到尼采》,李秋零译,生活·读书·新知三联书店2014年版,第174页。
③ 于璐:《科学时代的"牛虻"》,《读书》2020年第1期,第159页。
④ [德]卡尔·洛维特:《从黑格尔到尼采》,李秋零译,生活·读书·新知三联书店2014年版,第177页。

展》中谈到资本主义经济危机的爆发及导致的后果时就曾言,"社会力量完全像自然力一样,在我们还没有认识和考虑到它们的时候,起着盲目的、强制的和破坏的作用。但是,一旦我们认识了他们,理解了它们的活动、方向和作用,那么,要使他们越来越服从我们的意志并利用它来达到我们的目的,就完全取决于我们了"[①]。社会真理作为人们对于社会生活过程、本性和规律的正确合理性认识和把握,作为真理的一个分支,作为人的社会历史性存在方式,就是对人自身和社会生活的本真性存在的探寻和追问。故而,开展马克思主义社会真理思想问题研究,有助于深化人们对于现时代社会生活的认识,进而引导人们自觉地进行社会实践活动推动社会发展。

1.1 问题的提出

在西方哲学史上,从赫拉克利特对宇宙万物(包括人在内)运动变化所遵循的"逻各斯"的追问开始,人类踏上了一条奋力追求存在者之本真存在的真理之路。巴门尼德则首先在存在论上明确把真理确立为哲学研究的主题之一。此后,各个历史时期的不同哲学流派对真理问题都有所关注,都进行了一定程度的研究。但是,无论是由古希腊哲学提出和建构并由中世纪哲学延续和拓展的本体论真理观,还是近代哲学发生认识论转向后开展的知识论真理观研究,基本上都局限于从形而上学的理论逻辑层面对人类世界的存在及其本性进行整体性探究或对自然物理世界进行专门研究,并在此基础上寻求为社会生活的公共性和统一性奠基,而对根植于现实社会生活,以不同于科学化认知方式探究人文社会世界的存在及其本性问题,则从柏拉图以后随着知识与权力的分离,就基本上留给了道德伦理和政治实践领域。

当然,目前学术界对这一问题有所关注,对社会真理的概念和特性及检验等相关问题进行了一定程度的探讨并提出了一些深刻见解,但总体上是初步的和零散的,而且大都趋向于科学化认知,鲜有以辩证的思维和运用词源学方法在生存论层面上对社会真理问题展开全面系统研究。而人

[①] [德]恩格斯:《社会主义从空想到科学的发展》,选自《马克思恩格斯文集》(第三卷),中央编译局,人民出版社2009年版,第560页。

作为双重性存在,既以自然生物的生命体形式存在,又以社会实践活动基础上的社会关系形式存在,因此,真理作为人的存在方式,既应有关于自然物理世界存在和本性及规律的科学认知之真理形式,又应有关于人文社会生活世界存在和本性及规律的科学认知之真理形式。社会真理作为人们在社会实践活动中对人文社会生活世界本真存在及本性和规律的揭示和领悟,为人们形成社会历史性生存奠基,同时人们在这个揭示和领悟过程中形成自己的社会历史性生存和社会的总体性自我认识。在此基础上,社会真理作为人们对自身社会历史性生存的科学认知和社会的总体性自我认识,又是社会生活的存在方式、人们有效进行社会活动的根据和人们实现自我认识、获得自由的前提条件。因此,从人们的现实生存看,社会真理在社会生活中应该有,并且应该被予以重视和研究。对于此,马克思在探讨一般意识形态问题时就曾说道,"我们仅仅知道一门唯一的科学,即历史科学。历史可以从两方面来考察,可以把它划分为自然史和人类史。但这两方面是不可分割的;只要有人存在,自然史和人类史就彼此相互制约。自然史,即所谓自然科学,我们在这里不谈;我们需要深入研究的是人类史,因为几乎整个意识形态不是曲解人类史,就是完全撇开人类史。意识形态本身只不过是这一历史的一个方面"[①]。本著作开展马克思主义社真理思想问题研究,也是为继承和发展马克思对人类史研究的思想而来。

此外,真理不仅是人类认识和把握生活世界的基本方式,也是人类的基本存在方式。人类越是走向文明,越是走向现代社会,就越是需要形成对于社会生活过程、本性和规律的正确合理性认识和把握,进而自觉地以科学的思想理论来指导社会变革和发展,并在这一改造社会过程中揭示和领悟社会生活的本真存在状态和人自身的本真性存在,从而达到对社会生活和自己现实社会生存的自觉。自从人类社会进入近代以来,现代性问题日益凸显。这一问题,既是现代社会的社会危机,也是现代社会的思想危机,更是现代社会的精神危机。毋庸置疑,在人类社会走向现代社会的过程中,社会生产力得到极大的发展,科学技术得到快速推进,人们的生活水平得到极大的提高,每个人无论是从理智的培养方面还是从能力的提升方面,都获得了十分充足的物质条件和极大的发展空间,个体的自由因此获得了前所未有的发展。正如威廉·巴雷特谈到现代社会的纯粹经济力量

[①] [德]马克思,恩格斯:《德意志意识形态》,转自《马克思恩格斯文集》(第一卷),中央编译局,人民出版社2009年版,第518—519页。

对人具有的意义时所说,"生产的合理安排使得前所未有的物质繁荣有了可能。不只是大众物质需求比以往任何时候都更能得到满足,技术也发达到足以产生新的需求,而且也同样能够予以满足"。这无疑为人的全面自由发展提供了充足的物质条件和广阔的发展空间。但与此同时,"所有这一切都使我们时代的生活非常外在化。生活的节奏加快了,但是对新奇事物也贪婪多了。……技术的成功本身为这个时期造就了一整套纯粹依靠外在事物的生活方式。至于那隐藏在这些外在事物背后的东西,即独特的和整体的人格本身,则衰退成了一片阴影或一具幽灵"①。结果,伴随着人的自由大大被扩展,人的不自由和自我失落也逐渐突显出来。在物质生产力大发展推动下的现代社会,人被物化了。人们沉迷于"感性、平庸和个别状态","完全遗忘了神性事物,跟那些享受着泥土与水的蠕虫一样,满足于当下的处境"②。物质需求成为社会发展进步的基本动力,也成为支配人和统治人的重要力量。人被物欲支配着,工具理性成为人们思维的主要方式。人之为人原本在于人作为主体性存在的尊严,在于人的文化思想性存在,在于人的精神性存在,但是现在由于人的生物性存在得到极大的发掘和提升,人的精神性力量被剥夺,人的精神被"排除和误解"而造成人的精神"消散、衰竭"③,结果人被降低为对象性存在,成为了物,成为了社会进步发展的物化工具。人被自我的本真存在遗弃了,人在精神上自我失落了。人们失去了自己的精神家园,处于无根的状态。对于此,马克思论及现代资本主义发展对于中世纪传统封建文化的虚无化时也曾谈到,"资产阶级在它已经取得了统治的地方把一切封建的、宗法的和田园诗般的关系都破坏了。它无情地斩断了把人们束缚于天然尊长的形形色色的封建羁绊,它使人和人之间除了赤裸裸的利害关系,除了冷酷无情的'现金交易',就再也没有任何别的联系了。它把宗教虔诚、骑士热忱、小市民伤感的神圣发作,淹没在利己主义打算的冰水之中。它把人的尊严变成了交换价值,用一种没有良心的贸易自由代替了无数特许的和自力挣得的自由"④。尽管如此,但毋庸置疑,本真性存在仍是人类追求的基本的社会存在方式,也是人类安身立命的根基和生命得到最终安顿的基础。为此,我

---

① [美]威廉·巴雷特:《非理性的人》,段德智译,上海译文出版社2012年版,第39—40页。
② [德]黑格尔:《精神现象学》(序言),先刚译,人民出版社2013年版,第6页。
③ [德]海德格尔:《形而上学导论》,熊伟、王庆节译,商务印书馆2005年版,第45页。
④ [德]马克思,恩格斯:《共产党宣言》,转自《马克思恩格斯文集》(第二卷),中央编译局,人民出版社2009年版,第33—34页。

们需要重新揭示和领悟现时代人的本真性存在,为现时代人的社会历史性生存提供理论根据和方法论指导。开展社会真理问题研究,就成为时代发展的必然选择。正如王德峰教授所言,真理作为"在人的历史实践中生发出来的现实的观念力量,仍然是每个个人必须追求和分有的人类总体性的精神财富,仍然是人类在'成年时期'中走向未来时必须点燃的明灯"。在现时代严峻的生存困境面前,人的责任,"不单单是个人自决的勇气,而且也包含在实践中探索真理的努力"①。

历史地看,1843年9月马克思于筹备《德法年鉴》时期在《致阿尔诺德·卢格》的信件中就曾提出了"社会真理"一词,并把它与社会需要和社会斗争相提并论。尽管如此,但到目前为止,社会经验事实和哲学真理论研究表明,对于社会真理问题,社会和学界并未进行深入探讨和专门的系统研究。社会真理作为人类社会实践领域的真理到底有没有？若没有,原因何在？若有,又何以可能？哲学真理研究过程中是不是部分地已经研究了关于社会生活领域的真理,而没有标明？若是,哲学真理研究对此为什么没有明确地标明？社会真理论在哲学真理研究中处于什么地位,与自然科学研究领域的合理性问题和实在论问题有什么关系？社会真理有什么独有的特征,与关于自然物理世界科学认识的真理有什么区别？在社会实践过程中社会真理又处于什么位置,如何生成,与情感、兴趣、价值等等因素有什么关系？社会真理在其他关于社会生活的哲学研究(例如历史哲学、社会哲学、政治哲学等等)中相对应的词可能是什么？这些哲学分支学科领域是如何定义真理,是如何展开真理问题研究的？等等。这些问题是社会真理问题研究必然面临的问题,也是它必须予以回答的问题。我们现在开展马克思主义社会真理思想问题研究,就是要在梳理和分析哲学思想史上真理研究已有相关成果的基础上,以马克思主义唯物史观为指导,在社会实践活动中考察人们对社会生活本真存在的揭蔽之可能性,在此基础上人们达到对社会生活的正确合理性认识和社会生活总体实现自我认识的可能性,来回答社会真理何以可能,进而深化和拓展哲学真理研究和马克思实践唯物主义社会真理思想,为社会历史研究、人文社会科学研究的合法性提供理论基础,也为人们树立科学合理的社会真理观提供方法论指导,为促进习近平新时代中国特色社会主义思想创新和发展提供思想借鉴。

---

① 王德峰:《时代的精神状况〈译后记〉》,转自卡尔·雅斯贝尔斯《时代的精神状况》,王德峰译,上海译文出版社2013年版,第248页。

1.2 国内外研究现状述评

从词源学上看,"社会真理"一词,是由马克思首先提出的。1843年9月在《德法年鉴》时期,马克思在《致阿尔诺德·卢格》的信中,谈到政治国家的矛盾时指出,"理性向来就存在,只是不总具有理性的形式。……说到现实的生活,虽然政治国家还没有自觉地充满社会主义的要求,但是在它的一切现代形式中却包含着理性的要求。政治国家还不止于此。它到处假定理性已经实现。但它同样又处处陷入它的理想使命同它的现实前提的矛盾中。因此,从政治国家同它自身的这个冲突中到处都可以展示出社会的真理。正如宗教是人类的理论斗争的目录一样,政治国家是人类实际斗争的目录。可见,政治国家在自己的形式范围内从共和制国家的角度反映了一切社会斗争、社会需求、社会真理。所以,把最特殊的政治问题,例如等级制度和代议制度之间的区别作为批判的对象,毫不意味着降低原则高度。因为这个问题只是用政治的方式来表明人的统治同私有制的统治之间的区别"①。在这里,马克思首先从现代政治国家矛盾冲突的角度,指出"社会真理"的产生、形成并展现于建立在理性基础上的政治国家的理想和使命同它自身的现实前提的矛盾和冲突中,并且社会真理本身就是这种矛盾和冲突的反映和结果。其次,他从人类为之进行实际斗争的政治国家的理想层面指出,一切"社会真理"都是人类社会需要和社会斗争的反映及其结果。对于此,当代西方马克思主义重要代表人物亨利·列斐伏尔在探讨马克思关于现实与真理的辩证运动的观念时也曾指出,传统形而上学的哲学真理观被拒绝和被替代之后,"到哪里寻找哲学的真理呢?在国家的历史中,这个历史就是社会斗争和社会需要的缩影。我们正在寻找的真理乃是社会真理"②。这也即是说,"社会真理"的产生、形成和展现,不再是外在于社会发展的历史进程,不再是外在于人们的社会斗争和社会需要,进而外在于人们的日常生产生活,外在于人们所从事的社会实践及其所创造的社会生活世界,如传统形而上学的真理那样,它是哲学家们苦思

---

① [德]马克思:《马克思致阿尔诺德·卢格(1842年11月30日)》,转自《马克思恩格斯文集》(第十卷),中央编译局,人民出版社2009年版,第8—9页。

② [法]亨利·列斐伏尔:《马克思的社会学》,谢永康、毛林林译,北京师范大学出版社2018年版,第8—9页。

冥想的结果,在此基础上直接给予民众并促使他们接受。相反,社会真理产生、形成和展现于人们的社会斗争和社会需要,产生、形成和展现于人们的日常生产生活,产生、形成和展现于人们所从事的社会实践及其所创造的社会生活世界。对于此,马克思曾说,"现在哲学已经世俗化了,最令人信服的证明就是:哲学意识本身,不但从外部,而且从内部来说都卷入了斗争的漩涡"①。社会真理作为哲学真理的一个重要组成部分,同样也是如此。而且,它本身就是人类社会需要和社会斗争的反映及其结果,就是人们的日常生产生活的反映和结果,就是人们所从事的社会实践及其所创造的社会生活世界的反映及其结果。基于此,本著作从人们的日常生产生活出发,立足于人们从事的实践活动,从唯物史观的角度把社会真理看作是人们所从事的社会实践及其所创造的社会生活世界的反映及其结果,并在这一宽泛的意义上,提出社会真理问题,开展社会真理问题研究。

当然,从价值和意义角度看,社会真理作为人关于社会生活世界的科学认知和人的本真性社会存在样式,不仅是人的社会历史性生存和社会认知所追求的目标,也是人文社会科学存在和发展的合理性依据和合法性基础。人文社会科学就是人们认识社会实践活动及其创造的社会生活世界的集中的和典型的形式。而社会真理则是人文社会科学研究活动的目标,因此它也成为人们衡量人文社会之科学合理性的评判标准,成为人文社会科学存在和发展的合理性依据和合法性基础。尽管如此,但由于社会真理作为社会生活世界的社学认知,不同于以往人们关于自然物理世界的科学认知真理,而是探讨社会实践活动领域的科学认知问题,因此在哲学史上鲜有研究。特别是自柏拉图以后,随着知识和权力的分离,对于社会领域的认知研究就基本上留给了道德伦理和政治实践领域,加之后来康德直接把实践领域划定为人们认知的极限而成为物自体领域,故在哲学真理论研究上,人们对社会真理问题要么一笔带过,要么避而不谈,更没有什么系统阐释和论述。尽管如此,但对于诸如社会真理的前提、特性、概念界定和研究方法等相关问题,一些学者在谈论社会领域的真理问题或历史哲学和社会哲学时在一定程度上还是有所涉及,有所思考。

---

① [德]马克思:《马克思致阿尔诺德·卢格(1842年11月30日)》,转自《马克思恩格斯文集》(第十卷),中央编译局,人民出版社2009年版,第7页。

1.2.1 马克思主义哲学"社会真理"的概念界定

一般说来,"真理是陈述与事实基于正确性的符合"①,这种符合是知识中的陈述与所认识到的东西相符合。因此,"真理"是标示人们对事物正确性认知的认识论范畴。从认知形式看,真理可以划分为艺术形式的真理、宗教形式的真理和科学形式的真理等。从认知对象看,真理可以划分为关于自然物理世界的真理和关于人文社会世界的真理。从真理的内涵上看,真理可划分为实践论真理观、符合论真理观、融贯论真理观、约定论真理观等。在这里,关于人文社会世界的真理就是社会真理。它作为真理的一种特殊形式,是探讨人们对社会实践活动领域的认知。社会真理就是要把人们对真理的理论认知纳入社会实践领域,考察社会领域内的真理性认知问题。对此,人们时常质疑这一真理的合法性问题,对于其本质的认知更加充满了不信任的眼光。但是这并不影响其本质的探讨。从当前国内外研究看,人们对社会真理问题的研究主要集中在社会意识对社会存在的关系问题上,认为它是"人们对社会存在的正确认识"和"关于社会历史的正确思想"②。但这种正确思想不是感性经验和流俗意见,而是理论逻辑层面上的"社会历史领域的真理",其正确性就在于它是"对于人类社会及其发展规律的正确反映"③,即理性与对象、人的认识与社会现实在社会历史实践基础上的规律层次上的符合,是对人类社会的对象性和客观性认知。由此,人们就把"社会真理"看作了标示获得正确性社会认知的认识论范畴,而把人类社会领域看作了理论认知领域,认为在社会实践领域里"认知主体可以获得真理性认识"④。当然,这种真理性认知作为人们对于人类社会领域真理的理论认知,是基于人类实践活动基础上进行的。

实际上,人类社会首先是一个实践活动领域,其次才是一个认知领域,而且认知活动本身都来源于实践活动及其需要,它就是为满足实践活动本身及其需要而形成和建构起来的。在这个意义上可以说,认识活动本身就是实践活动的有机组成部分。实践活动领域是"客观变为主观和主观变为

---

① [德]海德格尔:《论真理的本质——柏拉图的洞喻和〈泰阿泰德〉讲疏》,赵卫国译,华夏出版社 2008 年版,第 2 页。
② 陈志尚:《论社会真理的阶级性》,《哲学动态》1979 年第 6 期。
③ 愚樵:《论社会领域真理的客观性》,《齐鲁学刊》1979 年第 2 期。
④ 龚群:《哈贝马斯的社会真理观》,《哲学研究》1998 年第 12 期。

客观的活动领域"①。在实践活动中，人们突破物的自然直接性限制和自身的主观任意性，规范并运用自身的自由意志在人与物之间建立起以人为主导的主观与客观互动交融、相互趋近、相互符合的统一关系。社会真理就根源于这一实践活动，它就是对这一活动中的主客观互动交融、相互趋近运动和相互符合关系的本性和规律的科学认知。为此，在《真理与理想》一文中，科尔舒诺夫和曼塔托夫从价值意义角度指出，理解社会真理概念需要注意三个方面：其一，要反映社会历史存在的实践辩证法；其二，要具有批判性，要考虑知识与意义、反映与行动、现有与应有的统一；其三，客观性与理想性的符合。在这一思想影响下，张明仓结合欧阳康教授关于社会认识论的研究成果，张明仓进一步提出了他对社会真理概念的认识和理解。他认为，"社会真理"作为社会认识论范畴已经不再是传统科学理性框架下的认识论范畴，而是"人类活动中主客体之间认识——实践活动的统一关系的整体性范畴"，是对"人和社会存在及其发展规律的正确反映，是对人的本性需要、本质力量的对象化过程以及实现这一过程中的人的自我实现、自我确证和自我发展过程的合理反思"②。因此，它所表明的是，在社会实践活动中人们所达到的对"人文社会现象及其人类社会行动过程和规律"③的整体性的正确认识。这意味着，这种正确认识已不是如关于自然物理世界及其自然现象和自然事件的运动过程、本性和规律正确的认识那样——认识主体向认识客体单向趋近和符合的过程，而是在实践活动中主体的本质力量、需要、兴趣、价值追求、思想观念和意义等要素不断外化、对象化和现实化以及主体自身的社会实践活动和现实生命不断主体化和观念化过程中，意识与对象、主体与客体相互趋近、相互符合的过程。所以，它不仅正确反映社会存在及其发展的客观规律，而且也反映社会主体的人性合理发展需求；它不仅是人们行动合理化和有效性的条件，也是人们追求和实现自由的手段。由此，"社会真理"的本质就从社会运动的整体性方面得到了揭示。尽管这一揭示开始已经突破"发现论真理观"，走向实践领域，但总体上还是强调认识主体与社会客体的趋向和符合，需要进一步凸显揭示和领悟人的本真存在和社会生活的本真存在及人的创造在社会真理的生成和发展中发挥的作用和社会真理自身的生成和发展过

---

① ［英］戴维·麦克莱伦：《马克思以后的马克思主义》，中国人民大学出版社2004年版，第163页。
② 张明仓：《社会真理：深化真理论研究的一个重要领域》，《社会科学辑刊》1997年第3期。
③ 欧阳康：《人文社会科学哲学》，武汉大学出版社2001年版，第313页。

程。对此,黑格尔在谈到理性时,就强调"传统意义上的理性实际上只是知性意义上的理性,而真正的理性是在劳动中生成的,是人的劳动的结果"①。而真理是人类理性反思和建构的产物,因此同样是在劳动过程中生成的,因此也是劳动的结果。为此,本著作关于马克思主义哲学社会真理的界定,立足于社会实践活动,从人的本真性社会生活世界的揭示和领悟、对社会生活世界及其本性和规律的创造性反映和对世界图景的构想来凸显社会真理的生成特性,进一步深化人们对社会真理内涵的认识。

1.2.2 马克思主义哲学社会真理何以可能?

传统哲学真理论研究,通常是在本体论和认识论范围内把真理当作科学化认知问题来加以研究的。特别是近代哲学发生认识论转向以后,真理问题一切的探讨都被集中在知识论范围内,知识论"研究知识的来源、性质、形成发展机制、检验过程和标准等问题",真理与知识往往也被看作是同义语、被看作是全部认识论的最终目标,"被归结为对外在于人的客观对象的观念把握或知识性拥有"②,即所谓"真理"只不过是"标志着认识者与认识对象之间的某种契合关系"。"要么认识者是主动的、自主的,认识对象接受来自认识者的规范,要么认识者是被动的、接受性的,仅仅作为认识对象的刺激作用的滞留与累积的器皿而出现"③。简言之,真理只存在于主体意识与客观对象的单向趋近的一致性关系中。这种真理观的假设前提是:虽然主体与客体在人们的认识活动中是二分的,但主体模型和对象模型各自都是整齐划一的,二者可以通过某种可能的途径促进一方趋近另一方从而使彼此达到一致。诚然,这种主体模型不同于现实生活中的具体个人,具有抽象性和普遍性,与现实生活中的具体个人之间存在差距,故而这种真理观实际上内蕴着一种价值旨趣,那就是有意于进行一种人性的改造。从人的存在方式看,人是特定社会历史性实践活动造就的一定历史条件下的社会关系性存在,所以这种真理观对于人性的改造实际上旨在实现整个社会生活方式的改造,进而为整个社会生活方式的变更进行奠基,并最终为社会生活的"公共性"与"统一性"提供形而上学基础。柏拉图的"哲学王"思想无疑是这种传统的奠基人和重要代表。中世纪经院哲学延

---

① 仰海峰:《劳动成为商品意味着什么——关于〈资本论〉的经济学——哲学研究》,《中国高校社会科学》2015年第2期。
② 郑文先:《深化真理问题研究的理论视野》,《社会科学研究》1996年第5期。
③ 马天俊:《真理的境遇》,吉林人民出版社1999年版,第8页。

续和强化了柏拉图这一思维方式和理论逻辑,他们主张通过"分有"神性的真理观,从而实现社会生活的"内在统一性"。近代哲学则把理性视为社会生活最为可靠的"黏合剂",把它看作是普遍性和真理性力量,并以此为"社会生活的内在统一性提供一个普遍的牢固基础"①。在这一真理观指导下,人们就把社会生活的"公共性"和"统一性"奠基在了一个普遍性的、同一性的、超历史的、抽象的"理性真理"之上。由于这种真理不是对于社会生活本身的认知,而是外在于社会生活的,故而以这种真理为基础构建社会生活,势必造成对社会生活的宰制,抹杀社会生活的自主性和现实性、多样性和差异性。而且,"认识论本应该是对人的全部认识活动的规律和性质的揭示和阐释",但这种知识论的符合论真理观通常只是剥取人们现实社会生活的一个片断,单纯地进行探究,故而它"至多只从一个侧面解释了人对社会生活的实际认识过程,它所形成的真理至多只是这些具体认识活动的观念成果"②。与此相应,它试图通过对这一生活片断问题的某种解决来代替全部社会生活问题的解决,结果必然也无法真正解决现实社会生活的问题。因此,回归社会生活世界,返回到人的社会历史性生存中,在社会生活的发生处和人的现实生存中重新考察社会生活本身的科学认知问题来探寻社会生活的奠基,就势在必行。而且,植根于现实社会生活,立足于人们正在从事的社会实践,考察社会生活的科学认知问题并由此为社会生活的统一性奠基,也是人类社会发展终究无法回避且必须面对和解决的问题。

当然,要考察人们如何形成对社会生活的科学认知问题,首先必然要面对的是人们对社会生活的科学认知何以可能的问题。对此,维柯指出,人类历史是由人创造的,因此它的各种原则"必然在我们自己的人类心灵各种变化中就可以找到"③,故而我们能够认识人类社会,把握人类社会的存在及其本性和规律,形成关于社会的科学认知。诚然,人类历史是按照一定的因果规律发展的,按照"'天意'的指导和引导得以前进的"④,故而人们也能认知和把握这一前进过程的本性和规律。对于此,康德也指出,人类历史不断朝着改善前进,就在于人类是按照自然的意向自己造成它的

---

① 贺来:《论真理的社会生活本性》,《江海学刊》2006年第3期。
② 郑文先:《深化真理问题研究的理论视野》,《社会科学研究》1996年第5期。
③ [意]维柯:《新科学》(英译者的引论),朱光潜译,商务印书馆1989年版,第32页。
④ [德]亨利希·库诺:《马克思的历史、社会和国家学说》,袁志英译,上海世纪集团2006年版,第158—159页。

样子,因此,人类历史的进程在客观上是可以估量的,可以从偶然性中解脱出来的。随后,黑格尔在继承和批判先辈们的社会真理思想基础上,创建了精神哲学体系,提出了绝对理性真理观,进一步延续和强化了近代理性主义哲学,并把其看待社会生活的思维方式发挥到了极致。他强调,世界历史是作为理性的精神的必然性活动的自由进展,而人类社会是作为自由意识的精神的外化、客观化、现实化。因此,人类是可以通过运用自身的理性能力认识社会生活并达到真理的。同时,他把实践引入认识活动,看作是认知实现自身的一个必然环节,这使认识的正确与否有了客观标准。但从本体论层面看,他的"实践"活动本身是绝对理念的思维活动,因此实践活动作为认识过程的一个环节只是思维自身运动达到绝对理念和自我意识的中介和手段。在这个意义上可以说,他所理解的"真理",对于现实的社会生活来说,终归是一种历史化的、普遍的先验原理,以此来为社会生活统一性奠基,必将导致社会生活的僵化和凝固。尽管如此,但"真正的认知的'实践激情'是无法驯服的"①。变革黑格尔绝对精神哲学体系的"理性真理观",提出适应社会生活本性的真理观势在必行。

对于黑格尔奠基于绝对理性的社会真理思想,马克思立足于现实、感性的实践活动,对其在本体论上进行了唯物主义"颠倒"和形而上学翻转,提出了奠基于人的社会历史性实践活动的关于社会生活世界的社会真理思想。他认为,"整个所谓人类历史不外是人通过人的劳动而诞生的过程,是自然界对人来说的生成过程,所以关于它通过自身而诞生、关于它的形成过程,他有直观的、无可辩驳的证明"②。有目的有意识的实践活动不仅使社会生活得以存在和延续,而且使社会生活的本性和规律向实践主体展开和暴露,故而人们能够认识和掌握社会真理。因此,马克思说,"全部社会生活在本质上是实践的。凡是把理论引向神秘主义的神秘东西,都能在人的实践中以及对这个实践的理解中得到合理的解决"③。由此,他就把社会生活的真理性认知奠基在了现实、感性的对象性实践活动之上,为人们科学认识人类社会生活揭示了一条正确道路,也为社会真理问题研究奠定了坚实的现实基础。在此基础上,马克思在形而上学批判和意识形态批判中形成和建构了历史唯物主义理论体系,并在资本批判中揭示和阐明人

---

① [德]卡尔·洛维特:《从黑格尔到尼采》,李秋零译,生活·读书·新知三联出版社2014年版,第119页。
② 《马克思恩格斯全集》(第三卷),中央编译局编译,人民出版社2002年版,第310页。
③ 《马克思恩格斯选集》(第一卷),中央编译局编译,人民出版社1995年版,第56页。

类社会发展的本性和规律,为人类社会发展指明了方向,也为社会的真理性认识研究奠定了坚实的理论基础。这体现在他的大量文献中,如《德意志意识形态》《神圣家族》《黑格尔法哲学批判导言》《共产党宣言》《资本论》等。而且,如前所述,马克思于1843年9月在《德法年鉴》时期《致阿尔诺德·卢格》的信件中首次提出了"社会真理"一词,并把它与社会需要和社会斗争相提并论。尽管如此,但他对社会真理问题的这些研究和探讨,主要表现在唯物史观方面。他的唯物史观从一定社会关系和社会条件下的社会实践活动出发,揭示社会存在对于社会意识的决定作用、社会主义必然要代替资本主义的社会规律、实现每个人自由全面发展等具体的和特殊的方面来分析和论述,并没有在一般意义上对社会真理的内涵、基本特征、类型等提出的背景和基础、实践生成、检验等相关问题展开专门系统论述。而且,这里所指的社会实践活动也基本上局限于人们生产劳动、科学实验和社会政治实践等领域,相对比较单纯和狭窄,故而以此为出发点考察社会真理,相应地就比较简单。而社会生活作为认识对象与认识主体相互关联,具有价值特性、实践特性和不可重复性等等,这使得人们对社会的真理性认识的获得十分艰难,而且具有相对性。尽管如此,西方马克思主义代表人物阿多诺和哈贝马斯,在发达的现代资本主义社会背景下,继承法兰克福学派社会批判传统,还是分别从社会交往和社会矛盾方面论证了社会真理的可知性。阿多诺认为,社会事实是以人的活动和人的相互关系的形式存在的,是主体活动的一部分,因此能够被主体所认识。而且,社会事实在社会生活作为主体的自我矛盾运动中展开,因此社会事实是社会矛盾中的必然性产物,人类通过矛盾的辩证法把握社会事实及形成它的条件,就可以达到对社会生活的真理性认识。哈贝马斯则指出,从认知层面看,社会生活世界作为合法性秩序的人际关系总体,是由规范组成,是规范性存在。而规范又表现为社会制度,它制约着人们的活动而成为人们思想活动和行为活动的出发点和现实依据。规范的普遍性、非个人性就意味着一种客观性,它展现于人们的交互活动和道德关系中,是可证明和认知的。在这个意义上,社会世界的真理性问题就是有效性、合理性问题,是可以验证和证明的。

1.2.3 如何认识马克思主义哲学社会真理?

全部社会生活的本质在于实践。这一实践活动,"在唯物主义的概念框架内,……是社会劳动,这种劳动通过阶级相关的形式在人类的各种反应方式中,包括理论上,都打上了烙印。理性对形成认识和认识对象的过程所加的干预,或者使这类过程受到意识的支配,都不是发生在一个纯粹理智的世界里,而是与争取某种实际生存方式的斗争相契合的"①。因此,人们要达到对社会的真理性认识,就必须立足于社会历史实践,在形成自己的社会历史性生存中对社会生活加以认识。也正如马克思在论述现代社会科学时指出的,"工业的历史和工业的已经产生的对象性存在,是一本打开了的关于人的本质力量的书,是感性地摆在我们面前的人的心理学。……在通常的、物质的工业中(人们可以把这种工业理解为上述普遍运动的一部分,正像可以把这个运动本身理解为工业的一个特殊部分,因为全部人的活动迄今为止都是劳动,也就是工业,就是同自身相异化的活动),人的对象化的本质力量以感性的、异己的、有用的对象的形式,以异化的形式呈现在我们面前。如果心理学还没有打开这本书即历史的这个恰恰最容易感知的、最容易理解的本分,那么这种心理学就不能成为内容丰富的和真正的科学"②。这即是说,现代大工业的发展实践是人的本质力量和人的存在方式最丰富、最现实、最具体的展现,人们只有充分认识和把握这一伟大社会历史实践活动及其成果,才能充分把握和认识现代社会发展和现代人类的社会性存在,并把这一认识和把握提升到真理性和科学性的层次。在这一思想指导下,苏联学者强调现实的实践活动对于真理具有逻辑的和本体论的地位,认为人民群众是历史的创造者。在此基础上,他们提出,研究人类历史的发展应该注重从下面三方面着手:首先,揭示人类历史的发展规律即"把人类历史作为自然历史过程来看";其次,把人类历史"当作人们的活动的过程和结果来分析";再次,把人类历史"作为人自身发展的历史来考察。他们把这称作自然历史方面、活动方面、和人道主义方面"③。由此,苏联哲学家们就提出了研究人类历史的唯物主义方法。毋庸置疑,这个方法从社会管理的高度和人类历史发展的维度为人们正确地认识社会提供了研究思路和方法论借鉴。但在对待斯大林的问题上,他们没有坚持正确客观地对待马克思列宁主义,而是简单地否定和抛弃苏联版的辩证唯物主义和历史唯物主义,并掀起人道主义思想高潮,从而导致了

---

① [英]戴维·麦克莱伦:《马克思以后的马克思主义》,李智译,中国人民大学出版社2004年版,第288页。

② [德]马克思:《1844年经济学哲学手稿》,转自《马克思恩格斯全集》(第三卷),中央编译局编译,人民出版社2002年版,第306—307页。

③ 安启念:《马克思主义哲学史》,中国人民大学出版社2001年版,第334页。

对整个苏联哲学乃至马克思主义哲学的否定。

在批判和反思苏联版本的马克思主义哲学基础上,为适应中国经济社会恢复发展的需要,1978年国内学术界开展了关于真理标准问题大讨论。以社会主义现代化建设的历史实践为立足点,在与中国传统哲学和非马克思主义哲学的对话与反思中,国内学者进一步深化了马克思主义社会真理问题的研究。王于、陈志良、杨耕等学者强调马克思主义的实践唯物主义是改变世界的哲学,它的核心就是以人类发展来安排周遭世界。社会作为人类生活的世界,是人类活动的存在方式,是由人类在实践活动中创造出来的展开形式。同时,社会又是人类实践的静态表现,实践活动是社会的动态过程。人们的认识是实践结构的内在升华。人们对社会的真理性认识的最终落脚点在于促进人的自由全面发展。南京大学的孙伯鍨等人也提出,在马克思主义哲学的原初形态中,"社会生活的实践本质占有突出位置;……社会不仅是客观历史过程,而且是人们自己创造历史的活动,人是社会的主体"[①]。这表明,社会生活作为人们实践活动的产物有其不以认识主体的意识和愿望为转移的存在和运动规律,有其客观性、实在性一面,因此人们可以从认知层面上加以认识和把握;但社会生活作为人们的实践活动又有其辩证运动的过程,有其主体的创造性和生成性一面,因此人们可以在动态的运动过程中历史地加以认识和把握。这就为人们的社会认识达到真理承诺了唯物主义前提,为社会真理问题的研究奠定了基础和提供了可行性依据。

此外,马克思·韦伯认为,人们在研究社会问题和得出结论时,只有将他们自己的观点暂时搁置,才能发现解决问题的客观方法,实现"价值无涉"的社会认识。迪尔凯姆则认为,社会事实在人们以外却对人们施以控制,人们应该用其他事实来解释社会事实。塔尔科特·帕森斯则主张,先分析社会生活的主要制度再分析个人的行动无疑,这些认识社会生活的具体的方法,为人们社会的认识达到真理性提供了思路。但是,社会本身是一个综合复杂的有机体,人们对社会的真理性认识也必然是一个复杂的系统工程,因此除了这些研究思路和方法之外,势必还需要考察社会制度规范、权威习俗、文化系统等其他社会因素对社会认识的影响和制约,在认识社会事实时运用分层性思维和整体性方法等等。所以,对于马克思主义社会真理思想问题的研究在方法论方面还需要进一步深入挖掘。

---

① 安启念:《马克思主义哲学史》,中国人民大学出版社2001年版,第379页。

1.2.4 马克思主义哲学社会真理的特性

随着实践真理标准的深入讨论,国内学术界又开展了真理是否具有阶级特性的热烈讨论。人们对马克思主义哲学社会真理,特别是反映具有阶级性的社会现象的真理有无阶级性问题,意见分歧较大。对于此,臧乐源、陈志尚、李佐长、范吉雨等人从社会领域真理的主观形式方面——真理的发现、掌握、应用等方面,进行了考察。他们认为,由于社会主体代表的阶级利益、阶级立场存在差异,使得人们对于社会的科学认知具有阶级特性。愚樵、于桥等人则从真理的客观实在性出发,驳斥了社会真理的阶级性。他们认为,承认了社会真理的阶级性就等于取消了社会真理。社会客体的唯一特性是客观实在性,而社会真理是对社会客体对象的正确反映,其标准在于社会主体的认识与社会客体对象相符合。因此,社会真理只具有客观实在性这一唯一特性,而不具有阶级性。在继承和批判先辈研究的基础上,张明仓提出,社会真理是社会意识对社会客观实在——人与社会的存在及其关系的正确反映,是主观性与客观性的统一,是社会主体与社会客体之间的双向符合。但是,在阶级社会里,社会主体往往具有阶级特性,这往往使社会主体对社会客体的真实性认知带有阶级性,而且社会真理的阶级性往往总是在于与先进的革命阶级的利益相一致。因此,社会真理似乎具有阶级性是必然的。但是,阶级社会是历史的产物,当阶级社会消亡,社会成为无阶级社会时,社会真理则会失去阶级性。所以,社会真理是阶级性与无阶级性的统一。此外,他在社会真理与自然科学真理的对比中,指出社会真理与自然科学真理具有类似的特性——绝对性和相对性、科学性和价值性等等。欧阳康教授则在社会真理与自然科学真理的对比中指出,人们对社会的真实性认识,具有经验性、具体性、理解性、反思性、批判性、实践性。而科尔舒诺夫和曼塔托夫从价值意义的角度主张,社会真理具有批判性,是真实性与创造性、客观性与理想性的统一。但是,人们的情感、自由意志、感觉、体验、交往等因素也会影响人们对社会的真理性认识。正如尼采所认为的,人们"'求真理的意志'的根源不是纯粹的'认识冲动',而是人类的生命本能、种族保存的需要、强力意志,既然如此,那么'真理'也不是某种自明之物,而是与人相关之物,是人类关系、信仰、价值等等"[①]。因此,社会真理还会有历史性、个别性等特性需要挖掘和研究。

---

① 周国平:《尼采与形而上学》,生活・读书・新知三联书店2017年版,第199页。

1.2.5 真理的社会特性研究和马克思主义哲学社会真理问题研究

自维科提出真理与创造的转换原则以来，人文社会科学获得了蓬勃发展。与之相应的是，随着19世纪中叶以来西方哲学界对黑格尔绝对理性哲学真理观进行广泛和深入的批判甚至"拒斥"，人们开始关注真理形成和产生的社会根源和社会条件，对于真理的社会特性问题的研究也随之逐步兴起和发展起来。与马克思科学地对待黑格尔的"绝对理性"真理观不同，尼采与实用主义则批判和拒斥以黑格尔"绝对理性"真理观为代表的传统形而上学理性真理观。

在《权力意志》一书中，面对虚无主义在当时欧洲的蔓延，尼采提出了"重新估价一切价值的尝试"[①]，试图通过对一切价值进行重估，克服现代社会中存在的虚无主义。他从分析和批判以苏格拉底为代表的"乐观主义的科学精神"(即显现在苏格拉底人格之中的"那种对于自然界之可以追根究底和知识之普遍造福能力的信念")入手，通过揭示和阐明"科学至上，知识万能，思维能洞悉万物的本质"[②]等观念的不合理性和科学理性的限度，突破和超越近代逻辑中心主义认识论，从价值维度对存在与意识的关系进行形而上学翻转。在此基础上，他从价值维度重新诠释和阐述了认识论层面的理性真理观与人们的社会生活相适应的关系，主张哲学从认识论层面普遍化、绝对化的理性真理世界(即超感性世界)回归到价值层面和艺术审美层面的个体化生命创造的现实社会生活世界，用艺术审美和生命的价值创造来代替理性真理，使价值意识取代真理认识而成为人们现实社会生活中处于第一位的影响要素。

与之相类似，实用主义也立足于价值效用层面，重新理解真理对社会生活的适应性关系。它认为真理的社会实践活动效用重于理论，坚信真信念是富有社会实效性的信念，这些信念要通过在其使用的社会生活环境中的适用性来考察其真假。为此，它提出真理的价值判断标准在于思想理论对社会生活"实用""有用"。詹姆士就认为，"一个观念，只要相信他对我们的生活有好处，便是'真的'。真原是善的一个别种，并不是单独的范畴"[③]，亦即"有用即真理""有用即是善"。杜威也指出，"'实用'这个词只是一切思维、一切反思的思考关联到结果作为最后的意义和检验的规则。

[①] 周国平：《尼采：在世纪的转折点上》，东方出版社2014年版，第71页。
[②] 周国平：《尼采：在世纪的转折点上》，东方出版社2014年版，第116页。
[③] [英]罗素：《西方哲学史》(下卷)，商务印书馆1976年版，第410页。

一个判断的意义在于它的预期的结果,它的真理由这些结果的实际证实来确定"①。显然,这是一种工具主义真理观。它否认传统形而上学绝对理性真理观,否认存在绝对的客观真理。而且,由于这样的真理对于社会生活效用的大小和程度是随着社会生活自身的变化而不断变化的,相应地这样的真理的科学合理性也是随之不断变化的,使得这样的真理具有具体性、历史性和相对性。由此,由尼采、马克思和实用主义所肇始的对传统形而上学真理观的批判和摒弃,在整个现代哲学内引发了一场重大的哲学自我启蒙运动,人们开始探寻一种新的突出主体性精神以真正切合社会生活本性的真理观。弗洛伊德、伯林、海德格尔、伽达默尔、维特根斯坦、杜威、福柯、德里达、哈贝马斯、利奥塔、罗蒂等人是这一运动的积极参与者和推动者,他们都大致主张,真理是"人通过自己的参与和创造而生成的结果,真理不能离开人的生命活动而存在,而是内在于人的生命创造过程之中"②。在当代哲学研究中,这种生命创造的真理观已由尼采的个体化创造走向"主体间"的共同参与、论辩和商谈,所以适合社会本性的真理就生成和创造于主体间的社会交往中。对此,自从胡塞尔提出并阐发"主体间性"以来,"主体间性"就随着现象学运动的深入发展不断被呼应、修正和深化。真理由此也开始被理解为"交互主体性"框架下的"社会性真理",作为一种自由想象的寻求共识的结果出现。与此同时,当代西方哲学的语言学转向成为这种创造论真理观的积极成果。他们把语言当作支撑认识的"阿基米德点",认为"真理"既是语言的性质,又是语言实践活动的结果。罗蒂就曾鲜明地表达了这种倾向,他认为"语言是被创造的而非被发现的,而真理乃是语言元目或语句的一个性质"③。维特根斯坦则提出"语言游戏说"。他认为,生活形式、实践和习俗只在参与和观察中显现,在游戏中成为最终的东西。随后,人们就把真理与语言游戏联系在一起而被理解为具有"语言游戏"的性质。此外,古典知识社会学和国外社会认识论,也分别从知识的社会特性和知识的社会建构维度,提出了自己的社会性的真理观。

对于真理的社会特性,国内学者也进行了一定研究。高清海教授指出,"真理本性所体现的……应当是实践的本性。实践本性是创造活动的

---

① [美]梯利:《西方哲学史》,葛力译,商务印书馆2005年版,第734页。
② 贺来:《论真理的社会生活本性》,《江海学刊》2006年第3期。
③ [美]理查德·罗蒂:《偶然、反讽与团结》,商务印书馆2003年版,第16页。

本性"①。人们追求的真理只能是人自己创造活动的产物,是人的创造本性的展现。这就进一步深化了人们对实践真理的认识。随后,马天俊教授则以《真理的境遇》为题,在批判近代认识论真理观基础上,从真理的境遇——语言、权力、权威和习俗维度,具体考察了实践对人们形成真理的根基作用,在此基础上又从人的历史性生存维度考察了人们在历史意识中形成真理的必然性。尚东涛教授则在《真理的"权威依赖"——"人的依赖"社会的真理存在》一文中,进一步详细分析了真理对权威的依赖关系。无疑,这些研究成果是合理而深刻的,对于我们深入研究社会真理问题具有重要的借鉴意义。但是,这些研究成果是就真理自身的认知而言的,是从真理的社会维度,即真理在产生、形成和发展等如何受到社会因素的影响和制约等方面而言的,所以,它们还不是社会真理问题本身的研究。本著作则从人的社会历史性生存出发,考察人们的社会认知和社会的总体性自我认识如何达到真理性的问题。因此,它不同于对真理的社会特性问题的研究,不再是外在地考察真理对于社会生活的适应性关系,而是深入到社会生活内部,从社会自身产生和发展的实践根源和社会生活过程本身去考察人们在文化传统、社会环境、权威习俗等因素的影响下如何达到对社会生活的真理性认识的问题。

1.2.6 马克思主义哲学社会真理的检验

从唯物史观角度看社会真理是实践活动推动社会生活发展过程中认识主体与对象互动交融中的相互趋近、双向符合和彼此协调一致。在《小逻辑》中,黑格尔曾指出真理是概念与对象的客观实在性的同一。真理包括两个方面,一方面是我们的对象性知觉、表象、意识与对象的客观实在性的统一;另一方面,真理是对象的客观实在性与概念的统一。前者是"形式的真理",是不错的;后者是内容真理,是具有"较深意义"②的。因此,社会真理既要"符合"社会生活的特殊本质及其存在、发展的过程和客观规律,要着眼于人的社会历史性生存及其社会活动的本性和规律,即"客观必然性",以此论证社会真理的正确性;又要"符合"主体的人性合理发展要求,要着眼于社会的发展进步和人的自由全面的发展,即"价值的应然性",以此论证社会真理的合理性。故社会真理是"客观必然性与价值应然性的完

---

① 高清海:《突破真理论的传统狭隘视界》,《哲学研究》1995 年第 8 期。
② [德]黑格尔:《小逻辑》,贺麟译,商务印书馆 1980 年版,第 399 页。

美统一"①。由于这一统一是在实践活动中实现的,而实践活动本身是因果性与目的性的统一,因此社会实践是检验社会真理的根本标准。但是,张明仓认为,这种社会实践不仅必须是合理的,而且必须得到人们的合理的认识和理解。合理地认识和理解实践,即在于实践目的与社会真理是否具有内在的相关性,实践的观念模型是否科学,实践的方法、手段是否可行有效,实践的结果是否满意等等。不过,这是在一次实践活动的过程和系统中检验相应的社会真理理论的。而社会真理是一个全体,是一个整体的连续过程,所以实践的检验也需要连续进行。对此,欧阳康教授也认为,由于认识与实践存在差异,亦即理论具有相对的单一性和封闭性,实践则实有相对的多样性和开放性,这使得社会真理的检验不仅在于自身的逻辑自洽及其与其他相关理论的融贯,而且在于在实践中不断实现与客观社会生活实在性的符合及其发挥在实践活动中的效用与功能,从而展开其有效性。因此,检验社会真理涉及实践检验方式、逻辑检验方式、思想实验方式;检验社会真理的尺度有:事实尺度、价值尺度等。

总之,当前国内外对社会真理相关问题的研究无疑是深入而富有成效的,为我们专门、系统、全面分析和探究社会真理问题提供了丰富的思想资源和理论借鉴。但是,社会真理问题毕竟是一个与社会实践相伴随的复杂的社会认识问题。需要、兴趣、价值指向、情感、文化传统、社会环境等因素都渗透在人们对社会生活的认识过程中,并伴随着实践活动的不断拓展和深入而不断变化,这使得人们对社会现象和社会事件及其相关社会生活过程的认识不断变化,从而影响到对于社会生活本性及其规律的把握。而且,人们对社会生活本性和规律的认识和把握,同时又蕴含着对社会发展的未来图景的构想,伴随着主体能动的想象力和创造性,这使得人们对社会的认识达到真理性更加复杂和困难。因此,人们对社会的真理性认识不是在一次实践活动过程中就能完成的,而是需要在持续不断的实践活动中逐步趋近社会的本真存在及规律的,因此人们对社会真理的掌握不是一蹴而就的,而是一个无限开放的持续过程。故而,我们对马克思主义社会真理思想问题的研究应该采取复杂的思维方式,从多角度多层面进行系统研究。而且,目前国内外学者主张运用分析实证的工程性思维考察社会事件或现象的研究者居多,而主张运用整体的辩证思维对社会发展的规律性及其总体性进程的历史性考察和分析的研究者居少。为此,本著作立足于社

---

① 张明仓:《社会真理:深化真理论研究的一个重要领域》,《社会科学辑刊》1997年第3期。

会实践,运用分析理性从社会事实的不同侧面考察社会事件及其现象,运用辩证理性从社会生活过程的不同阶段和总体进程考察社会发展的规律和本质特征,进而全面考察和充分审视马克思主义社会真理思想问题。

1.3 目的和意义

哲学是思想中所把握到的时代。它是对时代要求和时代所面临的问题的回应和解答。在现时代,现代性危机日益凸显,要求人们重新审视人类社会的变迁发展和人类自身的社会历史性生存。本著作开展马克思主义社会真理思想研究,就是试图从哲学层面回应和解答这一问题。它立足于社会认识论研究和哲学真理问题研究的已有成果,从马克思的唯物主义实践真理观和社会真理思想出发,借鉴和吸收相关社会理论和其他哲学真理观及相关社会思想,从认知角度探讨社会生活过程、本性和规律,揭示人的本真性社会历史生存;从主观意识层面,探讨人的思想观念、需要、动机、目的、意志、情感、兴趣、热情等精神性因素对于人们认识社会生活过程、本性和规律的影响;从环境条件层面,参考和借鉴关于真理的社会特性的研究成果,探讨文化传统、语言、风俗习惯、强力、权威等因素在社会真理形成、确立和认定过程中的作用。从实践本体论层面,探讨人的自我实现和社会自我批判性超越的革命方面对于社会真理的确证和检验。在此基础上,进一步探讨当前社会多样化思潮背景下马克思主义社会真理思想的生成和发展机制与当代中国社会真理观的建构,让人们正确合理地认识我国现实经济社会生活,为推动习近平新时代中国特色社会主义思想的创新和发展提供指导原则和方法借鉴。所以,开展马克思主义社会真理思想问题研究具有重要的现实意义和价值。

首先,开展这一社会真理问题研究,有助于引导人们有效从事社会实践活动,并为相关社会发展政策的设计和安排提供理论借鉴。

从认知层面看,社会真理不是人们基于流俗意见对社会现象及事件的感性认识和经验把握,而是批判和超越这些事物,在社会历史实践活动中对人的本真性存在的揭示和人的实践活动及其创造社会生活世界的本性和规律的正确合理性认识。而这正是人们有效从事社会实践活动创造社会生活的基础,甚至其本身就是对于社会生活世界的本真性存在的揭示和社会生活辩证发展规律的正确合理性把握。人们自由自觉的实践活动就是在一定的社会真理理论的指导下展开的和进行的,并且进而把自在的社会生活过程改造成"为我"的属人社会生活世界的。正如雅斯贝尔斯所言,"对一种状况的'领悟'改变这种状况,只要这领悟能够使人对该状况采取确定的态度并诉诸行动的裁决"①。故而,可以说,社会真理引导人们正确认社会生活本性和规律,进而引导人们有效从事社会实践活动,并为制定相关的社会发展政策提供理论支撑。从价值意义的角度看,社会真理包含着对人自身与社会生活现存方式革命性的批判和超越,它不仅描述和解释现存的人自身和社会生活,反映社会生活过程、本质和规律,而且观念地包含着社会生活自身存在的辩证法及其发展变化,包含着社会实践所内蕴的"未来的现在",包含着社会实践及其创造的社会生活的现在与未来、可能性与现实性的统一,这就为人们研判社会生活发展的可能性方向和制定社会发展目标及社会政策提供了基本立足点。

历史地看,事实证明也是如此。40年前关于"真理标准的大讨论",直接看来是要在学术上恢复一个基本的哲学命题,实质是要破除"两个凡是"的政治迷雾,为全党和全社会的思想解放奠定思想基础和理论依据。而且,真理问题的讨论,实际上也不仅仅局限于哲学认知的理论领域,探寻关于事物本性及其规律的真知,而是扩展到了社会实践活动领域,走向在社会实践活动推动人类社会发展的历史进程中寻求对社会生活过程及其本性和规律的真理性认知。因此,它兼有双重的功能和效用,也完成了双重的使命。从哲学角度看,通过对真理标准的讨论,肯定和确立了实践活动在生成、建构、检验和发展认识方面的基础作用和权威地位,回归了马克思主义的唯物主义实践真理观,同时也在社会生活领域肯定、承认和确立了社会生活的本质在于社会实践的唯物主义社会真理思想。从政治角度看,将这一实践真理观运用于马克思主义理论自身,破除了意识形态上的马克思主义绝对真理观,承认和肯定作为真理的马克思主义也有必要而且应当能够在实践活动中经受检验并获得发展,这就使马克思主义回到了应有的认识论和实践论地位。在这一思想指导下,全党全国人民解放思想,实事求是,重新诠释、理解和正确地运用马克思主义,并在实践中坚持和发展马克思主义。由此,真理标准大讨论为党的十一届三中全会的召开提供了哲学依据和思想基础,并成为我国解放思想和改革开放的先导,引领中

---

① [德]卡尔·雅斯贝尔斯:《时代的精神状况》,王德峰译,上海译文出版社2013年版,第25页。

国政治革命和社会革命。在这个意义上，马克思主义唯物主义实践真理观和社会真理思想的确立，就成为我国改革开放的历史起点，也成为我国现代化发展道路必不可少的逻辑起点。此后，随着改革开放纵深发展和社会主义现代化建设的展开和深入推进，学界对这一社会真理思想的探讨和研究得到了深入发展，人们对社会的真理性认识也随之获得进一步深化。在此基础上，中国共产党人不断深化对共产党执政规律、社会主义建设规律和人类发展规律的认识，提出了邓小平理论、"三个代表"重要思想、科学发展观、习近平新时代中国特色社会主义思想，并制定了蕴含"全面建成小康社会""构建社会主义和谐社会"和"实现现代化"三个核心价值要素和社会主义核心价值观及实现中华民族伟大复兴的中国梦的中国式现代化建设目标，形成了具有中国式现代化价值目标体系。可见，马克思主义实践真理观和社会真理思想可以为人们建构社会发展理论和制定社会政策提供思想基础和理论借鉴，全面系统地开展马克思主义社会真理思想问题研究是促进社会发展的现实需要。

其次，开展这一社会真理问题研究，有助于深化和发展马克思主义实践真理观，推进哲学真理论研究和社会认识论研究，并为人文社会科学的合法性进行理论辩护。

开展这一社会真理问题研究是突破传统形而上学真理观的狭隘视域，拓展和深化马克思主义实践真理论研究的需要。

传统形而上学真理论研究，由于没有对宇宙万物本体做出合理的规定和承诺，人们局限于科学理性的认知框架内，目光主要关注在科学化认知真理层面，仅限于从认识论角度去谈论真理，把主观与客观相统一的真理归结为主体与外在客体的本性和规律的单向符合关系，只强调主观认知与外在客观实体或其他现有理论的单向符合、融合及其效用。因此，这种真理观是一种探索发现事物已有的本性和规律的"发现论真理观"，其基本的预设前提是把认知事物的真理及本性和规律看作是相对独立于认识主体的、与人无关的自在之物和既成性存在，并且只能通过人们在认识活动中探索、发现而获得。正如尼采在批判黑格尔绝对理性的真理观时所说，黑格尔的绝对真理观念主张，"似乎真理是一种早已存在于宇宙间只待人去发现的东西"[1]。换句话说，"发现论真理观"主张真理是"存在在那里、有待发现和揭示的东西"，而不是在人的社会历史性生存活动中创造的和

---

[1] 周国平：《尼采与形而上学》，北京：生活·读书·新知三联书店2017年版，第199页。

生成的,并通过人们在实践活动中对事物本性的揭示及其运动过程和规律的真切领悟而获得。现阶段,这种真理观主要表现为:符合论真理观、融贯论真理观和实用论真理观。

符合论真理观从命题与客观事实的关系来界定真理,提出了真理的基本问题——"思想的客观性"问题,并尝试通过奠基于先验或经验、理性或语言来解答这一问题。这推动了真理问题研究的深入发展,为马克思主义哲学创造性地提出"实践的观点",解决"思想的客观性"问题,提供了可能性思路。融贯论真理观则主张,真理是理想化的、逻辑化的连贯思想。当我们判断一种信仰或观念是否真实时,要按照它发展至此的情况来适应和融贯我们已有的和可能的东西的必然联系在内的理想的完整命题系统。当然,命题的真理性是具有相对的,人们可以通过调整命题自身或命题系统而使命题能够被接受为真。因此,它可以通过逻辑上修正和补充理论的方式来确保命题的客观真理性。这就为马克思主义实践真理体系的逻辑自洽性检验提供了方法论借鉴。实用论真理观认为,真理必须具有双重性质:一是与客观实在相符合,坚持思想的客观性;二是观念必须具有适应性和适用性,观念只有证明与相关的概念相适应并在日常生活中具有适用性才为真,这就使得传统形而上学真理观转变成为一种活动的、能动的真理观。由于这一讨论真理问题的价值论视角与马克思主义实践真理观的价值视角有相近和相通之处,因而从适用性和效用的角度佐证了马克思主义实践真理观的现实价值。总之,这些哲学真理观的探讨都是富有意义和价值的,它们取得的辉煌成就在一定程度上推进和深化了哲学真理论研究的步伐。

但是,它们作为发现论的真理观是经不起理论推敲的。首先,从真理的生成和发展看,真理总是与人的特定生活方式,与理论的创造、传播和选择密切相关,也与人的价值追求密切相关。与人无关的真理只是一个乌托邦。因为事物只有在人的感觉表象中呈现,才能成为人的认识对象,人们才能获得真理。对于此,康德就指出,虽然在认识过程中"有事物作为存在于我们之外的我们感官的对象被给予我们,但关于它们就自身而言可能是什么,我们却一无所知,我们只认识它们的显像,也就是它们刺激我们的感官时在我们里面所造成的表象"。只有这些表象才能成为我们感性认识的对象,并由此提供给我们的知性加以反思,"而不是事物本身"①。在此基础上,马克思进一步明确指出,"我的对象只是我的本质力量之一的确证……因为对我来说任何一个对象的意义(它只是对那个与它相适应的感觉来说才有意义)都以我的感觉所能感知的程度为限。……而且连所谓精神感觉、实践感觉(意志、爱等等),一句话,人的感觉、感觉的人性,都是由于它的对象的存在,由于人化的自然界,才产生出来的"②。故而,真理的客观性也是指我们承认在我们之外有物体存在,但这些物体是通过刺激我们的感官而在意识范围内形成表象来影响我们的认识的,在认识过程中形成不依赖于主体的客观内容来加以表现的。其次,从真理的标准看,真理存在于人们的理智之中,是人们的理智所追求的目标,也是人们认识活动的结果。只有事物的客观本性和规律在人的理智中得到正确的反映,才是真理。正如康德所说,"真实与梦幻之间的区别并不是通过与对象相关的表象的性状来发现的,因为表象在这两者之中都是一回事",相反人们由感性表象出发对事情作出知性判断,判断"在对对象的规定中是不是具有真实性"来区别真实与梦幻的。因此,真理不存在于感性直观的经验认识中,而存在于人们的知性反思的判断中。因为"从显像出发做出一个客观的判断,这仅仅应归于知性"③。对于此,费尔巴哈在致黑格尔的书信中也指出,"正如事物不存在于思想之外一样,思想就是一切事物和主体的真正普遍空间,每种事物,每个主体都要通过对它们的表象,才能作为事物和主体存在于对它们的思想中"④。最后,从真理的实践根源看,正如马克思在《关于费尔巴哈的提纲》中所言,"人的思维是否具有客观的真理性,这不是一个理论的问题,而是一个实践的问题。人应该在实践中证明自己思维的真理性,即自己思维的现实性和力量,自己思维的此岸性。关于思维——离开实践的思维——现实性或非现实性的争论,是一个纯粹经院哲学的问题"⑤。这即是说,在实践活动中,人们对认知事物有某种意向性的价值追求,具备一定的实践条件和物质技术手段,客观事物的本性和规律

---

① [德]康德:《未来形而上学导论》,李秋零译,中国人民大学出版社2013年版,第32—33页。
② 《马克思恩格斯全集》(第三卷),中央编译局,人民出版社2002年版,第305页。
③ [德]康德:《未来形而上学导论》,李秋零译,中国人民大学出版社2013年版,第33—34页。
④ 《路德维希·费尔巴哈致乔·威·弗·黑格尔》,选自《黑格尔通信百封》,苗力田译编,中国人民大学出版社2015年版,第273页。
⑤ 《马克思恩格斯选集》(第一卷),人民出版社1995年版,第55页。

才在实践主体的意识、意志和能力面前向实践主体展开和暴露,由此人们才能认识和掌握真理。而"抽象的逻辑一致性,与社会活动和实践证实相脱离的理论,没有任何价值。人的本质是社会的,社会的本质是实践的——行为、行动和互动的过程。与实践相分离,理论就会徒劳地固执于错误地构想出的或者不可解决的问题,陷入神秘主义和神秘化"①。因此,真理根源于实践,在实践中生成和发展,实践是真理的本体论基础。

当然,这里需要注意的是,虽然符合论和实用论的真理观也谈论真理观的实践特性,但它们总体上还只是就真理作为理论体系(例如黑格尔就把实践看作是真理实现自身的一个环节)而言的,并未摆脱知识论真理观的理论形态,也并未摆脱为了实现从无知到获得真知的为之而知的思维倾向,因此是与马克思主义的实践真理观相区别的。就真理的目的而言,人们追求真理并不仅仅为了实现从无知到获得真知,更重要的是为人的社会历史性生存奠基,用真知去指导实践,实现合理有效地推动社会发展和人的自我本真性存在。马克思主义社会真理思想问题的研究,就是要立足于人类实践活动和人的社会历史性生存,特别是当代复杂的实践活动和人的现时代生存,把真理问题的研究由认知领域扩展到实践领域和人的社会历史性生存层面,由科学化的实证性理解扩展到价值意义下的人文特性的理解和还原论的存在论理解,还原真理的原初丰富内涵和人文特性,从人作为社会历史性的存在和人的价值兴趣、利益冲突、文化观念等方面,全面理解和把握人的本真性社会生存和社会生活过程及其本性和规律,并由此实现社会总体的自我认识。简言之,马克思主义社会真理思想问题的研究就是试图把人们对自身的本真性社会存在的揭示和对社会生活及其本性和规律的认识纳入社会实践和人的社会历史性生存中加以考察,考察人们在社会实践领域中认识和把握社会真理的内在必然性和现实性。因此,社会真理论研究不同于传统形而上学真理观关于真理的社会特性的研究和实践特性的研究,而是以人的社会历史生存和实践为根本立足点,以对社会生活的存在与发展的真理性认识为对象和目的的社会认识论研究。也正因为如此,它就把局限于科学认知层面的以人类世界的真理性认识为对象和目的的传统真理观研究,深化和拓展到了以人的社会历史实践和生存为根基的对价值意义的人文社会世界的真理性认识为对象和目的的研究,从

---

① [法]亨利·列斐伏尔:《马克思的社会学》,谢永康、毛林林译,北京师范大学出版社2018年版,第23页。

而使真理论研究的内容更加丰富和具体。

开展社会真理问题研究是深化社会认识论及其相关议题研究的理论需要。"社会认识论,即关于人们如何认识社会的哲学理论"①。而社会真理问题的研究,是以人们对自身的社会存在的揭示活动和对社会的认识活动为对象,试图通过探讨人们对自身的本真性社会存在的揭示和对社会生活的真理性认识问题,为人们科学认识自身的社会性存在和社会生活以及由此形成正确合理的社会真理观提供理论指导和方法论借鉴。因此,它本身就是社会认识论研究议题的应有之义,也是社会认识论研究的基本任务和核心主题。不仅如此,它还是社会认识论研究的深层难题。在探索科学认识社会的多种方法和方法论原则架构的社会认识方法论阶段,欧阳康教授在其论文《社会认识论——人类认识和自我认识之谜的哲学探索》中,在回顾我国社会认识论研究十多年来发展历程的基础上,提出了社会认识论研究的十大深层难题。其中,社会认识的真理性问题,即是社会真理问题。而且,当前社会认识论研究的基本构想就是要"紧紧抓住已经发现的理论和实践难题,尽快楔入理论的核心地带,深入中国和世界的历史现实,加强学术对话,突出社会认识论方法,力图在如何科学地认识社会这个层面上有所突破、有所贡献"②。在这一研究构想的指导下,本著作就是要在世界发展的多元化与一体化大趋势下,立足于当前我国现代化建设实践与发展需要,借鉴国外社会认识论和知识社会学关于真理的社会特性方面的研究成果以及相关的社会理论,并结合国内社会认识论关于社会的可知性和真理性问题的已有研究成果,从实践的观点出发,探讨马克思主义哲学社会真理的概念、特征、本质、类型在哲学思想史中的逻辑演变、实践生成及其检验等问题。在此基础上,探索和反思当前我国多样化社会思潮背景下马克思主义社会真理思想的生成和发展与当代中国的马克思主义社会真理思想的形成与发展。因此,开展马克思主义社会真理思想问题的研究有助于在真理观层面深化社会认识论及其相关议题——社会本体、社会理解和社会认同等问题的研究,推动社会认识论向深层次发展。

开展社会真理问题研究是确立科学的社会真理观,为人文社会科学提供理论奠基和合法性辩护的需要。社会真理问题研究,就是要力图在社会实践领域,在人文社会世界中确立起真理性的认识。一直以来有许多思想

---

① 欧阳康:《哲学研究方法论》,武汉大学出版社1998年版,第550页。
② 欧阳康:《深入探析人类社会自我认识之谜——社会认识论研究的回顾、透视和展望》,《武汉大学学报》1993年第6期。

家都认为,人类社会的"'历史'是建立在捉摸不定的流水之上的,是建立在喷涌无常的火山之巅的,以致意图从那里边去发现规律、观念、神圣的东西和永恒的东西的任何尝试,都可以被义正词严斥责为故意卖弄,或者先天的胡吹"①。简言之,人们对于社会世界的真理性认识是一个令人质疑的问题,社会历史类科学作为科学也自然缺乏充分的合法性理论依据。对于这一疑虑,维柯首先主张人类历史是由人类创造形成的,人类本性是由自然的或"天意"的规定而在人类创造性活动中历史地生成的。由此,他提出人类社会生活是可知的,来反驳笛卡尔借助普遍怀疑的方法确立科学真理而否认在社会领域确立真理性认识的可能性和社会历史类学科成为科学的合法性,达到了语言、习俗、律法和制度所组成的人类社会世界的由"语言文字学"②所确定的哲学真理,道出了黑格尔的"感性确定性",引入了自黑格尔以来称之为"精神哲学"的优先权。由此,人文社会科学就获得了存在的合法性依据和发展的动力,开始了它分化和专门化的迅速发展。随后,黑格尔在维科社会可知性思想的启发下,建构了关于人类社会总体发展的精神哲学体系——包括《精神现象学》《法哲学原理》《历史哲学》《宗教哲学》等等,提出了区别于形式逻辑的内容逻辑和理性真理观,力图弥合康德关于理论理性和实践理性划分的鸿沟,把哲学研究推向社会实践的境界。在批判和继承黑格尔理性真理观的基础上,马克思则立足于人的现实感性的创造性实践,提出了实践真理观,建构了他的历史唯物主义理论体系,从而为人文社会科学的发展奠定了坚实的基础。到了二战以后,人文社会科学迅速走到了当代科学发展的前沿而成为公众最寄希望的科学。但直到今天,它们作为社会历史类科学能否成为科学以及何以成为科学,仍有人存有疑虑。当代以波普尔为代表的反历史主义者就曾通过否定社会发展的规律性和预见性来彻底否定社会生活世界的真理性认知,进而否定社会历史科学的可能性、合理性和合法性。本著作在继承和发展马克思的实践唯物主义哲学真理观和社会真理思想基础上,从人类的社会历史性存在和社会历史实践,特别是当代人类社会的大实践出发,结合当代大科学的大发展,去考察社会的可知性和社会认识的真理性问题,为当代社会真理观的确立提供理论根据和哲学前提,也为当代人文社会科学的进

---

① [德]黑格尔:《历史哲学——干斯博士为原始第一版所作的序言》,王造时译,上海世纪出版集团 2006 年版,第 7 页。
② [德]卡尔·洛维特:《世界历史与救赎历史——历史哲学的神学前提》,李秋零、田薇译,生活·读书·新知三联出版社 2002 年版,第 139 页。

一步发展进行合法性辩护。

开展社会真理问题研究有助于人们科学认识我国现代化建设,进而克服社会思潮的不利影响,形成社会改革发展共识。从现有研究成果看,无论在实践上还是在理论上通过坚持社会主义核心价值体系来引领当前多样化社会思潮,已经成为学界的基本共识。而坚持和发展马克思主义来引领当前多样化社会思潮,则日益成为人们探讨增强马克思主义在思想意识形态领域主导权和话语权的主要努力方向。而且,学界对社会主义核心价值体系引领这些多样化社会思潮的必然性、机制建构、主要路径、重要原则、基本规律等问题都进行了详尽而系统的研究,成果已然相当丰富;对马克思主义引领这些多样化社会思潮的方式方法也进行了多方面研究,形成了一定成果。这些研究成果,无疑有助于从社会核心价值理念层面和意识形态领域的主导权和话语权方面,促进社会主义核心价值观和马克思主义对多样化社会思潮的引领,进而凝聚改革发展共识,形成改革发展的合力,继续推动我国经济社会持续健康发展。

尽管如此,但人们的社会实践活动是持续推动着人类社会不断向前发展的,"没有一种社会状态可以一劳永逸地被固定,尽管这是意识形态的目标。意识的其他形式和相互竞争的意识形态竞相出场并加入争斗。与一种意识形态作斗争的,只能是另一种意识形态或者一种真的理论"[1]。而社会真理作为马克思实践唯物主义真理观深化和发展的产物,作为人们对社会生活过程、本性和规律的正确合理性认识,反映在我国现代化建设中,在一定程度上就是人们对于我国现代化建设科学认知,故而在一定意义上就是这样一种"真的理论"。因此,除了通过坚持社会主义核心价值观和增强马克思主义意识形态领域话语权来引领社会思潮外,我们还可以从马克思主义社会真理思想角度引导人们科学认识我国现代化建设,实现对社会思潮的克服,凝聚社会共识。

而且,从认识上看,当前我国社会思潮不仅是我国特定社会群体和社会阶层对于我国社会主义现代化建设的利益、要求或观点的观念性表达,而且也是人们对于我国社会主义现代化建设的思想认识,是人们对于当前我国社会主义现代化建设的不同看法。由于这些看法既有错误成分,也有正确合理的因素,因此需要我们从认识层面全面考察这些看法,对这些看

---

[1] [法]亨利·列斐伏尔:《马克思的社会学》,谢永康,毛林林译,北京师范大学出版社2018年版,第59页。

法进行辨别和筛选,引导人们在辩证地扬弃这些看法中形成关于我国社会主义现代化建设的正确合理的看法。基于此,本著作把社会真理与社会思潮相提并论,从社会认识的角度揭示和阐明社会思潮及其共同特点基础上,探讨人们科学认识我国社会主义现代化建设,批判和超越社会思潮的路径。这不仅有助于促进人们全面认识和深入了解我国现代化建设,形成对于我国现代化建设过程、本性和规律的科学认识;而且有助于促进人们克服社会思潮的不利影响,凝聚社会发展共识,形成社会发展合力,推动我国经济社会持续健康发展。

1.4 创新之处

对照国内外的研究现状,本著作将从以下几方面进行突破和创新:

第一,厘清真理的思想史,并明确提出真理是人类社会历史性生存的独特方式。真理问题一直是哲学关注和思考的问题。自古希腊哲学以来,有关真理观念的思想层出不穷,其演变也呈现出多元化发展趋势。由于涉及真理观念的人物很多,并且研究视角各异,因此中西哲学界虽然都有从各自角度形成和建构起来的真理观念思想史,但是鲜有人从真理与人的本质存在,亦即与人的社会历史性生存的本质关联的角度对这一思想史进行系统梳理。本著作运用词源学方法,从真理与人的社会历史性生存的本质关联的角度,力图厘清真理内涵在哲学思想史中的逻辑演变,并结合不同时期的真理观念与当时哲学关注的对象和问题之间的内在关联展开叙述,大体梳理一条思想逻辑演变的清晰脉络,从而为下文社会真理思想的论述奠定基础。

第二,对马克思主义哲学社会真理内涵的界定和结构的分析,揭示和阐明社会真理的独特内涵和结构。人们对于社会真理内涵的界定多种多样,众多思想家从各自立场出发阐释自己对社会真理的认识,在一定程度上造成了人们对于社会真理内涵认识问题上的混乱。本质而言,并不存在一个统一的、绝对不可更改的社会真理的内涵规定,任何对于社会真理内涵的合理规定都有其存在的理由。本著作从哲学真理论的角度,立足于社会认识论来界定社会真理内涵,同时剖析社会真理论提出的背景和基础,凸显社会真理问题研究的人性根基和内在必然性。在此基础上,考察社会真理的基本特征和基本类型,并辨析社会真理与其他相关概念的区别与联系,凸显社会真理的独特内涵和本质规定。同时,考察哲学思想史上社会真理思想的演变历程,凸显马克思主义社会真理思想对于传统形而上学社会真理思想的突破与超越,进而彰显社会实践活动对于社会真理形成与发展的根基作用,为下文论述马克思主义哲学社会真理的实践生成提供理论依据和研究思路。

第三,探讨马克思主义哲学社会真理的实践生成问题,揭示形成这一社会真理的可能性途径。社会真理作为人们对于社会生活的正确合理性认知,不同于自然物理世界的科学认知之真理的独特之处,就在于它是人们在社会实践活动中对于社会生活及其本性和规律的揭示和领悟。其中,人类社会实践活动作为"一种因素的努力",它规定作为"认识存在物的人的行为"[①]。因此,人们对于社会生活及其本性和规律的认识和把握,不能够局限于自然物理世界的科学化认知模式,仅仅对其冷静旁观,而是需要参与到现实感性的社会生活中去,在实践活动中对社会生活进行认识和理解。正因为如此,本著作试图在批判和超越以往人们运用自然物理世界的科学化认知模式去认知和把握社会生活基础上,立足于社会实践,通过分析和阐明马克思主义哲学社会真理实践生成的基础和动力、生成的前提和条件、生成的方式和途径、生成的关键环节和中介,揭示马克思主义哲学社会真理生成的可能性和现实性,并由此为考察当前我国多样化社会思潮背景下社会真理的生成和发展机制,探索当代中国的马克思主义社会真理思想的形成与发展,提供科学依据和方法论借鉴。

第四,通过考察马克思主义哲学社会真理的标准和检验真理标准,为人们判断和评价社会认识的正确合理性提供有效标准。由于社会真理是在实践活动中创造形成的,因此它的确定性标准不再是知识论意义上的如实地反映或符合作为客观对象的社会实在,而是在实践活动中实现它与这一客观对象的辩证统一,它的检验标准也不再是既定的和现成的客观实在和教条,而是现实、感性的物质实践活动及其结果。为此,本著作试图在突破当前社会学和社会理论主要运用的实证性方法和工程思维对社会真理进行经验性研究的基础上,立足于社会实践,通过分析马克思主义哲学社会真理的基础标准和客观标准,明确社会真理的确定性标准;通过分析社会真理的实践标准和逻辑标准,明确社会真理科学合理性的检验标准。

---

① [波兰]莱泽克·科拉科夫斯基:《走向马克思主义的人道主义——关于当代左派的文集》,姜海波译,黑龙江大学出版社2013年版,第37页。

第五，通过探讨社会思潮多样化背景下马克思主义社会真理思想的生成和发展的机制和路径，促进人们科学认识我国现代化建设，从而批判和超越这些社会思潮，凝聚社会共识。如前所述，当前我国社会思潮不仅是我国特定社会群体和社会阶层对于我国现代化建设的利益、要求或观点的观念性表达，而且也是人们对于我国现代化建设的思想认识，是人们对于当前我国现代化建设的不同看法。由于这些看法既有错误的内容，也有正确合理的因素，因此需要我们从认识层面全面考察这些看法的基础上，对这些因素进行辨别和筛选，引导人们在辩证地扬弃这些看法中形成对于我国现代化建设的正确合理的看法。基于此，本著作立足当前我国现代化建设实践，从社会认识的角度揭示和阐明社会思潮及其共同特点基础上，探讨人们科学认识我国现代化建设，进而批判和超越社会思潮，凝聚社会共识的路径。故而，它从研究角度和研究思路都不同于以往学界从价值维度和意识形态角度对于社会思潮引领的研究，而是立足于社会实践活动，从社会认识角度引导人们在"改变世界的过程中"，促进他们自身对这些社会思潮的"思想改造"，从而在推动经济社会发展过程中实现对这些社会思潮的批判和超越。而这也是本著作研究的重要创新之处。

1.5 研究的思路与方法

对象的性质决定研究的思路和方法。社会真理作为哲学真理的一种，不同于其他社会科学关于社会现象和社会事件的知识性探讨，而是对人的本真性社会存在的揭示和社会生活过程、本性和规律的研究。同时，它作为社会认识论研究的核心议题，不同于一般知识论的哲学真理论研究，而是立足于人类社会实践，在社会生活中探讨作为人类实践领域的社会生活的真理性认知问题。因此，社会真理问题研究，不是纯粹的以真理认知的社会特性为对象的专门性研究，而是一项综合了人的社会存在样式的研究。就考察思路而言，社会真理的根本立足点是人们的社会实践及其相应的社会历史性生存。但是，在不同社会形态中，由于社会本体论承诺的差异和人们的现实社会生存状况的不同，导致人们对自身的社会性存在和社会生活的真理性认知也存在差异。本著作就是要通过厘清社会真理的内涵、特征、类型及本质和梳理、分析哲学思想史上不同社会形态下的社会真理思想，阐明开展社会真理问题研究的必然性和合理性。同时，返回到社会实践和人的社会历史性生存中,考察社会真理的实践生成机制及其方式。人在奋力生存中追问社会真理本质,社会实践的二重性决定着人们对自身本真性社会存在的揭蔽与遮蔽,也决定着社会真理的揭蔽与遮蔽。作为现时代人类社会实践大发展的结果,人的本真性社会存在被遮蔽了,人们被社会真理遗弃了,失去自己的精神家园,处于无根的流浪状态。沉沦,闲谈,常人状态成为人的现实社会历史性存在的典型特征。于是,返回到社会生活世界中,重新揭示人的本真性社会存在,把握社会真理的本质,进而重新建构人类的精神家园,为人类的现时代社会历史性生存奠基,就成为当前重大现实问题和时代要求。考察当前我国多样化社会思潮背景下马克思主义社会真理思想的生成发展机制和探索当代中国的马克思主义社会真理思想形成与发展,在一定意义上,就是对这一问题和要求的解答和回应。

而且,人们通过具有本体特性和逻辑特性的社会实践活动,一方面敞开人类社会生活领域,使社会生活在这一敞开域中自行显现为无蔽者,人们对其认识和领会并把握其中的因果联系和社会发展的必然性,但另一方面,在这一有目的有意识的自觉的社会实践活动中,人们"总是倾向于把他生活的小圈子看成是世界的中心,并且把他的特殊的个人生活作为宇宙的标准"[1],亦即"把自己最可爱的自我定位在眼前,作为是自己努力的唯一参照点,并且力图使一切都以自利为轴心而转动的人"[2],因此人们的实践活动也通常习惯于以自我价值为本位,从自我生活的世界出发,一般只着眼于"方便可达的和可控的东西",并且其实践行为也只针对"此一或彼一存在者及其当下可敞开状态"[3],这种人乃是最大多数。由此造成的后果是,社会实践活动在使人的社会历史性生存和社会生活的本真状态在一些方面得以显现的同时,也带来了对社会生活整体的遮蔽。这就造成人的本真性社会存在与非本真性社会存在的原始可能性,社会生活以本真状态或以伪装与掩蔽状态向人们呈现,从而导致人们对于社会生活形成真理性认知或非真理性认知。由此可见,非社会真理作为人的社会性存在之无蔽的真理之原始本质,就属于社会真理之内在的可能性。而社会真理的本质就是在与非社会真理的原始斗争中得以形成和确立的,就是在社会真理非本质的解蔽过程中,返回到社会生活的无蔽状态下获得的。这使得社会真理

---

[1] [德]恩斯特·卡西尔:《人论》,甘阳译,上海译文出版社2013年版,第26页。
[2] [德]康德:《论优美感和崇高感》,何兆武译,商务印书馆2001年版,第26页。
[3] [德]海德格尔:《路标》,孙周兴译,商务印书馆2000年版,第224页。

的形成和确立不可能一蹴而就,而必然是一个连续不断的生成过程。正如黑格尔谈及科学认识的形成和确立时所主张的,真理是"一个整体",是一个"通过自身的发展而不断完善着的本质"①。此外,社会真理在社会历史的不断变化发展中生成和呈现,社会生活方式的变更决定着社会真理的逻辑演变和范式更新。不同历史时期的社会真理的历史形态、本体论基础和内蕴的人的社会性存在特性,映射了该时期以生产方式、社会关系和文化形态为基础的社会生活方式。社会真理及相关的社会发展,就是人们在实践活动推动社会生活方式不断变更中寻求领会自身的社会性本真存在和揭示社会发展的本性及规律,并通过规范和指导人们运用自由意志和本质力量对现实社会生活进行批判和改造,实现社会自身内蕴的应然的必然性和社会生活的合理化过程。就此而言,社会真理的存在样式和人类对自身的本真性存在的揭蔽,在一定程度上反映了人对自身社会性存在的占有和实现程度。

同时,社会真理作为人的社会历史性生存方式,在既指向客观世界本体又指向有意识的逻辑思维活动的社会实践敞开域中,展开自身为无蔽的存在,这使得社会真理本质的揭示不仅具有可能性而且具有的历史性特点,由此就与对自然物理世界的科学化认知的真理区别开来。而且,人的社会历史性生存"植根于作为自由的真理,乃是那种进入存在者本身被揭蔽状态之中的展开"②,在这种无蔽状态下,人类周遭世界才自行显现为人类社会世界整体。由此,人类才与整个人类社会世界本质关联,人类社会生活历史才真正开始自己的本真历史,社会真理才能够真正得以展现和确立。这就使其从根本上区别于自然的"无历史"的存在。基于上述考虑,本著作主要运用如下研究方法:

(1)词源学方法。词源学梳理作为一种严谨的学术研究方式,自亚里士多德以后,就成为学术研究的范型,备受历代哲学家推崇。当人们研究某一概念或问题时,就会自觉地将家族类似的词汇或问题汇集起来,以形成一条词源学的发展脉络,便于对该概念或该问题进行历史性考察,突显出该问题或该概念的一般本质并确立其在这一发展脉络中的合理位置。在当代,语言哲学和解释学的兴起给这一研究范型注入了活力,促进和推动了这一方法的传播和应用。本著作对于社会真理的研究,致力于词源学

---

① [德]黑格尔:《精神现象学》(序言),先刚译,人民出版社2013年版,第13页。
② [德]海德格尔:《路标》,孙周兴译,商务印书馆2000年版,第218页。

方法的运用,在于从哲学思想发展史中梳理出真理概念的发展脉络,归纳出真理的独特内涵和本质,并以此为基础,考察社会真理概念的内涵、问题提出的背景和基础与理论的特征、本质、类型及其在哲学思想史中的逻辑演变,确立社会真理论研究在哲学思想史发展中的合理位置。

在人类思想发展史上,几乎没有一个重要的哲学概念是毫无变化且完全保留下来的,而是在不同时期的不同哲学家那里,这些哲学概念根据自身思想的逻辑需要和社会现实的发展需要及个人的生命体验,在诠释方面和批判方面不断地发生着延续性的流变。真理概念作为哲学的核心概念之一,其内涵和本质在哲学真理论发展史中的变化更是如此。虽如海德格尔在《存在与时间》中说道:"哲学自古把真理与存在相提并论"[①],真理总要从存在者的晦蔽状态的揭示中获得,但这并不意味着在不同时期真理概念的流变不会从存在层面上自我失落,不会被存在所遗弃。自赫拉克利特在通过话语"让……展示以给人看"的意义上提出了"逻各斯"概念而把哲学研究带上了追求真理之路后,巴门尼德首先在存在论层面上提出了在对存在者之存在揭示意义上探讨真理的两条道路:"一条是揭示之路,一条是晦蔽之路",指出人的历史性生存已经在真理和不真之中,而真理本质的揭蔽就是在对此有所领会并区别这两条道路以决定选择其中之一而达到的。由此,"在最原始的意义上,真理乃是此在的展开状态,而此在的展开状态包含有世内存在者的揭示状态",并且"此在同样原始地在真理和不真之中"[②]。鉴于此,亚里士多德就把这种由"事情本身"所引导而进行追问的研究活动称为"关于'真理'的'哲学'活动","哲学本身也被规定为'真理'的科学"[③],被标画为"考察存在者之为存在者的科学"。在这里,亚里士多德把真理与事情、现象相提并论,真理就意味着"自身显现的东西"[④],它们以这样或那样的方式而得以揭示。真理作为此在的展开状态是社会历史性生存的人在对存在者存在的解蔽过程中得以敞开的,其本身就包含有话语。而人的社会历史性生存使得这一揭蔽行为朝向存在者保持开放。

---

① [德]海德格尔,《存在与时间》,陈嘉映等译,生活·读书·新知·三联书店2006年版,第245页。
② [德]海德格尔,《存在与时间》,陈嘉映等译,生活·读书·新知·三联书店2006年版,第256页。
③ [德]海德格尔,《存在与时间》,陈嘉映等译,生活·读书·新知·三联书店2006年版,第245页。
④ [德]海德格尔,《存在与时间》,陈嘉映等译,生活·读书·新知·三联书店2006年版,第252页。

在这一揭蔽行为的敞开域中,存在者本质性地呈现出来。因此,此在道出自身,就是在命题中以被解蔽的存在者之情况道出自身,而此在之揭示行为的开放性则赋予陈述以正确性。由于命题道出存在者之揭示状态并把其保存在道出的东西中,由此上手之道出的东西本身就与关于存在者之命题内在关联,此在就在此时把自身带进所陈述之存在者的揭示状态,由于这一所谈的存在者被看作是"世内的上手事物或现成之物",因此这种内在关联也显得像是现成联系。于是,某东西被揭示的状态,就变成了现成的一致性,即"道出的命题这一现成东西对所谈的存在者这一现成东西的现成一致",而这一现成的一致也"就表现为两个现成东西的现成符合"①。由此,真理在此的展开状态和对存在者的揭示状态层面上的真理就变成了世内现成存在者之间的符合意义上的真理。结果,真理本质就在希腊人那里,在存在论生存论层面上失落了,被存在遗弃了。此后的两千多年里,这一符合论真理观在存在论上对于"符合",对于实在的东西与观念的东西的内在符合的合理性问题并没有什么进展,真理本质一直被定义为"认识同它的对象的符合"。本著作就是要返回到真理本质之发生的决定性开端——古希腊哲学的原初境遇,从希腊人对真理概念的把握入手,在存在论基础上,梳理不同时期此在对存在者存在的解蔽过程并由此获得对真理本质的揭示的逻辑演变线索,概括出现行真理观形成的逻辑必然性及其实质,揭示出真理的原初本质在演变过程中在存在论上的失落,突显真理原初本质朝向存在者存在的内涵丰富性,为阐释社会真理内涵奠定基础。在此基础上,辨析真理与真实、真理与谬误、真理与知识、真理与信念等的关系,突显出真理的独特本质,为阐明社会真理本质提供基础。

(2)实践诠释的方法。马克思说:"全部社会生活在本质上是实践的,凡是把理论引向神秘主义的神秘东西,都能在人的实践中以及对这个实践的理解中得到合理的解决"②。社会实践是人类社会生活存在和变更的前提和基础,也是社会真理形成和发展的根据和动力。人类社会生活以社会实践活动及由此形成的社会关系的形式得以展开和存在。社会真理就是人们在人类社会实践活动中对社会生活这一展开和存在形式的科学合理性考察。

人们在各种实践活动(包括生产实践、交往实践、语言实践等等)中正

---

① [德]海德格尔,《存在与时间》,陈嘉映等译,生活·读书·新知·三联书店 2006 年版,第 258 页。

② 《马克思恩格斯选集》(第一卷),人民出版社 1995 年版,第 56 页。

确揭示和认知社会生活及其本性和规律,本真性领会由这些实践活动所形成的各种社会关系包括生产关系、交换关系等)及由此形成的人的社会历史性存在,由此形成社会真理,伴随这些社会实践活动的不断扩展与深入和社会关系的多元化背景下而丰富与发展这些真理。因此,社会真理不是纯观念形式的虚幻之物,而是植根于人类社会生活过程,在社会实践活动中创造和生成并不断发展的具有客观实在性的东西。它作为实践观念进入社会实践活动,在实践活动中几乎承载着对人的社会存在和社会生活总体认识和反思的全部特征。而且,就社会真理的认知构成而言,无论是人作为社会主体和社会生活作为社会客体,还是社会主体对社会生活本质的揭示和认知方式及其相应的社会历史条件,本质来讲,都是实践活动的产物。因此社会真理样式的多样化、内容的丰富化、实践生成方式和机制的复杂化及检验的困难性等等,实际上都是人类社会实践领域不断拓展,实践方式日益多样化和复杂化的结果。而且,社会实践活动使人们以筹划自身在世界中的存在并付诸社会实践活动的方式建立自身与周遭世界的因果联系,形成自身的本真性社会历史生存,并在此基础上形成对社会生活的本性和过程的正确合理的认知和把握。这决定了社会真理的认知不是对社会既定的和现成的事实的自然直接性的感性认知,而是在社会实践活动不断揭蔽社会生活的现成存在而使社会生活的本真性存在得以敞开,并领会这一揭蔽过程和社会生活本真存在及社会生活本性及运动规律的过程。在这一过程中,人们的主体性意识自觉构成社会真理生成和发展的前提和重要条件,社会交往的不断扩大成为社会真理生成和发展的基本方式和主要动力,主体间的语言实践活动则构成社会真理的关键因素和传播的中介环节。同时,社会真理又是一个在实践过程中不断批判和扬弃自身以持续确证自身的检验过程。它通过以下方式:社会发展方式是否符合主体的目的与社会发展规律,社会推进手段的是否有效并符合道德伦理,社会发展结果是否符合审美要求,社会的总体认知又是否符合社会生活本性和总体运动过程的规律等等来不断检验社会主体对社会生活及其本性和规律认知的正确合理性。

实践诠释法就是用实践的观点,立足于人的社会历史性生存,在社会实践中去认识和反思社会真理的生成和发展,去揭示社会真理形成和发展的内在机制、深层根基和根本动力,从实践的根基处去揭示社会真理本质与非本质都植根于人的社会历史性生存的原始性,并且最终也靠对社会真理非本质的解蔽过程返回到社会真理的本真状态而确立社会真理本质。

运用实践诠释法研究社会真理,其一,要根据社会真理所植根的人的社会历史性生存和人类社会实践,特别是当时人们的实践方式和社会生活状况及社会本体论认识来理解社会真理的生成、发展和检验,从社会实践活动和人的社会生活方式的研究来深化社会真理论的思想追溯。其二,要理解社会真理作为人的社会历史性生存方式和社会历史实践活动的同质同构性,社会实践活动对社会生活保持开放,使得社会生活呈现在人们的面前让人们看,但另一方面作为让人们看到这样或那样的存在者同时又掩蔽它的其他方面,这使得人们需要在实践活动中不断揭蔽社会生活的本真性存在,在实践活动中持续认识社会生活本身。在现代社会中,人们的思想危机和精神危机正是在现代科技推动社会生产力大发展条件下,人们对自身的本真性社会存在的遮蔽和遗忘,社会真理对人的社会历史性生存遗弃,进而导致了人在精神上的自我失落。人处于无根状态,四处漂泊流浪。现时代社会真理观的建构就是要立足于现代社会深入发展的大实践,在重新审视实践活动的二重性的基础上,不断提升实践水平、拓展和调整实践方式及实践手段、规范实践内容,以此来不断解蔽已经被遮蔽的社会生活,返回到社会生活的本真状态,重新占有人的本真性社会生存。这使得社会真理作为人的社会历史性存在方式具有普遍的实践生存意义。

当然,实践诠释法是展开社会真理论研究的根本方法,但不是社会真理论研究的唯一方法。社会真理作为人在社会历史中的展开状态,虽然呈现于人的社会实践活动中,但更是奠基于人的社会历史性生存,是人的社会历史性存在方式。也正因为如此,它不仅是人们合理有效进行社会实践的前提和根据,更是社会自觉的标志和社会发展进步的前提和根据。为此,我们不仅需要运用实践的观点和方法去考察,更需要体验和理解等其他方法作为补充和拓展。

(3)理解性方法。社会生活世界的存在方式与自然物理世界的存在方式不同,对于社会生活的本真性存在的揭蔽及其发展过程的总体认识必然不同于对自然物理世界的存在及其本性和运行规律的认识,由此导致对社会真理本质的揭蔽与对自然物理世界科学认知之真理本质的认识也必然有所区别。自然物理世界奠基于存在者整体的涌现,以存在者整体的形式呈现;而人类社会生活奠基于人的社会历史性生存和社会实践活动,社会运动发展的主体是人,人是在自由自觉的实践活动中运用自由意志推动社会运动发展的,这使得人类社会在发展中充满了人们的需要、意志、理性和激情,社会发展过程呈现出自觉性、目的性、计划性、批判性和理想性,社会现象也因包含人的思想动机、价值追求等因素而具有属人性、具体性和历史性。这就进一步决定了人类社会不同于"无历史"的自然物理世界。自然物理世界的存在,只有在获得人类承认的条件下才具有历史。在这种情形下,人们可以用实证分析的方法客观地认知自然物理世界,正确地揭示事物自身的因果联系,在不断重复的实验活动中发现事物运动的客观规律并确立关于自然物理世界科学认知的真理,因此以自然物理世界为研究对象的自然科学得以可能的条件是承认规律的客观性与普遍有效性,而这也使得它与人文社会科学具有较大差异。

人在社会世界中的生存具有绽开的历史性和不可逆性,这使得社会发展具有生成性和不可重复性。而且,社会现象作为人的活动的产物,又体现着人的本性需要和本质力量,包含着价值因素和人文意蕴。这些因素都使得社会的认知不能仅仅局限实证分析法,而必须诉诸理解性方法。对于此,狄尔泰就指出,"如果说在自然科学中,任何对规律性的认识只有通过与精神生活的联系才能获得自己的论证,而在人文社会科学中,这种论证是在体验和理解中获得"①。而且,正如黑格尔所说,"想弄清楚事物的真实性,仅凭人的注意力是不够用的,还需要有改造直接存在之物的主观能动性。人的智力只能认识世界,被动地接受世界,但意志可以让世界成为它应有的形式"②。有鉴于此,邓晓芒教授在《思辨的张力》一书中也指出,"人们之所以能'旁观'到世界行程的本体过程,也只是因为人自己参与并投身于现实的世界行程之中进行活动,并具体地体验到了生活的内在真谛之故"③。在社会生活中,人们通过有目的有意识的社会实践活动实际地参与到整个社会生活发展的历史进程中,在开拓和建构自己的社会历史性生存的同时开启了社会生活世界,把社会生活本身呈现在自身面前,供自己把玩和领会。社会真理就是人们在对社会生活的敞开状态例如生产实践活动、交往实践、文化形态、法律关系、道德规范等表现形态的领会中把握社会生活的本真性存在并加以认识的。由此,在社会真理的领会中,人的社会实践活动融入社会生活的整体中,与社会生活总体形成了协调一致。在这一协调一致中,人们作为社会生活的实践主体和认识主体与社会

---

① [德]狄尔泰:《狄尔泰全集》(第一卷),转自李勇《社会认识进化论》,武汉大学博士学位论文,1998年,第31页。
② [苏]阿森纳·古留加《密涅瓦的猫头鹰——黑格尔》张荣,孙先武编译,中国工商联合出版社2015年版,第88页。
③ 邓晓芒:《思辨的张力——黑格尔辩证法新探》,商务印书馆2008年版,第621页。

生活融为一体而被嵌入到这一揭示的社会生活整体之中，由此社会生活就不是作为人们认识的对象而呈现在人们面前，而是作为人们的实践活动所开启的被带入人的社会历史性生存中的世界。就此，人们的主观思维实现了现实化、客观化，客观本体则实现了主观化、合理化，从而实现了"思维与存在的直接统一"①，实现了人们的认识与自身生存的客观世界的真正统一。而且，由于人在社会实践活动中也不可避免地会把个人的意识、主观愿望、自由意志、价值旨趣、利益追求和热情等因素渗透到认识活动中，这就使得人们的认识活动具有目的性，认识结果具有价值性和意义性。但就个人的意志、愿望、兴趣需要和利益等而言，由于这些因素是当下的、私人的、模糊的，这使得认识活动和认识结果具有个别性和主观性。它们只有借助于共通感和移情等方式在交互主体间获得社会理解，才能获得普遍性和客观性，获得普遍的社会价值和社会意义。因此，运用理解的方法来研究，无疑是把握社会真理的一个重要方法。

在社会实践活动中，由于人的作为认识主体与社会生活作为认识对象实现了辩证统一，因此人们在察看社会事件和社会事实的过程中可以在精神层面重新发现自己以往的存在形式。而这种发现是以自我与他人的形式存在，并且在任何一个共同体的主体之中、"在任何一种文化系统之中都存在"，所以对于人们共同的精神状态的社会理解就成为可能。"'理解'既是人们是对其他人所表达的东西及其意义的把握和领会，也是人们对其他人的心灵的渗透"②。在理解活动中，人通过参与到社会运动中，认知社会历史性实在的同时，再现这些社会事件和事实"所具有的各种联系系统和发展阶段的记忆，对各种事件的过程进行重构"③，并进行系统表达，对他人产生影响，从而获得对自身的社会历史性生存的认识，确立社会认识的客观性，形成社会真理。

---

① 邓晓芒：《思辨的张力——黑格尔辩证法新探》，商务印书馆2008年版，第604页。
② ［德］威廉·狄尔泰：《历史中的意义〈译者前言：狄尔泰及其"历史""哲学"〉》，艾彦，逸飞译，中国城市出版社2002年版，第17页。
③ ［德］威廉·狄尔泰：《历史中的意义〈译者前言：狄尔泰及其"历史""哲学"〉》，艾彦，逸飞译，中国城市出版社2002年版，第12页。

2. 真理的一般思想史考察和本质规定

社会真理作为真理的一种特殊形式,其本质规定内蕴于真理的本质规定中。因此,对于社会真理本质的揭示和阐明,源于对真理本质的揭示和阐明。但是,真理作为事物存在过程、本性和规律之解蔽,不是一经形成就固定不变,而是在不同历史时期适应思想发展的逻辑需要和社会发展的现实需要以及哲学家个人的生命体验,在其诠释方面和批判方面不断地发生着延续性的流变。本著作从思想史上考察真理观念的逻辑演变,其意义就在于:系统地梳理和分析真理观念史,总体概览真理思想的演变历程,从空间上把握真理思想的演变与特定的人的社会历史性生存境遇的内在关联,从时间上把握真理问题的内在逻辑发展;清理繁多而复杂的真理问题的研究成果,纠正以往人们的错误真理观念和在真理问题研究中存在的误区,挖掘切合时代的实践资源和思想资源,探求现时代人的自我失落所导致的无家可归状态和无根状态及其"症结"所在;厘清真理概念的基本内涵,阐明真理的本质特征和结构,辨明真理的本质规定,为拓展和深化真理论研究与开展马克思主义社会真理思想问题研究奠定基础。

本著作对思想史上真理思想的梳理和分析,大致从以下几方面展开:首先,从词源学上对真理概念进行思想史的追溯性考察,在中国传统文化与西方文化传统两条发展线索中探究真理本质内涵的形成与流变;其次,对真理的本质与真实、错误、信念和知识等概念的本质进行对照和区分,确立真理本质的独特内涵。

2.1 真理思想的溯源

严格意义上讲,真理观念是公元前5世纪至6世纪随着人类社会由远古时代进入文明时代逐渐形成,进入人类的轴心时代时逐渐出现的。此后,伴随着人们实践活动的纵深发展和人类社会生活的历史变迁,真理观念作为人们生产生活的思想基础和人们的基本生存方式,也伴随着人类认识能力的不断提升而获得了深入发展。从词源学上追溯真理概念的起源,廓清真理思想的演变历程,对于正确把握真理概念的丰富内涵,全面认识真理的本质特征及真理与社会现实生活的内在关联具有根本的奠基作用。当然,这里需要注意的是,虽然在人类实践活动的发端之时,探寻世界万物存在的始源和发现事物运动的"不易之道",以解释事物及其呈现的现象,为人类有效地进行实践活动提供前提和根据的心理倾向和意识已经出现;但这些心理倾向和意识,由于没有经过人们的反思,没有在人们的思想意识中达到自觉,继而人们也没有由此建立一个原则,形成一个观念,以及明确的发展方向,因此人们也无法运用科学的思维方式进行逻辑规范和理论提升,结果它们始终没有超出日常生活经验的范围,故而在严格意义上还不属于真理思想。与此相反,这些心理倾向和意识还在大多数情况下以神话的形式呈现出来,以便运用形象化的思维方式认识和解释世界,故而在哲学产生之前大体上都有一个神话阶段。真理就是人类认识在批判和超越这一神话阶段基础上形成和发展起来的。伴随着人们批判和超越以形象思维为主要思维方式的神话,人类认识达到理智上的觉醒,哲学逐步产生,真理思想也随之逐渐产生和形成。因为与神话不同,哲学是"用抽象的概念、推理和论证来说明世界,要人类发展到具有一定的抽象能力和推理能力"①时,才产生和形成。与之相伴随的是,真理作为人们对生活世界的正确合理性认知,也是人们运用抽象概念、推理和论证形成和建构起来的知识系统(因为"真理唯有在概念那里才获得它的实存要素"②),因此也是随着哲学的产生而逐步形成的。但这并不意味这些心理倾向和意识与人类真理思想的形成和发展是毫不相关的,相反,它们构成了人类真理思想形成和发展的文化背景和精神基础。正是人们有了这些心理倾向和意识,才会在实践活动中从思想观念层面不断探索和追问人类生活世界的本性和规律,并由此逐步突破和超越自然直接性经验认识,走向逻辑概念和理论原则的建构,继而逐步运用科学的思维方式对人们关于生活世界已有的经验认识进行逻辑规范和理论提升,进而形成和建构起真理思想观念。

不仅如此,正如费孝通所言,"文化本来就是人群的生活方式,在什么

---

① 汪子嵩,范明生等:《希腊哲学史》(第一卷),人民出版社 2014 年版,第 55 页。
② [德]黑格尔:《精神现象学〈序言〉》,先刚译,人民出版社 2013 年版,第 4 页。

环境里得到的生活,就会形成什么方式,决定了这人群文化性质"①。这具体表现在哲学思想方面,就是不同的哲学传统和精神传统内在关联着不同民族的社会历史生存境遇,不同民族的关注视角、思维方式、文化心理、价值取向和伦理道德系统,造就了不同的真理意识和真理话语方式。以儒、释、道文化为主导的中华传统文化和以古希腊文化与希伯来文化为源头的西方文化传统内在关联着两种不同民族的社会历史生存境遇,代表着两种不同的真理意识和真理话语方式,形成了各自相对独立的真理思想。尽管如此,但从总体上来看,真理思想作为人的社会历史性存在方式都是为人的社会历史性生存进行先行筹划和奠基,为人的安身立命和终极关怀提供基础和根据,因此二者之间存在相融会通之处。

2.1.1 中国传统文化中的真理思想追溯

从性质和特点看,中国传统文化中的真理思想观念与西方文化中的真理思想观念是存在很大差异的。中华传统文化中的真理观念奠基于发达的农业文明与以"己"为中心、以亲属关系和社会地位的"差等的次序"②为纽带的社会格局之上,着眼点是人的情感维度和审美维度上的"生命"③,重点关注的是个体自我在个人自身生活、家族和国家生活中生命的安排、实现和安顿的问题,强调的是个人在道德实践层面上的向内修身以便达到"成德成圣"(即实现人的"价值主体性自觉"),并以此为基础向外在民族和国家中来处理人与人、人与民族和国家之间的关系,故而其思维倾向和价值旨趣重点放在伦理层面的"求善"上;而西方文化(在这里,主要是指古希腊文化)中的真理思想奠基于发达的商业文明和以社会团体的公共生活为基础、以个人与社会团体的关系为核心的社会格局之上,着眼点是人们生活于其中的感性经验"自然"或周围世界,重点强调的是在科学立场上和认知层面上基于人的"求知本性"向外求"格物致知",获得客观普遍的知识,实现人的"认知主体性自觉",并以此为基础进一步设计和安排公共社会生活,故而它在思想方面,更侧重知识的理论性、系统性建构,其思维趋向和价值指向关注点在于"求真",并在这一认识论基础上来探讨社会公共生活中德性层面的"善"。为此,费孝通在谈到中国传统社会的乡

---

① 费孝通:《文化与文化自觉》,群言出版社2016年版,第12页。
② 费孝通:《乡土中国》,上海人民出版社2013年版,第26页。
③ 牟宗三著,罗义俊编:《中西哲学之会通十四讲》,上海古籍出版社2007年版,第12页。

土特色时指出,在以发达的农业为主的乡土中国社会中,人们长期生活在相对安定的、孤立的和隔膜的、地方性的、固定的特定社会区域中。这个社会区域是人们"生于斯、死于斯的社会",人们对于这种社会环境是"熟悉"中的亲密感觉。在这个社会区域中,人们处于自给自足的文化经济生活中,这种文化经济生活不是那种具有高度社会组织性的社会化生产,而是人类让位于动植物自身的生产。人们生产活动的成功关键点不在于生产的组织和运行的高效及商贸活动的广泛深入推进,而在于"人与自然的和谐",人们的生产活动与自然节律、动植物的习性、人自身的需求相一致①。故而,人们需要的不是抽象的普遍原则来指导和安排日常生产生活,而是经验层面的个别"识见"来指导和安排日常生产生活。只要人们按照具体的和个别的传统经验的积累形成的习俗和规矩(即"礼俗")生活,就可以得到"从心所欲而不逾规矩的自由"。故而可以说,真理并不是人们安排日常生活所必需的。结果,"在乡土社会中生长的人似乎不太追求这笼罩万有的真理"②。正因为如此,张岱年在《中国哲学大纲》中谈及中国哲学中之致知论时,开篇也指出"中国哲学,最注重人生;然而思'知人',便不可以不'知天'。所以亦及于宇宙。至于知识问题,则不是中国古代哲学所注重的"③。结果,正如许多学者所认为的那样,"真理"一词虽然在中国传统文化中早已出现,但其并未被提升为中国哲学范畴,真理问题在中国哲学史上似乎也无人问津,鲜有研究。

尽管如此,但这并不意味着中国古人不涉及认知问题及真理问题,中国传统文化中没有认知思想及真理思想。在中国哲学中,论人论天都在求"知人""知天",都是在知中求道。而"闻道之方"亦即致知"道"之方,故而势必论及知之缘起、知之过程、知之结果、真知之标准等等,例如朱熹提出的"格物致知"和"即物穷理",就是关于认知方法的思想。故而,可以说,中国哲学是蕴含一定的真理思想的。当然,这些相关思想和认知方法大多都是从人的情感维度和审美维度在道德实践层面上探讨和研究认识问题的,朱熹的"格物致知"和"即物穷理",就是他站在"道学家的立场"④提出的获得认知的方法。而且,如欧阳康教授所指出的,"认识世界和改造世界是人与世界的两种最根本和最基础的关系,也是人自觉有效地处理人

---

① 陈胜前:《史前中国的文化基因》,《读书》2020 年第 7 期。
② 费孝通:《乡土中国》,上海人民出版社 2013 年版,第 7—10 页。
③ 张岱年:《中国哲学大纲——中国哲学问题史》,商务印书馆 2015 年版,第 717 页。
④ 牟宗三:《寂寞中的独体》,新星出版社 2005 年版,第 176 页。

与世界关系的两个最广泛和最重要方面。……人对世界的掌握包含着观念地掌握和实践地掌握这两个基本的方面。人对世界的观念掌握是在不改变事物的现实存在状态的情况下使之成为人的思想观念的内容,以思想观念的方式掌握世界。这就产生了人对世界的认识和解释,形成了认识活动和真理性追求"①。而这一认识活动和真理性追求,就构成了人们自觉有效地从事实践活动的思想前提和理论基础。在日常生产生活中,人们都是在一定的思想观念指导下从事着日常社会实践活动推动社会生活变化发展的。这些思想观念所蕴含的真理性因素,就是人们观念的把握当下现实生活过程的结果,也是引导和规范人们从事日常社会实践活动趋于有效性和合理性的基础。正如熊十力在《韩非子评论与友人论张江陵》一书中分析和批驳张江陵病周代文胜之弊而称快于吕政之大毁灭时所言,"古今万国,任何高深文化及伟大学派,其内容恒有不易、变易之两部分。不易者,谓其所得真常之理与其立国之优良精神。真常理者,超物而非遗物以存。虽不遗物以存,而实超物。此非深于化者,无可与语。凡国[有]文化发展至高深程度,其哲学界必有大学派能于无穷无尽之真常理有所发现。……至于文明悠久之国,必有其立国之优良精神。此等精神,即由其国人自先民以来,从日常实践中有所体会于真常理而成为其对自己、对团体之若干信念。易言之,即此若干信念便为其生活之源泉"②。例如,伊川就曾在道德实践层面言:"须以知为本,知之深则行之必至。无有知之而不能行者;知而不能行,只是知得浅,饥而不食乌喙,人不蹈水火,只是知,人为不善,只为不知。……学者须是真知。才知得,便泰然行将去也"③。而这些真理性因素被概括和提升到理论思维层面,就形成了中国哲学特有的真理观念:讲"道"的观念和讲"理"的观念。在这个意义上可以说,讲"道"和明"理"在具体内容上包括两个层面:实践意识层面和理论思维层面。其中,实践意识层面地讲"道"和明"理"是人们对于现实生活过程的直接意识;理论思维层面地讲"道"和讲"理"则是对实践智慧层面地讲"道"和明"理"的概括和提升。

当然,对于"道"的观念和"理"的观念,学界已经从知行关系的角度对

---

① 欧阳康:《新时代社会认识与国家治理现代化——马克思主义哲学的本真精神、演进逻辑及其当代价值》,《哲学研究》2018 年第 10 期。
② 熊十力:《韩非子评论与友人论张江陵》,上海书店出版社 2007 年版,第 111 页。
③ 《二程遗书》(卷二十五),转自张岱年著的《中国哲学大纲》,商务印书馆 2015 年版,第 517—518 页。

"道理"一词的深层哲学内涵、从真理的角度讲"道理"和讲"道"、讲"道"和讲"理"的前提和基础、在翻译"真理"一词过程中"道"和"理"的内涵等方面进行深入分析和探讨。但是,对于中国哲学中是否存在真理观念和真理思想,讲"道"和讲"理"及讲"道理"是否就是中国传统文化中真理观念的表达方式,西方哲学中的"真理"范畴是否能够直接翻译成讲"道理"等问题一直存在争议。一些学者认为讲"道理"的内涵并不与"真理"内涵相近或相通,二者的内涵在意义层面和具体内容方面差异太大[①],"真理"一词不能直接翻译成讲"道理";一些学者则认为,中国哲学虽然并未提出"真理"范畴,但中国传统文化中并不乏真理观念和真理思想。这些真理观念和真理思想以讲"道"和"理"的形式呈现出来,虽然与西方哲学中的"真理"范畴在意义层次和具体内容上存在一定差异,但就二者在一定程度上都是对于现实生活过程、本性和规律的本真性揭示和正确合理性把握而言,二者在内容上还是存在一定程度的相近和相通之处。正是在此意义上可以说,讲"道"和"理"在某种程度上就代表着中国传统文化中的真理观念,"真理"的内涵在于讲"道"与讲"理"的内涵在相通或相近的意义上,可以将"真理"翻译成讲"道理"。本著作赞同后一种观点。本著作认为,从宽泛意义上说,中国传统文化中讲"道"和"理"的观念内涵虽然与近代西方哲学中的真理内涵不同,但却与早期西方哲学中真理内涵在认识层面上很接近,它们大体上都是指对"世界统一原理、宇宙的发展法则"[②]的本真性揭示和真切性把握。为此,本著作力图在梳理和分析中国传统文化中"真理""道"和"理"的内涵及其逻辑流变基础上,把讲"道"和讲"理"与西方哲学传统中"真理"范畴内涵进行比较,揭示二者的相通之处或相近处,同时阐明讲"道"和"理"观念的独特本质,进而增强人们对中国传统文化的自觉和自信。

2.1.1.1 关于"真理"涵义

从词源学角度看,在中国传统文化中,人们很早就提出了"真"与"真

---

① 注释:一般而言,西方哲学中的"真理"范畴表达的主要是:在理论逻辑层面上,人对自身和周围世界及其本性和规律的正确合理性认知和本真性揭示,并由此而形成的客观知识的科学属性;而中国哲学中"道"和"理"的观念则主要表达的是:在实践意识层面上,人对自身和周围世界及其本性和规律的经验性真实认知和在价值主体理性觉醒下的真切领悟和体验。当然,西方哲学中的"真理"还包括真相,真相也就是人们在实践意识层面对于自身和周围世界的经验性真实认知和体验,即柏拉图的正确"意见"。中国哲学中的"道"和"理"还包括人们对于已有的实践经验性认知和体验进行理论概括和提升形成的概念范畴。

② 冯契:《认识世界和认识自己 前附〈智慧说三篇〉导论〈冯契文集〉》,华东师范大学出版社1996年版,第287页。

理",但"真理"的内涵并不是近代西方科学理性框架下知识论"真理"的含义,而是具有更多宗教意味。

关于"真"的基本含义。在《〈说文解字〉今注》中,"真"是指"仙人变形而登天也"①。金文中,"真"从"贝",义同于"玉",与"珍"音近,指"珍宝"。在此意义上,"真"是指不同于常人的仙人和不同于一般事物的独特事物。在《新编中国四大辞书〈古代汉语辞海〉》中,对"真"的解释则有五重含义:其一,在认知意义上与人的品性"德"的意义上是指与"伪"相对的真实和真诚。《庄子·渔父》中就提到:"真悲无声而哀";《汉书·宣帝纪》中则提到:"使真伪毋相乱"。在此意义上,"真"又被引申为"真知""真人""真情""真如""真性""真际""真常"等,强调对绝对本体、人的本性、圣人境界等的觉知和把握。其中,"真人""真性""真情"等,就是庄子及其后学和道家强调的对"真"作为"一种德性"的觉知和把握。而这一德性本身是"道"的"一种内含特质或衍伸特质"②之彰显。其二,在"强调"意义上是指"直正、的确"。司马迁在《报任安书》中提到:"此真少卿所亲见"。其三,在"真"的引申意义上是指人的内心和心境的"自然、淳朴"。《庄子·渔父》强调:"故圣人法天贵真。"《淮南子·齐古》中则提到:"抱素反真"。在此意义上,真被引申为真几、真己等,强调"人们要求得真知、新知,就必须保住性智,反求真心,不使其真心为习心所障蔽"③。最后,"真"进一步被引申"画像,肖像画"和"真书,即楷书和姓"。

关于"真理"的含义。在借鉴和吸收"真"的常识含义基础上,杨朱把"真"引入道家哲学,从否定"物"而肯定"超形躯义之生命我"角度对之进行了重新解读。在《淮南子·汜论训》中,就曾言"全生保真,不易物累形,杨子之所立也,而孟子非之"。在这里,"真",就是指"不累于物"的超形躯之"纯粹生命情趣"(即情意我)④。而且,《老子》认为,"人须以'道'为法,绝圣弃智,心志清净,敦厚若朴,才能全性保真"。在这里,"真"这一德性乃是作为"道"的"一种内含特质或衍伸特质"⑤而彰显。庄子对此进行了发挥。他认为,"真"本为人的超形躯之"自然状态"(即"天"),人因生"名利是非之心"才有了"文饰诈伪"(即"人"),人要去除名利是非之心,才能

---

① 苏宝荣:《〈说文解字〉助读》,陕西人民出版社2000年版,第290页。
② 王庆节:《真理、道理与思想解放》,《哲学分析》2010年6月第1卷第1期。
③ 方克立:《中国哲学大辞典》,中国社会科学出版社1996年版,第570页。
④ 劳思光:《新编中国哲学史》(一卷),广西师范大学出版社2005年版,第156页。
⑤ 王庆节:《真理、道理与思想解放》,《哲学分析》2010年6月第1卷第1期。

"存天去人"①,保持这种"真"之德性。同时,他在《大宗师》中又提出,"且有真人而后有真知"②,把实现这种情意我之主体性自觉的人与获得真实的认识联系起来,进而把人们对"道"的把握看作是超越一切相对价值的人的高贵品格。此后,道教采纳了庄子这一情意我之审美的"真",形成了自己独特的"真性、真我、真心、真人"等观念,而与"气性、尘心"、意念之我、情绪之我和纷驰之我相对。魏晋玄学家郭象在注《庄子》时,发展了庄子这一"真"的思想,提出了"真性"概念,强调事物各自皆有的各得其分的不变本性。由于郭象这一概念是在"独化"思想的阐述中提出来的,而"独化"即是指万象万物最初皆是"自己而然","无待"③于其他条件,故而此"真"之内涵具有神秘意味。此后,佛教在中国发展过程中也借鉴和吸收了庄子的这一情意我之审美的"真",形成了"真如""如实"和"真常"等概念,虽然它们是指事物的真实状况,真实性质,但一般解释为"绝对不变的'永恒真理'或本体"④。"心真如",即超生灭的自由的最高主体及其由"迷"到"觉"而彰显佛性的主体性活动和境界。并且,"真理"概念也出现在佛教经典著作中,例如南朝梁萧统《昭明太子集五·令旨解二谛义》:"真理虚寂,惑心不解,虽不解真,何妨解俗"。在这里,"真理"的内涵就具有佛教特色,获取真理的方法具有神秘性。可见,随着"真"不断被纳入各种宗教信仰,它的涵义越来越具有了宗教意味,并逐渐"作为一个指称宗教社会的穷极之理的词语受到人们的欢迎"⑤。到了宋明理学时期,人们在佛教"理事无碍"的思想影响下,继承了郭象的"真性"思想,并在把握道德伦理法则的意义上对真理概念进行了重新解读,更强调把真理概念理解为对人之行为与伦理关系(当然也包括事物)的"真切透彻的认识"⑥和实实在在的切身体验和深入理解。例如在《河南程氏遗书》中,程颐就说道:"真知与常知异。尝见一田夫曾被虎伤,……虽三岁童子莫不知之,然未尝真知。真知须如田夫乃是"。到了明清之际,方以智在《天象原理》中提到:"夫气为真象,事为真数,合人于天,而真理不灿然于吾前乎",强调真理就是在气和事使人与天的合一中,天象的运行变化之大道在人面前的自

---

① 张岱年:《中国哲学大辞典》,上海辞书出版社2010年版,第312页。
② 《庄子·大师宗第六》,转自龚颖《"哲学"、"真理"、"权利"在日本的定译及其他》,《哲学译丛》2001年第3期。
③ 劳思光:《新编中国哲学史》(二卷),广西师范大学出版社2005年版,第145页。
④ 张岱年:《中国哲学大辞典》,上海辞书出版社2010年版,第279页。
⑤ 龚颖:《"哲学"、"真理"、"权利"在日本的定译及其他》,《哲学译丛》2001年第3期。
⑥ 方克立:《中国哲学大辞典》,中国社会科学出版社1996年版,第571页。

行呈现,而不是主体与客体相符合的正确认识意义上的真理。为此,作为我国最早解说西方科学精神,并努力追求真理的第一人——严复在1898年刊行《天演论》时,使用"真学实理"一词来翻译西方学术所追求的"truth",即"真实存在的'理'"①;而有意回避直接使用"真理"一词来翻译,就是想要强调说明,近代西方学术追求的真理,并不是中国传统文化中带有宗教神秘意味的"真理"观念。

尽管如此,真理作为人们对于周围世界的认知和把握,不仅为人们的社会实践活动和现实生存提供理论基础和思想引导,而且为人们的现实生命终极安顿提供思想基础和精神支撑,故而它也是中国历代哲人智士探讨的重要主题。这主要表现在人们对于"道"与"理"的探索和追问上。

2.1.1.2 关于"道"的基本涵义

在日常生活中,"道"通常是指具体的可言说之道,具有生成特性。在《〈说文解字〉今注》中,"道"是指人们所走的路,直达的大路,谓人之"所行道也"。就道的形成方式而言,在《庄子》中说:"道行之而成",这即是说,"道"并不是先天就有的、既成的和自在地自然而然形成的,而是与人相关的,是在人的行走过程中形成的,是人作为主体的创造性活动的产物。就道的性状而言,在韩愈的《原道》篇中则认为"由是而之焉知谓道",道即是从这里到那里的一条路。综上所述,我们可以说,由人类的具体行为和活动来达到或实现一定理想和目标或目的的"整个历程便是道"②。由于道是人行之而成的,所以道可以多种多样。就道作为目的和手段而言,孔子就曾言:"道不同,不相为谋"。这表明,每个人都有各自的旨趣和达到此目的的不同方式和手段。为此,《中庸》也说:"万物并育而不加害,道并行而不相悖"。正因为如此,就道德伦理层面而言,"道"有善恶之分,而且有时符合道德要求和价值理性但可以在现实生活中没有效验。《易经》就说:"君子道长,小人道消。小人道长,君子道消"。

不仅如此,"道"也是中国哲学中道家哲学的一个重要概念和核心范畴。在道家哲学中,"道"主要是指形上之规律和本体论上之存有。但它作为恒常的、不可言说的形而上学之道,区别于日常经验生活中具体的可言说之道。这主要源于道家哲学创始人老子对"道"的认识、理解和哲学定位。就形而上观念看,与古希腊哲学家赫拉克利特对于"Logos"的对流

---

① 龚颖:《"哲学"、"真理"、"权利"在日本的定译及其他》,《哲学译丛》2001年第3期。
② 钱穆:《中国思想通俗讲话》,生活·读书·新知·三联书店2002年版,第2页。

变经验世界的不变规律和本性的思考追问相类似,道家哲学的创始人老子对"道"的思考也起源于对经验世界万象之变的"常"的追问。故而,老子把"道"视为"哲学最高范畴"①。在他看来,"道"即表示超越经验流变世界并为经验万象所遵循的规律和本体论上之存有。而"道"的内容即是"反",即相反相成和正反互转的辩证运动。在《老子·四十章》中,就有"反者道之动",即是说"道"的相反相成和正反互转之辩证运动规律。因此,"道"主要有三方面特征:首先,万物无常,而"道"为常。在《老子帛书》中就曾言,道为恒常之道,为生成天地万物万象之根本和根据,它"独立而不改,可以为天地母,吾未知其名也,字之曰道"。其次,"道"超越现象界,具有无限性,它作为绝对普遍原则,与万物万象相对。再次,"道"创生万物万象并运行于万物万象之中,构成万物万象运行所借助的本性和禀赋,因此"道"也是万物万象之存在的普遍根据。在庄子后学著的《天下篇》中,即称之为"常、无、有"②。

在价值意义层面,"道"则随事物的特殊性而有所不同,故物各归其根,乃显自性,此"自性"便是"自然",本性、禀赋,便是"德"。因此,以心观道破执,遂驻于无为,即是驻于心灵自显之自性,亦即驻于实践理性之境,即驻于生命情意我之自觉境界。故依于道,乃成其德③。在《易传·系辞》中也言:"一阴一阳之谓道,继之者善也,成之者性也"。在这里,"道"就是指超越意义上的形上规律和本体论上的"存有"。它以阴阳为内容,是作为德性价值之根源的"存有"④。因此,它本身便有一定方向,人或事是否符合这一方向决定了这些人或事善与不善。此"道"之德性观念在庄子及其后学和道教思想中,又被引申为人的品性之"真人、真性、真情"等。而王弼则继承和发展了老子的形而上学之"道"论。在《易》注和《老子》注中,他认为"道"为"实有",又与"无"相通。如云:"道者,无之称也,无不通也,无不由也,况之曰道,寂然无体,不可为象",即是说"道"本身不是经验现象,而是超越经验现象之"实有",因此以"无"为称号,以表示"道"作为超验之"实有"。而这一"实有"实际上使万物万象得以存在并共同遵循的总体性普遍规律。如云:"凡有皆始于无,故未形无名之时,则为万物之始,及其有形有名之时,则长之育之,亭之毒之,为其母也。玄道以无形无

---

① 张岱年:《中国哲学大辞典》,上海辞书出版社2010年版,第22页。
② 劳思光:《新编中国哲学史》(二卷),广西师范大学出版社2005年版,第139页。
③ 劳思光:《新编中国哲学史》(一卷),广西师范大学出版社2005年版,第188页。
④ 劳思光:《新编中国哲学史》(二卷),广西师范大学出版社2005年版,第78—79页。

名,始成万物,以始以成,而不知其所以,玄之又玄也"①。这即是说,"道"先天地生,为最高"实有"。它作为万物万象之根源,使它们得以存在。因此,它在万物存在过程中创生和辅助万物万象。

2.1.1.3 中国哲学从"道"到"理"的范式转换

从中国传统文化的逻辑演变历程来看,对于认知问题,在先秦时期,人们大体上重视对"道"的体认和把握,重视讲"道";自东汉以后,人们则逐渐重视对"理"的考察和认知,重视讲"理"。例如《论语》《孟子》中虽然言理,但"多言道",而六经之中则"常言道,少言理"②。这主要是由于中国传统文化的基本精神和主要特质与中国"巫史传统"③有着千丝万缕的联系,与原始巫术活动的理性化过程内在关联。对于此,吕思勉在《中国通史》中也提到,先秦诸子的学术思想主要有两个来源:第一,"从古代的宗教哲学中,蜕化而出"。第二,"从各个专门的官守中,孕育而成"④。中国的巫术活动作为古代宗教的最初表现形式,其通过祭祀和占卜,推动"巫术礼仪"不断理性化,到西周初年,周公在继承殷商时代旧传统基础上,推动巫术礼仪活动实现创造性转换,形成了"制礼作乐"。而这些礼仪,"无论从祭祀对象、祭祀时间与空间,以及祭祀的次序、祭品、仪节等等方面来看,都是在追求一种上下有别、等级有次第的差序格局"⑤。而这些体现于外在礼仪上的规则,其旨在于整顿人与人间的社会秩序。对于此,李泽厚也指出,"周公通过'制礼作乐',将上古祭祀祖先、沟通神明以指导人事的巫术礼仪,全面理性化和体制化,以作为社会秩序的规范准则,此即所谓'亲亲尊尊'的基本规约。……所谓'德治'也就是'礼治'⑥。孔门儒家哲学在精神方向上是对周文化"制礼作乐"传统的提升与反省及超越。由于这一文化传统在价值层面强调"人之主宰地位"和人的主动性,并主张"唯德是辅"和"敬德"来处理神与人的关系和确立社会公共生活的礼仪制度规范,故而在这一文化传统影响下,儒家重人不重天,"重德性,重政治制度,立仁义王道之说"⑦,多讲人道。如孔子在《论语·论学篇》中曾言,"君子务本,

---

① 劳思光:《新编中国哲学史》(二卷),广西师范大学出版社2005年版,第137—138页。
② 钱穆:《中国思想通俗讲话》,生活·读书·新知三联书店2002年版,第3页。
③ 李泽厚:《历史本体论·己卯五说》,生活·读书·新知·三联书店2006年版,第371页。
④ 吕思勉:《中国通史》,民主与建设出版社2015年版,第386页。
⑤ 葛兆光:《中国思想史》(第一卷),复旦大学出版社2019年版,第86—87页。
⑥ 李泽厚:《历史本体论·己卯五说》,生活·读书·新知·三联书店2006年版,第176页。
⑦ 劳思光:《新编中国哲学史》(一卷),广西师范大学出版社2005年版,第54—56页。

本立而道生"①。从人道生成的角度上,他提出了基于人之"仁心"的人与人相处的"仁道"之形成方式。在《论语·为政篇》,孔子又进一步指出,"道之以政,齐之以刑,民免而无耻。道之以德,齐之以礼,有耻且格"②。从人道的社会效用和功能方面,他指出了"德化"和"礼治"促进社会秩序合理化规范化的重要作用。正因为如此,梁启超说,"原来儒家开宗的孔子不大喜欢说什么'天道',只想从日用行为极平实处陶养成理想的人格"③,所以重视人道。而老庄思想以体察和把握"道",言"道"为其思想核心和其追求目标,在此一系之思想体系都被划归为"道家",更是不必再言。这主要是由于老庄思想之道家哲学继承发展的是东夷、殷商、祝融等族文化混同融合形成的"旧中原文化或南方传统之哲学"。与周文化传统创造性地转换"巫术礼仪"中仪文和人性情感方面而形成"制礼作乐"之"理性化体制建树",因重视人事不同,南方文化传统则是在继承性地"改造原始宗教"基础上,保留和理性化了"巫术礼仪"中"与认知相关的智慧方面"④而形成起来的,它在思想倾向上更重视神权和巫权,而相对轻视人事。结果,在日常生活中,人们具有很强的神权观念,往往习惯于通过巫师占卜来处理社会生产生活中的事务。在这一文化传统影响下,道家哲学"重道,重自然,立逍遥之超离境界"⑤,故而多讲形而上学之道。

尽管如此,但随着秦政权的确立,先秦诸家哲学之争鸣局面结束,伴随着"怀疑主义的名学的兴起""狭隘的功利主义的盛行"、焚书坑儒和"方士派迷信的盛行"⑥,先秦学统被破坏。自此以后,学术思想陷入"混淆"和"伪作"⑦之衰乱局面。至东汉时,哲学思想倒退到了"宇宙论中心之哲学"的幼稚阶段,儒学心性成德之学大衰,人们的精神文化生活出现了真空地带。同时,佛教逐渐传入中国,并广泛深入影响人们的思想文化生活。最终,在佛教各宗教义的影响下,人们逐渐重视对"理"的考察和认知,重视讲"理"。到了三国魏晋时期,道家代表人物王弼注《易经》时,在原有的

---

① 钱穆:《论语新解》,九州出版社 2011 年版,第 4 页。
② 钱穆:《论语新解》,九州出版社 2011 年版,第 22 页。
③ 梁启超:《中国近三百年学术史》,商务印书馆 2011 年版,第 3 页。
④ 李泽厚:《历史本体论·己卯五说》,生活·读书·新知三联书店 2006 年版,第 184 页。
⑤ 劳思光:《新编中国哲学史》(一卷),广西师范大学出版社 2005 年版,第 53—56 页。
⑥ 胡适:《中国哲学史大纲》,民主与建设出版社 2017 年版,第 280 页。
⑦ 劳思光:《新编中国哲学史》(二卷),广西师范大学出版社 2005 年版,第 3 页。

"道"的概念之外另提出"物无妄然,必有其理。统之有宗,会之有元"①。此"理"即是宇宙万物各自成其所是的内在必然之理,故而它区别于形而上学之"道",此"道"超越万物万象,但又是万物万象所由之产生并遵循的总体性普遍规律和本体。至此,"理"才被特别提出,并逐渐成为中国传统文化中的一个突出观念和中国哲学中的一个重要概念。郭象在注《庄子》时,也提出"物无不理,但当顺之"。"宇宙万物皆有理,故当顺之"②。这表明,中国传统文化在这一时期已经从重视讲道明确地开始转移到重视讲理,注意到万物之"理"这一形而上学问题了。到了隋唐时期,随着佛教各派教义尽数输入中国,中国思想界已经掺入许多佛学教理成分。尤其到中晚唐时期,随着儒学和佛学的广泛深入接触和交流,儒学和佛学逐渐出现一定程度的竞争和融合趋势,在儒学发展中出现了韩愈等一派人倡导"拒儒排佛"的思想与梁肃和李翱等一派人倡导"援佛入儒"③思想。与此同时,倡导教义经典的佛家各派在"会昌法难"之后日衰,禅宗独胜。从性质和特点看,与其他各派佛学重视教义经典不同,禅宗专用心性功夫,强调内在修行和顿悟。随后,宋明理学家沿着韩愈"拒儒排佛"的观念继续前进。它们为了复兴儒学,抗拒佛教心性论影响,摆脱汉儒传统之"宇宙论中心"思想纠缠,在继承和发展孔孟心性论基础上建构了以"理"为核心范畴的"性理之理"和"心即理"理论。对于此,梁启超就认为,道学作为宋元明思想的重要代表,为了与印度佛教思想对抗,其就"想把儒家言建设在形而上学——即玄学的基础上"。故而,它总体上趋向于"明心见性"④一路,倾向于探讨性与理的关系和心与理的关系。由此,中国哲学在认知问题研究上就实现了由"道"到"理"的范式转换⑤。

2.1.1.4 关于"理"的基本含义

在中国传统文化中,人们对"理"的认识和理解是随着时代变迁而不断变化的。在《说文解字》与《辞海》中,关于"理"的解释本义上一致,都是指"加工(玉石)"⑥。在《韩非子·和氏》中就提到:"使玉人理其璞而得宝

---

① 王弼:《周易略例·明象》,转自张岱年《中国哲学大辞典》,上海辞书出版社2010年版,第26页。
② 钱穆:《中国思想通俗讲话》,生活·读书·新知三联书店2002年版,第6页。
③ 梁启超:《中国近三百年学术史》,商务印书馆2011年版,第2页。
④ 梁启超:《中国近三百年学术史》,商务印书馆2011年版,第3页。
⑤ 陈赟:《道的理化与知行之辨》,《华东师范大学学报》(哲学社会科学版),2002年7月第34卷第4期。
⑥ 刘振铎:《新编中国四大辞书〈古代汉语辞海〉》,黑龙江人民出版社2002年版,第363页。

焉"。此后,"理"又被引申为"治理""纹理"、条理、"道理""规律""区分"等。

在此基础上,不同历史时期的人们又根据自己关注的问题和研究视角,赋予"理"以不同的哲学内涵。

其一,是指先秦思想家所重视的"文理之理","人伦人文之理,人与人相互活动或相互表现其精神而合成社会或客观精神中之理"①,表现为"价值规范"。在《孟子·告子上》就有言:"心之所同然者何也？谓理也,义也",就是从道德伦理的角度,把"理"看作是人们思想行为一致的当然准则。其二,是指魏晋玄学中所重视的名理之理,是思想名言所体现的理或哲学本体论上的理。前者主要是指"评论人物"所谈之理,后者主要是指"玄理",实即指"形上规律"②。其三,是指隋唐佛学家所重视的"空理之理",是一种由思想来言说,但又"超越思想言说所显之理"。竺道生认为,"理不可分,悟语极照,以不二之悟,符不分之理,谓之顿悟"③。这即是说,"理不可分",故而需要通过"顿悟"加以把握。在此基础上,华严宗在《华严义海百门》中提出了"事理无碍、事事无碍"的思想。在这里,"理"作为"事"之现象的依据而言,是"真如心"之"实相",是人的主体性之彰显。其四,是指宋明理学家所关注的"性即理""理一分殊"和"心即理"之心性论。程颐认为,"性即理也,所谓理,性是也"④,即强调"性"与"理"的内在同一和统一。就"理"或"性"的意义而言,一面是在形式上万物所具有的共同"理","物我一理,明此则尽彼,尽彼则通此,合内外之道也"⑤;另一面是在内容上的人与其他动物相区别的"仁义之性",亦即人所具有的特殊"本性"或"理",非万物所共有之性。此"性"是人特有的德性能力,在内容就是"仁、义、礼、智、信"⑥。就"理一分殊"中"共同之理"而言,前一"理"是指万物生成发展之"共同原则",表示"一切存有之共同规律及方向",与形而上学之"道"相近,是具有确定内容的实质意义之理;后一"理"则是指万有各成类别,各有其性亦即各有其理,亦即万有各自的殊别意义的之"理"

---

① 黄克剑,钟小霖:《当代新儒学八大集〈唐君毅集〉》,群言出版社1993年版,第550页。
② 劳思光:《新编中国哲学史》(二卷),广西师范大学出版社2005年版,第126页。
③ 钱穆:《中国思想通俗讲话》,生活·读书·新知三联书店2002年版,第6页。
④ 《河南程氏遗书》(卷二十二上),转自张岱年编著的《中国哲学大辞典》,上海辞书出版社2010年版,第197页。
⑤ 《二程全书》,《粹言》(二),转自劳思光编著的《新编中国哲学史》(三卷上),广西师范大学出版社2005年版,第175页。
⑥ 张岱年:《中国哲学大辞典》,上海辞书出版社2010年版,第26页。

或本性,但在形式上这又成为万有的"共同原则"①。就人们"处物"(包含与人相处)而言,顺万物之"性",循其"理",克服"气"的限制,从而实现其"理"或"性"(即万物本性或"本然之理"②)就成为一切价值评判的标准,而"理"因作为价值评判的基础而具有价值标准义或规范义。在这个意义上可以说,宋儒所求之"理","并非今日物理学家之所谓物理,乃系吾人处事之法"。"格物致知"也非求今日科学立场上认识层面的"物理之理",而是求道学立场上道德实践层面的"吾人处事之法"。而"天下之物格不尽,吾人处事的方法,积之久,是可以知识日臻广博,操持日益纯熟的。所以有人以为格物是个离开身心,只是个误解"③。

从修养功夫层面看,由于人"心"能够使"理"克服"气"的限制而实现在生命运动中,故而陆象山继承孟子四端之说,认为"人皆有心,心皆具是理。心即理也"④。此"心",不是"形而下的",不是"气之灵",而是"本心"之义,是"心体",是"本体"⑤,其含义即是指人的价值主体性自觉,亦即人的普遍的、超验的价值主体性自觉能力。由于就心体以理而言,它就是理,故而他就把人的普遍的、超验的价值主体性自觉能力视为价值评判标准的基础和依据,故"心即理"。王阳明则从德性角度言"理",认为"德性皆源于此心"⑥,故而"心即理"。"此心无私欲之蔽,即是天理,不须外面添一份;以此纯乎天理之心,发之事父便是孝,发之事君便是忠,发之交友治民,便是信与仁,只在此心'去人欲,存天理'上用功便是"⑦。这即是说,"理"乃德性意义之"理"。而"心即理",即"理"作为"孝、忠、仁、信"等道德伦理之价值规范由"心"生出。而"孝、忠、仁、信"等道德伦理之价值规范整体就是"天理"。这一"天理"作为道德伦理之价值规范,是人的价值主体性自觉能力的彰显。当人们的价值主体意志能力有"应该"或"不应该"之自觉,在不断去除私欲中循"天理"方向而活动,从而时时指向这些普遍道德伦理之价值规范,即是"存天理,去人欲"⑧之道德实践活动,就能够开显

---

① 劳思光:《新编中国哲学史》(三卷上),广西师范大学出版社2005年版,第34页。
② 张岱年:《中国哲学大辞典》,上海辞书出版社2010年版,第26页。
③ 吕思勉:《中国通史》,民主与建设出版社2015年版,第401页。
④ 《与李宰书》,转自张岱年:《中国哲学大辞典》,上海辞书出版社2010年版,第26页。
⑤ 牟宗三:《中国哲学十九讲》,上海世纪出版集团2005年版,第311页。
⑥ 劳思光:《新编中国哲学史》(三卷上),广西师范大学出版社2005年版,第311页。
⑦ 王阳明:《传习录》(上),转自钱穆《阳明学述要》,九州出版社2010年版,第61—62页。
⑧ 劳思光:《新编中国哲学史》(三卷上),广西师范大学出版社2005年版,第312页

良知,实现知行合一,达到物我一体。其五是指王船山以至清代所重视的"事势之理",亦即"历史事件之理"①。这一"理"的大抵含义是指"事实界中某种客观必然性",这种客观必然性既不是"形上之理",亦非"形式之理",而是指"在一定事实与其续随事实间之关系上成立"②的阶段性的必然性。

  以上几方面内容就是中国传统文化中关于"道"观念和"理"观念的主要内涵。纵观这些内容,可以说,人们对于"道"和"理"的探索和追问,主要表现在否认常规之知(亦即排除常识和流俗意见)基础上,对"道"和"理"的真切性直觉和"体认"③及由此而获得的本真性把握,亦即把"道"和"理"把握为世界本体及事物本性和人本心的被揭示性,被敞开性。它通过探讨寻和追问"道"和"理",把锁闭的事物本性和人被蒙蔽的本心带入到敞开域中,使事物本真状态得以呈现,成其所是;使人的自我价值主体性得以觉醒,并自觉运用自己这一价值主体理性的觉醒,修道成圣。从生存论层面看,这一内涵虽然与近代西方认识论真理内涵不同,但却与西方早期哲学中的真理内涵很接近。一般而言,当前西方哲学使用的"真理"一词,对应的古罗马词为"veritas",对应的英文词为"truth",对应的德文词为"Wahrheit"。从词源学上考察,它起源于古希腊语"αληθεια",无蔽(aletheia 或 Unverborgenheit)。"a"是一个否定性的前缀,"letheia"的意思是掩盖、隐藏,"a-letheia"的意思是"除去遮盖""把隐藏的东西揭示出来"。于是,真理的东西就被"理解为无—遮蔽的东西"(α-ληθεια),即指从一种遮蔽状态中被争夺到的东西;没有遮蔽,因而就是遮蔽的褫夺,可以说是从遮蔽中所"剥夺的东西"④。真理即是"本身不再遮蔽,从中被释放出来的东西",即是在存在者(自然之整体、人的劳作和神的创造)之被解蔽的过程中,把存在者带入存在的敞开域,使其如所是自行显现于其中,亦即敞开事情本身。换言之,真理是对存在者之遮蔽状态的解蔽而使之进入存在澄明之境,进而使之以本真状态显现并被看见,故而它与意见(doxa)相对,是对意见的批判超越。由此,真理又被引申为"公开性,非隐秘性,展

---

  ① 黄克剑,钟小霖:《当代新儒学八大集〈唐君毅集〉》,群言出版社1993年版,第550页。
  ② 劳思光:《新编中国哲学史》(三卷下),广西师范大学出版社2005年版,第576页。
  ③ 方克立:《中国哲学大辞典》,中国社会科学出版社1996年版,第571页。
  ④ [德]海德格尔:《论真理的本质——柏拉图的洞喻和〈泰阿泰德〉讲疏》,赵卫国译,华夏出版社2008年版,第10页。

现在人类理智面前的东西"①。基于此,在宽泛的意义上可以说,真理观念在古希腊文化和中国传统文化中都是指对"世界统一原理、宇宙的发展法则"②的本真性揭示和真切性把握。在这两种文化背景下,它都是一个褫夺性的思想观念,都是以消极性的话语方式表达着积极意义的东西。因此,二者在真理认知问题的探讨上是有相近和相通之处的。当然,这里需要注意的是,古希腊文化是从哲学存在论角度,从认识层面探讨真理认知问题的;而中国传统文化则主要是从情感角度和审美角度,从道德实践层面探讨真理问题的,这是二者在研究视角方面对真理问题探讨的重要差异所在。

2.1.1.5 结语

总体来看,真理观念虽不构成中国哲学基本范畴,但当它被把握为"道"和"理"时,其思想在中华传统文化中却是源远流长。它具有如下特征:一是从知行关系层面看,它更多的是主张在日常生产生活中体悟和理解"道"与"理",在实践观念层面揭示和把握物之所是和人之所是以及它们的性质、规律,并在此基础上揭示和把握万事万物的共有实体和规律。尔后,在此基础上,它主张深入人们的日常生产生活,在事上磨炼,修身修道,成德成圣,齐家治平。可见,人们探索和追问"道"和"理"既包含事实的求真向度,又包括价值的"求善"的向度,而价值的"求善"向度又都是在把握人与物之所是的事实的"求真"向度基础上引申和发展而形成的。故而可以说,中国传统文化"求善"的价值旨归是奠基在"求真"理论之上的,"求真"的维度构成了中国哲学的重要方面。二是从领悟的性质看,人们从实践智慧层面把握"道"和"理",具有私人性、当下性、模糊性和宗教神秘意味。在现实生活中,人们往往习惯于从自己当前日常生产生活出发,在自己对现实生活和自己生存过程的直接感受、切身体验和内在领悟中把握"道"和"理",故而这种认知具有不可言说性、偶然性和不确定性,时常带着宗教神秘意味。三是从价值维度看,它对"道"和"理"的探索和追问,始终内在地包含着对人现实生命的关切,充满了人道主义思想。在中国传统文化中,人们对周围世界中自然万物的认知和把握,始终立足于对人的现实生存的关注,亦即对于人的现实生命的关注。人们对于"道"和"理"

---

① [苏] T. A. 库尔萨诺夫:《真理的定义和结构的辩证法》,张曙光译,吴铮校,《哲学译丛》1982 年第 1 期。

② 冯契:《认识世界和认识自己 前附〈智慧说三篇〉导论〈冯契文集〉》,华东师范大学出版社 1996 年版,第 287 页。

的探索和追问,尤其是如此。它们始终内在本质关联着对人心性的修养和现实生命的考虑和安顿,体现出浓厚的人文关怀意识。

2.1.2 西方文化传统中的真理思想追溯

与真理思想在中国传统社会中,主要体现在中国文化思想中对"道"和"理"的追问不同,真理思想在西方文化传统和社会发展过程中,主要体现在西方哲学对变中的"不变"——"logos"、规律、本性等的追问。历史地看,在西方哲学史中,人们对真理思想的探寻,源于对周围经验世界中的不变的、确定的客观本性、规律的追问。这最初表现在对万物存在整体性揭示和对于万物的本原(或始基)的追问,亦即基于"变"而对周围流变世界整体的揭蔽和周围流变世界"变之为变"的追问和探讨。例如泰勒斯主张万物的本原是"水",阿那克西美尼主张万物的本源是"气",赫拉克勒斯主张万物的本原是"火"等等。这都是要认识和把握流变万物之"变",力求"对变化的东西加以规定,把它们固定和把握在语言与概念中",实现对周围流变世界的整体解蔽和对万物作为存在者之为存在者的揭示和领悟。尽管如此,但在赫拉克利特之前,人们都认为万物的"变"是自在的、盲目的、消极被动的,并且是具有可塑性的、可以借助外部其他力量来赋形的;而不是自在自在为的,拥有自身存在依据和尺寸,并且在这种依据和尺度中自我呈现的。赫拉克利特主张"火"是周围流变世界的本原,火的"变"是"能动的塑造或创造本身,它具有自身的规律、尺寸和分寸"①,可以自我展开,自我定形,自我内在对立统一,就是希腊文"Logos",即"采集"。在古希腊文中,"逻各斯"主要兼有"理性"、尺度、规律和"言说"②、说话、报告两重涵义。一方面,它是变化的比例、量的大小和尺度,是流变世界中的"不易之道",是存在、转化和消亡等的对立统一,即一定尺度、大小、比例的不变规律。赫拉克利特认为,宇宙万物(包括人在内)都是火"按照这个逻各斯产生的"③,因此它们也都必然普遍地遵循这个逻各斯,按照它存在、转化和消亡。换句话说,逻各斯是支配宇宙万物(包括人在内)的、为宇宙万物(包括人在内)所共有的、普遍其作用的东西。逻各斯的这一概念内涵和特性的发现和表达,揭示和阐明了"运动变化的规律性"④,标志

---

① 邓晓芒:《思辨的张力——黑格尔辩证法新探》,商务印书馆2008年版,第21—22页。
② [德]恩斯特·卡西尔:《人论》,甘阳译,上海译文出版社2013年版,第190页。
③ 汪子嵩,范明生等:《希腊哲学史》(第一卷),人民出版社2014年版,第383页。
④ 苗力田,李毓章主编:《西方哲学史新编》,人民出版社2015年版,第37页。

着人类认识在理智上的觉醒。这促使人们开始探索宇宙万物(包括人在内)的运动变化规律,并由此走向了追问真理的道路。也正因如此,"逻各斯"这一概念在此后西方哲学的历史发展进程中逐渐演变为"规律"概念,并构成与规律和法则相关的词例如"逻辑""学科"等的词根。另一方面,逻各斯又是将不可定形和无法确定因而不可趋近和不可用话语表达的变本身,用话语的暗示固定下来进而表达出来的媒介①,即是让流变世界之"变"本身以言说的方式从其晦暗状态中呈现出来,并让人看到解蔽方式,因此它不仅在本体论上成为"宇宙的原则",而且在认识论上也成为了人类知识的"首要原则"②。而这还同时引发了人们对流变世界之"变"的认识、理解和诠释的转折。西方哲学史也因此踏上了一条追问真理的征途。

当然,真理思想的逻辑演进与哲学存在论在西方文明发展进程中的历史演变也有密切联系。真理进入哲学视野并占据中心位置,大体上历经以下几个历史时期:

第一个历史时期,大约是从公元前4世纪赫拉克利特把古希腊哲学带上追问真理的道路到亚里士多德逝世之后,古希腊城邦民主制度走向衰落,"腐蚀了哲学的创造精神",随着古希腊社会进入动荡时期,古希腊哲学也"产生了学术观点的僵化以及水准的下降"③而导致其自身走向了没落,并在寻求重建社会生活的永久和谐有序状态及其与新兴基督教的斗争中最终"被皈依基督教的皇权镇压而消灭"④。具体来说,就是从公元前4世纪赫拉克利特提出"世界的本源是火",大约到公元前529年东罗马帝国皇帝查士·丁尼下令关闭柏拉图学园,而在政治上宣告古希腊哲学结束。这是西方哲学本体论研究的萌芽和发端时期,也是真理思想的本源性本质的形成时期。一般而言,现今使用的"真理"一词,对应的古罗马词为"veritas",对应的英文词为"truth",对应的德文词为"Wahrheit"。从词源学上考察,它起源于希腊语"αληθεια",无蔽(aletheia 或 Unverborgenheit)。"a"是一个否定性的前缀,"letheia"的意思是掩盖、隐藏,"a-letheia"的意思是"除去遮盖""把隐藏的东西揭示出来"。于是,真理的东西就被"理解为无—遮蔽的东西"(α-$\lambda\eta\theta\epsilon\iota\alpha$),即指从一种遮蔽状态中被争夺到的东西;

---

① 邓晓芒:《思辨的张力——黑格尔辩证法新探》,商务印书馆2008年版,第25页。
② [德]恩斯特·卡西尔:《人论》,甘阳译,上海译文出版社2013年版,第190页。
③ [德]卡尔·雅斯贝尔斯:《论历史的起源与目标》,李雪涛译,华东师范大学出版社2018年版,第12页。
④ 苗力田、李毓章主编:《西方哲学史新编》,人民出版社2015年版,第28页。

没有遮蔽,因而就是遮蔽的褫夺,可以说是从遮蔽中所"剥夺的东西"①。真理即是"本身不再遮蔽,从中被释放出来的东西",即是在存在者(自然之整体、人的劳作和神的创造)之被解蔽的过程中,把存在者带入存在的敞开域,使其如所是自行显现于其中,亦即敞开事情本身。由此,真理又被引申为"公开性,非隐秘性,展现在人类理智面前的东西"②。所以,真理在希腊术语中既具有意义结构,也具有词句结构。它是一个褫夺性的术语,是以消极性的词语表达积极意义的东西,不同于流俗意见中关于正确性的真理本质。当然,在德语中,真理也有类似的蕴意。"Wahr·heit",被海德格尔拆分成"Wahr·heit","heit"与"明朗""照明""照亮"相关联,故而所谓"真理"就是"那个将真实(Wahres)带入澄明,并在澄明之境中将真实确立为真实,是真实显现为真实的东西"③。

由于真理作为对存在者的揭蔽总是要从其晦蔽状态中争得,因此巴门尼德抛弃了赫拉克利特通过纷繁流变的感性自然物来把握"变本身"的思想,提出了通过与"非存在"相区分的那不变、不动、不可分的存在来把握"真理的可靠的逻各斯"的思想。他认为人们探索真理有两条道路:一条是"'有'(存在者)是存在的,是不可能不存在的"。这是"确实性"的揭示之路,它伴随着"真理"。另一条则是"'有'(存在者)是不存在的",这是一条狭窄的晦蔽小路,在这条道路上,"丝毫没有什么东西照亮你的脚步"④,是什么也学不到的,因为"我们只能思想和言说存在者,但不能思想和言说不存在者"⑤。由此,巴门尼德就首次"将'真理'解说为思想(或理性)揭示、发现存在即事物的本质"⑥。由于人作为在世存在已经处于真理与不真之中,揭示真理之路就是在领会和区分这两条道路的基础上决定并选择其中的一条而达到的,由此巴门尼德就把真理之路看作了存在之路,把追问真理的问题当作了寻求世界本源的问题,明确地在存在论层面把真

---

① [德]海德格尔:《论真理的本质——柏拉图的洞喻和〈泰阿泰德〉讲疏》,赵卫国译,华夏出版社2008年版,第10页。
② [苏] T. A. 库尔萨诺夫:《真理的定义和结构的辩证法》,张曙光译,吴铮校,《哲学译丛》1982年第1期。
③ [德]海德格尔:《路标》,孙周兴译,商务印书馆2007年版,第207页。
④ [法]莱昂·罗斑:《希腊思想和科学精神的起源》,陈修斋译,段德智修订,广西师范大学出版社2003年版,第87页。
⑤ Samuel Enoch Stumpf James FIeser. A History of Philosophy Socrates to Sartre and Beyond. Peking University Press,2006, page .18.
⑥ 姚介厚:《西方哲学史〈古代希腊与罗马哲学〉》(上)(学术版),凤凰人民出版社,江苏人民出版社2005年版,第216页。

理问题作为哲学的主要问题之一。不过,虽然巴门尼德把存在者存在与非存在者不存在、存在的揭示之路与晦蔽之路、真理与意见区别开来,强调思想揭示存在者之存在的真理本质的首要性,但他并未深入、全面系统地考察思想作为知识的本性和功用。

在继承巴门尼德强调真理在于思想揭示存在之本质和苏格拉底的"美德即知识"的思想基础上,柏拉图提出了理念论。

在古希腊哲学中,"idea"和"eidos",都源出于动词"idein",即"观看",表示"完全是直观表象的"和"可见的"。当然,这个"观看",是看桌子本身,美本身,所以它不是用肉眼来感性直观和知觉表象,而是用"灵魂的眼睛来观看"[1]和感受。故而,现今学界一般把它翻译为抽象的理性概念"理念"。基于此,柏拉图他将人类生存的世界划分为肉眼观看的可见世界(即现象世界)和灵魂观看的可知世界(即理念世界),认识的阶段划分为意见和知识两大阶段。他认为,现象世界与理念世界是连接在一起的,意见的晦蔽之路与真理的揭示之路也不是截然对立的,而是可以从意见的晦蔽之路通达真理的揭示之路的。在他看来,人作为在世存在其实是既生活在意见之中又生活在真理之中的。只是由于人沉沦于现实生活而遗忘了存在,自身作为存在者如所是被遮蔽了,因此需要回忆,需要对晦蔽的自身在世存在进行揭示,实现从对自身晦蔽的在世存在不断揭蔽而通达本真存在的理念,从而揭示真理的本质。由于任何揭示都是立足于存在者以假象样式的揭示状态为根本的立足点,因此意见作为存在者的敞开状态,必定处于一定的无蔽状态,具有相对的真理性,可以像真知识那样指导人们正确生活。但是,意见作为相对真的存在者无蔽状态,虽然在真理的揭示过程中以某种方式揭开了,但还是伪装着。由于它并未处于自身本己存在的理念状态,因此它指导人们的实践活动不是必然成功的。"有知识的人会一直获得成功,而有正确意见的人只在某些时候获得成功"[2]。不仅如此,柏拉图还认为,在揭蔽本真存在的理念过程中,由于感觉器官具有感受性和接受性,灵魂的知觉活动通过其作为通道才得以发生并把可知觉到的东西统一于可觉察性的领域,并通过这一可觉察领域而呈献着这个领域的东西,而这就直接自行开启了通向照亮灵魂之本质的真理之路。由此,灵魂就"充当了与存在(外观的在场)并由此与无蔽的关系的名称,历史性的人

---

[1] 苗力田,李毓章主编:《西方哲学史新编》,人民出版社2015年版,第26页。
[2] [古希腊]柏拉图:《美诺篇》,转自《柏拉图全集》(第一卷),王晓朝译,人民出版社2002年版,第97页。

所存在于其中的身体和生物,被置入到这种关系之中"①。而可知觉事物是通过灵魂借助于感觉器官为通道而聚拢到可觉察性领域的东西,不同于灵魂通过以自身为通道通察到的"存在本身——作为规定存在者成为存在者之所是的东西"②,由此柏拉图就明确区分了作为晦蔽存在者的具体事物和作为本真性存在的理念。

在此基础上,柏拉图又进一步论述了具体事物作为晦蔽存在者与在存在澄明之境的无蔽存在者——理念之间的关系。他认为,在对遮蔽的存在者的不断揭蔽中,到达人的本质深度中无蔽的存在者的理念处——自由域,从理念继续行进就导向了对最高理念"善"($αγαθον$)的察看。由于理念形成了对存在之领会,而且是本源的无蔽之物,因此它们是"最具存在性的存在者或最无蔽的东西"。而"善"作为等级和程度上最高的理念,即是理念本质的实现和理念最先得到规定的地方。它是存在之澄明之境,因此"最本源、最真实地支配着——让存在者之无蔽同时发源,并作为被看见的东西,形成对存在者之存在的领会"③。它将存在和无蔽托付给存在者所是的东西,为存在者存在而托付,并由此首先形成存在者之无蔽。由于"善"作为"那种适合于某物或使某物成为适用的,从而使之开始的东西"④,使得存在者如其所是地存在并自行显现于无蔽状态中而成为可通达者,为人所觉知。结果,由于"善"作为允诺出无蔽状态的主宰,就使得真理的本质不再是"作为无蔽之本质而从其本己的本质丰富性中展开出来"⑤,而是转移到关于"善"的本质问题上了。由此,真理就放弃了作为对存在者遮蔽状态之揭蔽的无蔽存在的基本特征,而转向对"善"的理念的正确观看问题上了。由于一切都取决于正确的观看,取决于针对最高理念的对准性看和认识上,而觉知活动又适应于被看见的东西,由此就有了一种认识和事情本身的一种符合一致。由于善的理念和看对于存在者之无蔽状态具有优先地位,这使得真理之本质发生了一种根本性的变化,变成

---

① [德]海德格尔:《论真理的本质——柏拉图的洞喻和〈泰阿泰德〉讲疏》,赵卫国译,华夏出版社2008年版,第173页。

② [德]海德格尔:《论真理的本质——柏拉图的洞喻和〈泰阿泰德〉讲疏》,赵卫国译,华夏出版社2008年版,第187—188页。

③ [德]海德格尔:《论真理的本质——柏拉图的洞喻和〈泰阿泰德〉讲疏》,赵卫国译,华夏出版社2008年版,第95页。

④ [德]海德格尔:《论真理的本质——柏拉图的洞喻和〈泰阿泰德〉讲疏》,赵卫国译,华夏出版社2008年版,第102页。

⑤ [德]海德格尔:《路标》,孙周兴译,商务印书馆2000年版,第265页。

了觉知和陈述的正确性,变成了"适合",变成"按照……而定自身",变成了"观的对头","承认其呈现承认的对头"①。而作为观看正确性的真理,是人们在理智的领域内对善的理念进行的察看,由此真理也就变成了人在理智中认知的称号。不过,真理作为存在者显现存在之特性带来了存在者之无蔽状态,而观看正确性的真理正是对于这种无蔽状态的外观的正当性和正确性的观看,由此真理之本质的规定就具有了两义性。

亚里士多德继承了柏拉图两义性的真理本质的思想,并把它提升成为主导思想。他强调存在者的"存在和不存在的意义……其最主要的意义还是真实和虚假"②,而存在者之存在的"无蔽状态乃是存在者的支配一切的基本特征"③。但他同时又强调,"在事物中并没有真与假,……而在思想中"④,在思想和理智中的判断和命题陈述才是真理与谬误存在及区分的场所。"灵魂的体验(表象)是物的肖似(ομοιωσις)"⑤,只要陈述与实事相符合,这个陈述就是真理。由此,亚里士多德就脱离了从无蔽意义上规定真理本质,而从不正确意义上的谬误反面确立"无蔽被思为正确性"⑥。借此,亚里士多德就把西方哲学带上了一条由陈述的表象活动之正确性来规定真理本质的道路。

第二阶段大致为公元4世纪下半叶晚期希腊罗马哲学终结到19世纪上半期德国古典哲学的终结为止,这一时期是存在论问题隐没时期,也是真理概念脱离作为无蔽之本质从本源性的本质丰富性展现出来而转向现成存在的符合关系问题时期。

亚里士多德关于陈述的真实性真理观奠定了古典真理定义和传统真理定义的基础。在传统真理概念和流俗真理观念中,真理在本质上意味着陈述与事情的"符合",知与物的肖似,"知识与事实的符合一致"⑦。这种符合的根本特性在于,命题陈述的意谓以真实的无蔽之物为标准,而真理就在于正确性,而且始终仅仅是正确性。因此,真理就是命题陈述意谓与

---

① [德]海德格尔:《形而上学导论》,熊伟、王庆节译,商务印书馆2005年版,第184页。
② [古希腊]亚里士多德:《形而上学》,苗力田译,中国人民大学出版社1993年版,第217—218页。
③ [德]海德格尔:《路标》,孙周兴译,商务印书馆2000年版,第267页。
④ [古希腊]亚里士多德:《形而上学》,苗力田译,中国人民大学出版社1993年版,第151页。
⑤ [德]海德格尔:《存在与时间》,陈嘉映等译,北京生活·读书·新知·三联书店2006年版,第247页。
⑥ [德]海德格尔:《路标》,孙周兴译,商务印书馆2000年版,第268页。
⑦ [德]海德格尔:《林中路》,孙周兴译,上海世纪出版集团2008年版,第32页。

认知的事情基于正确性的相符合或相适合。这种符合有着双重意味:要么在本体论上是认知的事情与关于事情的先行意谓相符合;要么在认识论上是命题陈述的意谓与认知事情的相互符合。亦即真理要么是物对知的适合,要么是知对物的适合。在这两种情况下,知和物的含义分别作了不同解读。物与知相符合的事情真理形成于中世纪基督教神学的信仰。它认为,物的本质的形成和存在在于它作为受造物适合于上帝精神中预设的理念,因而是正确的和真实的;而人类理智作为上帝赋予人的一种能力,在其命题中所思的存在者与必然相应于理念的物相适合,因此人类真理性的知识作为知(人类的知)与物适合的命题真理就奠基于上帝创世纪计划的统一性,奠基于受造物与理念(作为上帝的知)的相符合、相协同,也就是说,真理作为知与物的适合(命题的真理),必须奠基于物与知的适合(事情的真理)之上,才是可能的。为此,托马斯·阿奎那在继承亚里士多德的命题真理定义基础上,在《真理论》中就指出:"理智的终点是真,真实存在于理智本身中的",而"理智的真理就是理智和所认识的事物的一致性"①,以此来显明上帝的理智与上帝所创造的实在之间的适合,并用"相应"和"协同"代替"肖似"来进一步突显真理本质对于上帝创世秩序的符合关系。

自从人类摆脱了上帝信仰的创世秩序,踏入了近代认识论的人类理性秩序世界之后,人们对真理之本质的思考依然是符合论的真理观,但确定性的真理以正确性真理本质的变形形态开始对西方哲学真理观起支配作用,并由此成为西方哲学认识论转向后的核心主题。

确定性真理的本质亦即表象的正确性。此前,正确性真理被视为"表象与存在者的符合一致"②,真理的本质被视为人的表象活动的一个特性。但现在,因为表象把目光投向了自身,并把自身确证为再现,这使得把表象本身的正确性作为本质的确定性真理,具有了直接的自明性。在这种情况下,命题真理的本质就意味着"陈述之正确性(即'合逻辑性')",意味着言说的表象之正确性。换句话说,真理变成了言说的特性。结果,真理就不仅从存在的无蔽境界中脱落,还从存在者之无蔽状态上脱落。在这种情况下,事情真理则意味着"现成事物与其'合理性'的本质概念的符合"③,亦即存在者的表象与关于自己的本质性认识相符合,并且在这一表象里再现

---

① [意]托马斯·阿奎那:《真理论》,傅安乐译,《哲学译丛》1978年第5期。
② [德]海德格尔:《林中路》,孙周兴译,上海世纪出版集团2008年版,第121页。
③ [德]海德格尔:《路标》,孙周兴译,商务印书馆2000年版,第210页。

和确证了自己的本质认识。由此,真理就变成了"逻各斯之正确性"①。这一正确性作为表象本身似乎就不再维系于作为存在者的具体事物,似乎就不再依赖于对一切存在者之存在的本质性阐释了,而是从具体事物那里抽离开了,从存在者之无蔽状态下逃离了。结果,真理作为知与物相符合不再是命题对存在者的揭示了,而变成了现成之物之间的符合关系或适合关系,变成了现成的东西的现成符合一致或适合。由此,真理就获得了不言自明的普遍有效性。在这种自明性观念的支配下,人们也就不言自明地承认:真理存在一个反面,就是非真理(Unwahrheit)。而命题的非真理就是命题陈述与事情的不相符合,事情的非真理则是存在者表象与其本质认知的不相符合。于是,非真理之本质总是被置于真理本质之外,被把握为真理本质的反面——不符合。

第三阶段大致从 19 世纪下半叶对传统符合论真理观的批判至今,传统哲学开始向现代哲学转变,存在论问题也开始重新回到西方哲学的核心位置,真理概念也逐渐突破知识论的符合论真理观,走向奠基于个体生命创造的生存论真理观,恢复其本源性的本质丰富性。

符合论的真理观在认识论框架内作为知识与事实相符合,把历史性的人的"展开状态和对被揭示的存在者有所揭示的存在这一意义上的真理变成了世内现成存在者之间的符合这一意义上的真理"②。结果,真理本质就被改造成了认识论层面上的表象自身的符合,亦即主观与客观相统一的真理,并把这种统一归结为主体与外在客体本质和规律的单向符合关系。如黑格尔就曾这样表述他的真理观,"真理作为表象和对象的一致,已在表象的关系中被规定了。我就是在这样具体意义中把握真理的,把它看作是它和它自身之内的那些对象相适应,还是不相适应"③。从这个意义上,可以说这种真理观是一种"发现论的真理观",其基本的预设前提是把真理看作相对独立于认识主体的自在之物和现成存在,只能通过人们在认识活动中发现而得以展示,而不是在人的社会历史性生存中创造和生成的存在,并通过人们在实践活动中对事物存在的揭蔽及其本性和规律的正确反映而形成和被建构起来的存在。

但不可否认,符合论真理观的探讨是富有意义和价值的。特别是自近

---

① [德]海德格尔:《形而上学导论》,熊伟、王庆节译,商务印书馆 2005 年版,第 185 页。
② [德]海德格尔:《存在与时间》,陈嘉映等译,生活·读书·新知·三联书店 2006 年版,第 258 页。
③ 《黑格尔通信百封》,苗力田译编,中国人民大学出版社 2015 年版,第 236 页。

代哲学的认识论转向以来,确定性的符合论真理观摧毁了以人的异化形式呈现出来的上帝对人的统治,肯定了人的价值,将"人性从专制主义、蒙昧主义和禁欲主义的迷雾中解救出来"①;确立了人在认知自然活动中的主体地位,进而确立了科学的真理在人类知识中的主导地位,由此极大地推动了科学的发展和哲学真理论研究。但是,这种真理观主张真理问题不是存在论层面存在者本身如何的问题,而是在人类理智中认识论层面上对于认识(即表象和思想)与事情的符合关系问题,是经不起理论推敲的。其一,它主张真理是与谬误相对立的认识论范畴,真理是认识对实在的正确反映,而谬误则是对这一实在的错误反映,由此谬误就作为认识与客观实在的不相符合而被排除在真理的本质之外。事实上,由于人作为被抛弃的历史性存在已经处于真理与不真之中,而真理作为人的此在的存在建制,就是在对不真的存在者之遮蔽的克服之中,揭示存在者存在的无蔽状态。因此,作为非真理的遮蔽"属于作为存在之无蔽的真理之原始本质,属于真理之内在可能性"。真理本质的揭示就是在与非真理的原始斗争中获得的。其二,它主张真理是不依赖于人的,在人的意识之外的,等待人去发现的独立的客观存在。其理由在于人的认识是对不依赖于主体、不依赖于人的自在之物的表象和揭示,这使得作为陈述与事情相符合的真理具有不依赖于人的意识的客观内容。事实上,陈述的功能在于揭示言谈所及的存在者,让其通过述谓性展示得以照面并可被通达,而真理作为陈述揭示的真存在,本身就是人作为历史性的此在的生存提出来的,这意味着只要人作为历史性生存而存在,揭示性真存在就是真的,真理就存在。反之,则无所谓真理。因为人类"自我意识已成为不容置疑的纯真事物得以出现的条件,成为无条件的事物能够牢固地确立自身的条件,成为我们有可能同我们自己的历史性相统一的条件"②。其三,它主张真理不仅是客观的,而且是永恒存在的。其根据就在于真理的客观特性,不以人的意志和人的意识为转移,不依赖于人而存在。事实上,真理由于人对存在者的揭示,才被承认其存在,而"不顾被发现性与未被发现性"③。而且,人作为能揭示存在者的此在之生存并没有被绝对地证明来自于永恒性,且为一切永恒性而存在。因此,真理的永恒性只能是臆断和假设。其四,它主张真理是现成存

---

① 钱宁:《超越知识论的真理观》,《云南大学学报》(社会科学版)2003年第2卷第2期。
② [德]卡尔·雅斯贝尔斯:《时代的精神状况》,王德峰译,上海译文出版社2013年版,第149页。
③ [德]海德格尔:《现象学之基本问题》,丁芸译,上海译文出版社2008年版,第296页。

在者之间的符合,是现成存在。这使得真理成为表象自身的符合,成为一种符合的符合,由此而导致真理陷入无穷倒退和混乱状态。而且,把真理看作现成的客观实在,直接抹杀了实践活动和人的社会历史性生存对于真理产生的根基性作用,抹杀了个体的生命存在对于真理生成的能动性创造作用。结果,这种真理作为人们历史性生存的前提,在现时代就造成了人的异化和自我失落。

对于这种在科学理性框架下追求对象化、概念化、普遍化的符合论真理观所造成的个体性、特殊性和差异性的抹杀而引起的人的异化,尼采和马克思在突破和超越近代逻辑主义认识论,对存在和意识关系进行形而上学翻转,承认存在对于意识的优先地位的基础上,较早地对之进行了批判。尼采把这种真理观尖锐化,指出这种"真理乃是某种谬误,没有真理,某种生物也许就无法生存。最终是生命的价值决定一切"[①]。故而,他认为,"始自苏格拉底的科学乐观主义相信科学至上,知识万能,凭概念指导生活,其实只是浮在人生的表面,并不能触及人生的根底"[②]。并且,他提出"重估一切价值"的号召,试图通过价值重估,把以基督教伦理为代表的传统伦理道德所颠倒的评价"重新颠倒过来",否定它们所肯定的一切,肯定它们所否定的一切,从而实现"价值的翻转"[③],继而他立足于人类生命之自然,为人们确立了一种人们自己探索和创造的道德,亦即一种"创造者的道德"[④]。在此基础上,他使哲学从科学理性框架下的真理观中解脱出来,回归个体化的生命创造,为人的社会历史性生存确立其可能性条件。马克思则从现实感性的实践活动出发,从前提和根据层面反思真理的深层社会根基。他明确提出真理问题不是一个理论的问题,而是一个实践问题,由此就否定了传统形而上学符合论真理观的合理性。此外,实用主义则主张通过"真理的适用性"即"效用"来重新理解真理,从而展开了对传统符合论真理观的批判。他们主张,真理是"只限于指观念而言,也就是限于指观念的'适用性'而言"[⑤],而不是一种客体存在的特性和无关其"适用性"的不可检验的真理。由此,由尼采、马克思和实用主义所肇始的从价值角度对传统符合论真理观的批判和摒弃,在整个现代哲学内引发了一场重大的

---

① [德]君特·沃尔法特:《尼采遗稿选》,虞龙发译,上海世纪出版集团2005年版,第108页。
② 周国平:《尼采:在实际的转折点上》,东方出版社2014年版,第47页。
③ 周国平:《尼采:在实际的转折点上》,东方出版社2014年版,第144页。
④ 周国平:《尼采:在实际的转折点上》,东方出版社2014年版,第154页。
⑤ [美]威廉·詹姆士:《实用主义》,陈羽纶,孙瑞禾译,商务印书馆1979年版,第158页。

哲学自我启蒙运动，人们开始探寻一种新的突出主体性精神并植根于人的历史性生存的生命创造的真理观。

弗洛伊德、伯林、海德格尔、伽达默尔、维特根斯坦、杜威、福柯、德里达、哈贝马斯、利奥塔、罗蒂等人成为这一运动的积极参与者和推动者，他们一致主张，真理是"人通过自己的参与和创造而生成的结果，真理不能离开人的生命活动而存在，而是内在于人的生命创造过程之中"①。在当代西方哲学研究中，这种生命创造由尼采的个体化创造已经走向"主体间"的共同参与、论辩和商谈，所以真理的创造和生成就在主体间的社会交往中发生。对此，自从胡塞尔提出并阐发"主体间性"以来，"主体间性"就随着现象学运动的深入发展不断被呼应、修正和深化。由此，真理就开始被理解为"交互主体性"框架下的作为一种自由想象的寻求共识的结果而出现。与此同时，现代西方哲学的语言学转向成为这种创造论真理观的积极吸收成果。他们把语言当作支撑认识的"阿基米德点"，认为"真理"既是语言的性质，又是语言实践活动的结果。罗蒂就曾鲜明地表达了这种倾向，他认为"语言是被创造的而非被发现的，而真理乃是语言元目或语句的一个性质"②。维特根斯坦则提出"语言游戏说"。他认为，生活形式、实践和习俗只在参与和观察中显现，在游戏中成为最终的东西。随后，人们就把真理与语言游戏联系在一起而被理解为具有"语言游戏"的性质。

2.1.3 小结

从中西文化中和中西哲学中的真理思想演变史可以发现，在人类步入文明社会的初始阶段，人类并没有形成西方中世纪到近代以来的符合论真理观，而是在追问存在者整体之存在的过程中，立足于人作为存在者之存在，形成了本源性的存在论真理观。植根于古希腊罗马奴隶制文明的古希腊罗马哲学，对存在者整体之存在的追问表现为对存在者之无蔽存在的真理本质的追问；植根古老东方文明的中国哲学，对存在者整体之存在的真理本质的追问则表现为对"道"，对"理"的直觉和体认及把握。虽然在希腊古典哲学时期，柏拉图在"洞穴喻"中已经提出了真理的双重含义，符合论真理观已经萌生，并经过亚里士多德的强调和发展，奠定了西方近两千多年的真理观走向，但是在这一时期，人们对存在者整体之存在的追问、领

---

① 贺来：《论真理的社会生活本性》，《江海学刊》2006 年第 3 期。
② [美]理查德·罗蒂：《偶然、反讽与团结》，商务印书馆 2003 年版，第 16 页。

会和把握,仍然是哲学真理观的主导观念。只是到了希腊化时期和罗马时代,随着希伯来文化和基督教在希腊和罗马的传播,晚期古希腊罗马哲学在寻求信仰的洗礼和提升过程中逐渐和基督教特有的一神论形态融合为一体,促成了自身终结的同时又融入了一个新的哲学世界——基督教哲学体系,由此符合论真理才逐渐取代作为对无蔽存在揭示的存在论真理观在西方哲学真理论中的主导地位。

由于基督教哲学是在基督教教义中化解出非启示的论证的哲学真理,这使得人类能够在启示之光的照耀下,运用自己的理性自觉地去反思宗教的绝对原则和绝对理念。结果,哲学追求真理的活动就在于意识到作为一种理性的独立活动与对作为绝对他者——上帝的信仰具有根本的一致性,而真理就在于在本体上是存在者与理智的符合,在逻辑上是知与物相符合。对于这种符合论真理观,近代哲学并未进行彻底的批判并加以扬弃,而是适应自然科学进步和资本主义经济发展的需要,在科学理性的指导下进行了认识论层面上的改造,并把它发挥到了极致。由于近代西方哲学是批判教会权威和教会正统,推崇人性尊严和高扬科学理性的思想解放运动的产物,人文精神和认识自然、改造自然的科学精神是近代西方哲学的精髓,而科学精神作为时代的精神是哲学把握的对象和研究的方向,这使得认识论成为哲学发展的方向,科学化认知模式成为认识论的基本原则。在这种情形下,真理的本质就在于认知主体能动地运用自身的理性能力对客观对象世界的正确认识。由此,真理就成为表象自身符合的认识论范畴。近代中国人正是受到西方哲学的这种认识论真理观思想的影响,放弃了中国传统哲学中追问人在存在者整体中存在的本源性真理观念,而把"理"把握为"物理之理",亦即"作为客观对象看的存在事物之理"[1],把"真理"把握为主体对客体的正确反映或主体与客体一致。

由于这种科学理性下的认识论真理观适应自然科学发展的要求和工业文明发展的需要,因而极大地推动了自然科学的进步和人类工业文明的现代化进程,并由此成为近代理性主义哲学的核心主题;但同时,也正是因为自然科学的继续进步导致了自然科学与哲学的分离,这种理性主义哲学被抛弃,以经验主义为基础的科学主义和实证主义崛起;而由现代科学技术推动下的工业文明的进一步发展则造成人与自身、与自然和社会的分裂和对立甚至对抗,从而导致人类陷入现代性危机,这使得人们开始批判启

---

[1] 黄克剑,钟小霖:《当代新儒学八大集〈唐君毅集〉》,群言出版社1993年版,第550页。

蒙理性,探索新的认识方法以克服主客二元对立及其人类中心主义,实现人与自身、与自然和社会之间的和谐发展。而这必然引发人们对认识论真理观的批判、否定和拒斥,开始从理论范围内追求存在者之间的现成符合关系的探讨,逐渐走向人的生命实践活动,走向主体间的交往和语言实践活动,走向人的社会历史性生存;力求在人的历史性生存中通过不断揭示和领悟人的本真性存在,形成基于人的历史性生存和人的生命创造的生存论真理观。由于这种真理观已逐步面向人的社会现实生活,力图通过真理生成的实践境遇和实践根源来探讨真理,因此它必然要突破科学化认知模式,批判和超越传统形而上学真理观的现成性和既定性,逐步形成基于个体生命创造的生成特性和过程特性的生存论真理观,恢复真理的生命力,从而为探讨作为社会世界自我认识的社会真理提供理论基础和思想条件。

2.2 真理的语义词源辨析

廓清真理概念的本质,基本前提是将与其相关其他概念加以比较以相区别。

2.2.1 真理与真实

真理(truth 或 Wahrheit)是名词,真实(true 或 wahr)则是形容词,前者是后者的名词形式。无论是在英语中还是在德语中,在词源的基本含义上,二者基本一样。但从哲学上看,"真理"是一个基本的哲学范畴。就存在者之无蔽存在而言,真理的本质是指对存在者之遮蔽的解蔽,使存在者之存在在敞开域中自行显现。而"真实的"东西,则意味着"不受遮蔽约束的无蔽的东西"[①]。在这个意义上,真理与真实基本同义,都是指存在者本身的无蔽、自然整体的敞开性存在,人的劳作和神的创造的开启,而不只是陈述、句子和知识等的正确性。但就符合性关系而言,真理是陈述与事情的符合或知识与事实的符合,亦即表象与对象的符合或表象自身的符合或再现。正如黑格尔所认为的,"真理不但要求概念与对象相一致,而且还要

---

① [德]海德格尔:《论真理的本质——柏拉图的洞喻和〈泰阿泰德〉讲疏》,赵卫国译,华夏出版社 2008 年版,第 10 页。

求对象与概念相一致"①。而前者通常是就人们的认识对于事物的如实反映或主观对客观规律的正确反映之真理而言,亦即认识层面的"真",与谬误相对;后者则是我们通常所说的"真实",即对象与其概念相符合,亦即本体层面的"真",与虚假相对。换句话说,"真实"的东西就是指人们所认识的东西与对事物的表象相符合。在这个意义上可以说,就现成存在者之间的符合而言,真理与真实的含义是基本相同的。

但真理作为哲学的一个核心范畴,不同于真实的东西的一个显明之处,就在于真理是一个科学体系,是一个由正确的命题和判断构成的逻辑体系,而不仅仅只是语句或判断的"真"。对于此,黑格尔就曾言,真理作为一个实存,"其真实的形态只能是一个科学的真理体系",这个知识体系作为科学体系是以普遍的方式把握的"必然性的形态",亦即是"时间把必然性的各个环节的实存展示出来的样子"②。而且,真实还有其他含义。在现代哲学特别是分析哲学和语言哲学中,"真实"是一个重要的概念,主要是指语句或话语的特性。它是"与意义、语言规则或约定、命名、指称、断定等并列的东西"③。因此,它又和真值、正确等同,而和虚假相反对。例如塔斯基在《形式化语言中真这一概念》中就指出,这篇论文的任务"就是要参照一种给定的语言,为'真句子'这个词构造一个实质适当和形式正确的定义"。此外,"真实"还特指"'好不好'的问题,即所谓'价值论'或'伦理学'问题"④。

2.2.2 真理与谬误

就存在者之存在无蔽而言,由于真理($αληθεια$ 或 truth)在本质上是对存在者遮蔽之去蔽、褫夺,因此与存在者之无蔽的真理相对的是存在者之遮蔽的非—真理(Un-wahrheit)。非—真理是在不是—真理(Nicht-wahrheit)的意义上被理解的,是"不是—无—遮蔽,不是—无蔽的东西"⑤,因此它要么是还未曾无蔽的东西,要么是已经不再无蔽的东西。而真理就在于对存

---

① [苏]阿尔森·古留加:《密涅瓦的猫头鹰——黑格尔》,张荣,孙先武编译,中华工商联合出版社 2015 年版,第 88 页。
② [德]黑格尔:《精神现象学》(译者序),先刚译,选自《黑格尔著作集》(第 3 卷),人民出版社 2013 年版,第 3—4 页。
③ 王路:《论"真"与"真理"》,《中国社会科学》,1996 年第 6 期。
④ 孙正聿:《真理观的哲学视野》,《天津社会科学》1998 年第 4 期。
⑤ [德]海德格尔:《论真理的本质——柏拉图的洞喻和〈泰阿泰德〉讲疏》,赵卫国译,华夏出版社 2008 年版,第 122 页。

在者的这种遮蔽状态的克服中获得的,它本身就是对这种遮蔽状态的否定,因此非真理本质上就属于真理本质的内在可能性。尽管如此,在此意义上也可以说,非真理与真理二者在本质上内在关联,共属一体。而且,真理属于存在的本质,它实质上就是存在者的无蔽状态,这一无蔽状态只在存在者遮蔽状态的情况下才会有,是"在此无蔽境界中才出现的澄明"①,因此真理包含着"解蔽和遮蔽两个方面"②。不过,非真理上升到专业术语层面上,就称为谬误(ψενδοζ 或 fallacy)。但谬误作为替代非真理的专业名词,具有与无蔽完全不同的词干,根本没有否定性的特征。尽管如此,但谬误的基本含义是以隐蔽或掩盖的方式颠倒某些事实或行为,以便歪曲这些事实或行为,这本身就意味着这些事实或行为被遮蔽了,形成了关于这些事实或行为的假象。这使得这些事实或行为成为一种"直接在其自身就是非存在的存在"③。由于这种歪曲是"通过某种显现或被发现而发生",是通过使事实及其某一方面转向我们而显现伪装,或者掩盖和隐藏这些事实的其他方面或相关其他事实,因此真理就是要解蔽或转化隐藏的存在者之歪曲或伪装意义上的遮蔽,从而揭示遮蔽的存在者。但就符合关系而言,真理作为陈述与事实基于正确性的符合,是"认识着的行为、说明和判断的特性",而谬误作为事实的歪曲,就成为陈述与事实的不符合,就成为似乎把某物的形象置于我们面前,但其形象之后又无隐藏的某物的那种东西,亦即成为无所揭示、无所反映的空虚或虚无的东西。由于谬误是通过话语、语言或陈述的方式"使所说的东西被掩盖和遮蔽",从而歪曲事实,因此它作为"在哲学语言中真正与真理概念相对立的词"④,就被专门、持久地用作与真理相对立的概念,而成为真理的反面。此外,谬误在逻辑上还有三重含义。其一,它"泛指人们在思维和语言表达中所产生的一切逻辑错误"。其二,它是指"违反逻辑规律要求和规则而出现的各类逻辑错误"。其三,它是指"违反论证中的逻辑要求或逻辑规则而产生的错误,即论证中的逻辑错误"⑤。

---

① [德]海德格尔:《形而上学导论》(译者前言),熊伟、王庆节译,商务印书馆2005年版,第2页。

② 董国:《哲学与真理——读海德格尔〈论真理的本质〉》,转自《中国现象学与哲学评论》(第十二辑),上海译文出版社2012年版,第293页。

③ [德]黑格尔:《精神现象学》(译者序),先刚译,选自《黑格尔著作集》(第3卷),人民出版社2013年版,第14页。

④ [德]海德格尔:《论真理的本质——柏拉图的洞喻和〈泰阿泰德〉讲疏》,赵卫国译,华夏出版社2008年版,第130—131页。

⑤ 冯契、徐孝通主编:《外国哲学大辞典》,商务印书馆2000年版,第900页。

2.2.3 真理与知识

在古汉语中,"知"是指"知道,了解"。知识则是指"相识,朋友"①。在中国哲学中,知则一般是指"知识、知觉、思想、认识等"②。在英语中,知识(knowledge)是指"人类认识世界的成果"③。因此从总体说来,知识的基本含义一般是指"知",亦即知道、了解或认识。这与古希腊人的知识观有相通之处。在古希腊人那里,日常意义上的知识(επιστημη)就是指"在与某物打交道的过程中精通地支配着它,或精通于该物本身",亦即知道该物并对该物有所领会。因此,知识不是关于现成之物的种类概念,而是植根于人的历史性生存之可能性的对存在者把握和规定的方式。但知识作为对某物的精通包括两个方面的内容:作为认识的"看"的活动和作为狭义知识的"对某物的自明"。在感性层面上,用眼睛"看"的活动不仅提供与认识的基本要素相应的东西,而且把存在者带入敞开域中而使其在场并保持其在场(使其在视觉中被当前拥有),以便使存在者在当前的无蔽中展现。正是这种"看"的当前保持特性,赋予了"懂得"(知识的动词形式,意指对某物理解所支配着)活动能够规定知识的本质。"懂得"意味着知道存在者,熟知其"制作、推动、保持、维护、得到甚至消灭它"的方式,同时也意味着"为一个存在者谋得并保有属于它的存在的东西"④,而且熟知其必然成为这样一个存在者而存在之方式和方法,无论该存在者存在与否,因此"懂得"达到了对该存在者自明。由于这一自明是对在场并持存的存在者的进一步把握和理解,是比"看"对该存在者的拥有更全面、更断然的当前拥有,因此,知识作为对存在者的精通就是对存在者之敞开和无蔽的占有,亦即处于对无蔽的存在者有所领会中,占有其真理。换句说话,"所谓知就是:能立于真理中,真理是在者的坦露,因此知就是能立于在者的坦露中,坚持在者的坦露"⑤。在这个意义上可以说,知识和真理同义,都是对于存在者之无蔽的占有。尽管如此,但就符合论真理观特别是就近代以来确定性的符合论真理观而言,知识与真理的内涵差异很大。对于科学理

---

① 刘振铎:《新编中国四大辞书 古代汉语辞海》,黑龙江人民出版社2002年版,第798页。
② 方克立:《中国哲学大辞典》,中国社会科学出版社1996年版,第447页。
③ 冯契,徐孝通主编:《外国哲学大辞典》,商务印书馆2000年版,第521页。
④ [德]海德格尔:《论真理的本质——柏拉图的洞喻和〈泰阿泰德〉讲疏》,赵卫国译,华夏出版社2008年版,第155页。
⑤ [德]海德格尔:《形而上学导论》,熊伟,王庆节译,商务印书馆2005年版,第22页。

性框架下知识论真理观来说,追问知识本身就是在追问科学本身,知识本身作为如其所是东西,属于科学理论的领域,其根本的任务就在于形成某种知识理论。因此,知识就是指科学的理论知识。由于知识是关于现成事物的种类概念的逻辑体系,因此它是存在论上的知的"附属品"①。而真理作为关于陈述、判断、命题或对事实认识的正确性,就成了知识的组成部分,成为知识的一个特性。

2.2.4 真理与信念

信念(belief)是指人们对自身认为正确的事情或观点的内在确信、坚定信仰,及以此来确定自己对周围世界的态度并指导自己的行动的个性倾向,亦即对"持以为真""信以为真"或认为是真实的事情和正确观点的"居有"②及由此来指导自己行动的个性倾向。正因为如此,从认识层面看,就信念作为人们对存在者的遮蔽状态的本真性揭示与对其本性、规律的正确合理性认识和把握及相应的合理有效的实践活动的信仰而言,信念就是对真理的内在确信。尽管如此,但就信念作为人们对不考虑给予方式及可接受性的"真"的事情和观点的信仰而言,"真"的信念在宽泛的意义上又意味着赞同的事情和观点。故而,尼采说,"信仰并非真理性的保证"③,"真理是信仰,但信仰不是真理"④。由于这种赞同在很大程度上并不依赖于被给予事情或观点本身的正确合理性,而主要依赖于人们主观评判被给予事情或观点的真实性和可靠性,因此是具有一定盲目性的赞同(即是"对某种自身制作的可靠性的一种自私自利的攫取"⑤),这又致使信念区别于真理。基于此,黑格尔认为,信念作为人们的一种"'真正的信仰',无论理性符合它还是不符合它,都是不偏不倚的,既不考虑理性,也与理性无关"⑥。

而且,就信念的形成而言,"人们的信仰、信心、信念的确立,或者更确切地说,对上帝和真理的信仰、信心、信念的确立,并不是通过这种办法,即

---

① [德]海德格尔:《形而上学导论》,熊伟,王庆节译,商务印书馆 2005 年版,第 159—160 页。
② [德]海德格尔:《哲学论稿:从本有而来》,孙周兴译,商务印书馆 2012 年版,第 392—393 页。
③ 周国平:《尼采与形而上学》,生活·读书·新知三联书店 2017 年版,第 201 页。
④ 周国平:《尼采与形而上学》,生活·读书·新知三联书店 2017 年版,第 202 页。
⑤ [德]海德格尔:《哲学论稿:从本有而来》,孙周兴译,商务印书馆 2012 年版,第 394 页。
⑥ [德]罗森克兰茨:《黑格尔小传》,转自卡尔·洛维特《从黑格尔到尼采》,李秋零译,生活·读书·新知三联书店 2014 年版,第 63 页。

通过认识达到信念的。在日常生活中,虽然有人是通过审慎的哲学思考,而达到对上帝和真理的信念。但更多的情况却是,预先就把这种信念当作情绪的已有基础。在这种情况下,精神的地位比认识更巩固"①。相反,真理则主要是通过人们的认识,尤其是主要通过审慎的哲学思考达到的。而"认识是永不满足、永无止境的,所以它不能对上帝和真理信念的确立做出贡献"②。这使得信念与真理进一步区别开来。

再次,从实践层面看,信念作为激励人们以自己的观念和做事原则去行动的思想倾向,它强调的也不是人们对于事物或事件认知的正确性,而是人们坚持自己的观点或做事原则去思考和行动的情感倾向性和意志的坚定性。这种坚定性"对人来说有不言而喻的整体的确实性,这种确实性是先在地被给予的,是人们必须接受的基本事实,它构成了人们知与行的原初理由或根据"③。因为在实践层面,人们在大多数情况下仅仅从社会发展的实际需要和自身发展的利益需要去看待周围的事物,从而为自己有效进行实践活动寻求思想观念的指引。而信念作为人们对于周围事物的认知判断和价值评价,恰好满足了这一需要。它使人们坚信自己对周围事物的认识是真的,而不管这种认识实际上是不是真的,从而促使人们抛弃了对一切重要价值的怀疑,坚定了自己行动的意志,推动了人们按照自己的观念或做事的原则去行动,进而现实地为自己创造一个属于自己的价值世界。正是在这个意义上,尼采说,"必须有一堆信仰,应当做出判断对一切重要的价值没有怀疑——这是一切生物及其生存的前提。所以,必要的是,必须把某物当作真的——而不是,某物是真的"④。故而,皮尔士也认为,"人们只要有了确定的信念,就可以采取行动。人的行动所依赖的是确定的信念,而思想、观念能否成为人们确定的信念,并不在于他们是否是真理,而在于它们能否引起人们的行动并在行动中获得预期效果"⑤。可见,信念超出了单纯的知识范围,而有着更为丰富的内涵,标示人们的一种综合的精神状态。对此,罗素就认为,"信念是人的身体上或心理上的某种状态"⑥。

---

① 《黑格尔通信百封》,苗力田译编,中国人民大学出版社 2015 年版,第 240 页。
② 《黑格尔通信百封》,苗力田译编,中国人民大学出版社 2015 年版,第 241 页。
③ 张曙光:《价值研究的哲学奠基》,《社会科学战线》2013 年第 11 期。
④ 周国平:《尼采与形而上学》,生活·读书·新知三联书店 2017 年版,第 201 页。
⑤ 刘放桐:《马克思主义哲学与现代西方哲学研究》,北京师范大学出版社 2012 年版,第 220 页。
⑥ [英]伯兰特·罗素:《人类的知识》,张金言译,商务印书馆 2009 年版,第 175 页。

正因为如此,虽然真理对信念的形成具有基础作用,但是信念又成为真理产生的一个重要影响因素。信念以动机、目的及原则的形式贯穿于人们的认识活动和实践活动,而且又与意志、情感、价值旨趣等因素相结合而支配着人们的这些活动,由此也支配着真理的产生过程。不仅如此,信念的内容是多样化的,既包括真理又包括政治信念、艺术信念和道德信念等。它的表现形式也是多样化的,既包括有论证的信念,也包括记忆、预料和直觉信念等等。而且,由于社会环境、思想观念、阶层利益和生活需要以及个人的社会阅历及生命体验等不同,人们也将形成很大差异甚至截然相反的信念。

2.2.5 真理与价值

"价值"(value)一词最初是作为一个经济学术语被提出来的,主要被理解为"'效用'据以比较和交换的尺度",用于指称商品的"使用价值"和"交换价值"。在此基础上,人们把这一概念引申到哲学社会科学领域,用它来专门说明"人生追求及生活意义的哲学意蕴的普遍概念"①。

就马克思主义哲学认识论而言,价值作为一个标示人类主客体或主体间意义关系的反思性范畴,它是"从人们对待满足他们需要的外界物关系中产生的"②。它主要是指人们从事实践活动改造客观世界的过程中使客体以自身属性和功能来满足主体的欲求及需要与主体的欲求及需要被客体相关性质和作用所满足(或主体间各自以自身的活动及活动成果相互满足)的效用关系。由于"凡是从自身中就要提出应当要求的事,总不能不是从自身出发就有道理去要求的事。凡是和应当差不多一样的事,都只能从其本身就要求有价值,其本身就是一种价值的事中放射出来。此时,这些价值本身就变成应当的根据"③,因此价值作为人类实践活动创造的产物,故而也是以人类实践活动为自身根据,即是以满足实践活动的要求(使客体以自身属性和功能来满足主体的欲求及需要和主体的欲求及需要被客体相关性质和作用所满足的要求)为根据。而实践活动在改变客观世界成为属人世界以便满足人的目的和需求的活动过程,本身也是价值被创造出来的过程,并且这一过程及其结果又是人的存在过程和现实的存在方式,因此可以说,人的社会实践性存在过程及其结果,本身就蕴含着价值,

---

① 张曙光:《价值研究的哲学奠基》,《社会科学战线》2013 年第 11 期。
② 《马克思恩格斯全集》(第十九卷),中央编译局,人民出版社 1963 年版,第 406 页。
③ [德]海德格尔:《形而上学导论》,熊伟、王庆节译,商务印书馆 2005 年版,第 197 页。

是价值的赋予过程和价值的表现方式。

不仅如此,由于"人在把成为满足人们需要的资料的外界物……进行评价,赋予它们以价值或使它们具有'价值'属性"①,因此人作为价值主体通过反思性评价和选择做出的价值认定在确立主客体的价值关系中起着中介作用。正因为如此,真正的价值是不能"直观的",不是我们的经验主观感受或经验直观的"满足需要""功效"等等,亦即不是标示商品的自然属性的使用价值,而是"要对价值现象、价值事实、价值关系的反思亦即评价才能认定的"②。换言之,价值不是客体或对象的"现成的规定性"③,不是反映物与物之间的自然的效应关系,而是反映人们在朝向未来,通过社会实践活动敞开生活世界过程中形成的具有社会属性的人与人之间的关系。在此意义上,可以说与真理一样,价值也植根于人的社会历史性生存,奠基于人的最高主体性自由。

尽管如此,与真理不同的是,它强调的主要是人在改造客观世界过程中使得客体趋近于主体,接近于主体,客体的主体化,客体满足主体的欲求和需要,为主体的发展服务。由于人们都是按照自己的个体需要和欲求去衡量价值,因而"价值观都是特定主体的价值观,是从某个人的角度对价值的判断和选择",表现出个体性和特殊性。而真理强调的则主要是人在改造客观世界的过程中对于客体对象的性质、作用方式和过程及规律与主客体活动过程及其结果的合理性揭示和正确把握,主体趋近于客体,接近于客体,主体客体化,主体对客体本真性存在和主客体活动过程及其结果的观念性反映,因而真理作为"事实的认知,没有个体的独特视角,具有最大的普遍性"④。

正如李德顺教授指出,价值是人们从事实践活动改造客观世界过程中形成的"主客体相互关系的一种主体性描述,它代表着客体主体化过程的性质和程度,即客体的存在、属性和合乎规律的变化与主体尺度(即作为主体的人的自身结构、规定性和规律,包括主体的需要、目的性及其现实能力等)相一致、相符合或相接近的性质和程度"⑤。因此,价值虽然在人们日常生产生活中表现出个体性和特殊性,但它并不是人们任意的、主观的价

---

① 《马克思恩格斯全集》(第十九卷),中央编译局,人民出版社1963年版,第409页。
② 张理海:《社会评价论》,武汉大学博士学位论文1998年版,第48页。
③ 俞吾金:《价值四论》,《哲学分析》,2010年8月第1卷第2期。
④ 兰久富:《倡导社会主义核心价值观的理论前提》,《哲学研究》,2014年第8期。
⑤ 李德顺:《价值论》(第2版),中国人民大学出版社2007年版,第79页。

值判断,而是有其坚实的客观基础的。它体现了人的实践的创造性,反映了人的内在尺度,展示了人作为价值主体对于自身的内在尺度的意识自觉和实践自觉,"突出了人的主体性评价和选择"①。而真理也体现了人的实践的创造性,但它反映了对象作为客体的尺度,以对象事实为依据,体现了人类揭示、把握和遵循对象本性、规定性和规律及主客体活动过程及其结果的意识自觉和实践自觉。故而,真理在人们的实践活动过程中"主要代表和体现着主客体关系中的客体成分、客体对主体的作用、客体在主体中的映现"②。正因为如此,价值问题涉及"应该或不应该"的问题,即"应然"问题;而真理问题涉及事实问题和必然问题,即"实然问题"和"必然问题"。

由于任何事实只能是"有"或"无",本身无所谓价值。决定事实之"有无"依赖于知觉能力,即"认知我"的知觉能力,但此种能力本身不涉及"应该"或"不应该"。当人们说"此事是应该(或不应该)"时,这是人们对此事的价值意义上的判断,而不表示任何知觉或"经验中的性质"。因此,就真理而言,"从所谓事实判断中演绎出价值判断是不可能的,前者从不与后者在逻辑上等同"③。而且,"应该"之价值问题包含"普遍性"和"规范性"之意义,具有"不可分和不可化归之特性"。决定价值之普遍性和规范性意义依赖于"实践理性""理性意志"或曰"义理之性""良知"。"自由意志",即"德性我"的价值自觉。因此,价值问题之根源也不能从事实存在方面获得解释,或曰不能从"客体性"层面获得解释,而只能从"主体性"④层面来解释,不具有知觉理解和推理思考中获得解释的性质,而只能依赖于主体的价值自觉来理解。而这也进一步导致价值问题无法从真理问题(最主要是指事实问题)中推导出来。

当然,价值和真理也不是决然对立的,而是有一定的相通之处的。从生存论层面看,真理是人们在一定的价值观和价值理念指导下,通过自觉的实践活动不断敞开世界,并揭示世界的本真存在而获得的。对于此,威廉·巴雷特在谈到人在现代社会中的精神失落而面临精神危机时就指出,真理作为"最基本的东西总是从痛苦中学到的,因为除非有一股力量把它

---

① 张曙光:《价值是作为问题存在的》,《中国社会科学报》2012年6月4期(B01)。
② 李德顺:《价值论》(第2版),中国人民大学出版社2007年版,第82页。
③ [波兰]莱泽克·科拉科夫斯基:《走向马克思主义的人道主义——关于当代左派的文集》,姜海波译,黑龙江大学出版社2013年版,第58页。
④ 劳思光:《新编中国哲学史》(二卷),广西师范大学出版社2005年版,第88页。

们强加给我们,我们的惰性和自鸣得意的贪图舒服便会阻止我们学到它们。……但是,只要人不是被逼,不得不面对这样一条真理,他就决不会这样做"①。在这种情况下,人们的"生存愿望和价值旨趣将构成真理的内在组成部分,其价值趣味和精神取向将内在地影响和决定着真理的内涵"②。这即是说,真理也不仅是对实然的东西的承认和认知,也是在对实然东西的批判和超越基础上形成的对应然的、未来的、可能的东西的肯定和把握,这一应然的东西的肯定和把握本身就蕴含着人们的内在需要和价值追求,并且人们的这些内在需要和价值追求在引领人们从事社会实践活动推动社会发展而创造现实社会价值过程中,转化为现实社会价值的组成部分。

而且,价值也离不开真理。从实践层面而言,价值作为人类通过实践活动把自在世界改造为自为世界、把自在世界转变成为属人世界的产物,其实质就在于人对于周围客观世界和人自身存在的意义的创造和赋予。正如马克思所指出的,任何价值观念的背后都有人类社会实践活动所造就的相应的社会性质和历史性质,"不是价值观念创造历史,而是历史创造了价值观念"③。正因为如此,价值观念对于历史现实起着"标准作用"。在这个意义上可以说"历史不是别的,就是价值之实现"④。诸如人类伦理的善、社会的公平、制度的正义、政治的民主等等,这些价值都是人类通过社会实践构建的社会合理秩序的表现,都是人类在社会实践活动中对于社会秩序和社会发展赋予的价值。正因为如此,这些价值又都成为衡量社会秩序合理性和社会发展进步的标准。在这个意义上可以说,社会发展的历史在一定程度上就是这些价值的实现。尽管如此,但由于人类创造价值的社会实践活动是有意识的自由自觉的活动,是在一定的真理理论指导下展开的,因此真理成为人们在实践活动中创造价值的理论基础和精神支撑,发挥着对人们的社会实践活动及相应的社会发展的引领价值和作用,并在一定程度上内在地影响和决定着价值的实现以及实现的程度。可见,价值与真理是相互依存的,并在一定条件下是可以相互转化的。

---

① [美]威廉·巴雷特:《非理性的人》,段德智译,上海译文出版社2012年,第44页。
② 贺来:《论真理的社会生活本性》,《江海学刊》,2006年第3期。
③ 韩震:《社会主义核心价值观引领人类社会前行》,《中国教育报》2014年4月7日第1版。
④ [德]海德格尔:《形而上学导论》,熊伟,王庆节译,商务印书馆2005年版,第197页。

3. 马克思主义哲学社会真理的一般规定

社会真理作为人们的社会历史性存在方式，与人的社会实践活动及其创造的社会生活伴随始终。现代哲学趋向于突破和超越传统科学理性认知框架下的符合论真理观，走向现实生活，走向个体化的生命创造、主体间的交往和社会实践（包括语言实践和生产实践等等）来建构新的真理形态，真理的社会特性问题研究已成为现代哲学探讨真理问题的主题之一。这是现代性危机在现时代日益凸显的后果，特别是思想危机和精神危机日益明朗化的后果。但这些研究是就真理自身的认知而言的，是从真理的社会维度，也即从真理的社会产生、形成、发展和普遍确立等方面研究真理如何受到社会因素的影响和制约等问题，所以它们还不是对现时代社会生活的真理性认知问题本身的研究，因此它们虽然促进了我们对真理认知问题理解的深化，但未能也不可能使我们真正形成对于现时代社会生活的系统的正确合理认知，从而也不可能对现时代的社会危机做出真正符合时代需要和时代发展趋势的回应和解答。于是，从现实社会生活本身出发，对现实社会生活的存在过程、本性和发展规律的正确合理性认知问题展开探讨，亦即对社会真理问题进行研究，就成为时代发展的要求和社会发展的逻辑必然。本著作就是从社会真理的现实社会生活基础出发，分析和阐明马克思主义哲学社会真理的内涵、问题提出的背景和基础、基本特征，并根据不同分类标准对不同形态的社会真理进行类型学考察，进而揭示和阐明社会真理与自然物理世界的科学认知之真理、社会规律、社会信仰、社会价值、意识形态和社会理想等概念范畴的辩证关系，明确马克思主义哲学社会真理的本质规定。

3.1 马克思主义哲学社会真理的释义

从词源学上看,马克思主义哲学中"社会真理"一词,是由马克思首先提出的。在1843年9月《德法年鉴》时期,在《致阿尔诺德·卢格》的信中,马克思谈到政治国家的矛盾时指出,"理性向来就存在,只是不总具有理性的形式。……说到现实的生活,虽然政治国家还没有自觉地充满社会主义的要求,但是在它的一切现代形式中却包含着理性的要求。政治国家还不止于此。它到处假定理性已经实现。但它同样又处处陷入它的理想使命同它的现实前提的矛盾中。因此,从政治国家同它自身的这个冲突中到处都可以展示出社会的真理。正如宗教是人类的理论斗争的目录一样,政治国家是人类实际斗争的目录。可见,政治国家在自己的形式范围内从共和制国家的角度反映了一切社会斗争、社会需求、社会真理。所以,把最特殊的政治问题,例如等级制度和代议制度之间的区别作为批判的对象,毫不意味着降低原则高度。因为这个问题只是用政治的方式来表明人的统治同私有制的统治之间的区别"①。在这里,马克思首先从现代政治国家矛盾冲突的角度,总体性地指出"社会的真理"产生、形成并展现于建立在理性基础上的政治国家自身的理想使命同它自身的现实前提的矛盾中,并且本身就是这种矛盾和冲突的反映和结果。其次,他从人类为之进行实际斗争的政治国家的理想层面具体地指出,一切"社会真理"都是人类社会需要和社会斗争的反映及其结果。对于此,当代西方马克思主义重要代表人物亨利·列斐伏尔在探讨马克思关于现实与真理的辩证运动的观念时也指出,传统形而上学的哲学真理观被拒绝和被替代之后,"到哪里寻找哲学的真理呢?在国家的历史中,这个历史就是社会斗争和社会需要的缩影。我们正在寻找的真理乃是社会真理"②。这也即是说,"社会真理"的产生、形成和展现,不是外在于社会发展的历史进程,不是外在于人们的社会斗争和社会需要,进而外在于人们的日常生产生活,外在于人们所从事的社会实践及其所创造的社会生活世界,如传统形而上学真理观所认为的

---

① [德]马克思:《马克思致阿尔诺德·卢格(1842年11月30日)》,转自《马克思恩格斯文集》(第十卷),中央编译局,人民出版社2009年版,第8—9页。
② [法]亨利·列斐伏尔:《马克思的社会学》,谢永康,毛林林译,北京师范大学出版社2018年版,第8—9页。

那样,它是哲学家们苦思冥想的结果,并在此基础上直接给予民众,促使他们接受它。相反,社会真理产生、形成和展现于人们的社会斗争和社会需要,产生、形成和展现于人们的日常生产生活,产生、形成和展现于人们所从事的社会实践及其所创造的社会生活世界。正如马克思所说,"现在哲学已经世俗化了,最令人信服的证明就是:哲学意识本身,不但从外部,而且从内部来说都卷入了斗争的漩涡"①。

社会真理作为哲学真理的一个重要组成部分,同样也是如此。它本身就是人类社会需要和社会斗争的反映及其结果,就是人们的日常生产生活的反映和结果,就是人们所从事的社会实践及其所创造的社会生活世界的反映及其结果。基于此,本著作从人们的日常生产生活出发,立足于人们从事的实践活动,从唯物史观的角度把社会真理看作是人们从事社会实践活动创造社会生活世界的反映和结果,并在这一般意义上提出社会真理问题,开展马克思主义社会真理思想问题研究。

当然,社会真理,仅就字面含义而言,可能会有如下不同解释:第一种强调"社会性真理",强调真理的社会特性。真理作为人们对于客观世界的正确认识,是人们对由物质生产活动和物质交往构成的客观世界的运动过程及其本性和规律的正确合理性认识和把握。而人作为认知主体总是处于一定社会关系和社会条件下从事实践活动的人,总是在"生产自己的生活资料,同时间接地生产着自己的物质生活本身"②,因此人们对于客观世界的真理性认知必然是与人的物质生产活动和物质生活密切相关的,必然是与人的社会历史性生存密切相关的。人们在社会实践活动中形成的社会历史性生存构成人们认知客观世界的前提和基础,构成人们看待世界的视域和场所,并确定人们认知世界的真实性和可靠性,因此人们对客观世界的真理性认知打上了深刻的社会烙印。正如卡尔·曼海姆所指出的,在社会生活领域,"真理不仅是思想和存在之间的简单一致,而且是带有调查者对其调查对象的兴趣、观点和评价的色彩,简言之,带有其关注对象的界定的色彩"③。而这一界定色彩的形成本身就是调查者在物质生产活动和物质交往中基于一定价值观念和价值倾向,在社会历史性生存中基于一

---

① [德]马克思:《马克思致阿尔诺德·卢格(1842年11月30日)》,转自《马克思恩格斯文集》(第十卷),中央编译局,人民出版社2009年版,第7页。
② 《马克思恩格斯选集》(第一卷),中央编译局,人民出版社1995年版,第67页。
③ [德]卡尔·曼海姆:《意识形态与乌托邦》(序言),黎鸣等译,周纪荣等校,商务印书馆2000年版,第10页。

定意识形态和世界观而形成的,它构成了人们科学认识现实社会生活的"前结构"和意义框架。因此,从这个层面上开展的社会真理研究侧重于真理的产生、形成和发展等方面的社会学和社会心理学分析。这种研究思路是把真理看作社会生活的产物,看作是由社会生活所决定的或者是由社会与个体之间互动,而在社会需要、社会秩序、社会价值理念、社会利益等社会因素的影响和决定下形成和构造的,并在社会生活中发挥作用的知识系统,因而在知识社会学中占有重要地位。第二种"社会的真理",即社会作为认知主体所形成的对于自身总体的科学认知。社会作为人类共同体是与个体相对的。任何单个人的正确合理性思想、意见和认识总是以各种方式与社会共同体内在关联,它们只有在被社会共同体理解、承认、肯定和接受从而获得合法性时,才能被社会化、民族化、人类化,"为广大社会、民族、人类成员所普遍接受并转化为指导思想"①,才能真正发挥对于社会的作用。而被社会理解、承认、肯定和接受从而获得合法性的个体性社会真理认知,就是这里所言的"社会的真理"。在这个层面上展开的社会真理问题研究,侧重于探讨"个体对于社会的真理性认知如何通过社会传播、转换机制和社会评价机制"②形成社会的普遍观念成果,从而实际地引导人们确立新的思维方式和生活方式,因此与其他相关社会认识论课题一样,也是社会认识论研究中一个极为重要的课题。正如欧阳康所指出的,通过建构完善的有效社会检验、评价机制和传播、转换机制,是个体的真理性社会认识向社会总体的自我认识转化及实现的关键,也是社会认识不断进步的重要条件。第三种"社会真理"的解释,与前两者既相区别又相联系,它是指人在具体的社会条件和社会关系下从事社会实践活动中对于社会生活过程及其本性和规律的正确合理性揭示和把握。在这里,社会生活被把握为在社会实践活动中开启的客观实在和这一开启过程,并由此与其他客观客体及运动(如自然物理对象及其运动、精神客体等)区别开来。因此,尽管社会真理在认知的社会性及包含的认知主体层面——个人的自我意识、社会的自我认识及自我理解等方面,同其他真理具有某些共同之处,但由于认知对象的特殊性,使得人们对社会生活的科学认知必然有自己的特殊性质、特殊方式和特殊方法,而不同于对自然物理世界的科学认知和其

---

① 参看欧阳康的著作《对话与反思:当代英美哲学、文化及其他》中关于《社会认识论的历史、现实与未来》中关于社会认识的理解,从知识论意义上探讨知识的社会性生产、从社会主体层面展开社会主体如何认识对象、从社会客体层面人们如何认识社会的三种解释。

② 郑文先:《社会理解论》(导言),武汉大学出版社1998年版,第2页。

他类型客体的特殊科学认知。因此,关于社会真理问题的研究作为社会认识论体系的一个重要分支课题,是一个相对独立而又十分重要的课题。

本著作对于马克思主义社会真理思想问题的探讨,侧重于社会真理的第三种解释,即从社会生活的对象性方面来理解人们对于社会生活的科学认知。这一解释也是继承和发展马克思关于"社会真理"的理解和诠释,从唯物史观角度对社会真理问题进行分析和探讨的。

从形成和发展条件看,社会生活奠基于人类对于自然物理世界的批判和改造之上,是人类通过物质生产活动和物质交往活动创造形成的人类社会生存。恩格斯在谈到社会发展史与自然发展史的区别时就曾言,"无论历史的结局如何,人们总是通过每一个人追求他自己的、自觉预期的目的来创造他们的历史,而这许多按不同方向活动的愿望及其对外部世界的各种各样作用的合力,就是历史"①。这表明,人类社会生活的形成和发展过程,就是人类自由自觉地从事社会实践活动合力创造社会生活的过程,就是人类自由自觉地从事社会实践活动所形成的合力推动社会生活自我相关、自我否定和自我发展的辩证运动过程。其中,人类自由自觉的社会实践活动作为"思维与存在的直接同一",本身就是"逻辑性质与本体论性质的直接同一"②,这使得这一自由自觉的社会实践活动能够突破理论逻辑的限制进入社会本体领域,在改造社会生活的过程中凸显社会生活本身的规律性、秩序性和合理性,从而使人类社会获得相对的确定性和规范性。换句话说,社会发展的规律是在人们自由自觉的社会实践活动所构成的无数个力的平行四边形的合力推动社会生活自我相关、自我否定和自我发展的辩证运动过程中生成和呈现的。因此,社会真理问题研究作为关于人们科学认知社会生活问题的探讨,其出发点必然是感性的、现实的、对象性的社会实践活动,其研究的认知对象也必然是这种社会实践活动及其创造的社会生活。就此而言,社会真理作为人们在社会实践活动中对于社会实践活动及其创造的社会生活的科学认知和把握,就是人们从事社会实践活动,朝向未来开启社会生活,揭示和领悟人们自身的社会实践活动合力把自在的社会生活改造成为"属人的为我世界"而使社会生活的本真状态向人敞开的过程中,形成的对于社会生活自我相关、自我否定、自我发展的辩证运动过程、本性和规律的正确合理性认识和把握。

---

① [德]恩格斯:《路德维希费尔巴哈和德国古典哲学的终结》,中央编译局编译,选自《马克思恩格斯选集》(第四卷)人民出版社 1995 年版,第 248 页。
② 邓晓芒:《思辨的张力——黑格尔辩证法新探》,商务印书馆 2008 年版,第 604—605 页。

3. 马克思主义哲学社会真理的一般规定

吴晓明教授在谈到马克思的辩证法时曾言,"既然现实的历史乃是现实的人的历史,既然人的现实性是通过社会存在来获得其本质规定的,那么马克思的辩证法——作为唯物史观——也就是整个地立足于社会生活的生产和再生产基础之上,并且同时正就是这种社会生活之实体性内容的揭示和展开"①。故而,马克思的辩证法作为唯物史观,也就是历史科学。与之相类似,社会真理作为对马克思主义实践唯物主义真理观的发展和深化,作为对马克思唯物史观的发展和深化,就是人们对社会生活向人们敞开过程的揭示和领悟以及确证,甚至其本身就是对这一敞开过程而言的,它同样也属于历史科学。

具体而言,人类社会生活不同于自然物理世界,就在于它作为人的有意识有目的的现实感性的对象性社会实践活动及其创造的产物,不仅是已发生的社会事实和社会事实的发生,而且是人自由自觉的活动,是人有目的地选择、决断的行动。因此,人类社会生活不仅呈现为客观对象性的物质性存在和物质活动,而且因为有了意识和观念的因素参与实践活动,使得社会生活具有了价值性特征,成为一种精神性的东西。

为此,卢卡奇说,"从本体论上说,社会存在可分为两个异质的要素,从存在立场看,它们不仅是异质地对立的,而且简直就是两个对立面,存在及其在意识中的反映"②。与此相应,人们认识和把握社会生活的过程,不仅是人们在认识和把握社会事实和社会事件的基础上,进一步认识和把握社会生活的过程、本性和规律,并不断矫正、丰富和深化这一认识的过程;而且是以这些认识为指导,自由自觉地从事社会实践活动,进而不断地批判和改造现实社会生活而使社会生活满足人类生存发展需要并趋向于合理化、有序化过程。故而,社会真理既包括社会认识维度上的人们对社会生活认知和把握的"真",也包括人们以这一社会认识维度上的"真"为指导,通过社会实践活动把自然直接性的自在存在的社会生活批判和改造成为"为我"的属人社会生活过程及其结果的社会本体维度上的"真",亦即把社会认识上的"真"实现在社会生活中,并由此使之转化为社会本体层面的"真"。而且,二者也不是相互对立、相互否定、相互排斥的,而是在人们的社会实践活动推动社会生活辩证发展中相互依存、相互促进,并由此形成社会真理的两个向度——意识向度和存在向度。一方面,社会本体层面

---

① 吴晓明:《辩证法的本体论基础:黑格尔与马克思》,《哲学研究》2018年第10期。
② [匈]G.卢卡奇:《关于社会存在的本体论》(下卷),白锡堃译,重庆出版社1993年版,第30页。

的"真"作为社会生活的发展要求,推动和促进人们去探索和发现社会生活的本性和规律,形成和发展关于社会生活之社会认识的"真"。这构成了社会真理的意识向度。另一方面,就思想理论自身辩证发展的本性而言(即黑格尔所主张的,科学思想本身包含着"一种必然性",它"必定会脱离纯粹概念的形式而发生外化"①),社会认识的"真"也倾向于外化、客观化、现实化,在社会生活中展现自己和确证自己,从而实现自我认识,实现社会生活在总体上的自觉。而这又必然推动社会本体层面的"真"的形成和发展。而且,这一实现过程本身也是社会本体层面的"真"的形成和发展过程。这构成社会真理的存在向度。

当然,在黑格尔看来,社会认识上的"真",只是"我知道某物是如何存在的。不过这只是与意识相联系的真理,或者只是形式的真理,只是'不错'罢了"。探索社会认识上的"真",旨在实现社会本体上的"真"。社会本体上的"真",才是具有"较深意义"的,"真理就在于客观性和概念的同一"。如果某物作为对象是真理,那么它们是"它们所应是的那样,即它们的实在性符合于它们的概念"。相反,"不真的人,就是其行为与他的概念或它的使命不相符合的人"②。而社会真理的这两个向度展现在现实生活领域,一方面体现为认识层面上"从旧世界中发现新世界"的"武器的批判",亦即"理论批判",从而使"思想趋近现实",达到意识上的"真";另一方面表现为实践层面上的,把内蕴意识层面上的"真"运用到社会实践活动中而"把旧世界改造成为新世界"的"批判的武器",亦即实践批判,从而使"现实趋近思想",达到存在上的"真"。正如欧阳康在探讨社会认识问题时所指出的,社会真理作为"对人文社会现象及其本质和规律的真理性认识,与对于自然物理现象及其本质和规律的真理性认识有所不同。它不是对于自然规律的单向逼近和客观符合,而是作为社会历史主体的人的一种自我认识和自我反思,是主观与客观的一种双向符合;它体现着人对社会生活及其价值意义的追求与创造,是具有特殊内容和形式的社会真理"③。这表明,社会真理问题研究已经把社会生活的认识问题从理论思维领域纳入社会生活实践领域,使其成为社会实践活动的有机组成部分,并在社会实践活动中使社会生活认识问题得到解决。由此形成的结果是,社会真理就成为人们在从事社会实践活动改造社会生活过程中,在向外认

---

① [德]黑格尔:《精神现象学》,先刚译,人民出版社2013年版,第501页。
② [德]黑格尔:《小逻辑》,贺麟译,商务印书馆1980年版,第399页。
③ 欧阳康:《人文社会科学哲学》,武汉大学出版社2001年版,第313页。

识社会生活与向内反思自我和认识自我、主观与客观、内与外互动交融下,创造性地探索和建构起来的关于社会生活过程、本性和规律的科学认知。故而,它不是如自然物理世界之真理的意义一样,仅仅外在地反映着人们认识自然物理现象及其本性和规律的水平,体现着人类探索自然物理世界取得的进步和成就;而是不仅仅外在地反映社会生活过程、本性及其运行规律,体现着社会发展的事实尺度和规律尺度,而且内在地反映着人的主体意志和本质力量及生存发展需要,体现着社会发展的价值尺度,是合目的性与合规律性的统一。此外,从整体上看,它还反映着这两个尺度与人自身、人与人之间、人与社会生活过程之间在社会实践活动中的和谐融洽,体现着人们通过社会实践活动推动整个社会生活朝向合理化和有序化发展的审美尺度,是合目的性、合规律性和审美性的有机统一,是真、善、美在社会实践活动基础上的整体和谐统一。

当然,这里需要注意的是,在实际具体的日常生产生活中,社会真理作为人们对于社会生活过程、本性及其规律的正确合理性认知理论,实际上是通过转变为实践观念,并继而与人们的主体意志和本质力量相结合,才能够真正融入社会实践活动中对社会发展起作用的。具体而言,在社会实践活动中,社会真理与人们社会实践活动的实际状况及其要求相结合而转变成为实践观念,引导和规范人们运用自身的主体意志和本质力量实际地对自在的和既定的现实社会生活进行批判和改造,进而融入社会实践活动中而内在地同一于社会发展过程,并随着社会实践活动展开和深入推进及相应的社会生活不断发展进步而不断外化、对象化、客观化和现实化为现实社会生活,形成社会存在,例如形成各种生活方式、风俗习惯、伦理规范、社会制度等,从而成为社会存在的一个组成部分;与此同时,它又伴随着这一社会发展过程的纵深推进而不断地获得丰富和发展,并同时不断具体化、特殊化、个别化为人们的各种精神生产、精神生活和文化观念等,继而在此基础上形成关于社会存在的思想、观念和理论,例如形成各种社会理论、政治学说、经济学说、文化学说等,从而构成社会存在的灵魂和精神向度。故而,在这个意义上可以说,社会真理本身不仅属于社会意识,也是社会存在的有机组成部分。

3.2 马克思主义哲学社会真理提出的背景和基础

从唯物史观看社会真理作为一个不同于自然物理世界之真理的哲学理论被提出,有其深刻的背景和基础。具体而言,主要有如下几点:

3.2.1 心理根源:人的自由超越生存本性

如果说,"真理问题源于人的超越本性"①,同样可以说,社会真理问题也源于人的超越本性。人作为双重性存在,既是自然本性和本能规定的自然生物性存在,又是创造本性、超越本性和"自为本性"规定的社会历史性存在。人的本质就在于"人是'尚未定型的动物'",他在本质上具有"不确定性和可塑性"②。这意味着人并不是"一种实体性的东西,而是人自我塑造的过程;真正的人性无非就是人的无限的创造性活动"③,他不会满足于自然和社会直接"给与的现成的存在"和已经得到的东西,总要超越现成的存在和既定的现实,从"有形进入无形",从有限走向无限和永恒,相应地由此形成的人的生活世界的根本特征就在于,人总是生活在"'理想'的世界,总是向着'可能性'行进,而不像动物那样只能被动地接受直接给予的'事实',从而永远不能超越'现实性'的规定"④。正如雅思贝尔斯所主张的,人"现在如此,但并不永远如此。他是一个过程。他不仅仅是一种现存的生命,而是在生命中包含着这样的可能性,即通过他所拥有的自由,他要用他自己决定的行动从自身中创造他的将来"⑤。正因为如此,马克斯·舍勒认为,人是"永恒的'浮士德',是所有新事物中最好奇的动物,与包围着它的现实永不休战,永远在想方设法打破他的此时——此地——以此方式的存在和他的周围世界的樊篱,其中也包括他自己当时的自身现实"⑥。结果,"人,作为一种被赋予自发性的造物所具有的可能性,反对被

---

① 马天俊:《真理的境遇》,吉林人民出版社1999年版,第163页。
② 周国平:《尼采:在世纪的转折点上》,东方出版社2014年版,第74页。
③ [德]恩斯特·卡西尔:《人论》(中译本序),甘阳译,上海译文出版社2013年版,第8页。
④ [德]恩斯特·卡西尔:《人论》(中译本序),甘阳译,上海译文出版社2013年版,第6页。
⑤ [德]卡尔·雅斯贝尔斯:《时代的精神状况》,王德峰译,上海译文出版社2013年版,第155页。
⑥ [德]马克斯·舍勒:《人在宇宙中的地位》,李伯杰译,刘小枫校,贵州人民出版社1989年版,第42页。

当作单纯的结果来看待"①。这就是"人的超越本性"或称作"形而上学本性"②。形而上学作为人的"自为本性"植根于人的"超越性生存"及其"本质性精神的自觉",表达了人的创造本性和超越本性。因此,从本真性意义上理解形而上学或从哲学内在规定理解形而上学时,形而上学就是对人的超越性之本真生存的"理想追求"和对于自身终极关怀的理性表达。正如海德格尔所说,"只要人还把自身理解为理性的动物,那么按康德的话来讲,形而上学就属于人之本性"③。

在这一本性和倾向的影响下,面对人类周围经验流变的感性现实世界,古希腊人把真理看作是人类认识和把握纷纭万象的重要方式,他们不断超越周围世界中经验流变的感性存在,追求和把握变中的不变——作为"变本身"的"逻各斯",并试图用思想和语言把它清晰地固定下来,从而就把西方哲学带上了一条追求存在者之本真存在的真理之路。随后,柏拉图从逻辑上把世界二重化,把世界划分为可见世界与可知世界、经验流变的现象世界与真实存在的理念世界,认为理念的存在和真实性决定了意见的存在和正确性,由此就形成了以理念论为基础的哲学"本体论",把西方哲学带上了一条以本体思维方式为基础而探求永恒真理的道路。然而,当传统哲学在近代发生认识论转向后,由于其关注点仍然固执于对永恒真理、绝对本体世界的追求和绝对的认识方法的前定与先验的理论构造,停留于追求表象存在者和表象自身的正确性之构造,遗忘和遮蔽了形而上学与人的社会历史性生存的原初内在关联,陷入"无根"的自我失落状态。因此当人类生存面临现代性困境,并以文化思想危机的形式凸显时,传统形而上学的危机就在现代哲学对于黑格尔"理性"真理观的普遍否定和拒斥中呈现出来。于是,在生存论基础上重新恢复形而上学的力量,建构奠基于生存论基础的真理观就成为现代哲学面临的一个时代任务。马克思的哲学真理观就是在实事求是地对待黑格尔绝对理性真理观基础上产生的。它不是简单地抛弃本体论,而是立足于社会历史性生存的人,从感性、现实的物质实践活动出发,通过批判和揭示传统"本体论"思维方式的思想根源和实践根源,提出实践活动对于人们的真理性认识的根基作用,从而否定了传统"绝对化"本体论思维方式下的"永恒真理",创立了以实践的思

---

① [德]卡尔·雅斯贝尔斯:《时代的精神状况》,王德峰译,上海译文出版社2013年版,第173页。
② 高清海:《马克思对"本体思维方式"的历史性变革》,《现代哲学》2002年第2期。
③ [德]海德格尔:《路标》,孙周兴译,商务印书馆2000年版,第433页。

维方式为基础的实践论真理观。由此,马克思就一方面肯定了植根于人的超越性生存和人的精神自觉的现实、感性的物质实践活动对于现存世界的能动的批判和改造作用,从而肯定了人的超越本性和创造本性,肯定了人的形而上本性,恢复了形而上学的力量;另一方面,肯定了人的现实、感性的实践活动相对于理论活动的直接现实性和根源性,从而肯定了人的生命创造和人的社会历史性存在对于人的真理性认知的奠基作用,把真理观置于现实社会生活基础上。由此,马克思就在实践思维方式下重新恢复了真理与人的超越性生存的原初内在关联,从而为进一步推进哲学真理论研究奠定了生存论基础。

社会真理作为马克思实践真理观的丰富和发展的产物,是人们立足于自身的自由超越性社会历史性生存,在社会实践活动中不断追求对于人文社会世界的正确性合理性认知的结果。在超越本性和创造本性影响下,人们通过有目的有意识的感性物质实践活动,突破自身自然直接性的限制,在对人文社会世界整体的筹划中,现实地批判和改造客观现存世界——在大力推动生产实践的发展中,调整和变革政治实践和法的关系、经济关系和交往关系,同时促进文化思想的发展和变革,形成合理的属人世界。社会真理就是在这一批判和改造活动中,对于这一实践活动及其过程和这一属人世界的运动过程及其本性和规律的正确合理性认识。但是,这一人文社会世界的运动充满了流变性、不可逆性和偶然性,因此人们不可能只停留于感性经验层面,通过个别感觉材料的整理和逻辑分析去把握社会现象和社会总体运动过程及运动规律,而势必会在超越本性和创造本性的影响下,在不脱离现实的感性实践活动的情况下,在一定的理性原则指导下,根据现实实践活动的需要,运用一定的研究方法,对这些经验材料和感觉表象进行逻辑概括和理论抽象,形成社会真理性认知的科学体系。不仅如此,随着社会实践活动范围和深度的不断拓展和深化,这一本性还促使人们不断扩展、提升自身对于社会生活的各个侧面和整体的已有认识,从而不断丰富和发展社会真理。因此,人的超越性生存作为人的本性,是人们批判和改造人文社会世界并对社会运动过程及结果进行科学认知的心理根源和思想基础。它从深层意识根源上,为人们从事社会实践的目的设计、行动筹划和行动实施奠基,为人们正确合理认知和把握这一社会实践及其相应的属人世界奠基。

3.2.2 社会基础:确定性的寻求

与自然物理世界不同,人类社会世界是人类通过自身的社会实践活动,在人与自然关系基础上建构的以人与人、人与社会关系为纽带和核心的"为我"的属人世界。具体说来,在人的超越性生存本性的影响下,人们把社会真理假设为思想前提,通过有意识有目的的社会实践活动(包括政治实践活动、生产实践活动、科学实验等)把纷繁复杂、流变不息的无序和偶然的这一现实世界批判和改造为具有确定制度和秩序的规范世界,从而自我组织、自我建构起了"为我存在"的和谐有机世界。由于人类社会的建构是基于人的超越性生存,通过合理的社会实践活动实现的人类社会趋于合理化、有序化的过程,故而黑格尔说,从世界历史的总体进程看,"世界历史的进展是一种合理的过程"①。它不仅反映了人类对于社会世界的理性化和规范化追求,也表达了人们对于确定性的追求。而且,人类社会实践活动作为"思维与存在的直接同一",本身就是"逻辑性质与本体论性质的直接同一"②,这使得实践活动能够突破理论逻辑的限制进入社会本体领域,在改造社会生活世界的过程中凸显社会生活本身的合理性和秩序性,使人类社会生活世界获得相对的确定性和规范性。而社会真理就是在社会实践中形成的,它作为社会意识在人们批判和改造人类世界过程中不断被社会生活所征服而趋向于客观化和逻辑化,从而形成内在地同一于实践活动的具有客观性和逻辑性的正确合理认识。而这也是和"确定性"一词本身的含义是相契合的。从词源学角度看,"确定性"(Gewißheit)一词来自"知识"(Wissen)是指一种"直觉",一种"面向事情本身"③的"直觉",亦即由"本质直观"而形成和建构起来的知识。故而,社会真理也表达了人的确定性追求。

尽管如此,但人类之所以寻求对于社会生活世界的确定性把握,根本上是"出于对人在世界万物中的不确定地位的焦虑"④。尤其是当下时代,提出和研究社会真理,也是为了从认识论层面应对社会生活世界的不确定性、流变性和多变性,为重建一个合理化、规范化和有序化的现代社会提供

---

① [德]黑格尔:《历史哲学》(绪论),王造时译,上海书店出版社2006年版,第9页。
② 邓晓芒:《思辨的张力——黑格尔辩证法新探》,商务印书馆2008年版,第604—605页。
③ [德]黑格尔:《精神现象学》(译者序),先刚译,选自《黑格尔著作集》(第三卷),人民出版社2013年版,第12页。
④ 马天俊:《真理的境遇》,吉林人民出版社1999年版,第48页。

一定的理论基础和一些思想借鉴。当下时代是一个充满不确定性和风险的现代性时代。以科技理性为主导的生产力大发展的现代化进程,一方面使人类由传统社会过渡到工业社会,使人类社会走向一个理想化、民主化的繁荣共同体,并为人们带来了丰富无比的物质财富、高效运行的社会组织机制和自由民主平等的现代价值理念,并由此使人类相信"科学会把人类从古至今一直向往的'乌托邦'变为现实"①;另一方面又使人类社会陷入现代性困境。对于生活在前现代社会中的人们来说,周遭世界是持久不变的世界,"生活与认识的统一似乎完全是不证自明的"②,亦即存在与思维它们是同一的。但在现代社会,人类社会就像从其所有井然有序的各种关系或从被当作秩序而得以接受的整体规则中被揪出来一样,人们对"全部现实的完整概览也失去了",人们再也"没有世界观了"③。结果,确定无疑、可准确预测的未来图景之社会发展一去不复返,不确定性、危机、风险成为现代社会的典型特征。对于此,马克思在《共产党宣言》中就已经有所揭示,"资产阶级除非对生产工具,从而对生产关系,从而对全部社会关系不断地进行革命,否则就不能生存下去。……生产的不断变革,一切社会状况不停地动荡,永远的不安定和变动。这就是资产阶级时代不同于过去一切时代的地方。一切固定的僵化的关系以及与之相适应的素被尊崇的观念和见解都被消除了,一切新形成的关系等不到固定下来就陈旧了。一切等级的和固定的东西都烟消云散了,一切神圣的东西都被亵渎了"④。

尤其是自第二次世界大战以来,伴随着核技术、全球互联网、生物基因工程和人工智能等技术的不断推进,人类逐渐进入了"一个不可预测和不可控制的高风险社会"⑤。人类面临的风险,在普遍化和强度及激烈程度方面都是超自然的和超人力的。而且,"现代化、市场化、信息化等几乎所有的社会要素都推动着社会的加速发展,社会运行的节奏加快,周期缩短,未来才会的震荡变得更加鲜明突出,很多预计未来才会发生的事情提前到来"⑥,这都极大地增加了社会发展的复杂性、不确定性与风险。正如列斐

---

① 于璐:《科学时代的"牛虻"》,《读书》2020 年第 1 期,第 159 页。
② [德]卡尔·雅斯贝尔斯:《时代的精神状况〈导言〉》,王德峰译,上海译文出版社 2013 年版,第 20 页,第 2 页。
③ [德]卡尔·洛维特:《从黑格尔到尼采》,李秋零译,生活·读书·新知三联书店 2014 年版,第 177 页。
④ 《马克思恩格斯文集》(第二卷),中央编译局编译,人民出版社 2009 年版,第 34—35 页。
⑤ 孙周兴:《人文科学如何面对人工智能时代?》,《哲学分析》2018 年 4 月第 9 卷第 2 期。
⑥ 欧阳康:《新时代社会认识与国家治理现代化——马克思主义哲学的本真精神、演进逻辑及其当代价值》,《哲学研究》2018 年第 10 期。

伏尔论述意识形态时所言,"在围绕着自然现象的浓雾逐渐被驱散的时候,社会生活的神秘性(不透明性)却不断增加"①。面对社会生活变动不居又充满各种风险及挑战的现实,"人们终于不得不用冷静的眼光来看他们的生活地位、他们的相互关系"②。人们知道,他们"生存在一个只不过是由历史决定的、变化着的状况之中"。他们懂得了他们"过去视为当然的东西中,究竟多少就其本性而言,是既非永恒也非必然的,是彻底暂时的和偶然的"③。而且,他们也已经知道"实在并非如其本身那样存在,而必须用一种认识来掌握",需要进一步"按事物的实际情况来看待事物",结果"思想与存在的一致(这种一致,以前从未受到挑战)对于我们已经不复存在"。人们"生活在一种运动、流动和过程之中,变化着的认识造成了生活的变化;反之,变化着的生活也造成了认识者意识的变化"④。而且,从日常生产生活层面看,人们虽"倾向于认为自己是被种种事件拖着前行的",但实际上"人不仅生存着,而且知道自己生存着。他以充分的意识研究他的世界,并改变它以符合自己的目的。……他不仅仅是尚存着的能知者,而且自己自由地决定什么将存在"⑤。于是,人们的现时代理智意识开始觉醒。人们意识到"人的理性能够有目的地塑造生活,直到使生活成为它所应是的状态"⑥。结果,"实践扩展了其范围,变得更为复杂和难以把握,而意识和科学在其中扮演了越来越富有影响的角色"⑦。在这一情势下,人们立足于自身在社会历史中变化着的共同的目的和利益欲求,自觉地在思想层面对既定的现实社会实践活动及其创造的充满不确定因素和各种风险的现实社会生活进行辨证反思,先行批判、规范和约束这一现实社会生活,从而形成关于它的科学认知,亦即形成关于这一现实社会生活的社会真理,进而以此为指导重建相对稳定的现代社会成为客观的历史必然。

---

① [法]亨利·列斐伏尔:《马克思的社会学》,谢永康,毛林林译,北京师范大学出版社2018年版,第65页。
② 《马克思恩格斯文集》(第二卷),中央编译局编译,人民出版社2009年版,第35页。
③ [美]威廉·巴雷特:《非理性的人》,段德智译,上海译文出版社2012年版,第43页。
④ [德]卡尔·雅斯贝尔斯:《时代的精神状况〈导言〉》,王德峰译,上海译文出版社2013年版,第20页,第2页。
⑤ [德]卡尔·雅斯贝尔斯:《时代的精神状况〈导言〉》,王德峰译,上海译文出版社2013年版,第20页,第4页。
⑥ [德]卡尔·雅斯贝尔斯:《时代的精神状况〈导言〉》,王德峰译,上海译文出版社2013年版,第20页,第2—6页。
⑦ [法]亨利·列斐伏尔:《马克思的社会学》,谢永康,毛林林译,北京师范大学出版社2018年版,第65页。

尼采从价值维度和审美视角谈及现代科学发展对宗教信仰基础和传统形而上学基础的破坏和摧毁,而导致虚无主义后果时就曾指出,"人类追问绝对的冲动并非单纯的求知欲,而是出于确立价值目标的需要。……尤其是在最高值崩溃、信仰沦丧的时代,当务之急是创造新价值、建立新信仰"①。这即是说,在现时代"虚无主义"蔓延的条件下,求知与确立新的价值目标和信仰是人们克服虚无主义,重新建立具有相对确定意义和价值的社会生活的时代要求。尤其是探索社会生活的科学认知,亦即探讨社会真理,是当下人们重建具有相对确定意义和价值的社会生活世界的理论要求。

尽管如此,但如前文所述,从性质和特性看,人类社会实践活动作为"思维与存在的直接同一",本身就是"逻辑性质与本体论性质的直接同一"②,这使得社会实践活动能够突破理论逻辑的限制进入社会本体领域,在改造社会生活世界的过程中凸显社会生活本身的规律性、合理性和秩序性,从而使人类社会获得相对的确定性和规范性。因此,现时代人们对于社会生活的确定性科学认知的探寻,既不能够如古希腊哲学在本体论层面通过探索万事万物的始基和本原来寻求确定的知识,中世纪神学通过信仰外在于人的作为超自然力量的人格神——上帝去寻求认知的确定性,也不能够如近现代哲学通过向内在"自我"中寻求普遍必然性,来为知识的自明性奠定阿基米德点,而是只能在现实感性的社会实践活动中,立足于人的社会历史性生存,寻求对于社会生活的认知的确定性和真实性,因此它具有明显的实践性特征。当然,社会实践活动是由处于一定社会关系中的人有意识有目的地进行的,在这个意义上,社会真理的确定性前提仍然是"自我"。不过,这个"自我",既不同于笛卡儿的纯粹"我思",也不同于康德的"先验自我"或"自我统觉",黑格尔的绝对理念的"自我意识"费尔巴哈的感性的感觉和情欲的固定抽象物的"自我",而是有目的有意识地从事现实、感性、对象性社会实践活动的人,亦即在社会实践活动和社会关系中历史地生存的人。因此,社会真理的确定性寻求虽然同知识论真理的确定性寻求一样,也奠基于人的超越本性,从认知主体出发,但是由于这一认知主体不是抽象的现成存在物,而是在实践活动中生存的人,故它不同于知识论真理之既定性和现成性,是有待人去发现或现成地符合的关系,而是在社会实践活动中作为社会意识,随着实践活动的持续进行而不断地与

---

① 周国平:《尼采与形而上学》,生活·读书·新知三联书店 2017 年版,第 22 页。
② 邓晓芒:《思辨的张力——黑格尔辩证法新探》,商务印书馆 2008 年版,第 604—605 页。

实践活动内在地同一，从而自我生成、自我批判、自我否定和自我发展。正如马克思在谈论人与自然的关系时所说，"人们决不是首先'处在这种对外界物的理论关系中'。……而是积极地活动，通过活动来取得一定的外界物，从而满足自己的需要。由于这一过程的重复，这些物能使人们'满足需要'这一属性，就铭记在他们的头脑中了，人和野兽也就学会从'理论上'把能满足他们的需要的外界物同一切其他的外界物区别开来"[①]。随着实践活动的扩展和深入，现实需要的丰富化和多样化，人们根据这些经验通过类别划分和命名来区别这些事物，形成概念和思想理论。这也即是说，人们对于客观世界的认知性理论关系并不是先于或外在实践关系而存在，而是在实践关系中产生，并随着实践关系的多样化和复杂化而日益丰富和完善起来。

马克思主义哲学社会真理作为人们对于他人、社会的理论关系，就是如此。它是人们在社会历史性实践活动中不断能动地创造而历史地生成的产物，并随着实践活动复杂化和社会关系的多样化发展而日益完善和丰富发展。它表达了人的创造本性和超越本性，具有创造特性和生成特性。因此，它也构成了人类超越性生存的基本方式。这也是和社会生活自身的价值、意义相符合的。人作为"社会性的行动者"，"凭着自己心灵上既定的道德自由"，通过承担"个性化的社会责任"[②]来建构道德秩序的社会，其目的本身就是为了自身自由、和谐地生活，而马克思主义哲学社会真理就是为这一确定性社会的建构奠基，因此它的确定性寻求是与社会的确定性建构相一致的。

3.2.3 思想基础：文化发展的推动和对"社会逻各斯"的追问

从发生学角度看，马克思主义哲学社会真理作为人们对于由社会实践活动及相应的社会关系组成的社会系统的认知，既是在实践活动中作为实践意识与社会实践相伴随而不断与其达到内在同一的生成过程，又是对于作为这一实践活动之结果的社会客观实在的认知。由于社会实践活动是人类对社会系统展开的有意识有目的的批判和建构，而"有意识有目的性"意味着"表意的和参照的符号和文化层次"，因此人们对于社会生活的批判与建构就是在一定的"文化系统"影响下，沿着一定的意图和目的，对

[①] 《马克思恩格斯全集》（第十九卷），中央编译局，人民出版社1963年版，第406页。
[②] [德]马丁：《马克思、韦伯、施米特论人与社会的关系》，成官泯译，《施米特与政治法学》，上海生活·读书·新知三联出版社2002年版，第124页。

于人类社会行动与社会"局势和环境的关系进行修正"①。社会真理则是在这一文化系统影响下,遵循社会自我相关、自我否定、自我发展的辩证运动过程、本性和尺度,形成对社会系统的观念性筹划,在实践活动中作为实践观念不断地与社会生活自身实现内在同一,从而获得充实的内容,开辟出一条"自己构成自己的道路","并由概念、范畴逻辑地组成理论体系加以巩固"②。因此,社会真理是人们在一定文化系统影响下把握社会生活的理论方式。文化系统作为理论前见和理论框架形成人们真实认知社会生活系统的视域。在不同文化系统下,由于面临着不同的文化图式,人们形成了不同的思维方式和思维习惯、经验和识见,这使得人们在社会实践活动中,面对同一社会系统和社会结构,也会形成多元的实践观念和实践意识,在变革社会实践和社会关系的过程中形成不同的社会生活和社会真理。而且,即便是在一个文化系统中,由于文化形态的进化和变迁,在社会实践活动中面对相似的社会关系和社会结构也会形成不同的确定性真理认知。因此,从文化角度看,社会真理在社会实践活动中的形成和发展,就是不同文化要素或同一文化要素作为实践意识与关于社会生活的信息之间在互动、沟通和融合中,内在地统一于变革社会现实和社会关系的实践活动中的过程。故而,在一定意义上可以说,社会真理的形成和普遍确立就是文化对于社会生活系统的重新整合和建构。

  就性质而言,虽说文化是一个内涵丰富而又极其复杂的概念,在日常意义上,一般是指理智活动的产物,诸如神话、宗教、艺术、文学、音乐和绘画等等,但在社会学意义上,如安东尼·吉登斯所指出的,"文化指一个社会的成员或其群体的生活方式,包括他们的服饰、婚俗和家庭生活、工作模式、宗教仪式以及休闲方式等"。这些文化表现形式内蕴了人们精神层面的"信仰、观念、价值",而以物质层面的"实物、技术、符号"③等形式表现出来,因此文化的精神层面的要素是本质,物质层面的要素是表现形式。这些文化要素通过人们相互间的对话、交流、合作等方式而发生,并通过传播、学习和共享而形成结构化的社会关系和社会建制,从而形成了人们的基本生活环境。其中,在人们以实践的方式或以理论的方式把握社会生活

---

① [美]帕森斯:《论社会的各个分支及其相互关系》,鲁品越译,《二十世纪西方社会理论文选〈社会理论的诸理论〉》,生活·读书·新知三联书店2005年版,第3页。
② 夏甄陶,欧阳康:《论人类掌握世界的方式(上)》,《人文杂志》1987年第6期。
③ [英]安东尼·吉登斯:《社会学》(第四版),赵旭东等译,北京大学出版社2003年版,第29页。

时,文化中信仰、价值和观念引导实践活动和认识活动并赋予它们意义,而"规范是反映和体现某一文化的价值的行为规则",它和信仰与观念"共同塑造了一个文化的成员在其环境中的举止"①。社会真理的创造和生成过程,就是人们在这些价值、观念的引导下,对社会生活进行批判和改造的同时,本真地揭示和正确地认知社会运动的过程、本性和规律的过程。不仅如此,文化也是人们获得社会真理的关键词之一。如马克·J·史密斯在《文化——再造社科学》中所指出的,人们借以理解世界的"最核心的概念和观点是定位于被社会和历史所确定的文化当中,而'文化'概念本身也是这样定位的"②。社会真理就是人们以这些概念和观点为基本的认知图式和认知手段来正确合理地认知和把握社会生活而形成的,故与此相应的文化就构成了社会真理形成的基础和背景,社会真理也由此构成这一文化的哲学样式和精髓,并且它也只有在这一文化中才能得到合理的社会理解和历史定位。

历史地看,社会真理思想作为人类文化的哲学样式和精髓,与哲学真理观一样,是伴随着人类社会迈进文明时代后出现的。在这之前有一个属于神话的历史时期,它构成了哲学和社会真理思想产生和形成的前提和基础。换句话说,神话作为人类文化发展的初步的形态,对于人类认知和诠释自然物理世界、社会生活和人类自身发挥了重要的作用。对于此,马克思论及希腊神话与希腊艺术的关系时就曾言,"希腊神话不只是希腊艺术的武库,而且是它的土壤。……任何神话都是用想象和借助想象以征服自然力,支配自然力,把自然力加以形象化";"……希腊艺术的前提是希腊神话,也就是已经通过人们的幻想用一种不自觉的艺术加工过的自然和社会形式本身。这是希腊艺术的素材"③。对于此,列斐伏尔在谈到意识形态的起源和发展时就曾言,"马克思认为,希腊神话这片滋养了希腊艺术的土壤,是对人们现实生活的表达,是这种艺术的'永久'魅力的一个鲜活的源泉"④。在古希腊早期,因为人们的认识能力低下,还没能力运用科学思维方式去认识和诠释自然物理世界、社会生活和人类自身,故而大多采取

---

① [英]安东尼·吉登斯:《社会学》(第四版),赵旭东等译,北京大学出版社 2003 年版,第 30 页。
② [英]马克·J·史密斯:《文化——再造社科学》,张美川译,吉林人民出版社 2005 年版,第 24—25 页。
③ 《马克思恩格斯选集》(第二卷),中央编译局,人民出版社 1995 年版,第 28—29 页。
④ [法]亨利·列斐伏尔:《马克思的社会学》,谢永康,毛林林译,北京师范大学出版社 2018 年版,第 60 页。

神话的形象思维方式认知和诠释自然物理世界、社会生活和人类自身。从内涵看,神话意蕴深远、内容丰富。它不仅是希腊艺术的土壤和素材,也促进了希腊宗教和希腊哲学的产生和形成。就宗教和神话的关系看,神话式的形象思维虽然无法科学地解释自然物理世界、社会生活和人类自身,但由于人们在神话构造过程中对于支配自然物理世界、社会生活和人类自身的力量,运用拟人化的想象塑造人格化的偶像和神,就内含着"向偶像崇拜和宗教迷信发展的可能性,以至必然性"①。这促成了原始宗教思想的产生。对于此,马克思在分析和批判海尔梅斯的唯心主义宗教国家观,揭示和阐明原始宗教与现实国家的辩证关系时就指出,"古代国家的宗教随着古代国家的灭亡而消亡,这用不着过多地说明,因为古代人的'真正宗教'就是崇拜'他们的民族'、他们的'国家',不是古代宗教的灭亡引起古代国家的毁灭,相反,是古代国家的灭亡引起古代宗教的毁灭"②。这表明,古代希腊宗教的形成和灭亡与古代希腊国家和民族的发展是相伴相随的,其本质就在于人们以神话的思维方式形成的关于古代希腊国家和民族的精神崇拜。而这就是希腊人形成的关于古代希腊国家和民族的初步认识和理解的方式。正因为如此,雅思贝尔斯认为,"正是在神话作为整体遭到毁灭之际,神话得到了改造,并在以新的方式创造神话的过程中,在新的深度上为人所理解。旧的神话世界慢慢地没落,但通过芸芸众生实际上的信仰,其整体的背景得以保留下来,(并且以后在更为广泛的地区重新取得优势)"③。对于此,尼采谈到希腊神话衰落和形而上学兴起的关系时也指出,"神话的重要性在于,它是'一切宗教的必要前提',是'民族早期生活的无意识形而上学'"④。换句话说,希腊哲学也是从希腊神话发展而来的。当然,这是从希腊神话以希腊宗教为中介而发展成为希腊哲学的。这一点也符合思想发展的连续性规律,因此也获得了大多数现代西方学者们的认可。正如格思里所说,"赫西奥德、奥菲斯、斐瑞居等,'他们作为哲学家的先驱,以及在他们之中存在一种离开神话、向理性思想发展的倾向,其重要性最近已经越来越清楚地被认识到了'"⑤。这些哲学先驱描述和概

---

① 汪子嵩,范明生等:《希腊哲学史》(第一卷),人民出版社2014年版,第55页。
② [德]马克思:《〈科隆日报〉第179号的社论》,选自《马克思恩格斯全集》(第一卷),中央编译局,人民出版社1995年版,第213页。
③ [德]卡尔·雅斯贝尔斯:《论历史的起源与目标》,李雪涛译,华东师范大学出版社2018年版,第9页。
④ 周国平:《尼采与形而上学》,生活·读书·新知三联书店2017年版,第29页。
⑤ 汪子嵩,范明生等:《希腊哲学史》(第一卷),人民出版社2014年版,第59页。

括原始人类"把自然物——日、月、水、火等加以人格化,成为多样的神,然后又产生一种趋向,要从多神中选出一个神来,认为它是先于其他神,并且产生一切神的"①。关于海洋之神俄刻阿诺的神话就是这样一种神话。柏拉图认为,赫拉克利特在"火"是万物本原的思想基础上提出的"一切皆流的思想"就与这一神话有关联,就是批判和超越这一神话,在经验和理性基础上,在力图恢复自然的本来面貌中形成和建构起来的。在《泰阿泰德篇》中柏拉图指出,荷马说俄刻阿诺作为海洋之神就是"诸神之源",忒提斯女神则是"诸神之母"②,都总是川流不息、运动变化的,都是在生灭之中的。与此相类似,火也是万物的本原。火是"永恒的活火,按一定尺度燃烧,一定尺度熄灭"③,从而形成宇宙及万物。在这里,"一定尺度",就是火自身的"逻各斯"。基于此,赫拉克利特进一步探讨了流变的周围世界"变之为变"的"逻各斯",并由此推动西方哲学探究万物之本有(即存在者之本真存在)的真理。与之相伴随,赫拉克利特也在追问社会生活领域的、作为灵魂和法的"逻各斯",推动人类走上了一条对于社会生活自身之无蔽存在的社会逻格斯的揭示和领悟的社会真理道路。赫拉克利特认为,公共社会生活中的、人人共同的、普遍的"逻各斯"作为人类社会的本性及变化的尺度和根据,就是神圣的和自然的法律,人类制定的法律只有以它为依据并人人共同遵守,城邦生活才能被治理得有条不紊。之所以如此,就在于希腊人的自由是建立在他自己作为一个组成部分从属于整个城邦的基础上的。既然"在城邦中,人是共同体的一个组成部分,因此他服从这个共同体的法律"④。他说:"如果要理智地说话,就得将我们的力量依靠在这个人人共同的东西上,正像城邦依靠法律一样,甚至还要更强一些,因为所有人类的法律都是由一个神圣的法律所哺育的,只有它才能要怎样治理就怎样治理,才能满足一切,还能有所超越"。因此,他说"不要听我的话,而要听从逻各斯,承认一切是一才是智慧"。由此,他就把人类法律之根奠定在了神圣的和自然的法基础上,把城邦和国家的秩序建构和治理置于作为社会本性变化的尺度和根据的"社会的逻各斯"之上了。而且,在赫拉克里特看来,这一逻各斯作为人类思想把握和言说的对象,是人类能够通过健全的思想加以认识的。人们只要在"认识自己"的基础上,拥有"能说

---

① 汪子嵩,范明生等:《希腊哲学史》(第一卷),人民出版社2014年版,第60页。
② 柏拉图:《泰阿泰德篇》,152D-E。
③ 汪子嵩,范明生等:《希腊哲学史》(第一卷),人民出版社2014年版,第353页。
④ 汪子嵩,范明生等:《希腊哲学史》(第一卷),人民出版社2014年版,第430页。

出真理并按真理行事、展示事物的本性(自然)并认识它们"的健全的思想,就能够首先把握客观的、普遍的逻各斯,并在自制、律己的情况下,形成"逻各斯的健全思想"①,亦即形成主体逻各斯和客体逻各斯的一致性,从而能够在此基础上制定法律,使城邦治理得稳定而和谐有序。由此,赫拉克利特就进一步把城邦社会生活的统一性和稳定性奠定在了对社会生活领域的逻各斯的真实性把握基础上,亦即奠定在了他的社会真理思想基础上。而这不仅为人们探寻社会生活的公共性和统一性奠定了理论基础和合法性根据,也指明了人们认知社会生活的方向;不仅指明了人们实现社会生活的统一性和稳定性的途径,也指明了人们形成社会真理的正确认知途径。

3.2.4 理论基础:马克思实践唯物主义社会真理思想、现代社会科学特别是现代西方哲学的发展和现代自然科学的发展

从性质和特征看,马克思主义哲学社会真理既是人们对社会生活过程、本性和规律科学认知的理论体系,也是人类本真性的社会历史生存的基本方式。它构成了人们自由自觉地开展社会实践活动的前提,也构成了人类构建公共社会生活的基础。正如马尔库塞在谈及存在与真理的关系时所指出的,"真理制约和担保着人类存在,它本质上是人的筹划。如果一个人已经学会去观察和了解事物的本相,他就会依据真理行事"②。故而,自人类文明发展进入轴心时代以后,伴随着古希腊哲学及其真理论的兴起和发展,社会真理问题的相关研究也逐渐兴起和发展起来了。本著作就是在承续学界已有社会真理的相关研究成果与借鉴其他社会科学理论和自然科学理论基础上形成和建构社会真理的。

第一,马克思实践唯物主义的社会真理思想构成了马克思主义哲学社会真理提出和研究的直接理论来源。

从现实层面看,社会生活是人们作为共同体的公共生活,超越于个人,需要统一的和普遍的社会制度来规范和维系,从而达到一种内在的协调统一性以维持社会的团结和稳定。社会真理作为人们建构公共社会生活的基础,在制度层面就体现在它为这些社会制度规范的制定和实施提供思想

---

① 姚介厚:《西方哲学史〈古代希腊与罗马哲学〉(上)》(学术版),凤凰人民出版社、江苏人民出版社 2005 年版,第 143—144 页。

② [美]赫尔伯特·马尔库塞:《单向度的人》,刘继译,上海译文出版社 2008 年版,第 100 页。

指导并由此为其合理性提供理论依据、为其正当性、合法性提供理论奠基和理论支撑。故而,探索和建构社会真理体系,就成为哲学家们探求真理的一个重要目标。正因为如此,自古希腊哲学家赫拉克利特通过对纷繁流变经验世界之"变之为变"的"逻各斯"的追问,把西方哲学带上了一条探究万物之本有(即存在者之本真存在)的真理之路的同时,他也通过对公共社会生活领域的、作为灵魂和法的"逻各斯"的追问,把人类带上了一条对于社会生活自身之无蔽存在揭示和领悟的社会真理之路。此后,伴随着真理思想在不同历史时期的发展和流变,不同哲学流派对社会真理问题也都有所关注,都进行了一定程度的研究,并形成了一些成果,例如苏格拉底关于"善"的目的论的社会真理思想、柏拉图"哲学王"社会真理思想、亚里士多德的"努斯"实体的社会真理思想、奥古斯丁"上帝之城"的社会真理思想、维科的创造论社会真理思想、黑格尔绝对理性的社会真理思想等。就这些社会真理思想形成方式看,无论是由古希腊哲学提出和建构并由中世纪哲学延续和拓展的本体论社会真理观,还是近代哲学发生认识论转向后开展的知识论社会真理观研究,大都局限于从形而上学角度和理论逻辑层面对社会生活的存在及其本性进行整体性探究,并在此基础上寻求为社会生活的公共性和统一性奠基,进而提出一些关于社会生活的认识和洞见,形成相关的社会真理思想。故而,这种形而上学的社会真理思想总体上是一种超历史的、普遍的和具有先验成分的原理或本质,以此来为社会生活的公共性和统一性奠基,不仅不能为社会生活提供牢靠的基础,而且导致社会生活僵化和凝固,从而不仅不能够适应社会生活的复杂性需要和多样化发展,反而造成社会生活抽象化和虚无化。至于立足于现实社会生活,根据社会生活自身的性质和特征,以不同于这种形而上学认知方式探究人文社会世界的存在及其本性问题,则从柏拉图以后随着知识与权力的分离,就基本上留给了道德伦理和政治实践领域,加之后来康德直接把实践领域划定为人们认知的极限而成为物自体领域,结果在哲学真理论研究上,人们对社会真理的认知问题要么一笔带过,要么避而不谈,更没有什么系统阐释和论述。为此,我们需要变革传统形而上学社会真理观,打破其僵化、教条的本性,从现实社会生活出发,按照社会生活本身的性质和特征来理解和把握社会生活过程、本性与规律,由此形成和建构社会真理思想。虽然如此,但从这些社会真理思想的性质和特征看,它们显然已经大大超出了认识论层面,具有了鲜明的"社会性"特征。人们追求真理,不仅仅为了知而求之,而且是蕴含着深层次的社会生活价值旨趣。也正因为如此,这些社会真理思想又与相关的道德伦理和政治实践学说内在关联,并在一程度上成为这些道德伦理和政治实践的知识论基础和内在根据。并且,它们也因此共同成为我们提出社会真理的思想资源。

现实地看,马克思就是在批判地继承这些社会真理思想中与道德伦理和政治实践相关联的科学合理性认识和洞见基础上,立足于现实、感性的实践活动,变革以黑格尔"绝对理性"社会真理思想为代表的传统形而上学社会真理观,打破其僵化、教条的本性,从现实社会生活出发,提出实践唯物主义社会真理思想的。首先,马克思提出"社会真理"概念。他指出,从现代政治国家矛盾冲突的角度看,社会真理产生、形成并展现于建立在理性基础上的政治国家的理想使命同它自身的现实前提之间的矛盾中,并且本身就是这种矛盾、冲突的反映和结果;从人类为之进行现实斗争的政治国家的理想层面看,一切社会真理都是人类社会需要和社会斗争的反映及其结果。本著作对于社会真理概念的解读和诠释,就是继承和发展马克思对社会真理概念的这一理解和解释而来的。

其次,马克思在批判以黑格尔"绝对理性"社会真理思想为代表的传统形而上学社会真理观和费尔巴哈直观的人本主义唯物主义基础上,从现实、感性的对象性社会实践活动出发,形成和确立了实践唯物主义社会真理思想。他立足于社会现实生活,从社会实践活动出发,对社会意识的具体特性和本质进行了深入考察,还在政治批判和社会批判中进一步具体分析了意识形态及其产生的历史根源和表现形式,并提出真正要解决社会意识与社会存在之间的不一致和矛盾来消除虚假意识形态,达到社会意识与社会存在的统一而形成正确合理的社会意识,亦即形成社会真理,其根本问题在于变革现存的社会关系及由此形成的现实社会生活过程。继而,马克思在这一思想基础上形成了他的历史唯物主义学说,并把这一思想学说运用到社会历史领域,继续探索和揭示人类社会发展的本性和规律,从而深化发展了他的社会真理思想。这体现在他的大量文献中,如《德意志意识形态》《神圣家族》《黑格尔法哲学批判导言》《共产党宣言》《资本论》等。这为人们科学认识社会生活揭示了一条正确道路,也为我们提出社会真理奠定了坚实的理论基础。本著作提出和研究马克思主义社会真理思想,就是植根于现时代社会生活,从现时代社会实践活动出发,在借鉴和吸收其他相关的真理问题研究成果和社会问题研究成果基础上,沿着马克思这一实践唯物主义社会真理思想继续前进,对马克思主义哲学社会真理的内涵、基本特征、类型、实践生成机制、检验标准等相关问题进行专门系探究和论述,进而形成和建构一般意义上的社会真理体系,深化和发展马克思的实践唯物主义社会真理思想。

第二,现代社会科学的发展,尤其是现代西方哲学的发展为本著作提出和研究马克思主义哲学社会真理提供了充分的理论资源。

历史地看,维科提出真理与创造的转换原则,解决了社会真理的可知性问题,推动了社会历史科学的分化和专门化发展。自此以后,社会科学作为一类专门的独立学科逐渐兴起并发展起来。20世纪以来,尤其是第二次世界大战以来,社会科学获得了长足发展,迅速走到了当代科学发展的前沿,"不仅取得了一种至少与自然科学地位相当的地位,甚至在相当一些领域中取得了带头学科的地位"[1]。对于此,丹尼尔·贝尔就指出,当前社会科学是"公众最注意和最寄予希望的科学,这是社会科学的历史上前所未有的——虽然这门科学的历史不长"[2]。在这一过程中,社会科学研究不仅形成和建立了"门类齐全、人数众多、规模宏大、组织有序、分工协作的相对独立和相对完整的社会科学活动群",而且"由以往主要移植和借鉴自然科学的研究方法,发展到根据自己的特殊研究对象和任务而逐步建构起了适合自己特点和需要的社会科学方法库",例如"控制论、信息论、结构语言学、人工智能、自动机理论、数理统计学"[3]等,就是社会科学为了研究人与自然的关系而提出的"架起人和自然对话的桥梁"[4]的方法。这些发展成果和研究成果为我们提出和研究社会真理供了可借鉴的思路、新的方法和新的视角,有助于我们在更高层次上"理解精神的认识过程"[5]。而在社会学科的这些发展中,现代西方哲学的发展对于社会真理提出和研究,助益尤为突出。

自19世纪下半叶以来,伴随着社会科学的发展,西方哲学也由近代转向现代并获得了快速发展。在这期间,除了马克思主义哲学批判传统形而上学,推动西方哲学发生重大变革并形成和确立实践唯物主义实践哲学之外,也出现了叔本华、克尔凯郭尔、尼采、孔德、斯宾塞、萨特等一批反传统形而上学思维方式的哲学家。当然,这些哲学家中也包括英国哲学家罗素

---

[1] 欧阳康:《社会认识论导论》,中国社会科学出版社2010年版,第40页。
[2] [美]丹尼尔·贝尔:《第二次世界大战以来的社会科学》,中国社会科学院情报研究所1982年版,第23—24页。
[3] 欧阳康:《社会认识论导论》,中国社会科学出版社2010年版,第41页。
[4] 普里高津语,参见《架起人和自然对话的桥梁》,《人民日报》1987年1月5日。
[5] [美]丹尼尔·贝尔:《第二次世界大战以来的社会科学》,中国社会科学院情报研究所1982年版,第36页。

和德国哲学家胡塞尔。他们共同推动西方哲学在思维方式上从近代走向现代,实现西方哲学的现代转型。

其中,罗素在反叛黑格尔绝对理性思辨哲学的基础上,沿袭英国经验主义传统,借鉴和吸收现代数学和逻辑分析的方法,发展了19世纪实证主义的反形而上学倾向,为20世纪在英美哲学中长期占支配地位的分析哲学运动的兴起开辟了道路。随后,英美哲学就主要朝着"实证的转向""实践的转向""语言学的转向"[①]三个方向发展。"实证的转向",主要是分析实证哲学的兴起和发展。这种哲学主张,人们应该立足于观察事实,从理性思辨转向经验的证实,从思辨哲学转向经验的实证科学,并且应该通过观察事实,根据经验的证实来确定思想理论的合理性和真理性。"实践的转向"强调"理论与实践的关系不是静态而是动态的",认为理论来源于实践,理论又指导实践。"语言学转向"则是"实证的转向"和"实践的转向"深化发展的结果。它主要研究"命题"和"逻辑"的关系。

胡塞尔则关注人的生命的统一性,在拒斥和否定黑格尔绝对理性思辨哲学基础上,提出了以意向性原理为核心的现象学方法,发展了现代哲学超越主客观心物二元对立和分离以及实体主义的倾向,为20世纪在德法等欧洲大陆国家广泛流行的现象学运动(包括存在主义)奠定了基础。随后,欧洲大陆哲学则主要朝着"生命——生存——生活世界的转向"[②]方向发展。生命是在生活世界中生存着的,故而三者共同构成了欧洲大陆哲学研究的主题。现代哲学发展的重要成果之一,就是哲学家们扭转"由抽象的物质或抽象的意识(观念、精神)出发,去建构无所不包的关于世界图景的完整体系的潮流",最终"促使哲学研究超越作为脱离现实的形而上学(特别是理性派思辨形而上学)的近代哲学视野,而转向现实生活中的人及其所牵涉的世界"。这种转向在一定程度上就是把科学化认知下的直观的自然"存在"(被看作"实体、基础、本质"),纳入到人的生活世界中被当作生命的生存(被看作"活动、趋势和过程"),因而具有"明显的实践性和历史性特征"[③]。而这与马克思实践唯物主义思想具有一些相通和相近之处。马克思实践唯物主义就立足于现实、感性、对象性的经验社会实践活动,研究人类社会辩证发展过程,因此具有强烈的"历史感"作基础。故

---

① 张庆熊:《现代西方哲学》(导论),商务印书馆2017年版,第7页。
② 张庆熊:《现代西方哲学》(导论),商务印书馆2017年版,第7页。
③ 刘放桐:《马克思主义哲学与现代西方哲学》,北京师范大学出版社2012年版,第100—101页。

而，它们为我们理解和把握马克思实践唯物主义的时间性、过程性和历史性提供了思想资源，进而也为我们研究马克思主义社会真理思想，深入探讨马克思主义哲学社会真理的过程性、历史性和相对性提供了思想资源。

第三，现代自然科学发展，打破了人们对绝对理性的信仰，促使人们走向现实、感性的社会实践活动参考，为本著作在社会生活的辩证发展中提出和研究社会真理，提供了思想支撑和理论借鉴。

西方文明不同于东方文明。在科学方面，他们发现了"永无止境、始终如一和持续不断的无限性的进步"①。尤其20世纪以来，科学技术发展日新月异，更是证明了人类科学进步的无限可能性。但与此同时，人的有限性在科学发展过程中也凸显出来。换句话说，科学自身发展中人的理性能力的有限性与科学进步的无限可能性之间的矛盾逐渐显露出来。这突出地表现在最先进的西方科学——数学和物理学方面，就是物理学和数学已经发展到"由于理性本身而滋生悖论的阶段"②。历史地看，虽然康德在哲学上很早就提出了理性（主要是知性）能力的合理性限度问题，但直到21世纪初由于实证科学的大发展，这一问题被科学试验和逻辑推论所裁定，人们才认真看待这一问题。海森堡在物理学上提出"测不准定理"和哥德尔在数学上发现人类"构建的每个数学体系都注定是不完全的"，就是这一问题的裁定者。海森堡的测不准定理表明，人类认知和预测事物物理状况的能力在本质上是有限的，不是全能并全知的，因而不能够完全彻底地预测到实在。进而，人们也不能够如以往物理学家所主张的那样，依靠纯粹理性能够完全彻底地预测实在的信仰来推动物理学研究，而必须回归现实感性的经验生活世界，开展物理学研究活动并进而预测实在。哥德尔的发现则表明，即使是在数学这个最精确的科学领域中，人类的理性能力在本质上也是有限的，因而"他构建的每个数学体系都注定是不完全的"。换句话说，数学本身包含着人类不能够解决的问题，因此决不能使之成为一个彻底的完整体系（完全体系化）。这意味着，数学"永远是未完成的，数学家——构建数学的人——就将永远有事干。人的因素超出机器：数学像人的任何生活一样永远是未完成的"。因为"数学并没有任何独立于数学家所从事的人的活动的自身存在的现实性"③。如果人类理性在数学上永远达不到完全的系统化的话，则它在任何其他方面都达不到完全的系统

---

① [美]威廉·巴雷特：《非理性的人》，段德智译，上海译文出版社2012年版，第46页。
② [美]威廉·巴雷特：《非理性的人》，段德智译，上海译文出版社2012年版，第47页。
③ [美]威廉·巴雷特：《非理性的人》，段德智译，上海译文出版社2012年版，第49—50页。

化。因此,对于人的生存来说,数学总体上是没有完全系统化的可能的,最终都是具有不确定性的。因此,人的生存最终也具有不确定性。与此相应,人的社会历史性生存和人的社会活动也都是具有不确定性的,人的社会认识也不是绝对确定的并因此能够建立绝对理性的真理体系的,而是不确定的,因而是具有相对性的。这有助于人们摆脱自毕达哥拉斯派和柏拉图以来,西方哲学理性中心主义传统一直把数学当作理性所能把握的东西的楷模,把数学当作其他学科达到科学的评判标准及这些学科发展的表率、楷模的思想观念的束缚,并把数学研究看作只拥有有限的理性能力的人们的一种活动或存在方式而使其复归到人类生活中的恰当位置,也为我们立足于经验社会生活,在社会实践活动中探究马克思主义哲学社会真理形成发展的具体性、历史性、个别性和相对性提供了思想借鉴。

3.3 马克思主义哲学社会真理的一般特征

马克思主义哲学社会真理作为人们认识和把握社会生活世界的观念方式,不仅是人们在复杂、多变的社会生活中无时无刻不得不面对的问题,而且它本身就构成了人们的社会历史性生存方式。它作为人的社会历史性生存方式,与传统形而上学真理观、后现代相对主义真理观和自然物理世界之科学认知的真理不同,有一些特征表征其独特性。具体而言,马克思主义哲学社会真理具有如下一些特征。

3.3.1 经验性和反思性

从认知的方法上看,经验性和反思性是马克思主义哲学社会真理的首要特征。在人类社会实践活动中,与道德、宗教、形而上学及其他意识形态一样,社会真理作为哲学真理的一个组成部分,也是"发展着自己的物质生产和物质交往的人们,在改变自己的这个现实的同时也改变着自己的思维和思维的产物"[①]。因此,人们对于社会生活的科学认知的出发点和基础是现实的、从事社会物质生产活动和物质交往中的有生命的个人。而且,"现实的历史不是神圣的历史及其下降时间性中的显现,而是现实人的历

---

① 《马克思恩格斯选集》(第一卷),中央编译局,人民出版社 1995 年版,第 73 页。

史"①。"全部历史是为了使'人'成为感性意识的对象和使'人作为人'的需要成为需要而作准备的历史(发展的历史)"。现实的人及其现实的历史又都是人的现实、感性、对象化的劳动的结果,是"自然史的即自然生成为人这一过程的一个现实部分"②。人们的意识在任何时候又都只能是"被意识到了的存在",而人们的存在就是"他们的现实生活过程"③。故而,可以在一定意义上说,意识的本质性就在于人的现实、感性、对象化的劳动实践活动及其创造的现实社会生活过程,这一现实生活过程既是"人的社会存在的展开和确证",也是它作为社会存在来"规定意识之本质的过程"④。故而,经验观察的实证方法是人们形成社会生活的科学认知的基本方法。

正因为如此,人们关于日常生产生活的思想观念的形成,不应该是"从天国降到人间",而应该是"从人间升到天国"。正如黑格尔所主张的,人们研究实际存在的历史,应该"从历史上、经验上去研究历史。……忠实地采用一切历史的东西,是我们应当遵守的第一个条件"⑤。这即是说,"我们不是从人们所说的、所设想的、所想象的东西出发,也不是从口头说的、思考出来的、设想出来的想象出来的人出发,去理解有血有肉的人。我们的出发点是从事实际活动的人及其现实社会生活,而且从他们的现实生活过程中还可以描绘出这一生活过程在意识形态上的发射和反响的发展。甚至人们头脑中的模糊幻象也是他们的可以通过经验来确认的、与物质前提相联系的物质生活过程的必然升华物"⑥。换句话说,我们的出发点乃是在解蔽近代逻辑主义认识中心论中理性思维意识规定和生物性肉身规定的基础上,"清洗一切范畴规定的"⑦人,是从事感性现实实践活动的人。从事感性现实实践活动的人及其现实社会生活形成了社会真理性认识的出发点和现实基础。正因为如此,人们对于社会生活的认知,"在任何情况下都应当根据经验来揭示社会结构和政治结构同生产的联系,而不应当带

---

① 吴晓明:《辩证法的本体论基础:黑格尔与马克思》,《哲学研究》2018年第10期。
② [德]马克思:《1844年经济学哲学手稿》,转自《马克思恩格斯全集》(第三卷),中央编译局,人民出版社2002年版,第308页。
③ 《马克思恩格斯选集》(第一卷),中央编译局,人民出版社1995年版,第72页。
④ 吴晓明:《辩证法的本体论基础:黑格尔与马克思》,《哲学研究》2018年第10期。
⑤ [德]黑格尔:《历史哲学》(绪论),王造时译,上海书店出版社2006年版,第9—10页。
⑥ 《马克思恩格斯文集》(第一卷),中央编译局,人民出版社2009年版,第525页。
⑦ 吴晓明,王德峰著:《马克思的哲学革命及其当代意义》,人民出版社2005年版,第326页。

有任何神秘和思辨的色彩"①。因为"在思辨终止的地方,在现实生活面前,正是描述人们实践活动和实际发展过程的真正的实证科学开始的地方。关于意识的空话将被终止,它们一定会被真正的知识所代替"②。凭借经验描述的实证科学方法,按照社会生活的真实面目及其产生情况来理解它们,人们才能够形成关于社会生活的真正的知识,这使得社会真理具有明显的经验性特征。正如洛克所言,全部知识是建立在经验上的,是一种历史的产物。"真理乃是时间的女儿,而最好的知识则是最成熟的和最丰富的经验果实"③。也正因为如此,"只要这样按照事物的真实面目及其产生情况来理解事物,任何深奥的哲学问题都可以十分简单地归结为某种经验事实"④,并通过实证分析来加以解决。

当然,需要注意的是,这并不意味着把社会真理等同于感性经验。事实上,社会真理是人们在感性经验基础上形成和建构起来的关于社会生活过程、本性和规律的科学认知,而感性经验只是社会真理生成和建构的起点。因为感性经验并不能提供关于社会生活本质和规律的客观的和普遍的认知,相反有时它甚至会阻碍人们对社会生活本质和规律的正确合理性认知和把握。正如马克思在论及利润的一般本质时所说,"日常经验只能抓住事物诱人的外观,如果根据这种经验来判断,科学的真理就总会是奇谈怪论了"⑤。

尽管如此,但社会生活既是人类自觉的社会实践活动推动社会发展的过程,也是人类在这一过程中运用自己的自由意志和本质力量进行能动性创造的结果,更是人的自由超越生存本性和人类普遍的精神生命的客观化和现实性展现。正如黑格尔所说,"……现实的整体也不仅是结果,而是结果连同它的产生过程"⑥。因此,人们对社会生活世界的真理性认知,不同于人们对自然物理世界中的自然现象及其本性和客观性规律的科学认知,不仅需发挥人们的意识活动对于社会事件和社会现象之社会事实的正确反映之作用,还需要发挥人们的意识活动的能动性之创造社会生活作用,从现实社会生活的进程中对这些社会事实的内在性回溯,对产生这些事实

---

① 《马克思恩格斯选集》(第一卷),中央编译局,人民出版社1995年版,第71页。
② 《马克思恩格斯选集》(第一卷),中央编译局,人民出版社1995年版,第73页。
③ [英]柯林武德:《历史的观念》,何兆武,张文杰译,商务印书馆1997年版,第119页。
④ 《马克思恩格斯选集》(第一卷),中央编译局,人民出版社1995年版,第76页。
⑤ 《马克思恩格斯选集》(第二卷),中央编译局,人民出版社1995年版,第74页。
⑥ [苏]阿尔森·古留加:《密涅瓦的猫头鹰——黑格尔》,张荣,孙先武编译,中华工商联合出版社2015年版,第49页。

的观念性目的、动机的原因、现实社会条件和形成过程进行本源性追溯,从而在认识过程中重新构成这些社会事实之本相。正如黑格尔所言,"真理既是已经实现的结果,也是通往该结果的路径"①。而且,社会发展是不可逆的,社会事件和社会现象作为社会事实本身是无法被重复的,因此人们很多时候也并不能够"直接获得社会事实本身"。它们并不像物理的或化学的事实那样是可观察的;"它们必须被重建"②。而这种重建只能通过回溯来完成。在此基础上,人们才能对社会生活的实际情况形成客观真理性认识和把握。正因为如此,卡西尔认为,伟大历史学家们的真正才能就在于:"把所有单纯的事实归溯到它们的生成过程,把所有的结果都归溯到过程,把所有静态的事物或制度都归溯到它们的创造性活力"③。而这必须通过本源性和历史性的反思来完成,通过思维的抽象来获得理解。所以,就社会生活作为人类精神生命之客观化和现实化而言,社会真理是人们对于作为人类理性化产物的社会生活世界的再认识,因此社会真理就具有反思性特征。黑格尔就认为,反思是"跟在事实后面的反复思考"④,是对于思想之物的再思考。这种对已发生事实的反复思考和对思想之物的再思考本质上是"人的这样一种能力,即人能够从混沌未分、漂浮不定的整个感性现象之流中择取出某些固定的成分,从而把它们分离出来并着重进行研究"⑤。而且,社会真理作为人们在社会实践活动中对于社会生活世界的观念性把握,也是人们的已有主观观念伴随着社会实践活动不断深化和拓展而不断内在化、思维化、逻辑化的一个自我否定、自我发展的辩证过程。这一过程是人们作为认知主体在对社会运动过程及其本性和规律的认识中不断反思自己的主观观念来完成的。因此,反思性思维方式就成为人们揭示和领悟马克思主义哲学社会真理的关键环节。

3.3.2 实践性

从形成和发展的根基处看,实践性是马克思主义哲学社会真理的根本特征。从唯物史观看,社会真理是人们在一定文化传统、权威和习俗的影响下,通过参与实践活动,不断突破人的自然直接性限制和人们对社会生

---

① [苏]阿尔森·古留加:《密涅瓦的猫头鹰——黑格尔》,张荣、孙先武编译,中华工商联合出版社2015年版,第49页。
② [德]恩斯特·卡西尔:《人论》,甘阳译,上海译文出版社2013年版,第335页。
③ [德]恩斯特·卡西尔:《人论》,甘阳译,上海译文出版社2013年版,第318页。
④ [德]黑格尔:《小逻辑》,贺麟译,商务印书馆1980年版,第39页。
⑤ [德]恩斯特·卡西尔:《人论》,甘阳译,上海译文出版社2013年版,第67页。

活的经验性感知及表象性思维,在推动社会生活方式发展变迁的同时,不断趋近于对社会运动的过程、本性和内在规律以及各个要素的性质、作用和相互间的因果联系等方面的真实把握。因此,社会真理不是"客观事物"的直接性反映和经验性直观,而是"劳动、社会需要和自然环境之间相互作用的结果"。所有可能的社会真理都是关于人与其外部社会生活的关系的真理,所有的社会真理都产生于社会劳动实践活动及其"需要",社会劳动实践不仅"规定人的认识的对象,而且决定人对对象的理解能力,外部世界只有以人化的形式才能成为人可以理解和认识的对象"①。故而,社会真理唯一确定的阿基米德点就在于人的能动的社会实践活动。

而且,社会真理也是通过具体化、特殊化自身为各种具体的实践目的、计划和中介而转变为实践观念,引导和规范相应的实践活动来外化、对象化和客观化自身而实现自身于社会现实生活中的。在社会生活中,社会真理就体现为由"语言、习俗、律法和社会制度"所组成的人文世界中的"语言文字学"所确定的"哲学真理"。这一"哲学真理"作为社会真理就内蕴于这些"语言、习俗、律法和社会制度"中,形成它们的根据和基础。因此,马克思在《关于费尔巴哈的提纲》中批判和发展了费尔巴哈对于宗教的批判时说道,"全部社会生活在本质上是实践的,凡是把理论引向神秘主义的神秘东西,都能在人的实践中以及对这个实践的理解中得到合理的解决"②。此外,社会真理作为实践意识也是在实践活动不断拓展和深化的推动下随着社会发展变迁不断丰富和完善的。它通过指导并落实于社会实践中而作为思想前提和存在方式推动社会发展变迁,但社会发展变迁又暴露出现存社会真理的缺陷和不足而使其变成了"历史真理"和谬误,同时进一步提出了对社会生活本性重新获得真理性认识的要求,其结果是新的现实社会真理的产生和社会的发展进步。由于社会真理作为真实的东西在社会实践活动中形成和发展,并被这一创造活动所衡量和确定,因此,社会真理的根本特征在于实践性。

3.3.3 批判性、超越性和创造性

从形成和发展的方式看,批判性、超越性和创造性是马克思主义哲学

---

① 姜海波:《教条主义批判与人道主义重建》,转自波兰莱泽克·科拉科夫斯基的《走向马克思主义的人道主义——关于当代左派的文集》〈中译者序言〉,黑龙江大学出版社2013年版,第11页。

② 《马克思恩格斯选集》(第一卷),中央编译局,人民出版社1995年版,第56页。

社会真理的典型特征。马克思主义哲学社会真理的批判特性和超越性是其实践特性的具体展现。社会生活作为人有意识有目的的实践活动的产物，是人的超越本性和创造本性的具体化和现实化，故从总体上看，社会发展应当是一个不断趋于人化的"为我存在"的合目的性与合理性的运动过程。具体而言，这一过程是通过人们不断深化发展的社会实践活动持续推动社会生产、社会制度和社会关系不断变革和更新来实现的，因此自我批判、自我否定、自我扬弃的辩证发展就成为人类社会运动的总体特征。正如雅斯贝尔斯所言，只有不断"从新的起点开始，才会形成真正有力量的事物。批判无疑是向更好的事物演变的条件"，虽然"批判本身并不具有创造力"①。相应地，社会真理作为人们对于社会现象及社会运动过程本性和规律的科学认知，作为人类有效地进行实践活动的前提和根据，作为人的社会历史性生存方式和社会生活自身的历史性存在方式，其典型特征便是批判性和超越性。

需要注意的是，这里的"批判"并不是贬义词，它与流俗意见中的否定、攻击、谩骂和打倒没有任何关联。从词源学上看，"批判"（critique）源自希腊文"krisis"，意指"区分、争执、决定、判断、考验、探究"等。"批判的"（critical）源自希腊文"kritikos"，意指"能判断的"②。可见，"批判"是褒义词，具有正面的积极意义，或者说它至少是中性词。康德把"批判"一词引入哲学领域，运用于形而上学研究中，写作了关于知识论、伦理学、美学著名的"三大批判"——《纯粹理性批判》《实践理性批判》和《判断力批判》。这三大批判中，在扬弃笛卡尔"普遍怀疑"方法的经验性基础上，康德把"批判"概念诠释为一种哲学研究方法。这种研究方法主要在质疑普通知性对"知识、伦理道德和审美"的一般认识基础上，区分知识、伦理道德和审美中的各个构成要素和形成条件，以判定知识的种类、条件和界限及伦理道德和审美的层次和条件。随后，在扬弃康德这一批判性哲学研究方法的人类学特性和心理学特性基础上，胡塞尔又进一步发展了这一批判性研究方法，并进而形成了20世纪影响深远的哲学方法——现象学方法。现象学方法要求悬置一切先入之见，对事物形成内在意识的直观性的把握。而社会真理的批判性，也更多的是指人们在社会认识活动中推动社会

---

① ［德］卡尔·雅斯贝尔斯：《时代的精神状况》，王德峰译，上海译文出版社2013年版，第65页。
② 孙周兴：《哲学的批判与创新思维——以德国哲学为主要考察背景》，《中国社会科学报》，2015年8月17日。

真理生成和发展的一种哲学方法。

当然,这一批判性方法不仅是针对思想观念的批判,更重要的是落实在社会实践活动中,对于社会现实进行批判和变革。正如马尔库塞所指出的,哲学走向社会实践,融合在社会实践中而成为社会真理时,并不能由此认为,"思维必须遵从现存的秩序,批判的思想不会止息,而是采取一种新的形式。理性上的创造取决于社会理论和社会实践"①。例如在社会运动中,由于阶级社会中存在利益分化、价值观念对立、社会理想冲突和世界观等方面的纷争,人们在社会历史生存中必然分化为不同阶级、集团、政党和民族等等,并以此为各自的价值指向和情感倾向,形成各自的道德判断和价值判断,使得人们对于社会的认知具有阶级性和意识形态性。社会真理在社会发展中的作用之一就在于对社会的"现实价值和利益关系进行批判性审视,展示其合理性和正当性,揭示其不合理的方面及其原因,预示其合理化发展方向"②,即按照正确的准则"评价事实和指出真正实存的事物"③,并通过引导社会实践活动不断推动社会自身的批判、否定和辩证发展,使人们对于社会的认知也不断形成自我批判、自我超越,不断趋向于揭示社会世界的本真存在和反映社会世界的真实本性,进而形成全面、客观、真实的社会认知。因此,批判性和超越性就成为人们对于社会的正确合理性认知的重要特征。

社会真理的创造性则是实践性的深化。一般而言,"创造"是"无中生有"的揭示,即"使不可见者成为可见者",例如科学领域新发现、创建一个新的社会机构和单位、管理好一个社会组织等等。人的一切活动都是这样一种在"有无之间、显隐之间"④的揭示性创造。故而,人的一切活动的核心是创造性的活动。它构成了社会生活的存在论基础,也昭示了人是自由的,人不是一种仅仅停留于单一的、现成的现实性存在,而是一种面向未来的、丰富的可能性存在。正因为如此,卡西尔认为"它是人的最高力量,同时也表示了我们人类世界和自然界的天然分界线"⑤。社会真理的创造性

---

① [德]马尔库塞:《理性与革命:黑格尔与社会理论的兴起》,程志民等译,重庆出版社1993年版,第28页。
② 欧阳康:《人文社会科学哲学》,武汉大学出版社2001年版,第317页。
③ [德]卡尔·雅斯贝尔斯:《时代的精神状况》,王德峰译,上海译文出版社2013年版,第65页。
④ 孙周兴:《哲学的批判与创新思维——以德国哲学为主要考察背景》,《中国社会科学报》2015-08-17。
⑤ [德]恩斯特·卡西尔:《人论》,甘阳译,上海译文出版社2013年版,第378页。

特性正是基于人类活动这一创造特性而形成。社会真理不同于传统形而上学真理就在于它更多地指向人们创造性地建造他们自己的属人世界。它不只是在理论范围内和知性层面寻求对于社会生活及相关社会事实的既定认知并力求解释世界,而且更重要的是突破理论范围的限制,走向社会实践,立足于社会生活,在对于社会生活的批判和改造中寻求对于制度、文化、语言、思想等组成的社会生活的科学合理性认知,以便超越现存的社会生活而实际地改变世界,实现人类的超越性生存。因此,社会真理作为人们在生活实践活动中把握社会生活的理论方式,就不仅在于顺从、反映和摹写既定的社会生活,更在于引导人们超越现存社会生活的既成性和绝对的直接性,通过社会实践活动在人与他人、与社会之间建立以人为主导的统一关系,形成属人的合目的合规律的为我生存的社会生活。正如列斐伏尔所强调的,"深刻的唯物主义'按世界的本来面目'去认识实际世界的现实,但绝不是原封不动地把世界接受过来。深刻的唯物主义反射着改造事物的活动(这种活动创造了'事物',作品或产品),但绝不是反映事物。所以,这种唯物主义从运动的生动活泼的本质去掌握改造世界的运动,这个运动永远否定着和超越着现存的现实"①。在这个意义上可以说,人们追求社会真理实际上是一种创造活动。而且,社会真理本身也内蕴人们的理想、追求的创造性目标。在这一真理观念引导下,人们根据现实的社会需要和利益,自觉地运用自身的本质力量对现存社会生活进行先行批判和改造的观念性筹划,然后通过生产实践、政治实践、科学实验、交往实践和语言实践等活动对现存社会生活实际地进行变革,使社会生活趋向于人化的合理性的同时,形成和确证人自身本质,并与此同时,人们揭示社会生活的本真存在和社会生活运动发展的逻辑必然性,使自己克服主观的想象和臆测之经验表象,真正运用科学思维来修正和完善自己关于社会生活的这一科学认知。因此,社会真理作为实践活动的一个环节,实际上是实践活动的预演,但又是实践活动的创造本性的展现。

3.3.4 客观实在性和价值理想性

从内容的构成看,客观实在性和价值理想性是马克思主义哲学社会真理的重要特征。由于人们对于社会生活的真理性把握既有客观经验层面

---

① [法]亨利·勒斐弗尔:《马克思主义的当前问题》,李元明译,生活·读书·新知三联书店1966年版,第37页。

的科学认知,更有哲学层面的实践诠释和意义的揭示及价值的理解。因此,就人类社会作为客观化物质层面的社会秩序、社会制度、社会结构等而言,人们借助于经验实证的科学方法,加以科学化描述和解释,根据知识论的符合论真理观确证其正确合理性,并以社会工程性思维进行证伪,就可以形成关于社会事实的真实性认识。尽管在实际的认知活动中,由于这些社会事实作为社会实践活动对象化的客体,与社会主体之间因出现分裂、对立甚至异化而缺乏通约性,不可全然尽知;同时,人对社会的认识"不仅要受人(作为一种生物)的认识能力的限制,而且也要受一些特殊的社会条件的限制,这些条件是认识本身无法科学的",也使得人们不可能"完全地认识社会"①;但人们毕竟可以认知社会生活并获得关于社会生活的客观实在性认知,故社会真理的特性之一就在于它是社会世界的客观反映,具有客观实在性。就人类社会作为物质活动层面的各种社会实践活动而言,人们对于社会生活的真实性认知作为实践观念,在实践活动中实现自身与社会生活辩证发展内在同一,这使得社会真理对于现存社会生活的具有否定性、批判性和超越性,使得它"不仅能提出关于现有(也就是经验的现有存在)是否应有的问题,而且要寻找在现实本身中体现应有和合理东西的途径"②。正如雅斯贝尔斯所言,"我们的理性告诉我们,每一种新的认识都包含更进一步的可能性"。因为客观实在并非如其本身那样存在,而"必须用一种认识来掌握,认识是一种主动的占有"③。而我们也"不想教条式地预料未来,而只希望在批判旧世界中发现新世界"④。正因为如此,社会真理能够转化为实践的目的和动机引导人们有效地开展社会实践活动,推动社会的合理发展。因此可以说,社会真理具有应有的价值理想性之维度。

3.3.5 具体性和历史性

从内容的形成和发展过程看,具体性和历史性是马克思主义哲学社会

---

① [苏]莱泽克·科拉科夫斯基:《意识形态和理论》,转自衣俊卿和陈树林主编的《当代学者视野中的马克思主义哲学:东欧和苏联学者卷》(下)(第二版),北京师范大学出版社 2012 年版,第 106 页。
② [苏]科尔舒诺夫,曼塔托夫:《真理和理想》,方影译,李翔宇校,《现代外国哲学社会科学文摘》1991 年第 4 期。
③ [德]卡尔·雅斯贝尔斯:《时代的精神状况》,王德峰译,上海译文出版社 2013 年版,第 19—20 页。
④ [苏]科尔舒诺夫,曼塔托夫:《真理和理想》,方影译,李翔宇校,《现代外国哲学社会科学文摘》1991 年第 4 期。

真理的突出特征。从认知的方法上看,社会生活是人们通过自觉实践活动推动自在自然世界向为我的属人世界的合理性转化的辩证运动过程及其产物,人们对它的"观念的东西不外是移入人的头脑并在人的头脑中改造过的物质的东西而已"①,故社会真理作为人们对于社会生活及其本性和规律的认知,其基本的方法就是实践的辩证法。这种实践的辩证方法排斥形而上学的形式主义抽象思维,要求我们具体地把握社会生活及其运动过程。而且,社会生活这一辩证运动过程本身就是一个由人与自然、人与人、人与社会之间关系的内在矛盾运动推动的由简单到复杂实现多种规定的综合统一的复杂有机整体的发展过程,这决定了社会真理像一般的认识论真理一样,形式上看是抽象的,但内容上看是具体的。正如黑格尔所言,真理"自身本质上是具体的,是不同规定的统一。……如果真理是抽象的,则它就是不真的"②。故而,他"从绝对的哲学意义",他把真理"规定为自身具体的东西。……规定为诸对立规定的自身统一,所以,在统一性中还包含着对立的。换句话说,真理不是僵死不动的东西,不是抽象的同一性、抽象的存在,而是运动,是生命本身,作为无差别,它只是映现于自身的无差别,也就是在自身之内有一种差别了。这种差别既然是在统一性之内,同时也就不成为差别了。它是一个被扬弃了的差别,也就是说,即被消灭掉,也被保留着,是无,是不存在的了。它是一个映现着的差别,也就是无差别了"③。

当然,这里所说的社会真理的具体性,不同于黑格尔绝对哲学意义上的真理理念的诸对立规定的自身统一,也不同于旧唯物主义的感性直观上的经验累积,而是由感性现实的物质实践活动推动的,在批判和超越对于社会生活及其过程的零碎的、无联系的、局部的理解和规定的基础上,达到对于其内在矛盾及由此推动的社会运动过程的总体性把握,形成许多概念综合而成的理性的具体。换句话说,"具体之所以具体,因为它是许多规定的综合,因而是多样性的统一"④。这意味着人们在社会实践中对于社会生活的真理性认识,应该从感性具体的社会事件和社会现象出发,由此回溯和把握与此相关的社会关系、社会制度和社会生活过程及其性质,并进

---

① 《马克思恩格斯选集》(第二卷),中央编译局,人民出版社 1995 年版,第 112 页。
② [德]黑格尔:《哲学史讲演录》(第一卷),贺麟译,生活·读书·新知三联书店 1956 年版,第 29 页。
③ 《黑格尔通信百封》,苗力田译编,中国人民大学出版社 2015 年版,第 241 页。
④ 《马克思恩格斯选集》(第二卷),中央编译局,人民出版社 1995 年版,第 112 页。

行抽象而达到对于它们的最简单的规定,得到这些规定的简单概念,再在社会历史进程中揭示和领悟这些概念彼此间的辩证关系,由此在思维中实现它们的有机综合,形成以概念的多样性统一为形式来再现社会本质的社会真理体系。因此,社会真理作为人们对于社会生活及其过程的把握主要不是感性直观和经验认知,不是仅仅停留于对于表象的熟知,而是在实践活动中形成和发展起来的对其本性和规律的理性反思和概念性把握,亦即主要是对社会生活过程本质和规律的理论性把握。相应地,以逻辑的方式形成对于社会发展过程及其本性和规律的认知就成为人们把握社会历史的主要方式。当然,这一方式是在对社会历史事实材料的搜集和整理基础上,以概念的方式突显历史内在必然性的运动过程。尽管如此,但从社会真理的形成方式看,社会真理不是既定和现成的、等待人们去发现的客观实在,而是人们在一定的社会关系和社会条件制约下,对于一定的实践活动所推动的社会生活变化发展过程中的主客体辩证统一关系及其本性和规律的创造性认知,因此它是随着社会实践活动的对象、目的、手段、机制和途径等因素的不断变化所引发的社会实践方式及相应的社会生活方式的变迁而不断更新发展的,是历史的和具体的。

3.3.6 相对性和绝对性

从内容的生成和发展的方式看,相对性和绝对性也是马克思主义哲学社会真理的重要特征。人的生存主要是在一定历史阶段的经济关系、文化传统、社会条件和政治制度中的生存所构成。这是每个人的特定生存环境,也是每个人投身社会实践,参与到社会生活中去的立足点。正是因为如此,这一环境也构成了每个人认识和理解社会生活过程、本性和规律及社会现象和社会事件的前提和基础,构成人们形成社会真理和建构的视域和场所。正如卡尔·曼海姆所说,特别是在社会领域,"真理不仅是思想和存在之间的简单一致,而且是带有调查者对其调查对象的兴趣、他的观点和评价的色彩,简言之,带有其关注对象的界定的色彩"[①]。而这一界定色彩的形成本身就是调查者在物质生产活动和物质生活中基于一定价值观念和价值倾向,在社会历史性生存中基于一定意识形态和世界观而形成的,它构成了人们科学认识现实社会生活的"前结构"和意义框架。由于

---

① [德]卡尔·曼海姆《意识形态与乌托邦》(序言),黎鸣等译,周纪荣等校,商务印书馆2000年版,第10页。

3. 马克思主义哲学社会真理的一般规定

"没有人能够超越他的时代的限制",超越他的特定生存环境的限制,"如果他试图超越,那么他就只会落于虚无缥缈之中"①。这使得每个人不可能成为所有社会环境的"同等程度上参与者"②,而这导致社会真理只能是"一种暂时的、历史的信念,它永远不可能是所有人的信念"③,所以即使是那些已经确立了的社会真理也"只能在某种程度上可以被认为是真理,它们的提出必然受到特定的时间和条件的限制,需要随着所处实践和条件的改变而加以改变"④。这使得社会真理在主观层面上具有相对性。对于此,B. 费伊就提出:"视觉主义是当代理智生活的占统治地位的认识方式。……一切知识本质上都是带有视角性的,也就是说,知识的要求和知识的评价总是发生在一种框架之内,这种框架提供概念手段,在这些概念手段中、并通过这些概念手段,世界得到了描述和解释。……任何人都不会直接观察到作为实在本身的实在,而是以他们自己的倾向性来接近实在,其中含有他们自己的假定及先入之见"⑤。

而且,社会实践活动也是具体的和历史的,是在一定社会生产力和生产关系制约下的社会关系中展开的有目的有意识的自觉活动,这使得这一活动总是只敞开的社会生活世界总体的一个侧面,相应地人们对于这一生活世界的认知和理解也总是这个侧面,而不可能达到对于社会生活总体的认识和理解。正因为如此,贺来教授在谈到思维与存在的关系时就说,"人无疑能够在一定条件下获得关于'存在者'的知识,但是与思维相对的'存在'是一个总体性概念,人的思维永远无法获得对于'存在'总体的知识。在此意义上,思维与存在的异质性构成思维与存在关系的一个根本特性"⑥。故而,在科学研究中,"如果我们要研究一个事物我们就不得不选择它的某些方面。我们不可能观察和描述整个世界或整个自然界,事实

---

① [德]卡尔·雅斯贝尔斯:《时代的精神状况》,王德峰译,上海译文出版社2013年版,第30页。
② [德]卡尔·雅斯贝尔斯:《时代的精神状况》,王德峰译,上海译文出版社2013年版,第26页。
③ [德]卡尔·雅斯贝尔斯:《时代的精神状况》,王德峰译,上海译文出版社2013年版,第67页。
④ 刘放桐:《马克思主义哲学与现代西方哲学研究》,北京师范大学出版社2012年版,第224页。
⑤ [美]约翰·塞尔:《心灵、语言和社会》,李步楼译,上海译文出版社2006年版,第21页。
⑥ 贺来:《"思维"与"存在"的异质性与辩证法的批判本质》,《天津社会科学》2015年第3期。

上,甚至最小的整体都不能这样来描述,因为一切描述都是有选择的"①。这也从客观层面导致社会真理具有相对性。社会真理的相对性,就是指对一定的社会生活过程、本性及其规律和期间发生的社会事件和社会现象的反映总是具有一定的限度和局限性,亦它总是对这些社会过程、本性及其规律和期间发生的社会事件和社会现象的近似的、不完全的、具有一定深度的正确反映,而不是整体的、彻底的和完全的终极正确反映。

尽管如此,但毋庸置疑,人们在社会实践活动中敞开社会生活世界的同时,总能够揭示一定层面的本真性社会存在及其本性,对社会规律达到一定程度上的准确把握。这又使社会真理具有绝对性。社会真理的绝对性,就是指一切社会真理都必定反映一定的社会生活过程、本性及其规律,都必须是对这些社会生活过程、本性及其规律的不断接近和如实反映。对于社会真理的两重性,"不能片面强调其一而否定另一方面"②,否认社会真理的绝对性,而只强调社会真理的相对性,必然陷入相对主义真理观,最终导致不可知论。否认社会真理的相对性,而只强调社会真理的绝对性,则会重蹈形而上学真理观的覆辙,陷入绝对的理性真理观。

3.4 马克思主义哲学社会真理的基本类型

由于人们在物质活动和物质交往中的社会认知受到社会制度和社会关系等多方面因素的影响和制约,因此社会真理显得纷繁复杂而多样,充满了偶然因素和非理性因素而似乎具有相对不确定性和模糊性。从不同角度对社会真理进行类型学考察,有助于人们对于社会生活形成明晰地科学认知,凸显社会真理的不同形态在社会生活中形成和发生作用的差异,从而在区分和对比中深化马克思主义哲学社会真理的研究。按照不同的划分标准,社会真理可以划分为不同类型,本课题试图从以下几方面对社会真理进行划分:

3.4.1 个体认知的社会真理和社会总体实现自我认知的真理

就认知主体看,社会真理可以划分为个体社会认知的真理和社会总体

---

① [英]卡尔·波普尔:《历史决定论的贫困》,杜汝楫、邱仁宗译,上海人民出版社2009年版,第61—62页。
② 张明仓:《社会真理:深化真理论研究的一个重要领域》,《社会科学辑刊》1997年第3期。

自我认知的真理。它们共同构成了社会真理,这也是社会真理形成方式的直接反映。对于社会意识的发生,马克思在《德意志意识形态》中就曾指出,人们的"思想、观念、意识的生产最初是直接与人们的各种物质活动,与人们的物质交往及现实生活的语言交织在一起的。人们的想象、思维、精神交往在这里还是人们物质行动的直接产物,表现在某一民族的政治、法律、道德、宗教、形而上学等的语言中的精神生产也是这样。人们是自己的观念、思想等等的生产者"①。这也即是说,人们的思想、观念和意识的产生在其最初形态是人们物质活动和物质交往的直接产物,直接是人们的现实社会生产活动和物质交往的观念化和符号化、信息化的产物。这是发生在人类产生初期,社会物质活动和物质交往还不发达,社会结构还没出现明显分化,社会生产还未形成社会分工,个体直接参与集体劳动形成社会意识和社会观念的情况下发生的。在这个时候,人们对于以社会实践活动和社会关系形式存在的人类社会的真理性认知,其形态也是人类物质实践活动和物质交往的直接产物,也是人们的社会现实生活和精神生活的直接反映和呈现。所以,从社会真理产生的最初形态看,个体对社会生活的真理性认知与社会总体自我的真理认知是交织在一起的和等同的,个体的社会真理性认知就代表着社会总体自我的社会真理性认知。

但随着社会生产的发展和社会分工的出现,尤其是伴随着脑力劳动和体力劳动的分工,个体逐渐从社会中分化出来,并且在观念中逐步自我对象化,由此就产生了个体不同于群体的关于社会的认知。正如黑格尔指出的,这个时候,"知识为个人所有"。对于此,雅思贝尔斯在谈到关于社会认知中的人们反思自我、认识自我的哲学知识与关于自然物理世界的科学知识的区别时,也认为科学知识追求个体认知基础上的"公认的确定性",而哲学知识则是"个人作为整体存在的确定性,哲学不是理论而是活动,他不是来自对科学的概括和总结,而是基于个人的内在体验、领悟和思维的自由创造"②。换言之,人们反思自我、认识自我的哲学知识作为社会真理的重要组成部分,其形成的一个重要的方式,就是人们作为个体的自我反思和自我认知,个体在日常社会实践活动中的个人内在体验、领悟和思维的自由创造。

---

① 《马克思恩格斯选集》(第一卷),中央编译局,人民出版社1995年版,第72页。
② 吴晓明:《雅思贝尔斯》,转自吴晓明主编的《当代学者视野中的马克思主义哲学〈西方学者卷〉(上)》(第二版),北京师范大学出版社2012年版,第25页。

然而,"人生来就是具有社会属性的"①。人们是生活在社会共同体中的,其中的每一个成员都是社会生活的一个有机组成部分,而"社会是一个统一整体,这个整体的每一部分与其他部分密不可分"②,相互影响。社会分工虽然使知识的创造和生产越来越专业化和职业化,因而越来越集中在个体身上,但是另一方面伴随着社会分工的纵深发展推动社会交往范围的不断扩大和交往层次的不断加深,这也使得个体能够通过主体间的交往、沟通、对话、意识影响、观念渗透等方式,与他人、与社会达成对于社会现实生活和社会制度、社会规范等认知的普遍共识,进而克服个体认识的私人性和片面性、当下性和模糊性,而走向公共性和普遍性、确定性、规范性和清晰性,从而形成基于社会现实生活本身基础上的社会总体的自我认识,实现社会自觉。在这个意义上,个体社会真理就成为社会总体的真理形成的基础和前提;而社会总体的真理是个体真理的提升和普遍化。不过,值得注意的是,无论是个体社会真理还是社会总体的真理,其真实性认知的衡量和确定标准,都不在于个体认知自身或社会总体自我认知自身(包括个体形成特殊社会认知和社会总体形成的普遍共识),而在于客观实在的社会实践活动所造成的社会事实或社会现实生活过程本身。社会事实或社会现实生活过程本身赋予了人们对于社会生活认知的确定性与真实性。

3.4.2 社会真相和社会科学理论

从认知层次看,社会真理可分为社会心理层面的、基于社会事实的认知的社会真相和社会理论层面的社会科学理论两个层次。由于社会事件及与此相关的社会现实生活都是人通过有意识有目的地社会实践活动在一定的社会条件和社会关系下处理具体事情产生和形成的,是客观实在与人的主体意志的内在统一,所以人们对这些社会事件及社会生活的认知既有对于这些个别社会事件和个别社会现象的感性直观的认知和意义的揭示,形成对于这些事件或现象的初步经验事实把握,并在此基础上对这些类事件和现象在社会现实生活过程中的辩证反思和精神价值的解读,形成对于这些事件或现象真相的深入理解;还有对这一总体社会现实生活过程及其本性的揭示和运行规律及其价值的根本性领悟,形成对于社会生活总

---

① [苏]阿尔森·古留加:《密涅瓦的猫头鹰——黑格尔》,张荣,孙先武编译,中华工商联合出版社 2015 年版,第 49 页。
② [苏]阿尔森·古留加:《密涅瓦的猫头鹰——黑格尔》,张荣,孙先武编译,中华工商联合出版社 2015 年版,第 53 页。

体的各种理论性科学认知。这两个方面构成了社会真理的两个认知层次。它们随着社会实践活动的不断扩展和深入而从一个层次向另一个层次不断地过渡和返回,从而在认知的来回往复中逐步形成客观、全面和真实的科学体系,形成人们认知社会生活的真理体系。不仅如此,社会真理是一个关于社会生活过程、本性和规律科学认知的体系,其实存形态表现为关于一系列"真实的形态"[①]的科学体系,亦即关于一系列社会真相的科学体系。其中,这些社会真相构成了社会真理的基本要素和现实基础,而社会真理也正是人们"伸入到对象的内在必然性之中",运用哲学概念思维"塑造"社会真相,进而"'塑造'出对象的本质规定,获得真理,从而返回到科学认识本身"[②]。故而,哲学概念思维构成社会真相转变成为社会真理的中间环节。

3.4.3 事实真理和价值真理

从构成看,社会真理可以分为事实真理和价值真理两个方面。社会真理作为人们对于社会生活的科学认知,是社会生活达到了语言意识层面,并在此层面的阐明和呈现。因此,社会真理本身内在地从属于社会生活本身,它是社会生活自身的自我意识及其达到自觉的表现。从这个意义上看,社会真理就是关于社会事实的真理,亦即事实真理。对于此,经验论者和实证论者进一步强调,"人类知识的最高任务就是给我们以事实而且只是事实而已。理论如果不以事实为基础确实就会是空中楼阁"[③]。但社会生活本身达乎思想和语言是借助于社会实践活动,持续地揭示社会生活本身——揭示其本真性存在而在观念层面加以把握来逐步实现的,而实践活动其本性就在于批判性、革命性和创造性,在于使人克服自然惰性,反对对当前社会现实生活的消极默认,把理想世界当作仿佛是现实的东西来对待,换句话说,实践活动就是在一定理想范型和观念图式的实践观念引导下,批判和改造现存世界,追求和创造理想世界的能动活动,因此从人们对于社会生活的揭示过程来看,社会真理的形成和发展过程就是人在一定价值观念引导下不断批判和超越自身已有的社会认识,在正确地揭示和认知社会生活本身的基础上合理地揭示社会实践内蕴的可能性和社会生活内

---

① [德]黑格尔:《精神现象学》,先刚译,人民出版社 2013 年版,第 3 页。
② 许斗斗:《真理必须走向现实——马克思对黑格尔真理观的批判与超越》,《哲学动态》2019 年第 3 期。
③ [德]恩斯特·卡西尔:《人论》,甘阳译,上海译文出版社 2013 年版,第 98 页。

蕴的应然性方面并由此为实践活动提供未来的合理性模型的能动过程。从这个意义上说,社会真理又是价值真理。它和事实真理各自反映了社会真理的不同维度,共同构成了社会真理的不同方面。尽管如此,这两个方面并非截然对立,价值真理规范和引导事实真理,使之趋向合目的性;事实真理为价值真理提供衡量和测度的客观基础和依据,使之趋向合理性。而且,基于社会事实的客观性和价值性,这二者相互交织在一起,共同构成了有机整体的社会真理体系,使之趋向合目的性和合理性,形成正确合理的科学认知体系。

3.5 马克思主义哲学社会真理的本质规定

在与马克思主义哲学社会真理的相关概念中,人们时常提起自然物理世界之真理、社会规律、社会价值、社会理想、社会信仰、社会意识形态等范畴,但它们与社会真理之间的辩证关系鲜有被人们廓清过。人们时常要么把它们与社会真理直接割裂对立起来,要么直接把它们看作是社会真理。显然,这样的做法是很随意的和武断的,并不是对待它们与社会真理的辩证关系应有的实事求是的态度。本著作就是要对它们和社会真理进行对照和比较,廓清它们与马克思主义哲学社会真理的辩证关系,凸显社会真理的独特本质。

3.5.1 社会真理与自然物理世界之真理

从存在论上看,自然物理世界,在希腊文中即是"Physis"。它主要是指存在者整体的涌现,亦即存在者整体从自身的绽放和临场,亦即存在者整体"出生和生长"式的绽放和临场。它是"在绽放中显像而又在显像中保持其为自身"的东西,"在绽放中自持"的东西。简言之,它是"存在本身,即存在者由之才成为且始终保持为可观察的那一存在"[1],即"Being",存在者是其所是之"是"[2]。它作为从自身绽放的世界,构成存在者得以存在的场所和地平线(即视域)。随后,由于"Physis"与拉丁文"nature"在用法和意义上相当,罗马人就将"Physis"翻译成拉丁文"nature",即"自然",

---

[1] 陈嘉映:《海德格尔哲学概论》,商务印书馆2016年版,第37—38页。
[2] 汪子嵩、陈村富等:《希腊哲学史》(第四卷)》(下),人民出版社2014年版,第1222页。

其内容虽然仍包括"心理的东西",但其总体上逐渐向"物理的事物"这个方向收窄。后来,这一翻译经由基督教中世纪一直传承到近代,形成了我们今天所理解的仅仅是"物理的东西"①的含义。故而,从广义上看,"Physis"作为存在者整体,包含一切,包含天地人神,是天地人神的四重共奏所形成的世界,在这个意义上可以说,人类社会生活作为此在生存发展而建构的世界,是这个自然物理世界的重要组成部分。从狭义上讲,"nature"仅仅是指物理学意义上的"物理的东西",它仅仅包括除人与众神之外的天地万物,这些"天地万物"自在地生成变化,形成了我们今天所说的"自然物理世界"。人类社会生活则主要是人类通过社会实践活动,在处理人与自然、人与人关系基础上自觉地建构起来的生活世界。故而,在这个意义上可以说,自然物理世界构成了人类社会生活得以生成和建构的前提和基础,而人类社会生活则是对自然物理世界的自然直接性和自在性及自发性的批判和超越,是"属人"和"自在自为"自然物理世界。

与此相应,在早期西方哲学中科学是在广义上被理解的,就是指"知识",即是智慧。在古希腊哲学中,毕达哥拉斯最早提出"philosophia",前缀"philo-",即"爱","sophia",即智慧,二者构成"philosophia",即"爱智慧",亦即"哲学"。哲学家则是"philosophier",即追求智慧的人,在沉思中追求真理的人。在这里,"sophia"即"智慧",又是指"知识",哲学也即是广义的科学,"爱智慧"的科学,追求真理的科学。当然,在这里"智慧"作为知识,虽然在毕达哥拉斯那里,是指普通的知识,但是经过巴门尼德——柏拉图——亚里士多德传统的特别阐发之后,内涵收窄,脱离了普通知识的范畴,而是意味着"一种终极的、完满的、系统的知识"。为此,在德国古典哲学中,"智慧"就被翻译为"Wissenschaft",即科学,是指"所有基于系统研究的学问"②,代表人类"最高的智慧和完满的知识"。例如黑格尔《精神现象学》就主要阐述了哲学如何在时间的长河里实现自我辩证发展,亦即经过精神自我塑造运动的各个形态和各个环节逐步上升为科学,从而使哲学具有科学的形式,摆脱纯粹"爱智慧"和"爱知识"这个名称性的意谓,进而成为"一种现实的知识",亦即达到"知识即科学",把这个内在的必然性包含在知识的本性之内③。在这里,黑格尔所倡导的科学,"并非专指自然科

---

① 陈嘉映:《海德格尔哲学概论》,商务印书馆2016年版,第40页。
② 于璐:《科学时代的"牛虻"》,《读书》2020年第1期,第160页。
③ [德]黑格尔:《精神现象学》(序言),先刚译,选自《黑格尔著作集》(第三卷),人民出版社2013年版,第3—4页。

学,而是系统的哲学理论的意思"①,即包含自然科学和社会科学。当然,这种科学也主要阐述了一种处于转变过程中的知识。

此后,随着现代化浪潮席卷全球,人类从传统社会大踏步迈入现代社会,理性主义和人类中心主义在全世界广泛传播并普遍盛行,虚无主义也在全世界普遍蔓延。结果,与"nature"的含义收窄,它仅仅是指物理学意义上的"物理的东西"相适应,"Wissenschaft"也被翻译为英文"science"。它作为科学,其含义也进一步收窄,主要是指"自然科学和实证科学"②。正因为如此,长期以来,"科学"一直似乎是自然科学和实证科学的代名词,谈论"科学"就意味着谈论自然科学和实证科学。与此同时,形成鲜明对照的是,在历史上,人们对于社会生活的认识和理解远远落后于对自然物理世界的认识和理解,没有能够形成和建构关于社会生活世界研究的科学,也没有形成和建构专门的人文科学和社会科学。尽管如此,但正如马克思所说,"历史本身是自然史的即自然界生成为人这一过程的一个现实部分。自然科学往后将包括关于人的科学,正像关于人的科学包括自然科学一样:这将是一门科学"③。

基于此,本著作在揭示和阐明自然物理世界与人文社会世界的辩证关系基础上,进一步揭示和阐明自然物理世界之真理与社会真理(即人类社会生活世界之真理)的关系。从真理论角度看,马克思主义哲学社会真理与自然物理世界之真理作为人们对自我生活的周围世界和自我的科学认知两个重要方面和两个重要议题,既存在本质上的区别也存在形式上的联系。这主要表现在以下几方面:

首先,从性质和形式看,自然物理世界之真理具有非历史性、非价值性、抽象性和一般性,社会真理则具有历史性、价值性、具体性和个别性。如上所述,"nature"在今天指物理学意义上的"物理的东西"(包括除人与众神之外的天地万物),这些"物理的东西"自在地生成变化,形成了我们今天所说的"自然物理世界"。它以存在者整体涌现的方式存在,并在自在地生成变化中保持自身。从现时代科学立场看,自然物理世界在时间上

---

① [德]黑格尔:《精神现象学》(总序),先刚译,选自《黑格尔著作集》(第三卷),人民出版社2013年版,第3页。
② [德]黑格尔:《精神现象学》,先刚译,选自《黑格尔著作集》(第三卷),人民出版社2013年版,第3—4页。
③ [德]马克思:《1844年经济学哲学手稿》,转自《马克思恩格斯全集》(第三卷),中央编译局,人民出版社2002年版,第308页。

是不断进化发展的。尽管如此，但从哲学生存论看，由于"在任何时间人都曾在而且将在，因为时间只有在人在的情况下才成其为时间。没有一种时间是人不曾在其中的；所以如此，不是因为人是从永恒而来又再入一切永恒中去，而是因为时间不是永恒而且时间只有作为人的历史的此在才成其为一个时间"①，故而，自然物理世界作为存在者整体的涌现，由于与人的存在并无直接的内在本质关联，所以它自身并无时间性和历史性。对于此，黑格尔就曾指出，发展的原则，只是在"精神现象视角"下起了作用，"……自然是不知道什么是发展的"②。人类社会生活世界则是通过人的社会实践活动而建立在这一自然物理世界基础上的人文社会世界。它建基于人的社会实践活动及相应的社会关系，推动社会生活发展进步的主体是人。而人是在自由自觉的社会实践活动中运用自己的自由意志和本质力量追求特殊目的和价值的社会性存在，这使得人类社会生活在发展过程充满了需要、意志、理性和激情（精神因素），由此使得社会发展呈现出目的性、价值性和自觉性和精神性，进而也使社会发展过程显得具有时间性和历史性。

对于此，恩格斯在谈到社会发展过程与自然发展过程的区别时也曾言，在自然界中发生的任何事情，"无论在外表上看得出的无数表面的偶然性中，或者在可以证实这些偶然性内部的规律性的最终结果中，都没有任何事情是作为预期的自觉的目的发生的。相反，在社会历史领域内进行活动，是具有意识的、经过思虑或凭激情行动的、追求某种目的的人；任何事情的发生都不是没有自觉的意图，没有预期的目的的"③。这决定了具有历史性的人类社会生活世界不同于"无历史"的自然物理世界。当然，自然物理世界只有参与到人类社会实践活动中而与人类社会生产生活发展联系时，才能够因为人类社会生活过程的时间性和历史性而获得人类社会承认并具有时间性和历史性。

与此相应，在对待与人相关的情感、意志、需要、价值等精神性的、一切非理性的因素的态度上，自然科学和社会科学是存在差异的和不同的。就自然科学而言，人们把这些精神性的和非理性的因素看作是在理性活动之

---

① ［德］海德格尔：《形而上学导论》，熊伟，王庆节译，商务印书馆2005年版，第85页。
② ［苏］阿森纳·古留加：《密涅瓦的猫头鹰——黑格尔》，张荣，孙先武编译，中华工商联合出版社2015年版，第33页。
③ ［德］恩格斯：《路德维希费尔巴哈和德国古典哲学的终结》，中央编译局，选自《马克思恩格斯选集》（第四卷）人民出版社1995年版，第247页。

外的、阻止人们在生活中运用理性的顽固障碍。因此，人们认知自然物理世界，要获得客观实在性的知识，就必须"排除一切'人类学'"成分，"必须忘掉人"，排除与人相关的情感、意志、需要、价值等精神性的、一切非理性的因素的干扰或绕过这些障碍，而"更加明智地运用理性这种工具"①，在一种"忘我"状态中，一心向外去探索自然物理世界的客观普遍的本性和普遍的运动变化规律。与此相反，社会真理作为人们关于社会生活世界过程、本性和规律的科学认知，亦即关于人们自己作为实践主体和社会主体通过从事社会实践活动创造社会生活世界的学问，则"只有在人类世界中才能生存和呼吸"。如果"抹杀了它现实人的特点的方面，也就是毁灭了它的个性和本性"②。换句话说，人们只能从自己日常生活出发，在充满情感、意志、需要、价值等因素的实践活动推动社会发展过程中，探求社会生活世界过程、本性和规律的科学认知，进而建构社会真理体系。这使得社会真理不是如自然物理世界之真理仅仅反映自然物理世界及其本性和规律，而是它不仅反映社会生活过程、本性和规律，并且体现人们的本质力量、生存发展需要和价值追求；也使得社会真理与自然物理世界之真理在性质上的非价值性和非历史性不同，它在性质上具有价值性和历史性。不仅如此，这还使得社会真理在形式上与自然物理世界之真理的抽象性、一般性不同，它具有具体性和个别性。

其次，从形成和发展方式看，自然物理世界之真理具有发现性和揭示性，社会真理具有生成性和创造性。从存在方式看，自然物理世界"作为一个过程或许多过程的总和，是被盲目地服从着的规律所支配的"而自发地运动和自在地存在着的；人类社会生活世界"作为一个过程或许多过程的总和（像是康德所要说的）则不单纯是被规律所支配"，而且是被对规律的意识所支配"③在人们自觉的社会实践活动共同推动中自我展开、自我深化和自我辩证发展着的，因此是具有一定程度的自觉性地运动和属人性的存在。正因为如此，在一定意义上可以说，人类社会生活也是一种历史性的生活，因为它是关于人类的一种心灵的或精神的生活。

在这种情形下，由于自然物理世界的运动变化规律是既定的和现成的，只要自然物理事物存在，这些固定的规律就会支配这些自然物理事物

---

① [美]威廉·巴雷特：《非理性的人》，段德智译，上海译文出版社2012年版，第47页。
② [德]恩斯特·卡西尔：《人论》，甘阳译，上海译文出版社2013年版，第327页。
③ [英]柯林武德：《历史的观念》，何兆武、张文杰译，商务印书馆1977年版，第145—146页。

发生相应的生成变化,因此人们可以在不改变事物的条件下,把自然事物客体化和对象化,运用实证分析的方法客观地认知自然物理世界及其相关事实,正确地揭示事物自身及其与其他事物的因果联系,并在不断重复的实验活动中发现事物运动的客观规律而确立相关的真理。故而,自然物理世界之真理具有发现性和揭示性。具有自觉性和属人性的社会生活世界的认知则有所不同。社会生活世界是由人们的有目的有意识的社会实践活动合力创造的和推动发展的。在这些社会实践活动中,人们"无数相互冲突的意志和相互交错的力量,构成无数个力的平行四边形,由此产生出作为总结果的历史事变,并且在这些事变与其多种原因之间呈现出一定的因果关系和规律性"①。故而可以说,社会规律是在人们的社会实践活动合力创造社会生活世界和推动社会生活辩证发展的过程中生成和呈现的,是关于人们的社会实践活动和社会生活辩证发展的规律。正因为如此,社会规律只有在人们自觉地从事实践活动合力推动社会辩证发展的过程中才会发挥作用,亦即对社会生活的辩证发展起到决定和引领作用。这意味着,社会规律对社会生活辩证发展的这一决定作用并不是完全地否定和排斥人的意识和人们的主观努力及相关的偶然事件。正如列斐伏尔论及决定论时所言,"决定论是过去时代的遗产……它们对当下继续积极地发挥影响。决定论不排除机遇、偶然性事件或者个人和组织为摆脱这样的幸存物所做的创造性努力"②。

与此同时,人作为实践主体和社会主体,在社会生活世界中的生存具有绽开的时间性和历史性,这使得人们通过实践活动推动的社会发展具有生成性和不可逆性。在这种情形下,人们在日常社会生产生活中,只有通过从事有目的有意识的社会实践活动,参与到社会生活辩证发展的历史进程中,在创造社会生活和建构自己的社会历史性生存的同时,敞开社会生活世界,把社会生活世界过程、本性和规律呈现在自身面前,供自己把玩和领会,才能够形成关于社会生活世界的科学认知,进而建构社会真理体系。正如雅斯贝尔斯所说,"一个在世界中扮演了积极主动的角色的人,通过自己的个体自我而达到对于自己之所是的意识"③。在这个意义上可以说,

---

① 欧阳康:《论人文社会科学的客观性、真理性、合理性》,华中师范大学学报(哲学社会科学版)1997年第36卷第4期。
② [法]亨利·列斐伏尔:《马克思的社会学》,谢永康,毛林林译,北京师范大学出版社2018年版,第39页。
③ [德]卡尔·雅斯贝尔斯:《时代的精神状况》,王德峰译,上海译文出版社2013年版,第232页。

社会真理具有生成性和创造性。

最后,从内容特性看,与自然物理世界之真理的客观性和普遍性一样,社会真理在内容上也具有客观性和普遍性。从自然进化角度看,人类社会生活世界作为自然物理世界进化发展的产物,是整个宇宙运动中目前所知的最高级系统,它既没有脱离"较低级而普遍的物质运动规律,又有自己的特殊运动形式和发展规律"①。如上所述,这些社会生活世界的"自己的特殊运动形式和发展规律"是在人们自由自觉的实践活动创造社会生活世界过程中生成和被创造出来的,并在人们自由自觉的实践活动推动社会发展过程中呈现出来的。尽管如此,但它们又不是由单个人自由自觉的实践活动所决定的。在社会历史领域,"尽管各个人都有自觉预期的目的,总的说来在表面上好像也是偶然性在支配着。人们所预期的东西很少如愿以偿,许多预期的目的在大多数场合都相互干扰,彼此冲突,或者是这些目的本身一开始就是实现不了的,或者是缺乏实现的手段。这样无数的单个意愿和单个行动的冲突,在历史领域内造成了一种同没有意识的自然界中占统治地位的状况完全相似的状况。行动的目的是预期的,但是行动实际产生的结果并不是预期的,或者这种结果起初似乎还和预期的目的相符合,而到了最后却完全不是预期的结果"②。而这些社会规律也正是在人们"无数相互冲突的意志和相互交错的力量,构成无数个力的平行四边形,由此产生出作为总结果的历史事变"③过程中生成的,并且在这些事变与其多种原因之间呈现出来的。换句话说,它们由人们的实践活动合力推动社会生活世界生成发展所决定的。这使得这些人类社会生活世界"自己的特殊运动形式和发展规律",具有不以人的意志为转移的客观实在性,进而也使得社会生活世界在人们的日常生产生活中实际上表现为自我否定、自我相关、自我辩证发展的过程。与此相应,社会真理作为人们在实践活动中对于社会生活世界的科学认知,虽因人们的实践活动必然受到人们的情感、意志、需要、价值等一切非理性因素干扰,使得在人们的社会认知的形式上具有个别性和特殊性,但人们的社会认知在内容上却具有超越个别性和特殊性的客观普遍性。这使得社会真理与自然物理世界之真理具有相

---

① 欧阳康:《论人文社会科学的客观性、真理性、合理性》,《华中师范大学学报(哲学社会科学版)》1997年第36卷第4期。
② [德]恩格斯:《路德维希费尔巴哈和德国古典哲学的终结》,中央编译局,选自《马克思恩格斯选集》(第四卷)人民出版社1995年版,第247页。
③ 欧阳康:《论人文社会科学的客观性、真理性、合理性》,《华中师范大学学报(哲学社会科学版)》1997年第36卷第4期。

通之处。与此相应,与探究自然物理世界的真理性认知相类似,人们可以用实证分析的方法认知社会生活世界,揭示它的性质和内在的因果联系,把握其运动的必然性趋势,从而形成对于社会现象和社会事件及相应的社会生活过程及其本性和规律的初步认知。当然,我们不能仅仅停留于这一经验层面上,还必须深入到社会实践活动推动社会发展进程中去,在社会辩证发展进程中深刻认识和把握社会生活世界整个运动过程、内在本性规定和运动规律。如果我们仅仅停留于这一经验层面上,把社会生活世界加以客体化和对象化而进行科学实证化分析和考察,那么我们就容易把社会生活世界仅仅看成一种客体,看作一种物化的东西,从而陷入抽象的经验论。

3.5.2 社会真理与社会规律

从内涵看,社会规律是表征包括人的意识、意志在内的社会现象和社会历史过程中的"变中的不变,或变化的本质关系的范畴"①。黑格尔在论述现象与规律的关系时就指出,规律是现象的内核,是"变动不居的现象的一幅持久不变的图像"②。这表明,规律不是感觉的对象,而是知性的对象。故而,我们不能够通过感觉经验来把握社会规律及社会真理,而只能够通过知性,通过运用科学思维方式、逻辑概念和范畴来把握社会规律及社会真理。不仅如此,由于人类社会是以社会实践活动及其产物(例如社会生产活动、社会交往活动以及社会关系和社会制度等)的形式存在,社会生活中的一切存在物、现象、关系和活动都是与社会实践相关或本身就是经过社会实践改造而成为社会实践活动中的要素和因素存在,因此社会规律作为贯穿于社会生活中的一切现象、关系和活动的内在本质,必然能够归结为"人们自己的社会行动的规律"③。换句话说,社会规律就是人类社会实践活动及其创造的社会生活的规律。社会规律的主体只能是人类的社会实践活动或社会实践活动的人类。社会规律只能在人类社会实践活动及其创造的社会生活中产生、形成和实现。

社会真理作为人们在社会实践活动中对于社会生活过程、本性和规律的正确合理性认知,其主要目标就是要达到对社会规律的正确合理性把

---

① 张曙光:《对社会规律与人类活动的关系的再思考》,《哲学研究》1988年第6期。
② [德]黑格尔:《精神现象学》(译者序),先刚译,选自《黑格尔著作集》(第3卷),人民出版社2013年版,第14页。
③ 《马克思恩格斯全集》(第二十卷),人民出版社1971年版,第308页。

握,故这实际上就是要达到对于人类社会实践活动规律的正确合理性把握,达到对人类实践活动的诸种本质规定性在人类活动中的地位、作用及其关系的内在本质联系的正确合理性把握。由于人类自由自觉的社会实践活动是人们改造自在的自然世界成为自为的"属人世界"的过程,它不仅要遵循客观自然世界的性质和规律即物的尺度,而且要符合人自身的需要和能力即人的内在尺度,因此它作为这两种尺度的辩证统一过程,不仅必然是合目的性的,还是合规律性的。由此,人类社会实践规律作为人类社会实践活动的"要素、结构和功能之间的本质关系",必然是"扬弃了自然的自在必然性的自为必然性,即正是合乎人类实践本性从而合乎人类目的的'为人而存在'的关系"①。在这个意义上,马克思把这一活动规律称为人类社会的"正确本能"。当然,但这只是就人类社会规律作为主体性规律对于社会实践活动在一切社会历史阶段所具有的一般性质与为人类肯定和发展自身开辟道路的一般功能而言的。它还不是人们在具体的社会历史联系中所揭示的社会实践活动规律和社会发展规律。

在具体的历史联系中,社会发展规律是在特定的社会关系条件下,人们在追求自己的目的,发挥自己的能力,实现自己的意志的实践活动中,"无数相互冲突的意志和相互交错的力量,构成无数个力的平行四边形,由此产生出作为总结果的历史事变,并且在这些事变与其多种原因之间呈现出一定的因果关系和规律性"②。由于社会规律实现和表现于人们的活动和相关各种力量相互作用所形成的合力中,故它归根到底是"社会对构成社会的每个个体的制约和每个个体对社会的能动关系的体现"。由于人们的主体需要和能力是不断地变化着的,人们为此也不断地更新着自己的实践活动方式和手段为自己开辟着新的可能性空间即形成新的生存方式,由此就促成了新的社会现象和新的社会规律不断形成,也促进了这一历史活动从肯定某种适应社会发展需要的社会关系到否定丧失了这种功能的社会关系的转变。在这个意义上可以说,社会规律是"一种社会关系到另一种社会关系、一种历史活动到另一种历史活动嬗递变化的规律,即社会形态变革和发展的规律"③。因此,社会真理作为人们对于社会规律的把握,不仅要对人类实践活动的一般规律达到正确合理的认识和把握,还要对特

---

① 张曙光:《对社会规律与人类活动的关系的再思考》,《哲学研究》1988年第6期。
② 欧阳康:《论人文社会科学的客观性、真理性、合理性》,《华中师范大学学报(哲学社会科学版)》1997年7月第36卷第4期。
③ 张曙光:《对社会规律与人类活动的关系的再思考》,《哲学研究》1988年第6期。

定的社会关系和社会形态下的特定实践活动规律和社会形态变革及发展规律达到正确合理的认识和把握。与此相应,社会真理不仅包括人们对于一般社会历史变迁的规律的正确合理性认识和把握,它还包括人们对于特定历史阶段的社会变迁过程、社会变迁机制、社会变迁动力、社会变迁趋势、特定的社会现象和社会事件等社会经验事实的正确合理性认识和把握。简言之,社会真理是对社会世界整体的本真性揭示和全面系统把握。对于社会规律的认知和把握只是社会真理认知的一个方面。

3.5.3 社会真理与社会价值

如前所述,从认识论角度看,价值作为"一个关系范畴,它是主体与客体之间关系的一种表现,是客体以自身属性满足主体需要和主体需要被客体满足的效应关系"①。在这个意义上,就价值主体的形态和层次而言,社会价值就是不同于个人价值和群体价值的更高层次的价值。它是把社会当作价值主体,把个人当作客体而对于社会发展需要的满足。这是在宽泛的意义上把社会价值看作价值的一个特殊类型,看作个人价值的一个组成部分。但个人的社会价值并不就是社会本身的价值。因为社会价值并非个人价值的简单加和,而是拥有超越个体价值的总体性价值。

就社会价值的内涵层次而言,主要包括社会的主体价值和客体价值两方面的内容。社会的主体价值是指"社会作为一个整体性存在物的内在的本体论价值。简言之,它是社会整体从自然界和组成其基本细胞的人的创造活动那里获得的赖以维持其生存、延续和发展的物质的和精神的能源条件和手段,因此它也可被称作社会的'目的性价值'或'基础性价值'"。在这里,人和自然作为客体是通过实践活动来满足作为主体的社会的发展需要的。社会的客体价值则是"社会内在系统结构特有功能的外在表现",也可被称作"手段性价值或工具性价值"。它主要有两个维度上的内容,一方面是自然维度上的内容,它是指"社会作为对象性的客体性存在,对促进自然界的有序演化以及自然与社会的协调发展所产生的积极的主体性效用";另一方面是社会自我维度上的内容,它是指"社会作为功能性客体,对于个人的生存、发展、享受等'合理需要'的满足,以及对协调和处理个人活动的能动性与自然——社会规律的客观制约性的矛盾所产生和发

---

① 欧阳康:《马克思主义哲学原理》,武汉大学出版社2003年版,第178页。

挥的积极作用或正向功能"①。在这里,社会作为客体也是以实践活动为基础而通过个体之间的交往、分工、合作对于作为主体的自然、社会和人合理化发展要求的满足。由于社会价值是立足于人类社会实践活动对于社会整体(包括个人与群体和自然与社会)内部的主客体之间意义、效应和状态的考察,因此它渗透于社会哲学研究的各个主题(社会系统、社会冲突、社会发展和社会认识等)中,成为社会哲学探究它们的一个的研究向度。社会真理作为社会哲学的一部分,必然也蕴含一定社会价值旨趣和社会价值因素,故对社会真理问题的研究必然要考察这些旨趣和因素,才能够更加全面准确地理解和把握社会真理。当然,这些旨趣和因素是奠基于人在实践活动中的主体需要和主体能力,它们在社会真理形成过程中构成人们认知的社会条件和价值指向,促使人们对社会实践活动内蕴的新的可能的生存方式和对现有社会生活方式内蕴的应然的东西进行揭示,并在此基础上对未来世界展开构想和筹划,从而引导人们批判和改造现存的生活世界而走向更加合理的未来世界。故社会价值是社会真理研究的一个基本向度。

尽管如此,但这并不意味着社会真理就是社会价值。因为社会真理作为人们对于社会生活的正确合理性认知,是在改造自在世界成为自为的属人的社会生活的过程中形成的对于社会运动过程、本性和规律的本真性揭示和认知。它不仅要反映实践主体的内在尺度,还要反映实践对象的客体尺度,不仅要合乎实践主体的内在目的,还要合乎实践对象的性质和变化规律。因此,社会价值在社会真理问题的研究中始终只是问题的一个方面,不能完全代替社会真理本身的整体研究。

尽管如此,但社会真理与社会价值也不是决然对立的,而是具有相通之处的。在社会实践活动和社会交往活动中,社会真理中蕴含的对社会生活的本性的正确合理性认知和对于社会发展的应然性揭示通过社会共识转化成为社会成员共同的思想价值观念和行为准则,制导着社会成员的观念和行为的方向和方式;社会价值所蕴含的价值旨趣和精神方向通过社会评价转化成为社会普遍的正确合理性价值理念,并"通过社会制度、政治制度、法律制度和文化制度等体现出来"②,由此规范着人们正确合理地维护和完善的现实社会秩序。可见,社会真理和社会价值在一定条件下是可以

---

① 袁祖社:《"社会价值"的合理内蕴》,《教学与研究》2005年第5期。
② 张理海:《社会评价论》,武汉大学博士学位论文,1998年,第49页。

相互转化的。

3.5.4 社会真理与社会信仰

信仰作为人类的一种特有的精神现象和精神活动,是人们在对现实社会生活真切体验和合理认知基础上的对于社会生活方式和世界秩序相对稳定的内在确信。这种确信作为社会意识和群体意识,反映着人们对自己创造的"社会文化生活的肯定和维系",表达着人的一种根本的精神渴求,因而能够超越个体存在形式,在人类活动中积淀为"一种富有生命底色意识的内在精神模式",为人类的全部行为实践确立动机和目的并制约个体的思想方式和行为方式。说到底,信仰是"人类纷繁复杂的社会生活在人的精神世界的内化",亦即是人们对现实社会生活的信念。当然,这一现实社会生活在内化为人们的意识过程中,已经是从人们实际日常生产生活中抽离出去,被剥离了感性和现实性而进一步被抽象化、神圣化和理想化的未来美好社会生活图景。故而,黑格尔在谈到信仰与启蒙的关系时就曾言,"信仰的对象虽然是一个'纯粹的思想',但在意识里却是一个位于自我意识的彼岸的客观存在,一个属于表象层面的超感性世界"[1]。故而,人们对于这一现实社会生活的信念作为人们的信仰,又不同于其他许多具有现实品格的精神现象,它是"从终极价值取向即终极关切上制导人类精神世界和行为实践的精神机制"[2]。信仰从不同角度可以划分为不同类别,如从主体层面看,信仰可以划分为个人信仰和社会信仰。从对象上看,信仰可以划分为对权力的崇拜、对商品货币的崇拜、对资本的信仰、对自然的崇拜、对社会理想的信仰、对文化价值的信仰和对世界整体的信仰等等。在这里,以社会为主体的信仰就是社会信仰。由于社会信仰是一个国家、民族或群体或其他相对独立的文化共同体在长期共同的政治、经济和文化生活中形成的对于本国家、民族或群体的社会生活方式和世界秩序的相对稳定的"整体性认识和确定性立义"[3],所以社会信仰不同于个体信仰。个体信仰作为个体自身的信仰,具有主观随意性;而社会信仰是社会作为一个文化共同体,通过公共理性或交往理性制约各种不同形式的信仰而形成的共同信仰和公共信仰,所以它更具合理性和规范性。而这又使得它与社

---

[1] [德]黑格尔:《精神现象学》(译者序),先刚译,选自《黑格尔著作集》(第三卷),人民出版社 2013 年版,第 19 页。
[2] 陈晏清、荆学民:《中国社会信仰的危机与重建》,《江海学刊》1998 年第 4 期。
[3] 谷生然:《社会信仰论》,华中科技大学博士学位论文 2009 年版,第 28 页。

会真理具有相通之处。

社会信仰作为特定形式的信仰,与信念一样,也具有强烈的认同感、归属感、亲缘感和依存感等情感的追求。这使得社会信仰不同于社会真理。尽管如此,但这些情感更多的是在理性认知基础上的升华,而这种理性认知主要是社会共同体对于现实社会生活的真切体验和合理认知,对于现实社会生活中的各种矛盾和冲突不断辨识和化解过程中的"经验教训的总结"①,故而,社会真理在一定程度上又构成社会信仰的基础。而且,从价值层面上看,社会真理作为人们的共同的社会实践活动过程、本性和规律的正确合理性认知,它本身就是"与每个人利益与追求、痛苦与欢乐的相关联的存在",是人们"为了解决人们的共同生活难题时所探索和创造出来的"②。因此,社会真理也是人们在构建社会信仰过程中主动认知世界、调整自己行为、实现自身共同利益与需要,从而达到趋利避害,积极享受社会实践成果的基础。而社会信仰的整个构建过程在一定意义上也是人们围绕着社会真理的追求和实践的过程。

3.5.5 社会真理与社会理想

社会理想是"理想"的一个重要分支,因此对社会理想内涵的揭示有待于对"理想"内涵的阐明。"理想"不是一个实然性范畴,而是一个应然性范畴。它作为人类特有的一种观念,在认识论上是指人们对于"特定对象未来状态应当如何的一种预测、期望、设想和观念建构"③,在现实生活中则表现为人们"对于未来奋斗目标的观念预见和构想"。从实质上看,这植根于人的超越性的社会历史性生存和价值自觉(即人作为价值主体所具有的"应该"或"不应该"的自觉),是人们对现实生活的可能性发展和应然性发展的揭示和道说。人的超越性生存本性使人在"最内在本性中有一种深刻的分裂。无论他自己怎样看待他自己,他都必须既反对自身又反对不是他自身的东西。他看见一切事物都在冲突或矛盾之中"。但他又不能"安于这种分裂"④,而是要克服、超越这种分裂。结果,人在价值自觉的引

---

① 谷生然:《社会信仰论》,华中科技大学博士学位论文 2009 年版,第 29 页。
② 贺来:《论真理的社会生活本性》,《江海学刊》2006 年第 3 期。
③ 李勇:《关于社会理想问题的讨论综述》,《武汉大学学报(哲学社会科学版)》1997 年第 3 期。
④ [德]卡尔·雅斯贝尔斯:《时代的精神状况》(导言),王德峰译,上海译文出版社 2013 年版,第 155—156 页。

导下,就"创造、运用各种符号,在观念中构想出他所需要的'理想世界'"①。可见,理想世界的建构总是"对现有现实的一种否定行动,一种改造它的愿望"②。正因为如此,理想依赖于对现实状况的批判和否定性评价,表达着人们对美好未来状态的向往和追求,对于"人们的观念行为具有重要的激励、制导和规范功能"③。这使得人们能够在现实生活的可能性和现实性、理想事物和实际事物之间做出区分,从而使自己区别于囿于感官世界中通过物理信号被动接受自然直接给予的"事实"的动物④,也促使人们能够在理想目标的牵引下不断把实然世界改造成为"应然世界",进而推动人类社会不断发展进步。因此,理想是人们的社会生活"不可或缺的维度"⑤。理想从不同角度可以划分为不同类别,如从主体层面看,理想可以划分为个人理想、集体理想、阶级理想、社会理想和人类共同理想。在这里,理想包容着社会理想,社会理想作为理想的一个层次或一个层面,"从属于理想范畴"。换句话说,社会理想作为理想的一个重要分支,也主要是指社会作为主体的理想,亦即社会作为实践主体的理想,由此区别于社会作为形容词的社会的理想或理想的社会性。

具体而言,社会理想主要是指人们在一定价值取向引导下"对于理想的未来社会应当如何的一种超前性建构",亦即是"人们关于社会生活未来应当出现的状态的预设和期望"。因此,与理想相应于现实一样,社会理想也相应于社会现实,亦即社会的应然状态相应于社会的实然状态。它作为人的一种价值建构和创造性观念,是"以社会未来发展的应然状态表达着人对其生命图景、意义和价值的理解和把握"。故而,它又是人们对社会变革的争取。这使得它与"人们生活其间的且先在于现实的创造历史的人们并作为其历史创造活动的既有基础、条件和环境"⑥区别开来,也使得它在价值维度上既类似于社会真理,在事实维度上又区别于社会真理。

---

① 叶泽雄:《社会理想论》,武汉大学出版社1998年版,第1页。
② 姜海波:《教条主义批判与人道主义重建》,转自波兰莱泽克·科拉科夫斯基的《走向马克思主义的人道主义——关于当代左派的文集》(中译者序言),黑龙江大学出版社2013年版,第12页。
③ 李勇:《关于社会理想问题的讨论综述》,《武汉大学学报(哲学社会科学版)》1997年第3期。
④ [德]恩斯特·卡西尔:《人论》,甘阳译,上海译文出版社2013年版,第94—96页。
⑤ 姜海波:《教条主义批判与人道主义重建》,转自波兰莱泽克·科拉科夫斯基的《走向马克思主义的人道主义——关于当代左派的文集》(中译者序言),黑龙江大学出版社2013年版,第12页。
⑥ 叶泽雄:《社会理想论》,武汉大学出版社1998年版,第1、3页。

当然,不可否认的是,社会理想作为人们在观念中构想的未来一定时期才可能出现的理想事态的一个特殊形态,源于社会现实,同时在内容上又高于社会现实。它的建构实质上是一种对社会现实进行批判并揭示其应然的、可能的发展状态的认识活动,亦即是一种在对旧世界进行批判中发现和实现新世界的认识和构想活动,所以它"依托过去、立足现在并指向未来的"①。故而,它又是对"现实开展行动的工具和规划社会活动的工具"②。由于社会理想反映的实质是人们对"现实的社会状况与发展中的社会需要、社会能力之间差距的一种积极思考"③,所以,社会真理作为人们通过社会实践活动敞开的社会本真性存在的揭示和道说,亦即作为人们在社会实践活动的持续进行中不断地形成的与实践活动内在同一的社会意识,就成为社会理想的现实根据和出发点;而社会理想作为人们对于社会实践活动不断地批判社会现实和建构新的应然的社会生活状态的认识活动,则成为社会真理在价值维度上的扩展和延伸。

3.5.6 社会真理与意识形态

从学界现有研究来看,人们对于意识形态(Ideology)一词大致有三种不同的认识和理解:

第一,在意识形态概念的创立者杜特·德·特拉西那里,意识形态被理解为"观念的科学"④,即"抽象概念的科学,它研究观念的起源,并能完全从感觉出发来重构这个观念(一种回溯到孔狄亚克的观念)"。由此,意识形态进而也被理解为先进的现代观念科学(或精神科学),即现代人文社会科学而与陈腐的传统观念相区别和对立。显然,这是从肯定的和褒义的立场上来理解意识形态的,把意识形态当作是一种理论来看待的。

第二,在实践唯物主义者马克思和恩格斯那里,意识形态在政治批判或社会批判中常常被理解为对于现实社会生活本真状态的遮蔽和歪曲以及对现有社会经济基础和上层建筑的辩护,因此它"不仅仅是错误的意识,

---

① 李勇:《关于社会理想问题的讨论综述》,《武汉大学学报(哲学社会科学版)》1997年第3期。
② [波兰]莱泽克·科拉科夫斯基:《走向马克思主义的人道主义——关于当代左派的文集》,姜海波译,黑龙江大学出版社2013年版,第65页。
③ 叶泽雄:《社会理想论》,武汉大学出版社1998年版,第2—3、157页。
④ 俞吾金:《马克思使用过中性意义上的 Ideology 概念吗?》,《当代国外马克思主义评论》2010年12月31日。

而且还是为了保存社会体制而得到加强的一种社会和心理角色"①。例如在《德意志意识形态》一文中,马克思和恩格斯就把"当时以青年黑格尔派为代表的德国哲学,颠倒意识与存在、思想与现实的关系,以纯思想批判代替反对现存制度的实际斗争"称为"德意志意识形态",把这些青年黑格尔派人物称为"思想家""玄想家"或"意识形态家"②。鉴于此,马克思把承担这两种角色的意识形态分别称之为"假象"和"幻象"。假象是指"社会呈现在我们眼前的表面现象"。它阻碍和影响着人们深入到对深层次真实社会现实的正确合理性把握。幻象则是指"包含着错误的和非理性价值在其中的虚假认识"③。由于幻象是占统治地位的特定阶级或集团为了达到自己的目的而把自己的特殊利益装扮成社会全体成员的利益,相应地在观念上他们"赋予自己的思想以普遍性的形式,把它们描绘成唯一合乎理性的、有普遍意义的思想"④而形成的,因此人们对于它们的心理依赖所导致的人们对于这些幻象的屈从妨碍着人们认清和辨明这些幻象,进而也妨碍着人们正确合理地把握真实的社会现实和真正的全体社会成员的根本利益。显然,在这里,马克思和恩格斯把意识形态看成是存在阶级冲突的社会的典型特征,意识形态因此也具有了显著的唯心特性和阶级特性。由此,他们就使"意识形态"一词在意义上"变成了一个贬义的术语,不是指代一种理论,而是指理论解释的一种现象。现在,这个现象承载着诸多完全不同的维度。……被研究的现象变成了一个特定时代和社会所有标志性表象的集合"⑤。不仅如此,他们还进一步限定了解释意识形态的起源要素,并把它与相关的社会历史条件联系起来。

第三,在东方马克思主义的主要代表人物列宁那里,意识形态从政治维度上被理解为对于社会变化过程、社会事实和社会现象等的描述和表达,例如奴隶主阶级意识形态、资产阶级意识形态、无产阶级意识形态等等。其中,奴隶主阶级意识形态和资产阶级意识形态都是反映特定阶级的特殊利益欲求和片段性的、部分的特定现实而忽视现实总体的,因而是"虚假社会事实的"和"非科学的"。而无产阶级的"马克思主义意识形态是真

---

① 卞绍斌:《马克思与正义:从罗尔斯的观点看》,《哲学研究》2014年第8期。
② 《马克思恩格斯文集》(第一卷),中央编译局,人民出版社2009年版,第512页。
③ 卞绍斌:《马克思与正义:从罗尔斯的观点看》,《哲学研究》2014年第8期。
④ 《马克思恩格斯选集》(第一卷),中央编译局编译,人民出版社1995年版,第100页。
⑤ [法]亨利·列斐伏尔:《马克思的社会学》,谢永康,毛林林译,北京师范大学出版社2018年版,第43—44页。

实地反映社会事实的",并代表全体人民的普遍利益欲求的,因而是"科学的"①。显然,这是从中性立场来理解意识形态的,把意识形态看作是一个对社会实际生活描述的概念,因而把意识形态也看作是对社会实际生活的理论解释。

与以上意识形态的三种内涵界定相应,我们认为社会真理与意识形态具有以下三种辩证关系:第一,就意识形态作为先进的现代观念科学而言,意识形态包含社会真理,社会真理属于意识形态的有机组成部分。现代观念科学作为现代精神科学,主要包括现代人文社会科学,诸如社会学、历史学、政治学、经济学、法学、宗教学、伦理学、哲学、文学、艺术、管理学等学科。这些学科都是对现代社会性质、作用、运动过程及其规律和本性及相应的基本制度体系和规范等在一定领域、一定层面、一定角度和一定方式的不同程度的、正确合理的、观念性的把握和映现,都是对人类社会历史实践活动及形成的相应的社会关系的不同程度的准确认知。因此,在这个意义上可以说,这些现代人文社会科学都是对社会真理在不同领域、不同层面、不同角度和不同方式上的一定程度的揭示和把握,都包含着一定程度的社会真理。第二,就意识形态作为社会的精神幻象和观念性假象而言,社会真理与意识形态都是社会意识的组成部分,都属于社会意识形态并被社会存在所决定。尽管如此,但由于社会真理是对本真性社会状态的揭示和领悟,它描述和反映的内容是社会真相;而意识形态是对本真性社会状态的遮蔽和歪曲,它描述和反映的内容是社会假象,所以社会真理与意识形态又是相互区别和对立的。当然,需要注意的是,这并不意味着社会真理与意识形态在现实存在状态上是明确区分的和泾渭分明的。相反,社会真理与意识形态总是相互内在本质关联,共属一体,混杂在一起的。而社会真理也正是在对意识形态的批判和超越中形成和建构起来的。对于此,列斐伏尔在论及马克思的意识形态理论时就指出,"它包含了一个本质性的哲学贡献:新兴的真理总是混杂着幻象和错误。这个理论抛弃了这样的观点,即错误、幻象、谬误断然而且明白无误地与知识、真理和确定性相区分。在真实和错误之间,有一个持续的、双向的辩证运动,它超越了产生这些表象的历史条件。正如黑格尔已经看到的,错误和假象是知识的'因

---

① [英]麦克莱伦,林进平:《马克思意识形态理论的九大问题》,《马克思主义与现实》2011年第6期。

素',真理正出自它们"①。第三,就社会意识形态作为一个从政治维度描述社会实际生活的一般概念而言,社会意识形态也包含社会真理。社会意识形态中正确合理地反映社会实际生活的那部分内容,就是属于社会真理的内容,因此社会真理是社会意识形态的有机组成部分。

---

① [法]亨利·列斐伏尔:《马克思的社会学》,谢永康,毛林林译,北京师范大学出版社2018年,第65页。

4. 社会真理思想的哲学史考察

从唯物史观看社会真理不同于一般的社会认知就在于,它是以人与自然的关系为中介,运用科学的思维方式和方法去认识和解释社会生活过程及其本性和规律的。因此,与一般的社会认识产生于原始社会的神话和宗教运用形象的思维方式认识自然、社会和人自身不同,它作为哲学范畴,开始于人们理性意识的觉醒,产生于人类社会进入文明时期,形成于人们运用科学的思维方式认识世界和解释世界。换句话说,社会真理思想是在社会分工和商品经济形成和发展的推动下,导致氏族制度瓦解和奴隶制度确立,之后随着人类经济、政治、文化逐渐走向自由发展而形成和出现。它是这个时代的社会现实和人们的精神生活的集中展现。正因为如此,与真理概念一样,社会真理思想也是大约公元前5世纪至6世纪随着人类社会由远古时代进入文明时代逐渐形成,进入人类文明的轴心时代逐步出现的。

4.1 社会真理思想的西方哲学思想史考察

随着人类文明的发展,社会真理思想作为自己时代人类社会生活的精神精华,在西方哲学思想史上,依次经历了古希腊罗马哲学阶段、中世纪基督教哲学阶段、近代认识论哲学阶段和现代哲学发展阶段。

4.1.1 古希腊哲学阶段的社会真理思想

长期以来,人们一直都把真理看作是一个知识问题来把握。实际上,真理问题也是一个与人们的现实社会生活内在本质关联的问题。马尔库塞就指出"按照真理去认识也就是按照真理去生存"①。而且,社会生活是人们的公共生活,超越于个人,需要统一的社会制度和规范来维系并达到一种内在的统一性以维持社会的稳定和团结。为此,为这些社会制度和规范的合法性及其普遍确立提供哲学根据并由此奠定理论基础,就成为哲学家们探求社会真理的一个重要目标。如前所述,与古希腊哲学对真理的追问开始于对周遭流变的经验世界的"变本身"的探讨一样,希腊人对社会真理的追问也开始于对流变的经验社会现实生活的"变本身"的探讨,而其探讨的目的就在于为社会生活的公共性和统一性奠基,并通过公民教育在社会成员中形成某些"共识",实现社会成员之间的团结和稳定,促成社会目标实现。

4.1.1.1 赫拉克利特"社会的逻各斯"的社会真理思想

如前所述,赫拉克利特通过对纷繁流变的经验世界之"变之为变"的"逻各斯"的追问,推动西方哲学走上探究万物之本有(即存在者之本真存在)的真理之路。与之相伴随,赫拉克利特也在追问社会生活领域的、作为灵魂和法的"逻各斯",推动人类走上了一条对于社会生活世界自身之无蔽存在的揭示和领悟的社会真理道路。赫拉克利特认为,公共社会生活中的、人人共同的、普遍的"逻各斯"作为人类社会的本性及变化的尺度和根据,就是神圣的和自然的法律,人类制定的法律只有以它为依据而创制并人人共同遵守,城邦生活才能被治理得有条不紊。之所以如此,就在于希腊人的自由是建立在他们自己作为一个组成部分从属于整个城邦的基础上的。既然"在城邦中,人是共同体的一个组成部分,因此他服从这个共同体的法律"②。赫拉克利特说"如果要理智地说话,就得将我们的力量依靠在这个人人共同的东西上,正像城邦依靠法律一样,甚至还要更强一些,因为所有人类的法律都是由一个神圣的法律所哺育的,只有它才能要怎样治理就怎样治理,才能满足一切,还能有所超越"。因此,赫拉克利特说"不要听我的话,而要听从逻各斯,承认一切是一才是智慧"。由此,赫拉克利特就把人类法律之根基奠定在了神圣的和自然的法基础上,把城邦和国家的秩序建构和治理置于作为社会本性和变化的尺度和根据的"社会的逻各斯"之上。而且,在赫拉克利特看来,这一逻各斯作为人类思想把握和言说的对象,是人类能够通过健全的思想加以认识的。人们只要在"认识

---

① [美]赫尔泊特·马尔库塞:《单向度的人》,刘继译,上海译文出版社1989年版,第119页。
② 汪子嵩,范明生等:《希腊哲学史》(第一卷),人民出版社2014年版,第430页。

自己"的基础上,拥有"能说出真理并按真理行事、展示事物的本性(自然)并认识它们"的健全的思想,就能够首先把握客观的、普遍的逻各斯,并在自制、律己的情况下,形成"逻各斯的健全思想"①,亦即形成主体逻各斯和客体逻各斯的一致性,从而能够在此基础上制定法律,使城邦治理的稳定而和谐有序。由此,赫拉克利特就进一步把城邦社会生活的统一性和稳定性奠定在了对社会领域的逻各斯的真实性把握基础上,亦即奠定在了他的社会真理思想基础上。而这不仅为人们探寻社会生活的公共性和统一性奠定了理论基础和合法性根据,也指明了人们认知社会生活的方向;不仅指明了人们实现社会生活的统一性和稳定性的途径,也指明了人们形成社会真理的正确认知途径。

4.1.1.2 苏格拉底"善"的目的论的社会真理思想

在批判早期自然哲学不关注人类事务和智者学派的感觉相对主义基础上,苏格拉底提出了基于人的超越性生存本性和理性之上的"善"的目的论学说,突出了对作为认知主体的人的研究,同时把认识论和道德哲学融贯起来,直接引发了古希腊哲学从早期自然哲学转向建基于理性主义的伦理学研究。考察伦理和国家政制等人类事务问题,就成为古希腊哲学研究的重要议题和不可或缺的一部分。相应地,通过对人类生活世界知识真理的探求来为社会制度与规范制度的合法性和普遍确立奠定理论基础,并在此基础上通过公民教育改造人性,实现整个社会生活方式的变更,从而实现城邦社会的和谐有序及统一性和稳定性(亦即实现城邦社会的"善")就成为哲学研究的主要目的和价值取向。对于此,黑格尔评价说,"当年苏格拉底把哲学从天上搬到了人间,让他走进了凡人世界"②。

苏格拉底从个体心灵(也译作"精神")出发,力求改善人的灵魂即人的全部思维方式,重建道德价值,实现社会的"善"(Good),从而振兴城邦,因此他把自己的哲学研究任务确定为引导人们"关注灵魂和道德的改善",给人以"实在的幸福"③。这突出地表现在他力图创建一种关于人作为认知主体和道德主体的哲学,提出了"认知你自己"的"人的哲学"的宣

---

① 姚介厚:《西方哲学史〈古代希腊与罗马哲学〉(上)》(学术版),凤凰人民出版社、江苏人民出版社 2005 年版,第 143—144 页。
② [苏]阿尔森·古留加:《密涅瓦的猫头鹰——黑格尔》,张荣、孙先武编译,中华工商联合出版社 2015 年版,第 35 页。
③ [古希腊]柏拉图:《申辩篇》,36D-E,载于《柏拉图对话全集·附信札》,王太庆译,商务印书馆 2004 年版。

言和"德性即知识"①的一个道德哲学的基本命题。其中,来自德尔菲神庙墙上镌刻的"认识你自己"这句箴言,色诺芬在《回忆录》中从人的自我省思和自我觉醒的自我认识意义上指出,它是指"人必须先考察自己作为人的用处如何,能力如何,才能算是认识自己"。苏格拉底继承和发展了这一思想。他把它提升到人的本性层面,把它看作是人的本性具有的一种重要美德,即"自制",人要通过自我省察和自我认识形成自知之明,进而实现自己的"智慧本性"②。其中,在关于人的自我认识的知识中,苏格拉底认为最真、最高、最普遍的知识是关于世界万物合理安排的"善"的知识。

"善"作为最高的目的理性,使世界万物的设计和安排合理而有序;作为世界万物最高、最普遍的本质,是一切事物的最好范型和追求的目的;因而作为世界的终极原因,实质上是一种精神本体,人只能通过理性思维,从宇宙万物的合理有序的安排和设计中去反思和察觉它。由于善的知识作为一种人们可以通过理性探求的关于万物的存在本性、本质和原因的真知识,具有客观的真实性,因此可以引导人分辨善恶(好坏),而趋向正义和善,形成的道德知识。因此,苏格拉底一方面从德性的内涵角度提出,"德性即知识";另一方面则从培养和塑造人们的德性角度提出,"知识即德性,无知即罪恶"③。人们的行为如果是在关于相关事情的存在本性、本质和原因的真知识的引导下展开的和进行的,那么就是善的;相反,如果人们不是在这些真知识的引导下或人们根本就没有这些真知识,而直接展开和进行自己的行为活动,那么他们的这些行为活动及他们在这些相关的事情上,就是罪恶的。故而,"人的合理性行为是应明察事物的本性和原因,达到至善,善才是人生与城邦政治的最高目的"④。当然,由于这里的善不仅仅是本体论意义和认知意义上的,而且是最高的德性,是德性的全体,因此是人的"一切行为的目的,其他一切事情都是为了善而进行的,而不是为了

---

① 对于苏格拉底的"德性即知识",康福德在《苏格拉底前后》中就指出,这种知识一方面是"为了达到精神的完善,需要一种不同的知识,即对各种事物价值的直接洞见力"的知识;"从另一个角度说,这种知识可以称作'自觉'(self-knowledge)——即对每个人的自我或心灵的认识,心灵的完善才是生命的真正目的"。从这个意义上看,这种知识不同于一般自然事物的知识,特别是关于世界的起源和构成的知识。由此,可以说明苏格拉底本人主要关注人类事务,而不关注与探索自然。
② 汪子嵩,范明生等:《希腊哲学史》(第二卷),人民出版社2014年版,第315页。
③ 苗力田,李毓章主编:《西方哲学史新编》,人民出版社2015年版,第77页。
④ [古希腊]柏拉图:《高尔吉亚篇》,493A—B,载于《柏拉图对话全集,附信札》,王太庆译,商务印书馆2004年版。

其他目的而行善"①。相应地,从广泛意义上说,"善也是全部社会生活的目的,治理城邦的目的就是要使城邦和公民们尽可能地行善"②。由此,苏格拉底通过对"善"的探讨,就形成一种以本体论真理观为基础的融贯认知和道德为一体的思想体系,并确立了使城邦社会生活和谐有序的社会道德伦理体系。在此基础上,苏格拉底认为要实现城邦政治的最高目的——善,政治家可以基于人们的共有理智本性,通过公民教育改善人们的灵魂(亦即人的思维方式),给他们以知识教养,使他们过追求善的理性生活,在此基础上培育他们的整体德性,树立他们的完整道德人格,由此建立稳定的社会政治秩序,以道德振兴城邦。其中,政治家更是要德才兼备,以德教人,以德治人。以便实行贤人政制,通过民主选举德才兼备的贤人来执政,实现城邦的和谐稳定,达到至善。由此,苏格拉底就把城邦社会生活的统一性和稳定性奠定在了关于事物本性的真理的探寻基础上,奠定在了改善公民灵魂而使之理性地趋向善来建立个人的道德的基础上,从而初步地显明了哲学真理为城邦社会生活公共性和统一性奠基的思想与实现城邦团结和稳定的方法及途径。

当然,在这里,苏格拉底把德性等同于知识,从道德伦理角度看,也是把德性看作是哲学研究和科学研究的对象和主题,从而把德性问题纳入哲学视野和科学视野,既推动了西方哲学的伦理学转向,也奠定了理性主义道德伦理学的基础,对后世理性主义道德伦理学的发展具有重大的影响。尽管如此,实践活动领域的德性与认识领域的知识存在联系,但二者在性质和特征上毕竟是不同的,故而不能直接互推和完全等同。而且,要推动知识转变为道德,还需要把它与人们的主体意志相结合转变成为人们实际的和具体的行动观念,才能使其成为规范人们的道德力量,实现在人们的日常生产生活中。此外,作为认识领域的知识只涉及灵魂中的理性部分,是具有单一性的、相对普遍的和抽象的;而作为实践活动领域的德性则涉及灵魂的所有部分,是复杂的、多样的、全面的和总体性的,是灵魂的全部要素整体作用的结果。把知识完全看作德性,就忽视了灵魂中非理性的要素,也抹杀了它们在人们的德性培养和塑造中的作用。

---

① [古希腊]柏拉图:《高尔吉亚篇》,500A,载于《柏拉图对话全集,附信札》,王太庆译,商务印书馆 2004 年版。
② [古希腊]柏拉图:《高尔吉亚篇》,513E,载于《柏拉图对话全集,附信札》,王太庆译,商务印书馆 2004 年版。

4.1.1.3 柏拉图"哲学王"的社会真理思想

柏拉图是在继承苏格拉底的"精神所期望的道德"[①]思想基础上，形成他基于理念论之上的"哲学王"社会真理思想。与苏格拉底哲学主要研究人和社会，考察调解和规范人与人、人与社会之间的伦理关系以及建立社会秩序的国家政制等人类事务问题不同，柏拉图研究的是整个世界，除了研究人的本质和目的之外，还研究外部的整个自然界，因此他不仅继承了苏格拉底的"精神所期望的道德"[②]思想，还使这种期望的道德趋向从个体普遍化为全人类，从人类事务领域扩展到整个自然界，以此确立全人类的习俗和行为的衡量标准。为此，他沿着苏格拉底通过对话法寻求事物的"普遍性定义"来探讨知识的辩证法继续前进，把苏格拉底关于伦理的定义性知识拓展到了一切知识领域，提出了理念论思想。

在古希腊哲学中，"idea"和"eidos"，都源出于动词"idein"，即"观看"，表示"完全是直观表象的"和"可见的"。当然，这个"观看"，是看桌子本身，看美本身，所以它不是用肉眼来感性直观和知觉表象，而是用"灵魂的眼睛来观看"[③]和感受。柏拉图认为，理念作为先于具体事物的本原性客观存在，是具体事物的无蔽存在和本真本性以及本质的在场化，因此是"具体事物赋有某种本性或特性的原因和目的"[④]，是人们探求知识要把握的对象。其中，"善"作为最高理念，是统摄一切理念的最高原因和最高目的。换句话说，"善"作为存在之澄明之境，是一切理念作为存在者其存在和其所是的最高原因，从而是决定作为遮蔽着的存在者的现象世界的最高原因，也是使理念世界和现象世界合理、有序而成为系统的等级结构的最高原因和最高目的。不仅如此，"善"还是人们不断解蔽被遮蔽了的存在者，从现象把握本质，本真性地把握存在者其所是的理念世界的最高动因和目的。它使人们的灵魂转向理智，在存在的敞开域中看到真实的无蔽存在者即理念的外观，从而真实地把握事物的本质，形成真理性认知。由此，柏拉图就形成了以"善"的理念为中心的理念论思想。

由于"善"是统治可知的理念世界的"王"，所以"善的理念是最大的知

[①] [英]弗朗西斯·麦克唐纳·康福德：《苏格拉底前后》，孙艳萍，石冬梅译，格致出版社，上海人民出版社2009年版，第33页。

[②] [英]弗朗西斯·麦克唐纳·康福德：《苏格拉底前后》，孙艳萍，石冬梅译，格致出版社，上海人民出版社2009年版，第33页。

[③] 苗力田，李毓章主编：《西方哲学史新编》，人民出版社2015年版，第26页。

[④] 姚介厚：《西方哲学史〈古代希腊与罗马哲学〉》（上）（学术版），凤凰人民出版社，江苏人民出版社2005年版，第587页。

识问题,关于正义等等的知识只有从它演绎出来才是有用的和有益的"①。城邦的统治者应该正确地把握"善",把握"善"的本质,以此为基础才能治理好城邦。由此,柏拉图就提出了通过"哲学王"的培养及其统治来实现理想城邦国家的和谐有序,从而实现城邦社会的"正义"和"善"。他认为,"除非哲学家成为我们这些国家的国王,或者那些我们现在称之为国王或统治者的人能够用严肃认真的态度去研究哲学,使政治权力和哲学理智结合起来,而把那些只搞政治而不研究哲学或者只研究哲学而不搞政治的碌碌无为之辈排斥出去,否则……我们的国家就永远不会得到安宁,全人类也不会免于灾难"②。因为在柏拉图那里,"哲学王"作为城邦社会的统治者,是国家权力和哲学智慧(特别是他的理念哲学)相结合的城邦统治者,是过着政治和哲学两重生活的城邦统治人才或国家领袖。这两重生活一方面体现为"哲学王"以揭示和把握无蔽存在的理念作为目的的灵魂转向说之接受教育过程,旨在根据世界的结构和人的认识进程,将自己的灵魂从可见的现象世界往上提升,使之朝向存在之敞开的理念世界,从沉沦于日常闲谈的遮蔽了存在的意见世界中抽离出来,在解蔽遮蔽的过程中朝向无蔽存在的本真世界——理念,并进一步朝向存在之澄明的"善",最终把握"善"及其与其他理念之间的关系,从而把握"真理本身"。而"我们一旦看见了它,就必定能得出下述结论:它的确就是一切事物中一切正确者和美者的原因,就是可见世界中创造光和光源者,在可知的理知世界中它本身就是真理和理性的决定性源泉;任何人凡能在私人生活或公共生活中行事合乎理性的,必定是看见了善的理念的"③,我们就能够分辨真假、好坏(善恶),从而能够把"化一为多"的分裂转变为"化多为一"的团结。另一方面体现为看见了"善"的"哲学王",要回到日常闲谈的意见生活中,拯救其他公民,帮助他们的灵魂发生转向,使之朝向存在而摆脱意见世界,从而把握本真性存在的理念世界;在此基础上,使他们的灵魂得到升华,从而培养和塑造有德的正义公民;使他们自觉参与到城邦的社会生活中,从而就形成稳定统一的公民共同体,促成正义城邦的实现,从而治理好城邦。由

---

① [古希腊]柏拉图:《国家篇》,505SA-B,王晓朝译,载于《柏拉图全集》(第二卷),人民出版社2003年版。
② [古希腊]柏拉图:《国家篇》,473D-E,王晓朝译,载于《柏拉图全集》(第二卷),人民出版社2003年版。
③ [古希腊]柏拉图:《理想国》,517ⅢC-D,郭斌和、张竹明译,商务印书馆1986年版,第276页。

此,柏拉图就把他的理想城邦的建构和治理奠定在了他的理念真理观基础上,而"正义"、"善"等理念作为伦理原则成为建立理想城邦社会体制的哲学根据和伦理基础。也正因为如此,柏拉图就把人们对于社会领域内的真实性认知的探索正式带上了一条试图通过知识真理观的探求来改造人性,从而实现整个社会生活方式的改造之路。故而,这种探索社会真理的目的无疑是为整个社会生活方式的改变提供理论奠基,进而为社会生活的统一性和稳定性提供形而上学基础。

4.1.1.1.4 亚里士多德的"努斯"实体的社会真理思想

与柏拉图一样,亚里士多德也是在继承苏格拉底的"精神期望的道德"思想基础上,建构他的社会真理思想的。尽管如此,但与柏拉图以理念论真理观作为他建构理想城邦的哲学基础不同,亚里士多德否定"理念",他从城邦和个人的现实经验生活出发,结合作为最高理性的努斯,以关于存在的真理观作为他实现城邦社会生活统一性和稳定性的哲学基础和理论根据。

亚里士多德认为,除了体现理念的现实具体事物之外,不存在任何真实的理念。经验现象世界不是永恒理念世界的影像,它本身就是实在的和真实的。因此,一切知识都起源于现实具体事物的感觉经验,由此出发,人们才可以通过感觉、记忆、经验、技艺及智慧五个不同的认知阶段,形成各自相应的知识。其中,哲学作为人们认知的最高阶段和形式,不同于探讨特殊事物的感觉、经验和技艺,而是以研究作为存在的万物及其运动的最初本原和原因为目的,因此是最高的知识。对于这一最高知识的认知,必须从感性现实的具体经验事物出发,沿着人的认知进程前进,融会人的理智和作为最高世界理性的"努斯"(它"表现为理性的直观和分析理性"[1])的牵引和推动,运用思辨的方法才能够正确地形成和获得"关于作为存在的存在"[2]的知识,因此哲学又是求真的学问。其中,永恒存在的本原作为万物的最初本原和原因永远都是最真的,是其他事物之所是,是本真性存在的原因。由此,亚里士多德就提出了"第一哲学"中关于探求存在之全体的最原初、最高的原因和意义的真理观思想。而"努斯"作为永恒的实体,不仅是万物存在之全体的最原初、最高的原因,而且是推动宇宙万物运

---

[1] [古希腊]亚里士多德:《后分析篇》,1008b,转自亚里士多德的《工具论》,商务印书馆1988年版。
[2] 姚介厚:《西方哲学史〈古代希腊与罗马哲学〉》(上)(学术版),凤凰人民出版社,江苏人民出版社2005年版,第749页。

动的"自身不动的推动者"或"第一推动力",因此它是最真实的。它作为纯形式的、永远现实的形式,是"最高的、永恒不动的本体",因此是"最高的善和理性神"①。但"努斯"作为能动的终极目的因不直接干预自然和人类世界,而是作为宇宙灵魂充满着宇宙,在时间和流变的经验世界的洪流中以内在目的的方式推动和规范万物及其运动变化,形成万物存在的合理秩序。就生命运动而言,它以灵魂的生命动因和形式,寓于生命物中依附于身体,在身体内部作为它们的本质和形式推动着生命有机体的灵魂由潜能到现实,形成质料与形式的统一,从而形成现实具体的事物及其运动变化。人的灵魂因为部分地分有了这种神圣的世界理性灵魂,才具有了一种理性的认知能力。这种理性认知能力,在科学与哲学认知领域中,不仅能够在终极意义上洞见公理、定义等基本原理的真理性,而且自身就是理性直观和科学理性的高度结合,因此能够获得最完善的知识形式,把握"作为存在之存在"全体的真理性。正因为如此,"努斯"作为最高的世界理性(思及纯形式和本质),只能以自身为对象,进行思辨的"自我沉思"。由于这种沉思是最真实的、最自足的、真正善的和幸福的,所以亚里士多德认为在人们的一切活动和行为中使自身达到完善状态所过的三种幸福生活(即"最为流行的享乐的生活""公民大会的或政治的生活"和"沉思的生活"②)中,"沉思的生活"是最真实、最有意义的幸福生活。由于"沉思的生活"目的就在于实现灵魂内在"善",因此本身也是"灵魂的合德性的实现活动"③,亦即实现灵魂的善的合乎德性的行为活动。亚里士多德认为,这种"合乎德性"行为活动是合乎以"中道"的伦理德性为基本原则的行为活动。在这个中道原则之下,人们的行为就要合乎勇敢、自制、正义、友爱等德性。由此,亚里士多德就把人类伦理生活奠定在了关于"努斯"的真理思想基础上。

当然,在日常生活中,亚里士多德认为人的伦理行为和实践活动还主要靠灵魂中的实践智慧来主导和协调。这一实践智慧是作为最高理性努斯在实践知识和创制知识领域的具体形态和构成部分,受"努斯"的引导和规范。努斯作为理性在伦理实践活动的目的和选择的环节上渗入因果

---

① 姚介厚:《西方哲学史〈古代希腊与罗马哲学〉》(上)(学术版),凤凰人民出版社,江苏人民出版社2005年版,第726页。
② [古希腊]亚里士多德:《尼各马可伦理学》,1095a15-20,廖申白译,商务印书馆2003年版。
③ [古希腊]亚里士多德:《尼各马可伦理学》,1098a15-20,廖申白译,商务印书馆2003年版。

链条中,形成一种实践理性亦即实践智慧,规范和引导欲望和实践手段,使之趋于合理性和正确性,趋向善,从而推动实践活动顺利进行,形成良好的伦理德性。因此,实践智慧在本质上是人在追求"真"的基础上追求自身"善"的一种良好品质和行为能力。它作为理性与欲望的有机统一,是伦理德性的成因。而努斯作为理性蕴含在实践智慧中,形成理智德性,促成普遍伦理知识的形成。

政治智慧是最高的实践智慧。伦理的实践智慧是政治智慧的出发点和基础,它的立法是以伦理实践智慧为前提的,亦即以实现城邦的善和幸福为前提的。尽管如此,作为"努斯"统辖的理智德性思索存在之全体,认知世界万物之最初原因和本原,能够获得最高级的正确知识,因此是最真实、最纯净、最持久的。而且,过沉思的思辨生活,是最自足的、最自由的和最合乎道德的活动,存有最高级的精神快乐,是最高的幸福与善的生活和人的最高目的,因此理智德性高于实践智慧。相应地,亚里士多德认为,建立理想城邦国家的伦理目的就在于实现城邦社会的"善",亦即使城邦社会成员过上安宁、美好的幸福生活,这既要有实现外在"善"的社会条件,更要由灵魂内在的"善"来保证。因此,除了采取"中道"伦理原则和相应的改良措施,平衡和调节社会权益分配的"共有"和"私有",实现公民正义的公平分配外,还要通过实行以社会伦理为基础的贤人政制,通过公民教育使每个公民的德性都能够改善,以求发挥更好的作用,过上幸福的生活,从而实现城邦社会的统一和稳定,实现城邦社会的"善"和公民的幸福。

由此可见,与柏拉图一样,亚里士多德也主张通过建立一种贤人政制来实现理想城邦的善,但在亚里士多德那里,城邦的建立者和治理者不是"哲学王",而是政治家。这位政治家和其他公民享有共同的德性,是公民共同体中最富有实践智慧的一员。他的职责主要是行为实践,亦即在把握努斯的真理思想条件下,能够正确运用直观理性能力处理个别、特殊的行为事实和具体事务,从而实现城邦的正义和高尚的善,所以他有深思熟虑的实践智慧。而这些目标,从总体上看,都是通过公民教育来完成的。因此,在亚里士多德那里,公民教育是贤人政制实现善的城邦的关键。按照他的认识五阶段说,教育过程应该沿着感觉、记忆、经验、技艺和智慧的认知方向前进,直到运用理性认知能力思辨地把握"努斯"和"善"自身,形成"努斯"和"善"的真理性认知,由此把人的自然本性、习惯和理性融合为一体,使人形成优良的德性。当然,亚里士多德现有的有关教育文献显示,他在提到音乐课程就止步了。究竟是什么原因使他没有论述高等教育不得而知。而同一种教育则把公民(无论是统治者还是被统治者)塑造成具有同样优秀德性的人。在此基础上,做好被统治者的公民才能以其出类拔萃的才能,被提升为贤能的统治者,并领导其他公民共同承担建立和治理善的城邦的责任,共同参与政治活动,实现城邦社会生活的统一性和稳定性,从而实现城邦整体的幸福和善。由此,亚里士多德就把城邦社会的统一团结奠基在了贤人政制下的人的灵魂的德性改造基础上,奠定在了通过"努斯"真理观的探求及其相应的伦理德性的培养来实现灵魂的改造基础上。在这个意义上可以说,尽管与柏拉图通过先验的理念论真理观思想的探讨为城邦生活的统一性和公共性进行奠基的研究视角不同,亚里士多德是通过对于经验出发的"努斯"真理思想的探讨为城邦生活的稳定和团结进行奠基的,但总体上看,他仍然是一个柏拉图主义者,与柏拉图一样,他也是通过知识真理观的探求来改造人性,从而实现城邦整个社会生活的统一和稳定的。

4.1.2 中世纪基督教哲学阶段的社会真理思想

中世纪基督教哲学的社会真理思想是在古罗马帝国灭亡以后,以罗马为中心的基督教世界在形成、确立和发展过程中,针对其他异质文化的冲击,在吸收和改造古希腊哲学基础上确立和巩固基督教信仰的过程中形成的。因此,它在本体论承诺上与古希腊哲学自然本体论不同,而是上帝创世思想下的神意本体论,但在思维方式和理论逻辑上仍然延续了古希腊哲学的社会真理思想传统。它主张通过分有"神性"的真理为社会生活的公共性和内在统一性奠基,并提倡在人们正确理解和信仰上帝基础上过"善"的生活而获得上帝的启示和拯救,进而实现个人生活的幸福和社会整体的"善"。

4.1.2.1 奥古斯丁的教父哲学社会真理思想

在早期基督教神学形成过程中,柏拉图的理念论是以基督教为代表的希伯来文化与古希腊文化的重要结合点。奥古斯丁就是在吸收和改造柏拉图理念论哲学基础上,形成他的教父哲学社会真理思想。除此而外,他还受到《圣经》及其摩尼教的影响。

奥古斯丁首先把柏拉图理念论中作为存在之澄明的真理之光——"善"的理念神圣化为照亮世人心灵的"上帝之光"。他认为,当人们信仰上帝并获得启示时,"上帝之光"就会普照人们的心灵,作为受造物的理念就以其真实的外观显现在光中,从而以其无蔽的存在状态被人们正确地

"看",亦即被思想所正确性地把握,形成正确的知识和真理。因此,他说:"上帝之光使我认识了真理"。"谁认识真理,即认识这光;谁认识这光,就认识永恒"①。由此,奥古斯丁就与柏拉图一样,认为永恒真理是存在的,人类能够通过思想正确地把握真理。当然,在奥古斯丁那里,永恒不变的真理世界的源泉是上帝。上帝作为超时间的和绝对自由的造物主,是绝对确定和最真实的;他从"无"中创造出时间,同时按照具体事物的真实理念创造出在时间中呈现的现象世界,因此虽然现象世界可能是临时的,但一定是真实的。而且,由于作为真实受造物的人的思想对于上帝是透明的,上帝可以通过人的真实思想来知道意识的持续伸展中显现出来的一切,从而知道一切在时间中发生的事物,因而上帝也知道万物是真实的。由此,奥古斯丁就形成了以信仰"上帝"为中心的真理观思想。当然,他提出的上帝从"无"中创造世界的思想是以他把古希腊以来的传统"自在的物理之流"的时间观内在化为一种"思想的延展"的时间观为基础的。

不仅如此,奥古斯丁认为上帝真实地创造宇宙,显示出了上帝的善,显示出了上帝对于存在物的仁爱。因此,"只要不从人类功利方面着眼,每一种存在物在一定意义上都是善的"②。在此基础上,他把柏拉图以"善"为最高目的的伦理道德观念与灵魂不朽思想改造为关于上帝的"爱的伦理"。他说:"上帝是我们幸福的基础。它是我们一切期望的目的,上帝的善在于无限地爱我们,他通过爱来倾向我们,以便我们可以安息在他之中,并通过它达到这个目的,找到幸福"③。换句话说,上帝的善就表现为对于人类的"爱"。这种"爱"具体体现为:虽然人类因为拥有自由意志犯有共同的"原罪"而生活于尘世,但每个人仍可以通过正确理解和坚信上帝,合理地运用自己的自由意志做善事,来获得上帝的恩典,从而获得拯救和幸福。由此,奥古斯丁就把"原罪说"中的上帝"惩罚罪行,酬赏善举"的正义和善的原则奠定在了关于上帝的真理思想和人的自由意志之自觉的基础上了,从而实现了由古希腊罗马时代以来所倡导的善恶伦理学向罪责伦理学的转折,使得哲学假设的前提不仅是理性的人,而且是自由的人;伦理学的根本使命任务不再是提供"幸福生活的指南",而是理解和维护人的自

---

① 《西方哲学原著选读》(上卷),北京大学哲学系外国哲学史教研室编译,商务印书馆1981年版,第224页。
② [美]梯利:《西方哲学史》,葛力译,商务印书馆2005年版,第164页。
③ [古罗马]奥古斯丁:《上帝之城》,V21,转自全增嘏的《西方哲学史》(上册),上海人民出版社1985年版,第285页。

由存在,从而理解和担负起人之为人的罪责、尊严和权利。

在此基础上,与柏拉图针对希腊奴隶制城邦严重社会危机设计构想出理想城邦社会一样,奥古斯丁也针对罗马世俗政权的腐败和罗马帝国的衰落,在其名著《上帝之城》中设计构想了朝向基督教未来社会的"上帝之城"。奥古斯丁认为,由于人有自由意志,所以人可以决断选择以热爱上帝、藐视自己、追求崇高道德与精神生活为基本的伦理原则和基础,以此来造就社会的和谐有序和完善,从而得到上帝的恩典而使自己得救和幸福,形成上帝之城;人也可以决断只爱自己、蔑视和背离上帝和自己的本性、只求自身欲望的满足为基本的伦理原则和基础,遭受上帝的审判和惩罚而腐败堕落,陷入毁灭的境地,在尘世组成世俗之城。而上帝赋予人自由意志的目的就在于使他能够经受住各种欲望的诱惑,对自己的自由意志有所觉悟,亦即对自己的自由有所觉悟,从而在按照自己的意愿做出决断和行动时,理解和担负起自己的罪责、尊严和权利。在奥古斯丁看来,上帝赋予人自由意志最终是为了使人能够正确地理解、接受和承担起尘世生活,从而过正当的生活;使人能够热爱和坚持永恒不变的善,行善的事,过善和幸福的生活,从而增进尘世社会的幸福和谐,实现社会的善。为此,他提出人的最高目的是同上帝融合,即通过轻视尘世,而"爱"上帝,最终"看见"上帝。而"爱上帝",就是在正确认识和理解上帝的同时信仰上帝,在信仰上帝中获得启示的同时理解并坚信上帝;就是在坚信上帝的基础上热爱上帝;就是在坚持并热爱永恒的善的同时遵从上帝的目的和人的善的本性而正确决断和选择,遵从自律法则而运用自由意志行事,达到至善,从而拯救尘世社会的不正义,实现整个尘世社会的善和绝对正义。由此,奥古斯丁就从健全的人类理智和自由的人出发,把尘世社会生活的统一性和公共性奠定在了通过人的知识真理的探求和上帝的信仰来改造人性的基础上。

4.1.2.2 托马斯·阿奎那的经院哲学社会真理思想

与奥古斯丁以柏拉图哲学为他的思想基础不同,托马斯·阿奎那是以亚里士多德哲学为他的思想基础形成他的经院哲学体系的,因此与奥古斯丁强调理性直觉在理解上帝为核心的基督教哲学中的社会真理的重要性的"心学之路"不同,托马斯·阿奎那则强调理智的科学分析及逻辑推理和概念说明在理解基督教信仰中的社会真理的重要性。

托马斯·阿奎那遵循亚里士多德的观点,认为虽然上帝运用理性创造了人的灵魂,赋予人超感官的理性认知能力,因此人是"可以清楚明白"①地认识上帝创造的宇宙中的一切东西;但由于人是灵魂或精神与作为质料的肉体相结合的本体,因此人不能像作为纯形式的本体上帝那样运用理智直接进行超感性认识而直接把握作为具体事物的共相和本质,而只能从感觉经验出发,通过分析和归纳经验,上升到事物的共相,进入理智,再以定义的方式和概念的方式进行抽象而摆脱质料,达到对于事物本质、原理和存在的把握。由于人的感觉和理智在认识活动中都有可能偏离事物的真相而使人错失本质,从而使人形成错误认知,所以人不能像上帝那样直接真实地把握事物的本质而不犯错。而且,由于真理作为真知识是基于事物真相基础上对其本质的正确把握,亦即"理智和所了解的事物一致"②,所以只要真理认知的一方发生了变化——人们对于事物的本质认识发生了变化或事物本身发生了变化,真理就会由真实转变成谬误。因此,人们对事物本质的真实性认知,不是绝对的和永恒的,而是相对的和变化的。相比之下,上帝对于事物本质的真实把握,不会有理智认知的变化,而且这些事物都是上帝有计划、有目的地运用理性创造的产物,虽然其存在形式发生变化,但对于上帝理智中的真实本质来说是不发生变化的,所以上帝理智中的真理是不变的。由此,托马斯·阿奎那就形成了自己关于神学启示真理高于哲学理智真理的双重真理观。

不仅如此,托马斯·阿奎那认为上帝把存在于自身精神中的真正知识(亦即在上帝的神圣精神中以概念的方式呈现的关于事物本质的知识)当作世界万物的原型来创造世界,显示了上帝自身的全善,而万物的性质也体现出了上帝的善。因此,一切受造物都以上帝和善为自己最终的目的和依归,都通过实现其真正的存在而显示上帝的善。其中,人作为富有理性的受造物不同于其他事物,就在于人是在自然的理性之光照耀下,通过感觉和理智来探讨事物从经验到其本质的正确认知,再到正确理解和认识上帝,从而实现自身的善。换句话说,人所实现的自我完善就是认识上帝,就是在认识上帝中实现其真正的自我,这是人所努力追求的最高目标。因此,直觉地沉思上帝的生活,是人的至高无上的、最幸福和最快乐的生活。而教会作为上帝在尘世的代表,其目的就在于追求超自然的善亦即理解和认识上帝;社会作为人类共同体其目的则在于实现人类自身的公共的善和

---

① [美]威廉·巴雷特:《非理性的人》,段德智译,上海译文出版社2012年版,第33页。
② 《西方哲学原著选读》(上卷),北京大学哲学系外国哲学史教研室编译,商务印书馆1981年版,第275页。

公共的福利,因此神圣的教会是高于世俗国家的。故在精神生活中,国家要服从教会,君主要服从教皇。而且,国家的一切权力来源于上帝,国家制定的人类法依托于自然法(自然法是基于上帝的善而形成的,是上帝为人制定的律法),政治秩序奠基于神圣秩序。所以,国家和社会是基于上帝的神性而建立起来的制度。它们都有神圣的正义和权威。基于此,国家实行君主政体,就能够很好地行使这一权威,去指挥社会成员的行动,保证社会成员行动方向的一致和他们之间的团结,进而实现社会的统一、稳定,实现公共的善和个人的善。由此,托马斯·阿奎那就把社会生活的统一和稳定,实现公共的善奠基在了上帝的善的基础上,奠基在了通过神学启示真理观和哲学理智真理观探寻基础上。

4.1.3 近代哲学认识论中的社会真理思想

近代以来,自从人们挣脱中世纪上帝创造世界的思想观念,迈入认识论视角下的理性世界秩序之后,普遍的共同的"人类理性"代替了上帝的"无限制的理性主义"[①],普遍的"人类理性"规定世界及其一切存在代替了上帝运用理智制定秩序。与此相应,哲学研究的对象由人与神之间的关系转向人与自身、人与人之间的关系,研究的主题也由本体论转向认识论。结果,在认识上正确的真理观也以真理确定性的姿态开始支配西方哲学真理问题研究,并逐渐成为西方哲学认识问题研究的主题。在这一思想背景下,伴随着社会生活的世俗化,人们通过经济合理组织而对自然力量支配和控制能力进一步增强,社会组织安排趋向合理化、功利化和民主化,物质财富日渐累积和丰富,理性逐步扩展到社会生活的各个领域。国家生活的重心也逐步从宗教信仰回归它本身。于是,人们在继承和发展古希腊哲学中的社会真理思想(尤其是赫拉克利特和亚里士多德的社会真理思想)基础上,批判和改造了中世纪哲学中的社会真理思想,形成和建构了以"理性"为核心理念的社会真理思想。对于此,马克思就指出,自马基雅(弗)利、康普内拉到霍布斯、斯宾诺莎、许霍·格劳秀斯,再到卢梭、费希特、黑格尔都"已经开始用人的眼光来观察国家了,他们从理性和经验出发,而不是从神学出发来阐明国家的自然规律,就像哥白尼并没有因为约书亚命令太阳停止在基遍、月亮停止在亚里雅仑谷而却步不前一样"[②]。

[①] [美]威廉·巴雷特:《非理性的人》,段德智译,上海译文出版社 2012 年版,第 33 页。
[②] [德]马克思:《〈科隆日报〉第 179 号的社论》,选自《马克思恩格斯全集》(第一卷),中央编译局,人民出版社 1995 年版,第 227 页。

当然,与以往哲学根据本能,例如名利心、交际活动能力、"个人的理性"来构想国家不同,现代哲学是根据社会的理性(即社会普遍的和共同的理性),根据整体的观念来构想国家的。"它认为国家是一个庞大的机构,在这里,必须实现法律的、伦理的、政治的自由,同时,个别公民服从国家的法律也就是服从他自己的理性即人类理性的自然规律"①。因为"理性"作为人们普遍具有的能力,则能够使人们批判和超越一切因特殊性、个别性带来的人与自身、人与人之间的分裂和对立,促进社会达成共识,凝聚和整合社会力量,维系社会生活正常秩序。故而,"理性"是社会生活内在统一的牢固基础。也正因为如此,马克思·韦伯"把现代历史的中心过程说成是人类生活组织的不断理性化过程"②,并由此出发去理解和诠释资本主义的兴起和发展过程。他认为,现代社会中的资本家们由于具有"创业和算计头脑而从封建社会脱颖而出;他们必须理性地组织生产,以便获得收益高于支出的有利可图的盈余"。现代资本主义社会中的一切都是随这种"为追求效益而合理组织经济企业的必要性而来的"。结果,经济企业合理化过程根本不知道有"任何界限,并且笼罩整个社会生活"③。

4.1.3.1 从笛卡尔到康德知识论视角下的社会真理思想

如上所述,近代哲学摆脱上帝信仰的束缚后,就诉诸人性本身,运用人自身的理智之光和自然感觉而不是借上帝之光和启示来观察、理解和认识世界以及人在世界中的位置,因此人的尊严和力量就获得了肯定和承认,而分析和批判宗教信仰和中世纪经院哲学,就成为新的哲学理论形成和建构的前提,人们普遍具有的"理性"能力则成为人们关于社会生活的真理性认知的最终评判者。当然,这是近代以来人类推动自然科学大发展和人类社会大踏步前进的结果。

与之相伴随的是,自然科学也因此成为人们建构科学认知体系和知识系统的一个标准模板,即通过经验实证的方法和数理逻辑相结合而形成和建构知识体系。在这样一种知识论的思想观念背景下,人们批判和超越了古希腊哲学和中世纪哲学的传统本体论真理观,形成了和建构了奠基于人的理性(亦即区别于上帝的启示和人的感性知觉)之上的认识论真理观。这样一种真理观,在一定意义上可以说,是一种标准的符合论真理观。在

---

① [德]马克思:《〈科隆日报〉第179号的社论》,选自《马克思恩格斯全集》(第一卷),中央编译局,人民出版社1995年版,第228页。
② [美]威廉·巴雷特:《非理性的人》,段德智译,上海译文出版社2012年版,第38页。
③ [美]威廉·巴雷特:《非理性的人》,段德智译,上海译文出版社2012年版,第38页。

人们的认知活动中,它力图把人们形成和构造为认知主体,把其他事物形成和构造为认知对象和认知客体,并寻求以理性为指导和约束的认知主体对于认知对象的正确合理性认知,从而形成二者特定的相一致的关系。这样一种特定的相一致的关系,要么如理性主义所强调的,认知主体是"积极自主建构型的",拥有理性直觉所把握的自明的和真实的天赋观念,而客观的认知对象是"无本质的消极的存在",真理就是认知主体通过运用自身理性能力进行先天的逻辑推演,正确理解和规范认知对象及其本质,形成的科学认知体系。其中,作为理性主体的人是认知运动的核心。要么如经验主义所主张的,一切知识来源于感觉经验,理性的认知主体是"被动的、接受性的",是作为接受认知对象的"刺激作用滞留或累积的器皿"①(形成感觉印象和记忆),此时理性的主体就像洛克所主张的心灵的"白板",是"无本质"的。真理就在于通过科学实验观察和感性经验的积累并经由归纳上升到普遍必然的知识,进而形成对于认知对象及其本质正确把握的知识体系。由此可见,无论是唯理论或是经验派,都主张真理存在于认知主体与认知对象的一致性关系中,亦即存在于思维与存在的内在统一中,因此他们都是理性主义者。而他们的假设前提都是:认知主体和认知对象各自都是整齐划一的,在此基础上,通过自明性概念的逻辑推演或经验的归纳推理等认知方式就可以形成二者的内在同一。

就认知主体而言,这种认识论真理观设定了一种特定的认知主体类型。对于此,笛卡尔为了寻求确定性的知识基础,沿着西方理性中心主义自毕达哥拉斯学派和柏拉图学派起,一直把数学看作是理性认知和把握一切事物的典型范例的哲学传统继续前进,把知识大厦建立在像数学知识前提那样"清晰明白"的基础上。他通过普遍怀疑的方法,找到了不容置疑而具有自明性的直觉的"我思",把它作为理论的激发点和自我认识的起点。而理性(亦即"良知")是在人的心灵中分布最均匀的天赋,它的正当运用就是"我思"。由此,笛卡尔就是以人类理性良知为基点,正当地运用我思建构起他的知识大厦。尽管洛克反对笛卡尔的这一天赋观念论,认为一切知识起源于感觉经验,普遍必然的真理性知识只有在经验的基础上才能形成,但在假定认知主体模型意义上,洛克和笛卡尔一样,都肯定"认识者作为认识者,毫无疑问具有某种齐一性"②,认为人的理性心灵只是一块

---

① 马天俊:《真理的境遇》,吉林人民出版社 1999 年版,第 8 页。
② 马天俊:《真理的境遇》,吉林人民出版社 1999 年版,第 9 页。

"白板",所有的认知材料都来自感觉经验,在此基础上通过归纳推理形成普遍必然的知识。康德在探讨人的理性认知能力时,也设定了人们作为认知主体的一种认知类型,亦即"有健全理智的成年文明白种人"。对于此,邓晓芒在探讨康德关于道德律的逻辑"演绎"时就曾言,"'普通人类理性的实践应用证实了这一演绎的正确性','普通的人类理性','最普通的知性'或'健全的知性'等等,都是他常用来引出道德律并为之作证的概念"①。其中,"普通的人类理性","最普通的知性"或"健全的知性"都是指一般人或普通人所拥有的理性能力。而具有这种能力的人同样也是康德关于人类理性认知能力批判的起点。在康德看来,他们拥有丰富的先天认识能力,经由这一先天认识能力的逻辑演绎和经验层面的综合应用而形成和建构关于社会生活世界经验现象的正确合理的知识。

就认知对象而言,这种认识论真理观也设定了一种特定的认知对象的类型。培根认为,如果一切知识都起源于感觉经验,那么作为认知对象的外部事物就是具有与经验现象同样丰富多样的"带着诗意的感性光辉对人的全身心发出微笑"②而又隐秘的"自然",是有待人去开发,去认识和控制的物质整体和原料堆。笛卡尔则把认知对象设定为具有不可入性和机械性的"广延"实体。它具有实在性,是思维能够把握的实体。由此,认知主体和认识对象各自的齐一性就确立了。在此基础上,以理性为中介建立了二者的一致关系,就意味着获得了正确认知和真理,或者至少找到了形成真理性认知或趋近真理的有效途径。可见,认识论真理观主张在主客二分基础上形成主客相统一的真理。

在此基础上,与古希腊哲学和中世纪哲学一样,近代理性主义哲学家在认识论框架下提出这一主客二元论真理观的目的也是为了人性的改造,从而为社会生活方式的变更和社会生活的公共性及统一性提供理论基础和依据。当然,他们主张,"人类必须依靠逻辑范畴和逻辑推理指导生活"③,亦即人类依靠理性知识来指导生活。笛卡尔就曾言,"哲学是关于人所能认识的一切事物的完善的知识,既是为了直接指导生活,也是为了保持健康,发现各种技术"④。因而,"哲学既然包括了人心所能知道的一切,我们就应当相信,我们所以有别于野人同生番,只是因为有哲学,而且

---

① 邓晓芒:《康德道德哲学的立论方式》,《社会科学论坛》2019年第1期。
② 《马克思恩格斯全集》(第二卷),中央编译局,人民出版社1957年版,第163页。
③ 周国平:《尼采:在世纪的转折点上》,东方出版社2014年版,第113页。
④ [美]梯利:《西方哲学史》,葛力译,商务印书馆2005年版,第305页。

应当相信,一国文化和文明的繁荣,全视该国的真正哲学繁荣与否而定"①。而之所以能够如此,就在于人总是处于未定型中,这是人历史性生存的基本特性。正如高清海教授所说,"人总是在不断地否定自己、更新自我,这是人的一个根本特点"②。人总是处于自我的重新筹划和设计之中,这使得人的生存环境和场所——社会的思想、文化、习俗、制度、机构等等相应地也处于不断变更之中。为了适应人类自身和社会的这种发展的变迁,尤其是为了适应近现代自然科学大发展和生产力快速推进,人类社会由传统迅速走向现代的工业化发展进程的时代要求,认识论哲学真理观必然会根据自然科学的理性认知主体设想比较纯粹单一的理想性认知主体模型。

当然,这一主体模型也必然是与现实生活中充满历史性、有限性和个体差异性的真实个人存在一定差距的。在笛卡尔那里,这一认知主体模型就是认知主体的本性即"我思"。由于这一认知主体模型与现实人的心灵存在差距,因此近代真理观的建构实际上有益于人性的改造和超越。在笛卡尔那里,这体现为他运用普遍怀疑的方法首先扫除陈腐的旧观念及与之相应的现实社会生活方式,使大多数早已习惯现有的既定社会生活规范的普通人陷入很长时间丧失社会生活的合理性根据和合法性地位的境地,在此基础上确立起个人独立地运用自己的理性思考及决断的风气,从而把知识的自明性奠定在内省的"我思"的阿基米德点上,然后从这一绝对可靠的、清晰明白的思维基点出发,通过逻辑演绎,实现知识范式的更新并形成清晰明白的知识,由此确立起新的人类自身和社会的存在方式,促进人类进步和社会发展。可见,近代理性真理观旨在形成理性化的思维主体,旨在实现人的生存方式和社会生活方式的变迁。由于这种真理观现实形式总不免使一部分人先行趋向一种新的生活方式,其余的人则处于有待认同和接受这种真理观所代表的新的生活方式,从而实现自我更新和社会生活更新,故而,认知主体的理性化是"社会理性化组织的基础"③。相应地,近代哲学家们为了说明政治权力和政治制度的基础,提出了建立在认知主体理性化思维之上的"自然法"思想。他们认为,"人类社会从个人到集体、从'自然状态'向'社会状态'的转变完全依赖于人本身的内在原则,这个

---

① [法]笛卡尔:《哲学原理》,关文运译,商务印书馆1958年版,第21页。
② 《高清海文集》(第四卷),吉林人民出版社1997年版,第12页。
③ [德]赫伯特·马库塞:《理性与革命——黑格尔和社会理论的兴起》,上海世纪出版集团2007年版,第220页。

原则就是'自然法'"①。"自然法"是以国家法律规定的形式表示人们行为的准则和道德的基本原则,它是其他一切"人为法"的基础和根据。在"自然法"的引导下,处于"自然状态"下的人,由于人性的需要和生存的需要,通过订立"社会契约"的方式实现了向"社会状态"的转变,建立了政府。由此,近代认识论哲学就把社会的政治制度和政治权力奠定在了人的理性化思维基础上,亦即奠定在了理性真理观基础上,取代了中世纪的神性真理观奠基的思想。

4.1.3.2 维科到黑格尔创造论视角下的社会真理思想

与笛卡尔和洛克等近代认识论哲学家力图通过探求整个世界的理性真理来实现人性的改造和社会生活方式的转变从而先验地和普遍地为社会生活的统一性和公共性奠基不同,维科等历史学家则力图具体地深入到社会历史领域内部探求基于理性的真实知识,从而肯定社会历史知识的相对确定性和真实性,由此为社会生活的统一性和公共性提供理论基础和依据。

维科是在反驳笛卡尔的历史怀疑主义中,基于理性形成自己关于人类创造历史的社会真理思想的。笛卡尔认为,公众的意识、风俗习惯和生活规范等等都是建立在传统权威之上,建立在经验"实例"和传统"习惯"之上,而无绝对可靠的认识作基础,尤其是社会生活的公共事务领域,人们信赖的是权威、实例、习惯和传统,人们以历史的和感性的经验传递方式获得的只是或然性的经验,并不是绝对可靠的知识。之所以如此,就在于这些经验"不论是多么有趣和富有教育意义,不论对于生活中的实践态度的形成多么有价值,却不能自命为真理",因为它们"描述的事件"从来都不是准确地像它们"所描写的那样发生的",因此它们不能像数学知识那样清晰明白而有效,故而社会历史类学科就不能被认为是"知识的一个分支"②,也不能够真正构成科学。对于此,维科通过提倡创造论的真理观进行了反驳。他认为,"一切真实的知识都必须是关于原因的知识,也就是说,我们仅仅真实地并且透彻地知道我们自己造成或者创造的东西。真实是根据被创造的宿命来衡量的"③。据此而言,人们"能够真正认识任何事

---

① 周晓亮:《西方哲学史〈近代:理性主义和经验主义,英国哲学〉》(学术版)(第四卷),凤凰人民出版社,江苏人民出版社 2005 年版,第 28 页。
② [英]柯林武德:《历史的观念》,何兆武、张文杰译,商务印书馆 1997 年版,第 102 页。
③ [德]卡尔·洛维特:《世界历史与救赎历史:历史哲学的神学前提》,李秋零、田薇译,生活·读书·新知三联书店 2002 年版,第 139—140 页。

物、能够理解它而非仅仅觉知它的条件",就是"由认识者本人所应该做出来的"。就上帝创造的大自然而言,人类必然是始终看不透的,它"只对上帝才是可理解的"①。在此意义上,笛卡尔在绝对确定的"我思"基础上所形成关于自然物理世界的清晰明白的真实知识,只属于形式的意识——单纯的思,而不是真实的知识。正如皮尔士在批判笛卡尔基础主义传统认识论时所主张的,"我思"并"未能越出自我的狭隘范围,由之出发来肯定知识和观念的确定性和绝对可靠性,意味着个体意识的直观具有确定性和绝对可靠性"。但事实上,个人并不是"孤立的、确定的存在",而是"社会性的和实践过程中的存在";人的知识也不可能是"孤立的个人的自我确认",而只能是"人们之间在不同条件和因素下进行商讨的过程,也就是共同体中进行的不断探索"。而且,"真理的标准乃是清晰明白的观念"实际上是"把清楚明白归结为源于反省的心理上的一致性"②,确立的也只是一种"主观的或心理的标准","我的一些清晰明白的观念"只是证明了"我相信它们",而"并不能证明它们就是真实的"③。因此,数学的构造对于人类获得完备的、可证明的知识固然重要,人类也是可以理解数学知识的,但数学知识的抽象性限制了它不可能为我们提供关于自然世界的任何具体的真实认识。就各民族的共同本性而言,由于被创造的和真实的等同,因此即便是关于人类社会历史的最初开端,人类也能够认知某种真实的和确定性的东西。因为这个人类社会世界是由人创造的,它的各种原则能够而且必定会在人类精神的变迁中找到。相应地,各民族创造了自己的社会生活,也能够通过认识自身的本性和创造的原则而把握这个世界。因此,人类的各民族本性不同于物理属性那样的被给定性,而是自身有一个历史的产生和形成过程。维科认为,人类的各民族本性借助于"既是自然的也是天意规定的那种发展的历史法则'产生'的"④。它反映了人类社会历史的发展进程。人类社会历史就是在人类本性的形成过程中,逐渐产生语言、形成习俗、制定法律、建立政府等等体系的过程,亦即逐渐形成人类社会及其制度的发生和发展过程。由此,维科就通过真实的与被创造的在人类社会历史的理解中所形成的转换,摆脱了笛卡尔的知识论真理观,形成了由

---

① [英]柯林武德:《历史的观念》,何兆武,张文杰译,商务印书馆1997年版,第109页。
② 刘放桐:《马克思主义哲学与现代西方哲学研究》,北京师范大学出版社2012年版,第215页。
③ [英]柯林武德:《历史的观念》,何兆武,张文杰译,商务印书馆1997年版,第108页。
④ [德]卡尔·洛维特:《世界历史与救赎历史:历史哲学的神学前提》,李秋零,田薇译,生活·读书·新知三联书店2002年版,第141页。

语言、习俗、法律和制度所构成的人类世界中的以"语言文字学"来确定的社会历史领域内的真理。而这也突破了笛卡尔理论真理的必然性与实践经验的或然性的区分,直接道出了黑格尔"感性确定性的真理"之先声,并且由此在批判自然科学真理的优先性基础上,把社会历史领域内的或然性知识提高到了哲学真理的层次,从而直接引出了黑格尔以后所主张的"精神哲学"①的优先权。

随后,黑格尔批判地继承维科的创造论社会真理思想和康德实践理性批判中关于社会公共生活建构和社会历史发展的思想基础上,创建了精神哲学体系,提出了社会历史领域的理性论真理观,进一步延续和强化近代理性主义哲学,并把它看待社会生活的社会真理思想发挥到了极致。他强调,世界历史是绝对精神在理性必然性活动中实现自由意识的进程。人们在社会中用语言、心灵和文化所创造的一切,都不过是自由意识发展到客观精神阶段而在人类具体历史进程中的一种现实外在表现形式。对于此,威廉巴雷特就评论到,与基尔凯戈尔主张没有关于人的存在的理性认知体系不同,"黑格尔希望把实在一无遗漏地囊括在一个完全理性的体系中"②。尽管如此,但这并不否定人类社会发展充满了偶然性因素和非理性因素的事实,因为人类社会就是"理性的狡计"在个体的有意识有目的的充满热情的活动中起作用而发展的。故而,在黑格尔看来,虽然人类个体是推动社会历史发展的工具,精神是社会历史发展的主体,但实际上精神又是借助于现实具体的个人的活动来实现它的主体作用的,是有理性、有激情的人推动了人类社会的发展。因此,人们是可以认识人类社会的,并且是能够达到真理性认知的。基于此,他提出了绝对理性的社会真理观,并把"劳动"实践引入了认识活动,作为认识实现自身的必然环节,从而突出了认识的能动性,使认识的正确与否有了客观标准。如黑格尔在给杜博的书信中就曾言,真理"既是自身运动,又是绝对静止,是理念、是生命、是精神"③,故而它又是"历史的、是全体、是过程,是由思想观念的直接性('存在'),通过自己的间接性('本质'),达到真正的直接性('概念')的过程"④。其中,意志的或理念的实践活动作为这一认识过程的环节,真

---

① [德]卡尔·洛维特:《世界历史与救赎历史:历史哲学的神学前提》,李秋零、田薇译,生活·读书·新知三联书店2002年版,第143页。
② [美]威廉·巴雷特:《非理性的人》,段德智译,上海译文出版社2012年版,第50页。
③ 《黑格尔书信百封》,苗力田编译,中国人民大学出版社2015年版,第237页。
④ 高家方:《马克思对黑格尔理性真理观的实践颠倒》,《江汉论坛》2008年第12期。

正实现主观与客观内容的统一,实现人的自由为目的的"善"。可见,黑格尔的这一"实践"活动,只是绝对理念通过思维自身的运动达到自我意识一个环节。故而,黑格尔所理解的"真理",对于现实的社会生活来说,终归是一种历史化的、普遍的先验原理,以此来为社会生活提供统一性的基础,必将导致社会生活的僵化和凝固。

综上所述,可以看出,近代及其以前的哲学史上的思想家们各自具体的社会真理思想虽然存在差异,但他们在思考社会生活的公共性与统一性根据和基础时,总体上都共同地把它们归结为一种非历史的形而上学真理,认为这种真理将克服个体的私人性和离散性,把充满差异性的个体同一化而紧紧地"粘连"在一起,实现社会成员间的团结和社会生活的稳定性。显然,这种形而上学的社会真理观已经大大超出了认识论层面,而具有了鲜明的"社会性"特征。人们追求真理,也不仅仅为了知而求之,而是蕴含着深层次的社会生活价值旨趣。尽管如此,但这种形而上学的社会真理思想总体上是一种超历史的、普遍的和具有先验性成分的原理或本质,以此来为社会生活的公共性和统一性奠基,不仅不能为它提供牢靠的基础,而且导致了社会生活僵化和凝固,从而不仅不能够适应社会生活的复杂性需要和多样化发展,反而造成社会生活走向了抽象化和虚无化。不仅如此,哲学家们试图运用这种传统的形而上学真理观来实现人性的改造和社会生活方式的转变,从而先验地和普遍地为社会生活的统一性和公共性奠基的观念,本身就是一个"神话",这个神话"迷信合理的论证会说服足够的好心人进行有计划的行动",以便用社会建构的手段来控制由人所造成的不确定因素。但人类社会的发展历史已经表明社会现实并非如此。人类社会的发展过程从来不是"由理论构思(即是很好的理论构思)来规定的",虽然这些方案和其他不那么合理的(甚至十分不合理的)诸多因素合起来无疑地对社会发展进程会有某种影响。而且,即使这种"理性计划与强有力的集团利益相吻合,它(这一计划)也不会按照它所设想的方式实现,尽管争取去实现的斗争是历史过程中的重要因素"①。因为人类社会发展的实际结局总是与理性构想不同。它总是当时相互斗争的各种社会力量相互作用的结果,是"相互交错的各种社会力量形成的合力推动的产物"②。而且,在任何条件下,由于社会实践推动的社会力量平衡的不断

---

① [英]卡尔·波普尔:《历史决定论的贫困》,杜汝楫、邱仁宗译,上海人民出版社2009年版,第37页。
② 《马克思恩格斯选集》(第四卷),中央编译局,人民出版社1995年版,第697页。

变化和社会现实状况的不断变化,这使得任何详尽的规划都归于无效,任何理性规划的结果都不可能成为稳定的结构,因此所有宏大的整体主义社会工程注定都是乌托邦。故而,变革传统形而上学的社会真理观,打破其僵化、教条的本性,探求从人的社会现实生活出发,按照社会生活本身来理解和把握社会生活本性与规律就成为现代哲学社会真理问题研究的逻辑必然。

4.1.4 现代哲学阶段的社会真理思想

"几乎20世纪的每一种重要的哲学运动都是以攻击那位思想庞杂而声名赫赫的德国哲学教授的观点开始的"[1]。这位教授就是德国古典哲学的最大和最后代表人物——黑格尔。从上文分析可知,黑格尔哲学作为近代西方理性主义思潮的顶峰和近代理性派思辨形而上学之大成,把文艺复兴以来用以反对上帝创世观念和秩序的理性原则提升为哲学的核心概念而称为"绝对理念",并把它发挥到了登峰造极的地步。在他那里,绝对理念不仅被"理解和表述为实体,而且同样理解和表述为主体"[2]。宇宙间的万事万物都是绝对理念(绝对精神)的对象化和外化,它们由绝对精神而来,经过漫长的辩证否定运动,最后又回归到绝对理念那里。由此,他就把理性精神彻底化、绝对化而便成为一个新的绝对者。这个绝对者不再是人的主体性的张扬,而是变成了压制人的主体化和窒息人的个性化并使人成为其实现的工具的绝对理性。由此,新的哲学的使命和任务就在于"重塑人的尊严、展现人的个性、关注人的生活、还原人的生命力"[3]。在这一使命的召唤下,现代哲学以批判黑格尔的"绝对理性"真理观随着对于近代传统形而上学和理性主义的思辨真理观的批判,也开始了变革近代西方哲学中社会真理思想的运动。如前所述,尼采、实证主义和马克思就较早地开始了对于近代西方哲学真理观的批判。在此基础上,他们也对于近代西方哲学中社会真理思想进行了相应的批判。

4.1.4.1 尼采的社会真理思想

在批判和拒斥以黑格尔"绝对理性"真理观为代表的传统形而上学理性真理观基础上,针对中世纪宗教衰微导致的虚无主义在当时欧洲的蔓

---

[1] [美]M·怀特:《分析的时代:二十世纪的哲学家》,杜任之主译,商务印书馆1981年版,第7页。
[2] [德]黑格尔:《精神现象学》贺麟、王玖兴译,商务印书馆1979年版,第10页。
[3] 欧仕金:《存在的真理》,吉林大学博士学位论文2008年版,第49页。

延,尼采在《权力意志》一书中从人的心理生活的角度提出了"重新估价一切价值的尝试"①。他试图通过对一切价值进行重估,克服由于信仰的世俗化所导致的精神层面的价值虚无主义。历史地看,人类从中世纪宗教支配下的信仰世界转入现代人类理性世界的入口处有"科学(后来变成了启蒙精神)、新教和资本主义"②。尼采从考察科学(亦即启蒙精神)出发,从分析和批判以苏格拉底为代表的"乐观主义的科学精神"(即显现在苏格拉底人格之中的"那种对于自然界之可以追根究底和知识之普遍造福能力的信念")入手,通过揭示和阐明"科学至上,知识万能,思维能洞悉万物的本质"③等观念的不合理性和科学理性的限度,突破和超越了近代逻辑中心主义认识论,并从价值维度对存在与意识的关系进行了形而上学翻转。在此基础上,他从价值维度重新诠释和阐述了认识论层面的理性真理观与人们的社会生活相适应的关系,主张哲学从认识论层面普遍化、绝对化的理性真理世界(即超感性世界)回归到价值层面和艺术审美层面的个体化生命创造的现实社会生活世界,用艺术审美和生命的价值创造来代替理性真理,进而使价值意识取代真理认识而成为人们现实社会生活中处于第一位的影响要素。

尼采认为,西方哲学传统的科学理性主义真理观,亦即自然科学冷静的、纯粹的、无动于衷的眼光中的人类中心论"真理"体系,是"令人沮丧的:人类并不神圣,既非宇宙的中心,亦非万物的目的,而只是大自然偶然的产物,并且将必然地归于消灭"④。故而,在这种理性真理观引导下形成和发展的社会历史文化,必然使人类服从抽象化的、普遍化的和绝对化的理性及困顿于建构的相应的社会生活世界,遵循奴隶般的伦理道德,陷入狭隘的和宿命般的实际主义,进而怯于运用自己的本质力量积极主动地创造和建构新的东西,无法憧憬自己真正的未来和肯定自己存在的意义和价值。但是,这种悲观主义的"真理"并非具有"最高的价值标准"的意义。对于人类来说,在这种真理框架下所谓人类"求假象、求幻想、求欺骗的意志",亦即在哲学价值框架下追求生命意义、人生意义的意志,比这种自然科学眼光中"求真理、求现实、求存在的意志更深刻,更本原,更'形而上'"。人类必须有意义、有价值、处于一定的关系中才能生存,而人类也

---

① 周国平:《尼采与形而上学》,北京生活·读书·新知三联书店2017年版,第73页。
② [美]威廉·巴雷特:《非理性的人》,段德智译,上海译文出版社2012年版,第34页。
③ 周国平:《尼采:在世纪的转折点上》,东方出版社2014年版,第116页。
④ 周国平:《尼采:在世纪的转折点上》,东方出版社2014年版,第77页。

发现和找到了意义和价值。人类的这种寻求意义和价值的本性是"任何悲观主义的'真理'摧毁不了的"①。故而,为了使人类能够发挥自己的潜能而获得自由发展,使人类的自由创造行为和道德行为真正获得丰富的意义和价值,必须破除传统形而上学的理性真理观,必须从现实社会生活中的人的生命生存出发,从价值维度和艺术审美维度重新建构和确立新的真理观,重新赋予人类新的使命,重新估价人类的社会历史性生存。

而且,就精神文化层面来说,人与周围世界的关系实际上只是一种"价值关系","认识层面的"真理关系"其实质也只是一种"价值判断",人对周围世界的认识也总是为了做出"评价"。因为人们大多数只是"从自己的需要去认识事物",人们出于本性生存的需要而去创造"一个价值世界"②。换言之,人们对于周围世界的任何认识、理解和把握(包括感觉、直觉、概念、判断、推理等等方式的认识、理解和把握),都是作为认识主体和价值主体的人们对这个周围世界做了一定加工和改造而形成和建构起来的,都是与人们的特殊需要、特殊利益和特定目的相联系的特定认识,并不存在纯粹的、与人无关的"自在的感觉"和"自在的知识"③。这即是说,"世界永远是透过一定的意识结构、价值系统的棱镜给与人的","世界是什么"这个问题总是以"世界对于我是什么"这个问题为基础的,并不存在与人无关的"纯粹的世界概念"④。正因为如此,可以说,真理作为认识的核心目标,"同样是用我们所满意的方式来把握世界这样一种需要的产物"。而"求真理的意志"则实际上是"求一切存在可以思议、可以为人的精神所把握的意志",所以也就是"求强力的意志"。

在此基础上,尼采进一步推论说,真理实质上就是"一种原则上是伪造的体系在生物学上的利用",是"人类的一种有利于保存族类的'无可非难的错误'"⑤。可见,对于尼采而言,从价值维度看,认识论层面的理性真理实际上只是人作为认知主体和价值主体用来实现自己的特殊利益欲求和特定目的的媒介、工具和手段。而真理的根本意义和价值,也只在于它作为工具和手段为人们实现自己作为认知主体和价值主体的特殊目的、特殊利益和特殊需要服务,进而实现它们的效用和功能。与此相

---

① 周国平:《尼采:在世纪的转折点上》,东方出版社2014年版,第77页。
② 周国平:《尼采:在世纪的转折点上》,东方出版社2014年版,第90页。
③ 全增嘏:《西方哲学史》(下册),上海人民出版社1985年版,第418页。
④ 周国平:《尼采:在世纪的转折点上》,东方出版社2014年版,第122页。
⑤ 周国平:《尼采:在世纪的转折点上》,东方出版社2014年版,第124页。

应,人类社会生活也仅仅是具有自由意志的和强力意志的、寻求满足种族生存需要的各个人的集合体,社会秩序的级别不等也仅仅是由于人们各自所具有的自由意志和强力意志的程度差异而形成的。故而可以说,真理对于人们所具有的实际功能和效用在社会生活中是处于首位的,而不是真理的客观实在性和科学合理性。由此,尼采在这一过程中就逐步完成了"生命价值的肯定和形而上学价值的转换"①。

在这里,尼采看待传统形而上学真理观的态度并不是实事求是的科学态度,仅仅是用倾向于工具性价值的形而上学代替了传统的理性形而上学,因此也只是从价值维度颠倒了存在与意识关系的另一种形而上学。为此,海德格尔称尼采为"西方最后一位伟大的形而上学家"②。尽管如此,他肯定和承认人们在实际社会生活中的自由发展和生命创造的重要作用和意义,还是为人们从现实社会生活中个体的生命价值和自由发展角度审视和理解社会真理问题,提供了思想借鉴。

4.1.4.2 实证主义的社会真理思想

与尼采的反理性主义和浪漫主义倾向不同,实证主义者孔德则在否定和拒斥以黑格尔"绝对理性"真理观为代表的传统形而上学理性真理观基础上,继承和发展了黑格尔的历史辩证法思想,倡导运用经验的实证性方法去探索和揭示社会生活世界辩证发展的客观的和普遍的规律,进而以此为内在本质关联的基础把全部以社会现象和社会事件等社会事实都有机地统一起来。由此,孔德就在他的《实证哲学》一书中提出了以实证主义原则为基础的社会学。他认为,与自然现象相比,社会现象更为复杂和多变,相应地人们揭示和领悟社会规律也比人们探索和发现自然规律更为复杂和困难,所以社会学作为对人类社会现象和社会事件等社会事实的研究处于人类思想(或智力)发展最高阶段并且是最后出现的学科。故而,社会学诞生最晚,也是目前最年轻的学科。尽管如此,但社会现象和自然现象一样服从客观的和普遍的"不变的规律"③。不仅如此,与社会学处于人类精神发展(即人类思想观念发展或理智意识发展)的最高和最后阶段相对应,现代工业社会也是人类社会发展的最高和最后阶段。在现代工业社会中,人们关注的目光从政治生活、宗教信仰、道德教化、传统风

---

① 周国平:《尼采与形而上学》,生活·读书·新知三联书店2017年版,第75页。
② 周国平:《尼采:在世纪的转折点上》,东方出版社2014年版,第21页。
③ 刘放桐:《马克思主义哲学与现代西方哲学研究》,北京师范大学出版社2012年版,第177页。

俗习惯等方面转向经济生活。从决定论角度看,科学家作为社会知识精英日益成为社会生活的支配者和管理者,他们以社会生活中"不变的规律"为指导去考察、规范和调节以社会行为和社会关系为基础的社会生活。一方面,他们借助于自然科学所提出的自然规律来调节和控制自然物理环境;另一方面他们借助于新近出现的社会学研究社会现象所揭示的社会生活发展规律来调节和规范以社会行为和社会关系为基础的社会生活,从而使整个人类社会生活实现和谐有序的状态。因此,孔德主张把自然科学的研究成果运用到社会物理学和社会学研究中去。他认为,感性经验层面的实地观察和理论层面的逻辑思维相结合的科学实证研究,能够把社会学研究约束和限制在社会现象前后相继和相似关系所反映的社会生活发展规律上,进而从根本上保证社会学研究的可信度和科学性,从而提升社会学对社会现象和社会生活的解释力,并为社会学的进一步发展提供牢固的基础。

弥尔·斯宾塞沿着孔德实证主义社会学继续前进,也把社会学理解为研究社会现象学的总论。在此基础上,他进一步从经验主义和进化论角度提出了关于社会发展的进化理论。他认为,与自然物理世界的演化发展过程相类似,社会生活的发展变迁过程也像物种进化那样是从简单到复杂和适者生存的过程。其后的追随者认为,达尔文的"适者生存"物种进化论确实适用于社会之间与社会内部,故而他们把斯宾塞的社会进化理论称为"社会达尔文主义"。

总之,孔德和斯宾塞的科学实证主义社会学,从基础论和决定论的角度强调探寻社会现象的顺序和社会生活的秩序所反映的社会生活的发展规律,从而建构研究社会现象的社会科学,并由此为社会生活的统一性和稳定性奠基。这为人们理解社会真理中的社会规律提供了研究视角和方法借鉴。

4.1.5 当代哲学主要真理观对马克思主义社会真理思想的佐证和借鉴

与其他现代西方哲学流派一样,科学实在论、实用论真理观、融贯论真理观、存在论真理观作为现代哲学的主要真理观也都是在批判和拒斥黑格尔绝对理性基础上形成和发展起来的,但它们在逻辑思路上主要都是针对传统形而上学的符合论真理观的困境,特别是强调实在的超验性和真理的客观特性所引发的认识主体无法正确反映客体对象的内在困境,从不同的角度切入真理问题研究,立足于不同的出发点,探寻不同途径来追求真理,从而力求克服这一真理观困境而展开真理问题研究的。

4.1.5.1 科学实在论真理观

针对逻辑实证主义区分科学与形而上学,把经验——实证原则确立为科学命题具有认识意义的唯一标准,科学实在论坚持传统真理观立场,主张事物的客观实在独立于人的意识和观念之外,科学的目标就在于正确认知这一客观存在而获得客观真理,因此,科学实在论的核心是探讨科学理论与客观实在之间的关系。它的任务主要是解决两大难题:其一,在本体论上,在科学与实在的联系中,既然"科学中的每一概念都是有指称的,或者说科学知识都在外部世界中有相应的存在物"①,那么这个指称之实在或科学知识对应的客观实在是什么?有什么特性?等等。其二,在认识论上,科学能够认识外部世界吗?科学如何认识外部世界?科学理论能够真实地认识外部世界吗?在第一个问题上,不同的哲学家和科学家对于客观实在的理解不同,区分为科学实在论和反实在论及建构论等。其中,科学实在论主张,科学理论所认识和描述的是客观真实存在的对象,并且它为解释现象所预设的理论实体在这一真实存在的对象领域中也有其对应的实体性存在。正如列普林(Jarret Leplin)所说,"科学理论中的理论术语实有所指,不完全是虚设的"②。当然,这个客观实在不是柏拉图理念论所主张的作为普遍共相的理念性存在,而是独立于科学家意识及其认知和研究活动之外的现实存在和在理论体系或话语氛围中的存在。在第二个问题上,科学实在论坚信科学理论不仅能够正确认识和描绘客观世界,而且成熟的科学理论本身就是真理体系。因此,科学的发展进步是指向真理的。不过,科学理论不是现成的一蹴而就成为真理的,而是随着理论发展和科学的累积性进步而不断趋向和逼近真理的。为此,普特南就主张,科学理论的自我否定和扬弃形成的发展趋势就是不断接近真理,因此在科学研究领域应该保留真理概念。

在现代英美哲学中,持科学实在论立场的主要有:弗雷德·塞拉斯、希拉里·普特南、列普林、理查德·波义德、牛顿·史密斯、哈瑞、哈金等。在第一个难题上,科学实在论的创始人弗雷德·塞拉斯主张,"有理由接受一个理论,事实上就有理由接受该理论假定的实体是存在的"③。科学真理事实上就是对于这一客观实在的正确描述和解释而获得的。而且,科学的

---

① 李建华:《科学哲学》,中共中央党校出版社 2004 年版,第 284 页。
② Jarret Leplin. Scientific Realism, Berkeley:University of California Press, 1984, p.1.
③ Wilfred Sellars. Science, Perception and Reality, New York:Humanity Press, 1963, p.107.

4. 社会真理思想的哲学史考察

研究成果自身的客观实在和真理性也不断证明着这一客观世界的真实存在。在此基础上,他确立了"科学影像"及其对"明显影像"的本体论优先地位,确立了科学本质,说明了科学真理的客观性和科学进步的内在必然性。希拉里·普特南也主张,科学研究不仅应该承认常识意义上的物理对象具有客观实在性,而且应该承认科学所指称的对象、研究的定律、原理及研究过程等也具有客观性,因此科学对客观世界的真理性认知不仅包括人们的思想认识或陈述及词语和符号对于客观的自然物理世界的符合一致,也包括人们的概念陈述和命题判断对于理论实体的符合一致。由此,他得出结论说,"一个彻底的实在论者不仅对通常意义的物质对象的存在应持实在论的态度,而且对于数学必然性和数学可能性的客观性,……特别是场和物理量,也应持实在论的态度"[1]。在这种情形,"被某一特定的记号使用者共同体按特定方式实际运用的一个符号,是能够在这些使用者的概念框架之内符合特定的对象的"[2]。由此,他就由外在符合的实在论走向内在经验的(近似)符合实在论。不过,"相对于不同的概念框架,可以有不同的对象,世界本身到底有什么构成是个无意义的问题"[3]。由此,他就既否定了传统意义上把世界看作确定存在者的总和而弱化了形而上学的实在论,又否定了人们的思想认识及陈述与这个世界的一一对应的符合关系的直接符合论的传统形而上学真理观,而倾向于相对主义。在第二个难题上,希拉里·普特南就主张,科学理论的任务就在于表述外部客观世界,这一表述会随着科学的不断进步和科学理论的成熟而趋于精确化,由此人们不断地逼近真理。不过,在数学定律、原理的认知问题上,他主张,"在内在实在论者看来,真理是某种合理(理想化的)的可接受性——是我们的诸信念之间、我们的信念同我们的经验之间的某种理想的融贯(因为那些经验本身在我们信念系统中得到了表征),——而不是我们的信念同不依赖于心灵或不依赖于话语的'事件'之间的相符合"[4]。不过,这种融贯不是直接的逻辑一致性,而是在科学理论进步的过程中实现的"知识得到完

---

[1] H. Putnam, Mathematics, Matter, Method, Cambridge: Cambridge University Press, 1975, p. Ⅶ-Ⅷ.
[2] [美]希拉里·普特南:《理性、真理与历史》,童世俊,李光程译,上海译文出版社2005年版,第58页。
[3] 陈亚军:《超越绝对主义和相对主义——普特南哲学的终极意义》,《厦门大学学报》(哲学社会科学版)2002年第1期。
[4] [美]希拉里·普特南:《理性、真理与历史》,童世俊,李光程译,上海译文出版社2005年版,第55—56页。

善,建立在全体证据之上,内在融贯一致,在理论上以最佳可能的方式组成一体"①,由此就突破了传统实在论立场强调真理对于客观实在的依赖,而更多地转向知识信念系统内部的自我逻辑一贯性及融合性和由此形成的对于真理的合理的可接受性。列普林则指出,虽然成熟的科学理论其历史形成表明了它不断趋近于对外部物理世界的真实描述,但"科学理论的似真性是对其预见成功的充分解释",因此"一种科学理论即使在其指称不成功时也可以似真"②。为此,牛顿·史密斯指出,虽然科学理论的真假取决于其所描述的外部世界,但是具体说来,科学理论的任务是对世界做出预测以便能够更好地驾驭世界,因此"预测能力的提高意味着理论掌握了更多的关于世界的真理,即逼真度的增长"③。由此,波义德指出,"如果科学的这一图景趋于正确,那么一种适当的科学哲学就必须是实在论的,因为它必须反映出'理论实体'知识为可能的事实"④。

总体说来,科学实在论并未突破传统形而上学视野,其真理观还是囿于符合论真理观框架内。诚然,这一符合关系不再像传统符合论真理观倾向于素朴实在论那样重点强调我们的意识、思想、陈述和命题与在它们之外的客观世界相符合,而是在语言分析哲学的影响下更多地在语义学层面上强调我们的语言真实地描述在其之外的具体客观实存和事态,语言的意义依赖于其之外的事实,亦即强调在科学术语有所指称的前提下,科学理论是对可观察领域和不可观察领域的近似真值的描述。而且,由于"实在"不仅包括现实外部世界的存在、过程及状态,还包括科学理论体系中理论实体,因此,这种符合就不仅是语言描述与外部客观实在的符合,而且也是在一定概念框架下,具体科学信息与其特定对象的符合及与相关的整个科学体系相融合,由此这种真理观就突破了传统外在符合论真理观,走向了内在符合论。不仅如此,由于不同的理论对于经验实在的描述,存在差异和融合,真值的描述就是在哲学不同描述之间不断纠错、不断累积进步的过程,因此它是一个不断逼近真理的过程。这就为人们在认识上和逻辑上理解和把握作为对社会经验实在的真值描述和创造性反映马克思社会真理思想的科学性和合理性提供了方法论借鉴。在这个意义上可以说,社

---

① Brian Ellis:What Science Aims to Do, in Churchland P. M. Hooker C. A. ed, Images of Science, Chicago:Chicago University Press,1985,p.5.
② 周丽昀:《科学实在论与社会建构论比较研究——兼议从表象科学观到实践科学观》,复旦大学博士论文,2004年,第46页。
③ 常春兰:《科学哲学中的相对主义及其超越》,复旦大学博士学位论文,2006年,第97页。
④ Richard Boyd. Scientific Realism and Naturalistic Epistemology, PSA, 1980, p.615.

会真理的产生和形成也不是一蹴而就的,而是随着社会实践活动的变化发展,在多种理论的竞争和自我纠错过程中使人们对于自身和社会生活及其本性和规律的认知不断趋于科学化、合理化的过程。

不过,科学实在论虽然对传统形而上学的符合真理观有所突破和深化,但是并未从根本上解决符合论真理观的困境,而且自身也困难重重。其一,关于真理的"逼真论证"的困难。科学实在论坚信,不可观察和不可感知的理论实体的实在性及其语义学上可陈述性的可认知性,可以通过实验现象和科学的"逼真论证"来确证。如普特南就主张,一个理论对于某种存在的陈述,如果这种存在如陈述所揭示的那样呈现出来,则这一理论的陈述便是正确的。"并且,前后相继的理论将朝不断地逼近真理的方向发展"①。由此,他便以"科学成功的现实事例为依据,解释理论的逼真性"。在此基础上,他又以"理论的逼真性为前提,解释理论实体存在的本体性"。而这势必有导致归纳论的困境之嫌。此外,"逼真论证"采取"理论定律的逼真性,来保证现象学定律的成功性的论证方法"②。这"将使实在论处于无法防御的地位"③。其二,关于真理的"操作论证"的困难。为了克服"逼真论证"的困境,科学实在论提出了"操作论证"的方法。他们主张,在实验操作过程中通过对实验结果的内在原因的追溯和实验过程来确定理论实体的实在性,这实际上继续沿袭了"逼真论证"的思想理路,势必会陷入"对科学的实在论解释方法论困境"④。

4.1.5.2 融贯论真理观和实用论真理观

与科学实在论一样,融贯论真理观和实用论真理观也是在现代哲学的框架下,对于传统形而上学符合论真理观的继承、改造和发展。由于受传统符合论真理观的影响,融贯论真理观和实用论真理观的核心是坚持真理是现成东西之间的正确符合或相适合。当然,从现代哲学看,融贯论真理观和实用论真理观不再仅仅局限于认识(或观念)与实在相符合的命题真理,而是扩展到了命题之间、命题与命题体系之间的逻辑上相融贯性以及观念与实在的相适用性和观念的实效性。

A. 融贯论真理观

---

① H. Putnam, Mind, Language, and Reality: Philosophical Papers, Vol. 1. Cambridge: Cambridge University Press, 1975, p. 1.
② 郭贵春,成素梅:《当代科学实在论的困境与出路》,《中国社会科学》2002 年第 2 期。
③ 郭贵春:《当代科学实在论的走向》,《哲学研究》2003 年第 6 期。
④ 郭贵春,成素梅:《当代科学实在论的困境与出路》,《中国社会科学》2002 年第 2 期。

融贯论真理观的核心思想是坚持真理是命题之间或命题与命题系统之间的融贯一致。一个命题或判断之所以为真，就在于它能够与一个相关的完整知识系统保持内容上的逻辑一贯性和范围上的命题所指与系统意谓之间的相容性。这种理论在作为实证的社会科学和自然科学领域中有其合理之处，特别是在这些科学的理论体系中有其合理性价值和意义。

在哲学史上，莱布尼茨曾经从非矛盾律及充足理由律的视角通过阐发事实真理和理性真理而明确地阐发过融贯论真理观。他明确提出，事实真理来源于偶然的和可能的经验世界，其反面与之相容和共在，因此不相矛盾，不过只具有经验的偶然性，只能运用充足理由律论证其真理性，其真实性有赖于自由判断和偶然事件；理性真理来源于天赋的内在原则的先天演绎，其反面则与之自相矛盾，因此其自身具有逻辑一贯性，具有逻辑的必然性，只能应用矛盾律判断其真假。由此，莱布尼兹一方面就肯定了偶然或事实的东西也能够成为真理，而且是多种可能性的东西或事实的东西相容或共在而根据充足理由律判断最佳的选择，形成真理；另一方面，肯定了人们运用知性通过演绎推理而构成的命题体系具有必然的真理性，只要人们根据矛盾律理解其是内在逻辑一贯而不相悖，就成为真理。也正因为如此，他实际上就把事实真理与理性真理"完全机械地割裂开来，甚至认为它们发生于不同的领域"①。对于此，黑格尔从辩证统一的哲学视角弥合了二者的分裂性和并立性，进一步深化了融贯论真理观。他强调，思想作为真理"不仅是我们的思想，同时又是事物的自身，或对象性的东西的本质"②。在思想作为真理的扩展环节中，"这些环节不再分裂为存在与知识的对立"③，而停留于以知识形态出现的概念形式下的真理中。而且，"真理是全体"，是大全，是体系，"是通过自身发展而达于完满的那种本质"④。其自身展开的各个环节，都是其自身的反思，都是它自身自为存在着的自我环节，因此个别的观念作为这些环节的对象性存在只有与真理大全体系逻辑一贯而相容，才具有真理性。但正如布兰沙德所说，观念彼此必然联系的完整的真理系统"是全部理性探索的理想目标，它之所以只是理想，因为在实际的科学实践中，它永远不可能实现"⑤。黑格尔主张的融贯论真

---

① 全增嘏：《西方哲学史》（下册），上海人民出版社1985年版，第590页。
② [德]黑格尔：《小逻辑》，贺麟译，商务印书馆1980年版，第120页。
③ [德]黑格尔：《精神现象学》，贺麟、王玖兴译，商务印书馆1979年版，第24页。
④ [德]黑格尔：《精神现象学》，贺麟、王玖兴译，商务印书馆1979年版，第12页。
⑤ [美]R.T.列赫：《论连贯性是真理的标准和本性》，文志玲摘译，伊丛校，《哲学译丛》1984年第4期。

理观,其真理所要求的"对现实性整体的理解",是"植根于理想化的连贯和广泛性的系统"之中的,因此也是一种理想化的真理体系。由于这一理想化的系统是我们理性认识所永远达不到的,因此知识的真理性就不能被完全保证而需要不断修正。

现代融贯论真理观在批判和继承黑格尔思辨理性真理观思想基础上,朝两个方向发展:一个方向是"由迪昂、彭加勒等科学家间接地从当代科学理性的层面上展开";另一个方向是"由纽拉特、亨普尔、艾耶尔等人在逻辑实证主义内部对某些基本问题的争论中,直接地从哲学理性的层面上展开"①。

以经验主义者迪昂、彭加勒等科学家为代表的法国约定主义立足于科学体系,强调科学整体性理解的重要性,认为只有在科学史的总体进程中科学发展趋势和规律才得以显现。而对于任何一个事实的判断都不能完全依赖于这一事实本身,因为这一判断对于事实本身的描述都依赖于我们借以进行描述的语言、符号及相应的语法规则等和促使我们构造这一描述的内在目的和动机。我们只有在选定的语法规则及相应规则下对事实进行构造性描述,我们才能够形成正确的概念。因此,"人们只能在一个概念模式中谈论相对于事实的真假,而这样的概念模式是可以根据其方便性或舒适性而加以改变的,是可以选择的"②。而且,我们认知事实的方式,诸如知觉、表象、信念等等也不具有先验的特征,它们是随着认知目标的变更而不断加以改变的。例如迪昂主张,作为组成科学两大体系的理论假设体系和观察资料体系,"两个体系必须就它们的整体加以考虑:一方面是理论描述的完整体系,一方面是观察资料的完整体系"③。科学理论假设体系作为完整的工具系统,其真理性在于其与整个科学体系无矛盾的整体的逻辑一贯性。如果科学体系中的其他假设有所调整,那么一个假设即使与实验结果不符合,但只要和新的理论系统逻辑一贯,就可能是真的。与此同时,彭加勒从科学约定论的角度阐发了他的真理融贯论思想。他认为,"科学的基本假设是方便的定义或公约"④。其中,由经验所提示的不能被证实的科学假设之构造,都是人们在保持假设体系内部逻辑一贯性和与相应

---

① 高家方:《从"理性的颠倒"到"实践的颠倒"》,吉林大学博士论文,2006年,第137页。
② 江怡:《西方哲学史〈现代英美分析哲学〉》(学术版)(第八卷)(上卷),凤凰人民出版社、江苏人民出版社2005年版,第180页。
③ [法]迪昂:《物理学理论的目的和结构》,李醒民译,华夏出版社1999年版,第246页。
④ [美]梯利:《西方哲学史》,葛力译,商务印书馆2005年版,第720页。

的事实一致基础上,考虑到方便我们认识事实而自由能动的选择结果,因此它是约定的。

以纽拉特、亨普尔、艾耶尔等人为代表的逻辑实证主义者为"捍卫科学和拒斥形而上学",则从命题的语言分析和数理逻辑的证实层面上阐发和论证融贯论真理观。他们强调,"科学的理论是由有意义的命题组成"①。这些命题又是由分析命题和综合命题组成。分析命题的主词和谓词在语言结构上或其他符号系统内的逻辑上相互融贯而判断为真,综合命题则通过经验观察符合经验认识而判断为真,由这两类命题才能构成有意义的命题体系。因此,"命题的意义即证实它的方法"②。一个命题要么能够被逻辑的方法加以证实,要么能够用经验观察的方法加以证实,才是有意义的命题。正如艾耶尔在《语言、真理与逻辑》第二版导言里所指出的,"当且仅当一个陈述或者是分析的或者是经验可以证实的时,这个陈述才被认为字面上有意义的"③。由此可见,逻辑实证主义把科学命题的证实原则确立为其意义标准。例如魏斯曼就说:"任何人说出一个句子,必须知道他在什么条件下称这个陈述是真的或假的;……一个不能最后得到证实的陈述就是根本不可能得到证实的;它完全没有任何意义"④。纽拉特在法国约定主义的影响下,反对句子与经验、世界或别的东西相比较,指出,"科学的目的就是建立一个融贯的句子系统,包括我们认为接受了就最有好处的记录句子。……科学中的每个句子到头来是被接受或被抛弃取决于为了融贯和统一的好处而做出的决定"⑤。这决定了该句子的真理和意义。在此基础上,艾耶尔也认为,"陈述只能有意义地与其他陈述比较。这种说法的不幸结果是:他不得不坚持真理融贯说"⑥。

总体上看,融贯论真理观主张,一个命题的真假取决于与其相应的命题体系的逻辑一贯性和内容的相容性,这是对传统形而上学真理观的实在论倾向的重大突破。根据这一理论,真理就在于命题的陈述与相应命题系统的相符合、相融贯,亦即真理与命题系统中的其他命题逻辑一贯或在内容上与命题系统整体相容。诚然,这一命题系统是我们已经接受的科学性的真理命题系统。如果一个新命题与其相应的科学命题系统相抵触或不

---

① 全增嘏:《西方哲学史》(下册),上海人民出版社1985年版,第636页。
② D. J. 奥康诺:《批评的西方哲学史》,洪汉鼎等译,东方出版社2005年版,第940页。
③ [英]艾耶尔:《语言、真理与逻辑》,尹大贻译,上海译文出版社1981年版,第6页。
④ [英]艾耶尔:《语言、真理与逻辑》,尹大贻译,上海译文出版社1981年版,第943页。
⑤ [英]艾耶尔:《语言、真理与逻辑》,尹大贻译,上海译文出版社1981年版,第948页。
⑥ [英]艾耶尔:《二十世纪哲学》,李步楼等译,上海译文出版社1987年版,第42页。

相容,人们既可以认定这一命题为假而抛弃这一命题,也可以对命题体系内的其他命题进行调整而把这一新命题纳入新的命题系统中确定为真命题,由此就突破了传统符合论真理的绝对性而走向了真理的相对性。这就作为由真实命题组成的科学体系为马克思主义社会真理思想的检验提供了方法论借鉴。这意味着,在融贯论真理观的哲学视野下,我们不仅要考察正在产生和形成的社会真理体系自身的逻辑上的自洽问题,还要考虑到这一认知体系与其相应的其他的已然确立的真理体系之间的连续性和内在关联性,从而不断提高这一实践真理体系自身的内在合理性。而且,社会真理体系的科学性和合理性的检验标准之一也在于命题自身及命题之间的逻辑一贯性,和命题与相关的科学认知体系之间的融贯性,以及认知体系自身的系统性及整体性。尽管如此,但从总体上看,融贯论真理观并未真正超越符合论真理观的基本原则——把真理看作是一种既定的和现成的符合关系。而且,由于取消了"实在"在真理观中的本体论地位,它还使自身陷入了相对主义,这导致真理随着命题的调整或命题体系的变动而变得真或不真,从而失去了最终的确定标准,造成与经验观察不相符合的假命题也可能成为真理。

B.实用论真理观

由于受经验主义拒斥传统形而上学追求绝对实在和绝对理性的真理观思想的影响,实用主义也摒弃了对绝对知识的追求,抛弃了主客二元对立的认识思路,在改造符合论真理观和融贯论真理观基础上,提出了独特的实用论真理观。他们主张,真理的实践效用重于理论,坚信真信念是富有实效性的信念,这些信念要通过在其使用环境中的适用性来考察其真假。

现代哲学中,实用论真理观的代表人物主要有皮尔士、威廉·詹姆斯和杜威等人。他们坚持的实用论真理观主要有以下特征:其一,沿着经验主义继续前进,坚持传统符合论真理观的实在论基本立场,主张真理依赖于经验实在。如皮尔士在符号论情境下认为,"只要被认为是符号的命题和命题所指谓的客体相符,这个命题就是真的,探求真理是向理想的真理渐次推进——这种理想是永远不能完全实现的"[1]。威廉·詹姆斯也主张,"真理是我们的某些观念的一种性质,它意味着观念和实在的符合,而

---

[1] [美]梯利:《西方哲学史》,葛力译,商务印书馆2005年版,第726页。

虚假则意味着观念和实在的不符合"①。不过,这一"符合",不是传统符合论真理观意义上的符合,而是指向观念实在的引导。如果一个观念能够引导出相应的结果,而这种结果方便我们思维和生活,它就在工具的意义上是真的。在此基础上,杜威直接把他的实用主义称为"工具主义"或"经验主义"。其二,在判断标准方面,强调真理的实践效用。皮尔士就认为,"要确定一个思想上的概念,应该考虑从那个概念的真实性可以设想必然产生的什么实际结果;这些结果的总和构成那概念的全部意义"②。换句话说,概念的真理之意义包括这一概念所产生的实际效果及由此相应地对于观念的评价。在此基础上,詹姆斯直接把观念的真理性与观念的实际效用直接等同起来,提出真理作为观念和实在的符合就在于观念产生的实际效果方便我们的思维和生活,"真理就是有用"。由此,杜威就直接指出,"'实用'这个词只是一切思维、一切反思的思考关联到结果作为最后的意义和检验的规则。一个判断的意义在于它的预期的结果,它的真理由这些结果的实际证实来确定"③。其三,强调探索和经验观察的研究方法。皮尔士认为,就实用主义作为方法论而言,它就是确定信念的方法。为此,他在批判分析以往人们确定信念的四种方法——固执的方法、权威的方法、先验的方法、科学的方法基础上,提出科学的方法中的三部曲——怀疑、探索、确定的行动对人们进行科学研究的重要价值。詹姆斯则直接声称实用主义就是一种方法论。这种方法是为怎样采取行动确定方向,它直接指向"最后的事物、收获、效果和事实"④。在此基础上,杜威则提出了帮助人们取得成功、获得实际效果的探索方法,这一探索方法分为五个步骤:"1.感觉到的困难;2.困难的所在和定义;3.对可能的解决方法的设想;4.运用推理对设想的意义所作的发挥;5.进一步的观察和实验,它引导到肯定或否定,就是说得出是可信还是不可信的结论"⑤。胡适把它们概括为:"大胆的假设,小心的求证"。

总体上看,实用主义的基本思维方式是在坚持传统符合论真理观基本原则基础上,尽力避免传统符合论真理观的绝对实在论倾向,尽力避免主观符合客观、理论符合实在的这种主客体二元对立的传统认识论追求知识

---

① [美]威廉·詹姆斯:《实用主义》,商务印书馆1979年版,第101页。
② [美]梯利:《西方哲学史》,葛力译,商务印书馆2005年版,第724页。
③ [美]梯利:《西方哲学史》,葛力译,商务印书馆2005年版,第734页。
④ [美]威廉·詹姆斯:《实用主义》,商务印书馆1979年版,第31页。
⑤ [美]杜威:《我们怎样思维》,姜文闵译,人民教育出版社2005年版,第87页。

或观念的绝对确定性的思维方式,并将这种对知识的绝对真理性追求作为知识所追求的终极理想悬置起来,转而求其次,力求从现实生活的实践活动中使主客体统一起来而超越二者的分裂和对立,通过观念产生的实际效用来探求知识的确定性和真理性。这不仅使真理的检验具有了现实性和可操作性,而且由此把传统形而上学真理观改造成为了个体生命生存基础上的能动的和充满活力的真理观,把传统真理观中纯粹思维的主体改造成为依据认知的真理的"效用"和"价值"来行动的主体,从而使"价值"观念和"效用"观念融入真理问题中,为挖掘和展示马克思主义社会真理观中存在的实践效用思想提供了研究视角和方法论借鉴。但是,当实用主义把观念的确定性和真实性确定为它与自身产生的可能的实际效果的相适应、相适合时,它就忽视了真理的本体论基础和真理对客观实在的揭示和反映特性,从而导致了真理的确定性具有相对性。不仅如此,随着实用主义发展到詹姆斯把观念的真理性标准等同于观念的实效性的工具主义,实用主义也就不免陷入"有用即真理,真理即有用"的肤浅论调。

4.1.5.3 存在论真理观

与科学实在论、融贯论真理观和实用论真理观在囿于传统形而上学框架内力图克服符合论真理观的内在困境不同,针对启蒙时代以来理性中心主义造成的人们在现代社会生活中的物化和自我本真性存在的遗弃及精神家园的失落,存在论真理观是在批判和超越传统形而上学符合论真理观基础上,另辟蹊径来克服其困境的。它是通过人作为历史性生存的此在对自身本已性存在状态的揭示来追问真理的本质,并由此探寻本源性的真理观的。在它看来,真理奠基于人的社会历史性生存和人的生命创造,是关于人的存在的一般意义问题。在现代西方哲学中,持这种真理观的主要代表人物有克尔凯郭尔(即本著作中其他地方提到的"基尔凯戈尔")、海德格尔、雅斯贝尔斯、萨特、梅洛·庞帝等。

首先,存在论真理观反对把科学知识看作人的唯一存在方式而忘却了人的本真性社会历史性生存,主张真理奠基于人的本真性社会历史性生存,追问真理的本质就是对人的生存和存在之一般意义的追问。克尔凯郭尔在批判黑格尔思辨哲学的客观真理时就指出,"并不存在什么客观的真理,真理只存在于个体的接近过程中"[①]。"真理即是心性"。它就是某种

[①] 谢地坤:《西方哲学史〈现代欧洲大陆哲学〉》(学术版)(第七卷),凤凰人民出版社,江苏人民出版社 2005 年版,第 462—463 页。

充满激情的心性"对客观和理论上不确定的某种事物的热情而内在地信仰,这是存在着的个体可以达到的最高真理"。因此,真理"不是由外面输入个体的,而是始终内蕴于其中的"①。而且,这种真理是存在论上的"主观性"真理,"其实就是'永恒真理'和'永恒福祉'的代名词"②。海德格尔也主张用人的存在来改变传统哲学对真理的规定。他认为,"真理并不植根于命题上"。真理是关于存在的真理,就是作为历史性生存的此在对于存在的揭示。在此基础上,雅斯贝尔斯也认为,真理就是"建立在我们能够成为的那种存在的基础上的;理智的真理(亦即科学的真理)只是其中的一部分"③。

其次,存在论真理观主张真理问题不是认识论问题,而是存在论问题,因此只能运用非理性认识的方法追问存在和揭示其真理。克尔凯郭尔就主张,人只有在生存过程中不断充满激情地信仰和体验上帝的存在,在人与上帝的联系中,人才能体验到和意识到自己的存在,才会成为真正的存在,从而才能与真理建立联系,接近真理。海德格尔也认为,"传统哲学之所以不能回答'存在'问题,说不出'存在自明的根据',关键在于它们在方法论上不对头,既没有遵循现象学的方法"④,因此真理作为"存在的真理"不能用概念、陈述和判断的理性分析方法去把握,而只能运用现象学方法,通过人的揭示而让存在自我显现。在此基础上,雅斯贝尔斯则主张,"存在本身"是一个无所不包的大全,不能从主客二分的立场去认识和解释,只有通过对人类生存状态的澄明和超越才能阐明存在。因此,真理作为对存在的把握,只能通过"生存阐明"的历史性的自由抉择过程来实现。其中,作为在人与他人共在中澄明的超越性生存的"交往是通往一切形式的真理的途径"⑤。只有在讨论中,真理才能够被澄清。

再次,存在论真理观主张真理是个体方面自由承担的作为。海德格尔就认为,"真理的本质揭示自身为自由"⑥。正是因为自由,历史性生存的人才能够在绽出的生存中解蔽存在者,让存在者存在而获得真理。因此,

---

① [美]梯利:《西方哲学史》,葛力译,商务印书馆2005年版,第664页。
② 谢地坤:《西方哲学史〈现代欧洲大陆哲学〉》(学术版)(第七卷),凤凰人民出版社,江苏人民出版社2005年版,第461页。
③ [德]雅思贝尔斯:《论真理》,袁义江,刘向东译,孟庆时校,《哲学译丛》1984年第4期。
④ 全增嘏:《西方哲学史》(下册),上海人民出版社1985年版,第777页。
⑤ [德]雅斯贝尔斯:《论真理》,袁义江,刘向东译,孟庆时校,《哲学译丛》1984年第4期。
⑥ [德]海德格尔:《路标》,孙周兴译,商务印书馆2000年版,第221页。

自由是真理的内在可能性根据。"真理的本质乃是自由"①。对此,雅斯贝尔斯说,"个人在他一切选择中的自由和他那作为结果而承担的绝对责任是关于存在阐明的主要评判"②,亦即个人的选择和自由及责任是检验人们获得存在之真理的主要评判。在此基础上,萨特就指出,"存在先于本质",人的生活就是要"不断追求自为和自在的统一",以实现自由,这是"规定人类知识、选择和行动不可避免的条件"③,也是规定真理的不可避免的条件。

通观以上论述可以看出,存在论真理观植根于人的历史性生存,真正从传统符合论真理观之外,通过对其产生的本源性根源的追溯,提出传统符合论真理观是对存在的遮蔽和遗忘,故而追问真理的本质就在于对存在者之存在的揭蔽,在于对存在者之存在的本源性无蔽的把握。其次,由于存在论真理观是在人的历史生存中,通过对存在的追问确立存在者之本真性存在的真理观,强调人的生命创造和自由对于真理观的基础作用,因此它们采取的方法,无论是激情体验或信仰的"主观性"方法,或现象学方法,还是类似于社会建构论强调的交往、讨论达成共识的方法,都是在运用不同于科学方法的其他方法讨论真理。最后,存在论真理观主张真理的确立,最终在于历史性生存的人在对自身存在的揭示过程中对存在者之存在的无蔽揭示。它植根于人的自由,人在其自由生存中形成和创造真理。这就为人们从个体的生命实践活动的角度深入认识和理解马克思主义社会真理思想的创造本性和生成特性提供了思路。

当然,存在论真理观与科学实在论、融贯论真理观和实用论真理观,无论在探讨真理的方法上,还是在真理本质的认识上,都存在较大差异,但它们并非截然对立,而是可以相互贯通的。首先,它们作为真理观,作为人们对世界和自身的真理性认知和存在之解蔽,都是人的绽开性生存方式,都有其合理之处。其次,它们作为对传统形而上学符合论真理观的批判,对于其困境的突围,都是对现代性危机所作的深刻反思和探索。在现时代探讨真理问题,也必然会涉及这些真理理论。再次,虽然存在论真理观反对和拒斥把科学化认知看作是人类把握世界的唯一方式,但它并不否认这一认知模式在自然科学领域内应用的合理性。正如伽达默尔所说,"科学认

---

① [德]海德格尔:《路标》,孙周兴译,商务印书馆2000年版,第214页。
② [美]梯利:《西方哲学史》,葛力译,商务印书馆2005年版,第669—670页。
③ [美]梯利:《西方哲学史》,葛力译,商务印书馆2005年版,第672页。

识乃是我们认识世界许多方式中的一种,我们绝不能以近代自然科学的认识和真理概念作为衡量我们一切其他认识方式的标准"①。最后,真理作为命题陈述或判断,其基本功能就在于揭示,因此其对于体系、实在的符合或与其实际效果的适应,本身就是将存在者带入道说的敞开域,让存在者以本真状态呈现。而这一揭示的根本前提就在于存在者已经处于其存在的无蔽状态中。在这个意义上可以说,科学实在论、融贯论真理观、实用论真理观与存在论真理观并不完全相互反对,而是相互补充的。它们都为我们准确、全面地理解马克思主义社会真理思想提供了可利用和可借鉴的思想和理论资源。

4.2 社会真理思想的中国哲学史考察

与真理观念一样,社会真理思想也是大约公元前5世纪至6世纪随着人类社会由远古时代进入文明时代逐渐形成,进入人类文明的轴心时代逐步出现的。就中国哲学而言,由于孔子"最先提出一系统性自觉理论,由此对价值及文化问题,持有确定观点及主张",则可以把孔子称为"最早的中国哲学家","孔子之自觉理论及系统观点之出现,方表示中国哲学正式开始"②。此后,如前文论述中国传统文化中的真理观念所谈到的,关于"道"和"理"的真理观念也随着中国哲学由此逐步形成和发展起来了。与此同时,以"道"和"理"为基础和出发点,关于社会生活过程、本性和规律的社会真理思想也逐步形成和发展起来。当然,这里需要说明的是,从中国传统文化中真理观念的逻辑演变历程来看,先秦时期人们大体上重视对"道"的体认和把握,重视讲"道";自东汉以后,人们则逐渐重视对"理"的考察和认知,重视讲"理"。与此相应,中国哲学思想史中的社会真理思想,在先秦时期也主要是从诠释"道"出发,形成和建构了关于社会治理的真理思想,自东汉以后,人们则逐渐重视从诠释"理"出发,形成和建构关于社会治理的真理思想。

---

① [德]伽达默尔:《真理与方法——哲学诠释学的基本特征》(译者序言),洪汉鼎译,上海译文出版社2004年版,第4页。
② 劳思光:《新编中国哲学史》(一卷),广西师范大学出版社2005年版,第75页。

4.2.1 以诠释"道"为基础的先秦诸子社会真理思想

从前文分析可知,中国传统文化的基本精神和主要特质与中国"巫史传统"①有着千丝万缕的联系,与原始巫术活动的理性化过程内在关联。

中国的巫术活动作为古代宗教的最初表现形式,其通过祭祀和占卜,推动"巫术礼仪"不断理性化,到西周初年,其已经实现了创造性转换,形成了周公的"制礼作乐"。对于此,李泽厚就指出,"周公通过'制礼作乐',将上古祭祀祖先、沟通神明以指导人事的巫术礼仪,全面理性化和体制化,以作为社会秩序的规范准则,此即所谓'亲亲尊尊'的基本规约。……所谓'德治'也就是'礼治'"②。从词源学角度看,"礼"一词,"从豊从示","豊"是祭祀用的一种礼器,"示"则是主要是祭祀的一种仪式。故而"礼",主要就是指人们在"日用而不知"的传统经验和思想观念的引导下,对于自己的行为与自己的行为目的之间的关系不加关注,只是"按照规定的方法做"③,亦即按照"仪式"做。当然,在这里,主要是通过道德教化,使人们自愿地和主动地按照传统的"礼"之传统经验和思想观念来调节和规范自己的行为和社会关系来实现的。孔门儒家哲学在精神方向上是对这一北方之周文化"制礼作乐"传统的提升、反省及超越。由于这一文化传统在价值层面强调"人之主宰地位"和人的主动性,并在价值取向上主张"唯德是辅"和"敬德"来处理神与人的关系和确立社会公共生活的礼仪制度规范,进而把社会权力来源的合法性和社会秩序的合理性奠基在合德性基础上,故而在这一文化传统影响下,儒家重人不重天,"重德性,重政治制度,立仁义王道之说"④,多讲人道,鲜言性与天道。对于此,钱穆曾就指出,"孔子之学所重最在道"⑤。所谓"道",非性与天道,而是人道,其本根在于人心,在于人的情感和心理。

与北方周文化传统创造性地转换"巫术礼仪"中仪文和人性情感方面而形成"制礼作乐"之"理性化体制建树",因而重视人事不同,东夷、殷商、祝融等族文化混同融合形成的"旧中原文化或南方传统之哲学"之南方文化传统则是在继承性地"改造原始宗教"基础上,保留和理性化了"巫术礼

---

① 李泽厚:《历史本体论·己卯五说》,生活·读书·新知三联书店2006年版,第371页。
② 李泽厚:《历史本体论·己卯五说》,生活·读书·新知三联书店2006年版,第184页。
③ 费孝通:《乡土中国》,上海人民出版社2013年版,第49页。
④ 劳思光:《新编中国哲学史》(一卷),广西师范大学出版社2005年版,第54—56页。
⑤ 钱穆:《论语新解》,九州出版社2011年版,第4页。

仪"中"与认知相关的智慧方面"①,故而它在思想倾向上更重视神权和巫权,而相对轻视人事。结果,在日常生活中,人们具有很强的神权观念,往往习惯于通过巫师占卜来处理社会生产生活中的事务。以庄子和老子为代表的道家哲学就是在反省和超越这一文化传统的基础上形成和建构起来的。在这一文化传统影响下,道家哲学"重道,重自然,立逍遥之超离境界"②,故而多讲形而上学之道。

4.2.1.1 以"仁道"为基础的先秦儒家社会真理思想

从人道生成的角度,从人的情感和心理层面,孔子提出了基于"仁心"的处理人与人、人与社会关系之社会生活的"仁道"之形成方式。在《论语·论学篇》中,孔子开篇就曾言,"学而时习之,不亦说乎?"③就旨在教导人们学习"为人之道",通过学习各种"先觉"而促成自己内心的"后觉"。由于人道之本在于人心,在于人的情感和心理,而人的最原始的情感和心理表现在"孝悌之心",故而人们学习"为人之道"的入手处便在于激发人的孝悌之心。对于此,孔子在《论语·论学篇》第二篇中直接指出,"君子务本,本立而道生。孝悌也者,其为仁之本与?"④。这即是说,人具有了孝悌之心,向内修己修身为德,才可能形成孝悌之道;才有可能有仁心,向外调节人与人之社会关系为道,才可能形成仁道。故而,人们需要专力于本根处,专力于"孝悌之心"的激发和护养。"孝悌之心"的本根处立起来了,仁心也会被激发和护养,孝悌之道和仁道也就随之逐步形成起来了。在《论语·雍也篇》中,孔子进一步指出,"夫仁者,己欲立而立人,己欲达而达人,能近取譬,可谓仁之方也已"⑤。在《论语·为政篇》,孔子又进一步指出,"道之以政,齐之以刑,民免而无耻。道之以德,齐之以礼,有耻且格"⑥。在《论语·颜渊篇》中,孔子则指出,"政者,正也。子帅以正,孰敢不正?"⑦由此,孔子就从人道的社会效用和功能方面提出了以"仁道"为核心内容的"德化"和"礼治"的社会治理方式和经世治国之道及其对于促进社会秩序合理化规范化的重要作用,"仁道""德化"和"礼治"也因此逐步成为儒家王道政治的核心主张和主要内容,进而也逐步成为我国传统社会生活的重要

---

① 李泽厚:《历史本体论·己卯五说》,生活·读书·新知三联书店2006年版,第184页。
② 劳思光:《新编中国哲学史》(一卷),广西师范大学出版社2005年版,第53—56页。
③ 钱穆:《论语新解》,九州出版社2011年版,第1页。
④ 钱穆:《论语新解》,九州出版社2011年版,第4页。
⑤ 钱穆:《中国思想史》,九州出版社2012年版,第14页。
⑥ 钱穆:《论语新解》,九州出版社2011年版,第22页。
⑦ 钱穆:《论语新解》,九州出版社2011年版,第296页。

治理思想和治理方式。正因为如此,费孝通在《乡土中国》一书中就指出,中国传统社会作为乡土社会,是典型的"'礼治'的社会"①。这种社会作为"一种没有具体目的,只是因为在一起生长而发生的社会"②,仅仅依靠风俗礼仪来规范和调整人们的社会行为和社会关系,进而来维持社会秩序。在这样"一个熟悉的社会"中,人们只要熟悉于习俗礼仪,并在行为活动中以此为指导安排和处理社会生活,就可以实现"从心所欲而不逾规矩的自由"③。

孟子基于人性之"仁"的四端说,提出了性善论,从心性论层面丰富和完善了孔子的"仁道"思想。他指出,人有四端,即恻隐之心、羞恶之心、辞让之心和是非之心。"恻隐之心,仁之端也。羞恶之心、义之端也。辞让之心礼之端也。是非之心,智之端也。人之有此四端也,犹其有四体也。……凡有四端于我者,知皆扩而充之矣,若火之始然,泉之始达,苟能充之足以保四海,苟不充之,不足以事父母"④。这四端作为人的原始情感和无意识的心理,是人之为人先天就有的。它们皆在人们在社会生活中处理各种事情和进行各种活动中形成价值自觉(即"应不应该"之自觉)并表现出来。而这四端之价值自觉,通过各种形式表现出来,就成为人们在社会生活中通过自觉努力而逐渐形成各种德性的根源。各种道德的形成,也是由于人在这四端价值自觉的各种表现形式中,实现从对价值意识的内在之自觉,到把这四端作为出发点,扩充本有之价值意识达到各种德性之完成。简言之,德性实为人们的价值意识逐步达到普遍自觉的结果。而这一理论,也逐渐成为后世儒学中功夫思想的根据。不仅如此,他还将孔子的"仁道"的社会真理思想扩展和提升为社会治理的基本指导理念和核心价值观念,提出了关于具体设计、安排社会生活的施政措施的"仁政"之说。孟子主张在社会生活中推行仁政,改善人民生活,同时推行教育、进行知识教化,使民安乐,从而保民,进而使民心归附,王天下。他言道,"彼陷溺其民,王往而征之,夫谁与王敌? 故曰:仁者无敌。王请勿疑"。"是故明君制民之产,必使仰足以事父母,俯足以蓄妻子,乐岁终身饱,凶年免于死亡"。"仁则荣,不仁则辱。今恶辱而居不仁,是犹恶湿而居下也,如恶之,

---

① 费孝通:《乡土中国》,上海人民出版社2013年版,第47页。
② 费孝通:《乡土中国》,上海人民出版社2013年版,第9页。
③ 费孝通:《乡土中国》,上海人民出版社2013年版,第9—10页。
④ 劳思光:《新编中国哲学史》(一卷),广西师范大学出版社2005年版,第120页。

莫如贵德而尊士"①。由此,"仁道"思想就由纯道德意义上的主观观念逐渐转化为安排和组织实际社会生活的观念。在这里,由于孟子主张"仁政得民",故而也强调"仁"的效用。

荀子在充分吸收老子形而上的"道"思想基础上,着眼于当时中国现实社会生活,从讲"人道"的角度,对孔子纯道德意义上的"仁道"思想中"礼"的思想进行了外向性发展,从制度建构角度提出了"礼仪之统"的社会治理思想。荀子认为,"万物为道一偏,一物为万物一偏,愚者为一物一偏,而自以为知道也,无知也"②。这即是说,与老子对于"道"的认识和定位相类似,荀子也从形而上学和本体论层面把"道"看作是万物运动变化之共同的规律,但此"道"更侧重于人道。"道者,非天之道,非地之道,人之所以道也,君子之所道也"③。其中,"人之所以道,君子之所道",在社会生活中就表现为"价值规范"和社会制度,引导和规范人们的行为活动。"道也者,治之经理也"④。换句话说,"道"就是调节和规范人与人、人与社会之间的关系的制度和规则,也就是"礼"。在荀子看来,"礼"兼指政治制度及日常仪文,虽说这大致与儒学言"礼"之通义相同,但他专论"礼"时,更侧重制度方面内涵。他认为,"礼起于何也?曰:人生而有欲,欲而不得,则不能无求;求而无度量分界,则不能不争;争则乱,乱则穷。先王恶其乱也,故制礼仪以分之,以养人之欲,给人以求;使欲必不穷乎物,物必不屈于欲,两者相持而长,是礼之所起也"⑤。在这里,与墨子论"兼爱"之缘由相类似,荀子主张,在社会生活中,制礼的根源在于人怀私欲,有求遂有争,故须制礼仪(立制度)以调节和规范之,使人服从一定的规范和秩序。换句话说,"礼仪"产生的根源在于"平乱息争"之要求,是"应付环境需要"而产生,因此它作为价值规范,只有外在制度的意义和"工具价值"。对于此,荀子曾说,"礼者,法之大分、类之纲纪也。故学至乎礼而止矣,夫是之谓道德之极"⑥。这即是说,"礼"是最高级别的道德规范和价值规范,是人们不断学习而获得的。同时,它被看作是"法之大分,类之纲纪",就有制度层面的含义。

---

① 劳思光:《新编中国哲学史》(一卷),广西师范大学出版社2005年版,第134—135页。
② 孙旭鹏:《荀子"群居和一"的政治哲学研究》,东南大学博士论文,第24页。
③ 孙旭鹏:《荀子"群居和一"的政治哲学研究》,东南大学博士论文,第24页。
④ 钱穆:《中国思想史》,九州出版社2012年版,第60页。
⑤ 钱穆:《中国思想史》,九州出版社2012年版,第58页。
⑥ 孙旭鹏:《荀子"群居和一"的政治哲学研究》,东南大学博士论文,第15页。

4.2.1.2 以"道"为基础的先秦道家社会真理思想

与儒学认为宇宙秩序与道德秩序同构同则,社会秩序的合理性在于合德性,因此主张通过恢复以"仁道"为核心内容的礼乐制度来推动社会的德治和礼治,从而恢复和维护社会秩序的稳定不同,老子和庄子认为,建基于人们的行为之上的社会生活的根据与人在宇宙中的最终根据是一致的,都是"道",因此他们把社会秩序的合理性奠基在本体论层面和价值意义上的"道"的基础上。

老子认为,从本体论层面看,"道"孕育万物,其乃万物之根,"有物混成、先天地生"①,万物皆从道生成发展而来,同时道又内在于万物之中而成为其组成部分,万物只是道的具体表现形式(即"万象")。在这里,道即万物运行的常轨,即规律,万物万象皆遵循此运行之常轨(即"规律")。不仅如此,从价值意义角度看,"道"随事物的特殊性而有所不同,故物各归其根,乃显自性,此"自性"便是"自然",便是"德"。因此,以心观道破执,遂驻于无为,即是驻于心灵自显之自性,亦即驻于实践理性之境,即驻于生命情意我之自觉境界。故依于道,乃成其德②。而且,"故道大,天大,地大,人亦大。域中有四大,而人居其一焉。人法地,地法天,天法道,道法自然"③。故而,人们在处理人与人、人与社会关系,安排社会生活时,应当遵从和顺应万事万物的自然本性(自然的运行规律),顺天顺自然无为,方能达到自然境界。而且,"道常无名,朴虽小,天下莫能臣。侯王若能守之,万物将自宾"④。由此,老子就把社会生活合理性根据奠基在"道"基础上了,亦即奠基在社会生活之道的本性——"自然"的基础上。在这种情势下,人们只有回归社会生活之"道","尊道贵德",按照道的规律和德的要求安排社会生活,社会生活才是一种合理的社会生活。

当然,与老子一样,庄子虽然也从本体论层面把"道"看作天地万物的本原,天地万物是"道"生成变化的产物,但对"道"的理解与老子稍有不同。在《齐物论》中,庄子就曾言,"道行之而成,物谓之而然。恶乎然?然于然;恶乎不然?不然于不然。物固有所然,物固有所可。无物不然,无物不可。故为是举莛与楹,厉与西施,恢诡谲怪,道通为一"⑤。在这里,"道"

---

① 钱穆:《中国思想史》,九州出版社2012年版,第68页。
② 劳思光:《新编中国哲学史》(一卷),广西师范大学出版社2005年版,第188页。
③ 钱穆:《中国思想史》,九州出版社2012年版,第69页。
④ 敦鹏:《中国传统政治哲学的特质及其现代价值》,《社会科学战线》,2018年第8期。
⑤ 钱穆:《中国思想史》,九州出版社2012年版,第41页。

即是"所行"之路,亦即因"行"的活动而有所谓"道"。而"物"亦非客观存在如此之物,而是在人认知活动中被人的心灵认知之"如此"。由此可以推断,物存在某种状态或呈现出某种存在状态,皆依一定条件而立。进而,我们也可以推知,万物存在的一切经验性质皆因人们的心灵认知活动及相应认识条件而成立,如若超越人们的心灵认知活动及相应认识条件,则可舍弃万物一切经验性质,而将不同之经验对象亦视为与之具有同等地位和价值。进而,我们又可以进一步推知,万物的一切经验性质皆因人们心灵的认知活动及相应的条件不同而有差异,如若超越人们心灵的认知活动及相应的条件,舍弃因人们认知而形成的这些经验性质而观之,则可见万象通为一,皆对象而已。换句话说,在"道"这一宇宙万物生成过程看,万物不仅等齐,而且皆是相对性存在。故而,从宇宙界角度看,要达到艺术审美角度的情意自我之逍遥境界,在社会生活的组织安排形成社会生活合理的秩序中,则须超越人生界,超越人的有限性,超越人的知识的有限性和生命的有限性,须"离形去知",既要超越认知之我,也要超越形躯之经验自我,超越德性我,摆脱追求"功名利禄"的现实利害关系,达到——"无己、无功、无名"之"无为"的无所追求之精神境界,进而从根本上解决人生问题和社会生活问题,即所谓"至人无己,神人无功"①。"如游心于淡,合气于漠,顺物自然,而无容私焉,而天下治矣"②。

4.2.1.3 其他学派的社会真理思想

与儒学基于血缘关系组织和建构家国一体的社会生活,以纯道德意义上的"仁道"处理人与人、人与社会的关系不同,墨家超出血缘关系,跳出人生界,与道家一样,从宇宙界来讲人道,主张以"兼爱"来处理人与人、人与社会之间的关系。墨子着眼于春秋战国时期中国社会面临的治乱之现实问题,主张在社会生活中,通过推动人与人、家与家、国与国之间互爱,来化解和避免人与人、家与家、国与国之间的相互冲突和侵害,实现社会的和谐有序和社会的有效治理。他认为,"诸侯各爱其国,不爱异国,故攻异国以利其国。天下之乱物,具此而已矣。""若使天下兼相爱,爱人若爱其身,……故盗贼亡有。""故天下兼相爱则治,交相恶则乱"③。而"兼相爱"之所以可以平乱实现天下治,墨子认为根本原因还在于虽然从人生界看,人与人、家与家、国与国之间存在差别与不同,但从宇宙界看,人与人、家与

---

① 敦鹏:《中国传统政治哲学的特质及其现代价值》,《社会科学战线》2018年第8期。
② 劳思光:《新编中国哲学史》(一卷),广西师范大学出版社2005年版,第207页。
③ 劳思光:《新编中国哲学史》(一卷),广西师范大学出版社2005年版,第218—219页。

家、国与国之间则是平等的。而且，从价值意义上看，"天"作为形成和赋予万物价值的意志根源（即"天志"），肯定和赋予万物万象之价值。他认为，"天兼天下而爱之"。"天兼天下而食焉，我以此知其兼爱天下之人也"①。故而，"顺天意者，兼相爱，交相利，必得赏；反天意者，别相恶，交相贼，必得罚"。而且，"天之意不欲大国之攻小国也，大家之乱小家也"②。故而，在社会生活中，顺天意来治乱，必以"兼相爱"来处理人与人、家与家、国与国之间的社会关系。不仅如此，"兼相爱"又具体通过从天意生出的"义"（即"合理"）作为价值规范，来调节和规范人与人、家与家、国与国之间的社会关系来组织、安排社会生活。"天下有义则治，无义则乱"③。

与荀子一样，韩非子也在充分吸收老子的形而上学"道"思想基础上，提出了在社会实践活动层面"法治"的社会治理思想。他认为，"道者，是非之纪。是以明君守始，以万物之源，治纪以知善败之端。故虚静以待令，令名自命也。虚则知实之情，静则知动者正。有言者自为名，有事者自为形。形名参同，君乃无事焉，归之其情"④。在这里，与老子主张道为万物之母一样，韩非子主张道乃万物之源，但同时又是评判、调节人与人、人与社会关系之社会生活的"是非"价值标准和制度规范，因而也看作是社会治理的法则。故而，人们按照道来推动社会治理，就是要以"虚静无为"为治理法则来设计和安排社会生活，处理人与人、人与社会的关系，进而达到无为而无不为。

4.2.2 以诠释"理"为核心的宋明理学之儒学社会真理思想

如前所述，随着秦政权的确立，先秦诸家哲学之争鸣局面结束，伴随着"怀疑主义的名学的兴起""狭隘的功利主义的盛行"、焚书坑儒和"方士派迷信的盛行"⑤，先秦学统被破坏。自此以后，中国学术思想陷入"混淆"和"伪作"⑥之衰乱局面。至东汉时，哲学思想倒退到了"宇宙论中心之哲学"的幼稚阶段，儒学心性成德之说大衰，人们的精神文化生活出现了真空地带。同时，佛教逐渐传入中国，并广泛深入地影响人们的日常社会思想文化生活。结果，在佛教各宗派教义的影响下，人们在社会生活中逐渐重视

---

① 钱穆：《中国思想史》，九州出版社2012年版，第22页。
② 劳思光：《新编中国哲学史》（一卷），广西师范大学出版社2005年版，第220页。
③ 劳思光：《新编中国哲学史》（一卷），广西师范大学出版社2005年版，第221页。
④ 金景芳：《战国四家五子思想论略》，《吉林大学社会科学学报》1980年第1期。
⑤ 胡适：《中国哲学史大纲》，民主与建设出版社2017年版，第280页。
⑥ 劳思光：《新编中国哲学史》（二卷），广西师范大学出版社2005年版，第3页。

对"理"的考察和认知,在处理人与自身、人与人之间的关系中重视讲"理"。到了隋唐时期,随着佛教各派教义尽数输入中国,中国思想界已经掺入许多佛学教理成分。尤其到中晚唐时期,随着儒学和佛学的广泛深入接触和交流,儒学和佛学逐渐出现了一定程度的竞争和融合,在儒学发展中出现了韩愈等一派人倡导"据儒排佛"的思想与梁肃和李翱等一派人倡导"援佛入儒"①思想。而与此同时,倡导教义经典的佛家各派在"会昌法难"之后日衰,禅宗独胜。从性质和特点看,与其他各派佛学重视教义经典不同,禅宗专用心性功夫,强调内在修行和顿悟。随后,宋明理学家沿着韩愈"据儒排佛"的观念继续前进。他们为了复兴儒学,抗拒佛学心性论影响,摆脱汉儒传统之"宇宙论中心"思想纠缠,在继承和发展孔孟心性论基础上建构了以"理"为核心范畴的"性理之理"和"心即理"理论,亦即建构了"性理之学"②,深化了儒学在追求人们的社会行为和社会关系中实现"内圣外王"的"仁道"社会真理思想中关于个体心性修养的"内圣"的一面。

4.2.2.1 程朱理学的"性理之理"和"格物穷理"社会真理思想

程朱理学着眼于儒学之价值哲学和文化哲学与佛教之价值哲学和文化哲学的对抗及复兴儒学,沿袭孔孟心性论,以理为核心,把儒学的"仁道"社会真理思想奠基在形而上学之"性即理"的学说基础上,进而从本体论角度论证儒学"仁道"社会真理思想的正确合理性。而宋代思想家最为重要的贡献,也正在于他们通过对"理"的追问,通过对终极原因的追问,在本体论的层面上论证儒学在社会生活中强调以道德法则来调节和规范人的社会行为及人与人、人与社会关系的合理性。

明道和伊川沿着孔孟心性论一路,从探讨一切存有的"性"的角度研究"理",形成了关于天地万物的"性即理"之说,进一步深化了儒学的"仁道"社会真理思想。从前文对中国传统文化中"真理"观念的探析可知,宋儒的"性即理"指涉两重含义,其一是指一切存有所共同具有的一般意义的"性",即天地万物等一切存有之共同原则。其二是指各类不同存有各自具有的"性",即万事万物各自具有的本性。明道重视共同意义之性,重视天道、天理,相应地偏重天道观;伊川重视殊别意义之性,相应地偏重本性论,但他们也都同时肯定"性"具有的全部意义。明道认为,"天者,理

---

① 梁启超:《中国近三百年学术史》,商务印书馆 2011 年版,第 2 页。
② 张一兵、周宪主编:《牟宗三哲学与文化论集》,南京大学出版社 2010 年版,第 209 页。

也。神者,妙万物而为言者也"。为此,"圣人致公心,尽天地万物之理,各当其分。佛氏总为一己之私,是安得同乎？圣人循理,故平直而易行。异端造作,大小大费力,非自然也,故失之远"①。这即是说,"理"是天理,是万物存在的共同法则,也是万物各自存在的根据。故而,在日常生活中,圣人摆脱个体私欲的束缚而廓然致公心(即人己等视),遵循天道,遵循万物之本性对待天地万物,使其各当其分,则平直而易行。基于此,他在论理与仁的关系上,进一步主张,"学者须先识仁。仁者浑然与物同体,义、礼、智、信皆仁也。识得此理,以诚敬存之而已。不许防检,不须穷索"②。这说明,由于理在人们的内心,应该向内求"理"。而且,"理"恰是与物浑然同体之"仁",故而人若形成对于"仁"的价值主体性自觉,心自然合于"理"。具体来说,"仁"乃是义、礼、智、信等各种道德规范和价值规范之本,而各种道德规范是"仁"之体的具体的和特殊的表现,是"仁"之用,而"仁"浑然与物同体,即以天地万物为一体,即是乃大公心。"能以与物同体立心,则此心即达成仁德,故成德功夫之大本,亦即在此。能立大公心,则自能在一切活动中各求循理,于是其他德性随之而成为可能"③。故而,心合于理的关键处,在于识得此立公心之理,形成对于"仁"的价值主体性自觉。人们在此处进行成德功夫,只要识得此理,其他道德功夫都是只保有此公心,"诚敬存之",亦即保持心无所系、虚静待之。由此,明道就把儒家关于"仁道"的社会真理思想奠基在了存在论层面的"理"之上。对于此,伊川在"识得立公心之理"成德工夫方面进行了补充,强调人们除了须在意志层面"敬"的涵养工夫之外,还须在认知层面做"致知"的德性能力发挥之工夫。

伊川直接提出"性即理",人区别于禽兽的特殊之"性"乃是德性——善,是"仁义之性"。他认为,"唯仁与义,尽人之道;尽人之道,则谓之圣人"④。"尽人之性"就是"尽人之理",尽人道,尽仁与义,尽仁义礼智信,尽一切道德规范和价值规范,就是形成关于道德的价值主体性自觉,关于"理"的价值主体性自觉,就达到了圣人境界。而且,"在天为命,在义为理,在人为性,主于身为心,其实一也。心本善,发于思虑,则有善有不善。

---

① 劳思光:《新编中国哲学史》(三卷上),广西师范大学出版社2005年版,第156页。
② 钱穆:《中国思想史》,九州出版社2012年版,第185页。
③ 劳思光:《新编中国哲学史》(三卷上),广西师范大学出版社2005年版,第158页。
④ 劳思光:《新编中国哲学史》(三卷上),广西师范大学出版社2005年版,第158页。

若既发则可谓之情,不可谓之心"①。这意味着,人的心原本也有基于价值维度上主体性自觉的自我主宰能力,只是在心之发动处的"情"便有了善与不善。如果能够尽心便能够知性,"心即性也"。因此,关键处在于尽心知性,形成价值主体的自觉。为此,伊川提出,"敬只是持己之道,义便知有是有非。顺理而行,是为义也。若只守一个敬,不知集义,却是都无事也。且如欲为孝。不成只守一个孝字,须是知所以为孝之道。又须是识在所行之先。譬如行路,须是光照"②。这便是在明道主张从意志上"诚敬存养"之外,提出了为学着力处之"集义"的工夫。"集义",指"知事理之是非",亦即"识在所行之先"。故而,成德工夫有"敬义夹持"说。而"涵养须用敬,进学则在致知"。"致知"就是"集义",而"致知"则要"格物"。但"格物"不拘于穷外物之理,凡眼前之物皆有理,以至于父子间,皆是理。故而"格物之理,不若察之于身,其得尤切"③。换句话说,格物穷理不限于外界事物,重点落在人们在价值维度上的社会行为和社会伦理关系。相应地,"致知,但知止于至善;为人子止于孝,为人父止于慈之类。不须外面只务观物理,泛然正如游骑无所归也"④。这说明,"致知"主要是指"德性之知",而不是指"闻见之知"。正因为如此,"知"不是认识论意义上的经验知识,而是人的德性,人的德性能力,亦即是人的心灵固有之能力。即便如此,"知者,吾之所固有,然不致则不能得之。而致知必有道,故曰:致知在格物"。换句话说,人的德性能力作为理,虽然为人本然已有者,但有时待实现者。而格物就在于发挥或磨炼人的心灵这种固有的德性能力,达到"致知"。

朱熹沿袭二程"性即理"说,尤其是沿袭伊川之学,从辨析理与气、理与欲的关系入手阐明了他的理学理论。他认为,"天地之间,有理有气。理也者,形而上之道也,生物之本也;气也者,形而下之器也,生物之具也。是以人物之生,必禀此理,然后有性;必禀此气,然后有形"⑤。在这里,朱熹从"道与气"的关系角度来辨析"理与气"的关系。他认为,"理"是超越时空超越感性的形而上之道,是一切存有的本原和根据及存在的决定形式,即一切存有的先天的本性和规律。"气"是时空中的质料,是构成万物的

---

① 劳思光:《新编中国哲学史》(三卷上),广西师范大学出版社2005年版,第175页。
② 钱穆:《中国思想史》,九州出版社2012年版,第192页。
③ 劳思光:《新编中国哲学史》(三卷上),广西师范大学出版社2005年版,第186页。
④ 劳思光:《新编中国哲学史》(三卷上),广西师范大学出版社2005年版,第187页。
⑤ 劳思光:《新编中国哲学史》(三卷上),广西师范大学出版社2005年版,第207页。

材质。天地万物等一切存有都在理与气之中,理与气孕育形成天地万物等一切存有。正因为如此,就理与物的关系而言,"惟其理有许多,故物有许多"。"做出那事,便是这里有那理;凡天地生出那物,便是那里有那理"①。在这里,理是殊别意义上的"理"。一切存有和事理都为相应的理所决定。不仅如此,在理论逻辑次序上,理先于物存在,理存在不必一定有物。同时,物又由"气"生而成,因"气"而具形,故而气也是一切存有之存在决定者。当然,气作为经验存在,也依理而存在。"有此理后,方有此气。""天下未有无理之气,亦未有无气之理"。尽管如此,但一物依相应的特殊之理而存在,此理又通过塑造和形成此物的气而显现。换句话说,理必在气中运行,并在气中得以显现。"理非别为一物,即存乎是气之中。无是气,则是理亦无挂搭处"②。不仅如此,朱熹也强调共同的、普遍的"理"。这一"公共之理"相当于太极,"性"只是殊别意义之"理""本性",即"性即理";太极或共同意义上的理不能称作"性"。故而,在理论逻辑次序上,"公共之理"又先于殊别意义上的"一物之理","气"则更是后于"一物之理"。当然,"公共之理"作为"太极",又是殊别意义上"天地万物之理之总和",蕴含于一切存在之中。同时,"人人有一太极,物物有一太极"③,太极与物如月映万川一般,天地万物皆反映此太极。总之,朱熹之言"理气",重在"理"之自存在,理与气在运行中不相分离。"理"兼有共同义与殊别义,殊别义之"理"即是性。

就世界图像而言,"自太极至万物化生,只是一个道理包括;非是先有此而后有彼。但统是一个大源,由体而达用,从微而至著耳"。同时,"太极只是理,理不可以动静言;唯动而生阳,静而生阴,理寓于气,不能无动静所乘之机"④。在这里,"体"即"太极"或"理"而言,"用"即理在气中发用(即运行)。由太极生阴阳、五行以至于万物的历程,是理落在气上并在气中发用,由体而达用,从微而至著,并且气依理相应地生成变化,进而万物也相应地生成变化的历程。尽管如此,"气虽是理之所生;然既生出,则理管他不得"⑤。这意味着,"气"可以违背"理"而运行。有气处不必有理实现,只是有气处必然潜存着理。为此,朱熹认为,"论万物之一原,则理同而

---

① 劳思光:《新编中国哲学史》(三卷上),广西师范大学出版社2005年版,第207页。
② 钱穆:《中国思想史》,九州出版社2012年版,第204页。
③ 劳思光:《新编中国哲学史》(三卷上),广西师范大学出版社2005年版,第213页。
④ 劳思光:《新编中国哲学史》(三卷上),广西师范大学出版社2005年版,第216页。
⑤ 劳思光:《新编中国哲学史》(三卷上),广西师范大学出版社2005年版,第219页。

气异;观万物之异体,则气犹相似而理绝不同"①。这即是说,从天道观层面看,万物出于共同之理,万物的理同而气有不同(如清或浊)。从本性论层面看,万物都是由气依理所生。万物虽气相似,但因气有清浊之分,故理实现在气中有难易之别,继而万物亦有各异。

不仅如此,在理与欲的关系方面,也即在天理与人欲的关系方面,天理与形而上学之理相应相成,人欲则归于气质,与形而下之气相应相成。他认为,"继之者善,是天理流行处""天理灭矣,方是恶"②。故而,善就在于理在气中实现,恶则在于理受到气的限制不能实现。就人与物而言,人与物皆受气而生,人得其气正且通,物得其气之偏而塞。人得其正,故具"殊别之理"与"共同之理"合一。就人与人而言,人们虽然都得气之正,有实现共同之理的能力(即实现人之性或理),此"理"乃是殊别义和共同义之合一处;但从个体存在的人看,人们虽然具有此潜藏的能力,但未必就能充分实现这种能力,其实现难易、实现充分不充分又取决于气的清浊之特性,这也就是人的"气质之性"。人有气质不同,则相应地有善恶不同。尽管如此,气质佳的人,因为自己的欲望,也可能作恶。就人欲而言,情乃是心发动处,欲则是情不正,是情发而兼有私意主导。而这种私意主导的情,便是恶。"爱是泛爱那物,欲则有意于必得,便要拿将来"③。由于情遵循理,人心就能安顿的恰好,便不是"欲";人欲是情不循理,主私意,人心无法获得安顿,恶也由此而来。

基于以上分析,朱熹在成德工夫方面就人的价值自觉活动及其相应的能力,提出了心、性、情等观念的解释。他认为,"灵处只是心,不是性。性只是理"。"心有善,性无善"④。这表明,与理、性有不同,心属气,是一切存有中的灵觉能力,只具有感性经验层面的意义。故而,如果说性和理是全善的,它们是善的观念的根源;那么就心属于气而言,心只表示进行一些具体活动的能力而言,则心与理(即作为道德规范或是非标准)合为善,不合于理则为恶。不仅如此,人具有觉知理的能力,故而心也成为道理的寓所,即道理存着处。"性便是心之所有之理,心便是理之所会之地"。"道理都具在心里,说一个心,便教人识得个道理存着处"⑤。正因为如此,成

---

① 劳思光:《新编中国哲学史》(三卷上),广西师范大学出版社2005年版,第220页。
② 劳思光:《新编中国哲学史》(三卷上),广西师范大学出版社2005年版,第222页。
③ 劳思光:《新编中国哲学史》(三卷上),广西师范大学出版社2005年版,第225页。
④ 劳思光:《新编中国哲学史》(三卷上),广西师范大学出版社2005年版,第227页。
⑤ 劳思光:《新编中国哲学史》(三卷上),广西师范大学出版社2005年版,第228页。

德之学及工夫须落在心上讲,心是成德之学及工夫之大本,进而使潜存善的心在具体活动中去其恶而转变为纯善,达到"圣人之心",亦即使心完全循理而动,听命于道心;使人心动之情意合于理、合于性,循理而发,从而达到"中节而无过",情便是性。为此,朱熹进一步提出了穷理、居敬、格物、致知等学说。他认为,"敬"通贯动静,浑然未发之时是体,发则随着事理的变化而加以省察,则敬之用行焉,便是义。"敬以直内,义以方外"。由此,"敬"便是贯通内外之工夫。且它又以格物、致知等工夫为基本条件。"大抵敬字是彻上彻下之意。格物致知,乃其间节次进步处耳"。格物致知在于"欲致吾之知,在即物而穷其理也。……至于用力之久,而一旦豁然贯通焉,则众物之表里精粗无不到,而吾心之全体大用无不明矣"①。这表明,格物致知在于格物穷理,在于达成对贯通之理的掌握,进而达成"吾心之全体大用之明"。换言之,格物致知重点在于"明心",并非在于探求经验科学知识。

4.2.2.2 陆王心学的"心即理"社会真理思想

陆王心学直承孟子心性学一路,以"心"为核心,着眼于儒学之心性论与佛教之心性论的对抗及复兴儒学,把儒学"仁道"的社会真理思想奠基在关于人的价值主体性自觉之"心即理"学说基础上,进而从人的价值主体性自觉角度论证儒学"仁道"社会真理思想的合理性。

与朱熹同时代之大儒陆九渊,直承孟子心性论提出"心即理"之说,在宋明理学中首次肯定了人的主体性能力。他认为,"孟子曰:心之官则思,思则得之,不思则不得也。……人之所以异于禽兽者几希。庶民去之,君子存之。去之者,去此心也。故曰:此之谓失其本心。存之者存此心也;故曰:大人者不失其赤子之心。四端者,即此心也。天之所以与我者,即此心也。人皆有是心,心皆具是理。心即理也"②。"此心此理,不容有二。"③在这里,就本体层面说,在"心即理"中,"此心"即"本心",即指人的价值主体性自觉能力之理而言,也偶尔特指具体的某种价值自觉,当然主要是指人的价值主体性自觉在日常生活中的透露处,故而有"仁义之心"。就规范义讲,对于"理",陆九渊既肯定殊别意义上的理,也肯定共同之理,且理都表示规律,同时理也都表示价值规范。"心即理"也是表示价值规范之理。"须是事事物物不放过,磨考其理。且天下事事物物只有一理,无有二

---

① 钱穆:《中国思想史》,九州出版社2012年版,第199页。
② 劳思光:《新编中国哲学史》(三卷上),广西师范大学出版社2005年版,第286页。
③ 钱穆:《中国思想史》,九州出版社2012年版,第216页。

理,须要到其至一处"。而且,"……所法者,皆此理也"。不仅如此,由于人的本心作为人的价值主体性自觉能力,是人们确立价值标准和形成一切德性行为之价值根源,故而它具有普遍性和超验性,不同于朱熹强调"心"的经验性和特殊性。此外,由于"本心"是超验意义上的人的价值主体性自觉能力,其表现于我或人们的经验心之中,本身都是相同的,不同只在于在经验层面的呈现,故而它能够涵盖万物。"今之学者,只用心于枝叶,不求实处。……心只是一个心;某之心,吾友之心,上而千百载圣贤之心,下而千百载复有一个圣贤,其心亦只如此"①。当然,人之本心,常常或蔽于人自身的物欲支配或蔽于个人错误思想观念和偏见而陷入经验心主事,导致自我主体性不能彰显,结果人们的价值意识和价值判断都陷入混乱中,故而常"失其本心"或"蔽其本心"。"愚不肖者不及焉,则蔽于物欲而失其本心;贤者智者过之,则蔽于意见而失其本心"②。故而,人们的"心当论邪正",此就特定心理状态来说,人的主体性价值自觉或明或昧,昧时,其心意"不得其正"。故须言讲学及其工夫,以求恢复"本心"。

就成德之学而言,陆九渊主张"先立乎其大者",并以"知本"为要。他认为,"苟学有本领,则知之所及者,及此也;仁之所守者,守此也;时习之,习此也;说者说此,乐者乐此。……乐苟知本,六经皆我注脚"③。"知"是自觉自悟之知,不是向外探索经验世界。"大"是人对自身本有之主体性价值自觉的豁悟。人们只有在价值维度上对自身的主体性通透的认识和把握而达到全面自觉,才能不为枝节所累。而且,学者须立志。而立乎其大、知本、立志,都是人的价值主体性自觉能力的显现。而这些能力是人的先天固有的能力,是人作为主体的最高自由的展现,故而无所谓能不能。就人具有价值主体性自觉能力而言,人具有最高自由,人人皆可为尧舜。尽管如此,但在日常生活中,人们常常受心理生理条件和其他相关主客观条件等所制约和限制,大都停留于经验层面着眼于眼前事物,故而对此常常不自知。因此,人们知本立志就成为入德之门。而其着手处便是"义利之辩",亦即是公私之辩,公心和私意(私利)之辩。通过义利之辩,逐渐使人们超越经验的和特殊的自我之私利和私意(包括物欲和意见),走向超功利的和普遍的公心。与二程相似,确立公心也是成德功夫是关键环节。故而,陆九渊还主张收拾精神,随时不使心外驰而为外物事理所累。"人精

---

① 劳思光:《新编中国哲学史》(三卷上),广西师范大学出版社2005年版,第287页。
② 劳思光:《新编中国哲学史》(三卷上),广西师范大学出版社2005年版,第288页。
③ 劳思光:《新编中国哲学史》(三卷上),广西师范大学出版社2005年版,第290页。

神在外,至死也劳攘;须收拾作主宰,收得精神在内,当恻隐即恻隐,当羞恶即羞恶,谁欺得你？谁瞒得你？见得端的后,常涵养,是甚次第？"①而且,"既知自立,此心无事时须要涵养,不可便去理会事"②。这说明,由于人的价值主体性自觉能力之彰显不为外物所牵引,故而人们需要从关注外物回到价值主体性自觉,进而发挥主体性自觉能力创造世界,在其于世界着力处实现价值。不仅如此,人们须进德和成德,促使人们从经验之心的遮蔽状态回至超验之本心的敞明状态,回复到人心之善的本有之理,达到价值主体性自觉。

王阳明沿着陆九渊"心即理"学说继续前进,提出了"致良知"学说。他紧扣德性言"理",认为心外无事,心外无理,一切德性和道德行为皆源于心,"心即理"。他指出,"此心无私欲之蔽,即是天理;不须外面添加一分;以此纯乎天理之心,发之事父便是孝,发之事君便是忠,发之交友治民,便是信与仁。只在此心去人欲、存天理上用功,便是"③。这即是说,人的本心作为一切德性之根源,其无私欲之蔽,即是人的价值主体性自觉,即是德性意义上的天理。它本身就蕴含有普遍的道德规范(即价值规范)要求——即在价值层面的"应该"或"不应该的"自觉,这是"天理"所蕴含的道德意志的价值指向。故而,此本心发用,便是德性和道德规范(即孝、忠、信、仁等德目)。尽管如此,但在日常生活中人们常常陷溺于经验生活,内心充满了各种欲望(诸如爱憎苦乐等),人们的价值主体性自觉能力因此受到心理条件和生理条件等各种条件的制约和影响,不能寻求普遍的价值规范,并由此获得彰显。故而,人们要在"去人欲、存天理"用功,亦即在纯化道德意志上用功。在这里,天理在普遍意义上成为一切德性的根源,在具体意义上则是指天理之发用,同时受人们的行为对象及相关事理的客观制约和影响,进而形成的各种价值规范和道德规范。为此,在价值主体性"应然之自觉"推动下,人们自会去寻求对道德行为对象及相关事理的认知和了解,进而落实道德意志的一系列道德行为和道德实践。当然,阳明认为,道德行为对象及相关事理认识和把握之"学问思辨",诸如温清之节和奉养之宜等相关事理,"可以一日二日讲之而尽";但关键还是在于使人

---

① 钱穆:《中国思想史》,九州出版社2012年版,第219页。
② 劳思光:《新编中国哲学史》(三卷上),广西师范大学出版社2005年版,第293页。
③ [明]王守仁:《传习录》(上),转自《王阳明全集》(上册),中央编译出版社2014年版,第2页。

们的心"纯乎天理之极"①,使人们的价值主体性自觉,进而使人们的道德意志纯化,进而促进人们的价值主体性能力得到发挥和道德意志得以贯彻。而且,阳明讲"知",更多的是在良知意义上谈论,并不是在道德意识之外纯粹地谈论"知","知"也不是以天下事物之理为对象,而是以道德意义上的"天理"为对象。他认为,"知善知恶是良知,为善去恶是格物。"②"良知者,孟子所谓是非之心,人皆有之者也"③。"良知"是人在价值主体性自觉基础上的"是非之心",这一主体性自觉能力在价值判断和道德判断上的用处便是"知善知恶",故而良知乃一切价值判断的根源。在此意义上,天理即是良知。在这里,良知是揭示和阐明"天理"(即价值规范)之能力,天理则是"良知"作为人的价值主体性自觉能力之发用处的价值规范。"天理在人心,亘古亘今,无有始终。天理即是良知;千思万虑,只是要致良知"④。

在成德工夫方面,王阳明认为,"良知"作为人们的价值主体性自觉能力,虽然是人本有之价值意识,是人的道德判断、道德行为和道德生活的根源,但"不能不昏蔽于物欲,故须学以去其昏蔽"。而且,"虽妄念之发,而良知未尝不在,但人不知存,则有时而或放耳;虽昏塞之极,而良知未尝不明,但人不察,则有时而或蔽耳"⑤。这表明,良知虽然是人本有的价值主体性自觉能力,但是人的意念及相关活动,并不常遵循"良知"所内蕴的价值方向和德性要求而为,相反人的"良知"时为物欲所蔽而心生妄念,故而对良知不知不察。"致良知"就是透露和彰显人的"良知"之价值主体性自觉能力,并扩充或实现其于人们的日常行为活动中,即是"成德"。其着手处即致知、格物。"物者,事也。凡意之所发,必有其事。意所在之事谓之物。格者,正也;正其不正以归于正之谓也。正其不正者,去恶之谓也;归于正者,为善之谓也。夫是之谓格"⑥。这表明,格物在于正行为,使不正

---

① [明]王守仁:《传习录》(上),转自《王阳明全集》(上册),中央编译出版社2014年版,第3页。
② [明]王守仁:《传习录》(下),转自《王阳明全集》(上册),中央编译出版社2014年版,第110页。
③ [明]王守仁:《大学问》,转自《王阳明全集》(卷二十六)(续编一),中央编译出版社2014年版,第849页。
④ [明]王守仁:《传习录》(下),转自《王阳明全集》(上册),中央编译出版社2014年版,第103页。
⑤ [明]王守仁:《传习录》(中),转自《王阳明全集》(上册),中央编译出版社2014年版,第58—59页。
⑥ [明]王守仁:《大学问》,转自《王阳明全集》(卷二十六)(续编一),中央编译出版社2014年版,第850页。

的恶的行为回归到良知预定的轨道,适应德性要求,遵行道德规范而活动,进而成为正的善的行为。在这一过程中,修身则是人的自我价值主体性觉醒之"吾心"发挥价值主体性自觉能力来主宰"吾身",促使"吾身""为善去恶"的过程。这意味着,在日常活动中,人们的良知之本心所内蕴之价值方向和德性要求与人们的内心之意念欲如何之意志活动是二元的,意念之意志能力发挥活动可以欲此也可以不欲此。"盖心之本体本无不正,自其意念发动而后有不正;故欲正其心者,必就其意念之所发而正之。凡其发一念而善也,好之真如好好色;发一念而恶也,恶之真如恶恶臭,则意无不诚而心可正矣"①。故而,人们须要致知、"正心"和"诚意"。"然意之所发,有善有恶,不有以明其善恶之分,亦将真妄错杂;虽欲诚之,不可得而诚矣。故欲诚其意者,必在于致知焉,……今欲别善恶以诚其意,惟在致其良知之所知焉尔"②。这说明,人须运用自身良知之价值主体性自觉能力来分别价值正负和判别意念之是非善恶,并促使人的意志活动摆脱各种私欲的干扰,遵循价值意识和道德理性,沿着良知之预定的价值方向活动,从而达到诚意而纯化意念并使其循理而发,使自我之良知充分透露和彰显,进而致良知,形成知行合一,使人从当前世界走向理想世界。

以上几方面,就是中国哲学思想史上大体存在的主要的社会真理思想形态。宋明理学发展到王阳明心学达到高峰,其后随着中国传统社会从明末开始陷入衰乱,文化制度开始衰败,整个中国哲学也逐渐走向衰落。故而,本著作对于社会真理的中国哲学思想史考察也止于此处。

4.2.3 结论

从发生学上看,中国传统社会真理思想是植根于中国传统发达的农业文明和浓厚的乡土特色,立足于以"己"为中心、以亲属关系和社会地位的"差等的次序"③为纽带的社会格局,顺应人们处理人我、群己关系的要求与规范人们的社会行为、维系社会秩序的实际需要而形成和发展起来的。总的来说,它具有以下几方面特点及合理之处和不足:

首先,中国传统社会真理思想主要是从社会行为及人我、群己的社会

---

① [明]王守仁:《大学问》,转自《王阳明全集》(卷二十六)(续编一),中央编译出版社2014年版,第849页。
② [明]王守仁:《大学问》,转自《王阳明全集》(卷二十六)(续编一),中央编译出版社2014年版,第849页。
③ 费孝通:《乡土中国》,上海人民出版社2013年版,第26页。

关系角度看待中国传统社会生活过程及其现实社会矛盾和社会问题的,故而它主要着眼于人们社会行为的引导、规范和社会关系的调整,从人与自身关系方面重道德教化重个体心性修养,以便使人们在日用而不知的伦理道德观念引导和规范下,主动地和习惯地形成合乎"礼"的思想观念和社会行为,进而改造个体的人性与重新塑造和提升个体的人格;并在此基础上从人与人的社会关系方面重礼仪制度的设计和安排,进而用相应的礼仪制度调节人与人之间的社会关系,实现"礼治"下的整个社会和谐有序。正因为如此,费孝通认为,孔子最注重"推己及人"之"推"①。先确认自己,克己修身,本立而道生,为人也孝悌,然后推己及人。从己到家再到国到天下,一圈圈推出去,从而达到天下大治。从精神层面看,这表征着中国古人理智意识的觉醒。从人类文明发展进程看,相比人们以往用重神权重巫权的原始宗教观念和原始宗教信仰方式来实现社会治理,这无疑是中国传统社会在重视人和肯定人的价值的社会治理观念和治理方式方面取得的巨大进步。不仅如此,它关注个体的心性修养和个体的生命安顿,为当前从道德伦理层面满足人们的精神生活需要及关怀人们的心灵,提供了精神资源。此外,它重视用德性基础上的礼仪制度引导、规范和调节人与人之间社会关系,也为当前从伦理道德人格的培养和塑造层面引导、规范和调节人们的社会行为和人与人之间的社会关系,推进以德治国,提供了思想土壤和理论资源。当然,由于这些社会真理思想所包含的德性规范和伦理奠基于自给自足的自然经济和亲亲、尊尊差等次序的宗法观念和等级观念,顺应以"己"为中心、处理人我关系和群己关系的要求与规范人们的行为和维系社会秩序的实际需要,依照宇宙秩序和道德秩序同构的原则与家国一体观念形成和建立起来的,故而它对于现代社会的构建要求而言,既包括消极否定的内容,也包括积极合理的因素,而且这两方面交融共生,互为一体。因此,我们需要借鉴冯友兰提出的"取抽象而舍具体的思路"②,在批判超越其消极否定一面的同时,对其合理一面也采取继承抽象意义舍弃其具体意义的扬弃方式,推动其创造性转换和创新性发展,从而使其真正成为现代社会构建的真正思想文化资源。

其次,中国传统社会真理思想研究社会问题,实际上是把社会问题主要看作了价值问题和道德问题的延长,即把全部社会生活问题都看成了价

---

① 费孝通:《乡土中国》,上海人民出版社2013年版,第27页。
② 孙燕青:《儒家思想的当代省察》,《光明日报》2013年9月23日第6版。

值问题和道德问题,而对于整个社会生活领域本身之特性及相关的社会事实问题和历史问题,则鲜有注意到。故而,它对于社会问题回应和解答的落脚点在于德性教育及促进人的价值主体性自觉上,而不是就整个社会生活领域自身的特性和社会问题本身的特点提出相应的解决思路和解决方案。实际上,社会生活是复杂的、全面的和总体性的,社会生活中的任何社会现象和社会事件及相关的社会问题和历史问题也都是如此。它们都不仅涉及实践领域的道德伦理方面,还涉及经济、政治、法律、宗教、艺术等方面;不仅涉及价值问题,还涉及社会现象和社会事件的认知、理解和把握问题,而且这些社会事实和社会问题大多都是这些因素综合作用的结果。与此相应,这要求人们看待社会生活也必然是复杂的和全面的及整体性的,而不仅仅只看到一个向度或停留于一个层面。而且,由于中国传统社会真理思想把全部社会生活问题都只看成了价值问题和道德问题,而看不到整个社会生活领域本身之特性及相关的社会事实问题和历史问题涉及的其他方面和其他因素,故而它形成和建构的解决思路和解决方案必然是主观的、片面的和抽象的,而且这些解决思路和解决方案的合理性和有效性也必然是有一定限度的,从而纯粹以它指导社会生活,其解决社会问题的效力必然是有限的和不足的。也正因为如此,儒学倡导的以"道德教化"为基础的"礼治",其可能必须"以传统可以有效地应付生活问题为前提"[1],而中国传统社会作为社会环境相对稳定的乡土社会,也恰恰适应了"礼治"的要求,"礼"可以有效维系乡土社会的秩序。但对于变迁很快的现代社会而言,"礼治"的效力是无法保证的,因而不可能在现代社会中出现。

再次,由于中国传统社会真理思想对个人行为的德性问题过分关注,对人我和群己的社会关系的文化礼仪制度的价值意义问题的过分关注,忽视了对社会生活领域中客观历史事件和历史现象本身及相关社会问题和社会矛盾的充分关注,故而对这些历史事实和社会问题未能形成全面认识和系统研究,这导致我国传统史学研究始终停留在对社会事件和社会现象的经验性描述、总结和评价为主的"史鉴"层面上,而没有超越经验层面,走向奠基于理性的人文社会科学和历史科学。不仅如此,"史鉴"作为人们认识社会生活的重要方式,由于更多地倾向于从价值维度和道德层面看待社会生活及相关社会事件和社会现象,而从认识论角度和事实层面对相关社会事件和社会现象本身做出客观地审视、全面详尽地描述和科学合理

---

[1] 费孝通:《乡土中国》,上海人民出版社2013年版,第50页。

地评判,则略显不足,这在一定程度上又阻碍了人们在日常生产生活中对社会历史现象和社会历史事件的全面客观认识和科学准确把握,导致了历史虚无主义在一定范围内的盛行。

最后,儒学社会真理思想论"格物致知",其重点主要是探究价值维度上人们的社会行为和相应的社会伦理关系之理,以便指导人们合理地规范人们社会行为和有效地调节人们的社会伦理关系,而不是从知识论层面探究社会生活和外界事物及其理,以便认识和掌握整个社会生活及整个外界事物;与此相应,"知"也不是指认识论意义上关于周围世界和社会生活的客观经验知识,而主要是指人的心灵固有的德性能力;"格物"也主要在于向内发挥或磨炼人的心灵这种固有的德性能力,以便匡正人们相应的社会行为,达到"致知",而不是向外在人们的社会生产实践活动中寻求对于自然物理世界和社会生活世界及其理的科学认知而形成和建构经验知识体系;故而,"致知"也不是指关于社会生活的"闻见之知",而主要是指关于社会生活的"德性之知"。由此造成的后果是,自秦汉以后随着儒学成为中国传统社会的主流思想文化,人们大多倾向于关注德性之知,而对于经验社会世界及其理的关注逐渐被挤压,认识论意义上的闻见之知和经验科学知识逐渐被人们冷落和忽视,进而被边缘化。这在一定程度上制约和阻碍了中国传统经验社会科学和自然科学的发展,也使得儒学的"仁道"社会真理思想缺乏认识论基础。

5. 马克思主义社会真理思想的形成与发展

　　与其他现代哲学流派的社会真理思想一样,马克思主义的社会真理思想也是在批判黑格尔绝对理性真理观基础上形成和发展起来的。尽管如此,但与尼采等人的非理性主义和实证主义学派对于黑格尔的绝对理性真理观进行简单地否定和拒斥不同,作为马克思主义哲学创始人的马克思和恩格斯是实事求是地科学对待黑格尔的绝对理性真理观的。刘放桐在《马克思主义哲学与现代西方哲学研究》一书绪论中指出,马克思和恩格斯批判黑格尔哲学思维方式,"不是简单否定,而只是克服其局限性",……对于黑格尔哲学思维方式的超越,"只是超出后者的界限,也就是克服它们的种种局限性,促使哲学进一步发展;对于其中的合理因素,他们不仅不否定,反而接力加以发扬"①。马克思就是立足于现实、感性的社会历史实践活动,对黑格尔的绝对理性真理观进行了唯物主义的"颠倒",批判地吸收了其辩证法合理内核,提出了奠基于实践真理观之上的社会真理思想。恩格斯则从自然辩证法的角度通过考察自然、社会和人自身的辩证运动及其运动规律,对马克思的这一社会真理思想进行了拓展和补充,使马克思主义社会真理思想得以完整地建构起来。东西方国家的实践活动家和理论家们则根据各自社会生活中存在的矛盾、各自社会实践所面临的实际问题和任务,各自选择了马克思主义社会真理思想的不同方面,形成了适应东西方国家各自实践需要的东方马克思主义社会真理思想和西方马克思主义社会真理思想,从内容上深化和发展了马克思主义社会真理思想。本著作就是要通过考察马克思的实践唯物主义社会真理思想、恩格斯的自然辩证法下的社会真理思想、东方马克思主义社会真理思想、西方马克思主义(特别是法兰克福学派)的社会批判理论,梳理马克思主义社会真理思想

---

① 刘放桐:《马克思主义哲学与现代西方哲学研究》(绪论),北京大学出版社2012年版,第31页。

形成和发展的历程,为探讨社会真理的实践生成提供理论依据和方法论借鉴。

5.1 马克思主义社会真理思想的提出

马克思主义社会真理思想的提出是由马克思和恩格斯共同承担完成的。马克思的社会真理思想是从人类社会运动的动力和机制方面着眼,强调人的能动的实践活动对于社会生活的批判和改造作用,凸显人类世界的辩证运动过程其实就是人类自身的辩证发展过程;恩格斯的社会真理思想则从自然辩证法的角度看待自然、社会和人自身的辩证运动,着眼于揭示自然界、人类社会及人的思维的普遍规律,强调社会自我运动的客观性和必然性。它们反映了社会生活的不同方面,共同构成了马克思主义社会真理思想体系。

5.1.1 马克思的实践唯物主义社会真理思想的提出

马克思的实践唯物主义社会真理思想是奠基于他的实践真理观之上的。实践真理观构成了社会真理思想的思想基础和理论根据,社会真理思想则是实践真理观在社会实践活动和社会关系领域的延伸和拓展。

5.1.1.1 实践真理观的形成

如上所述,马克思的实践真理观形成于对黑格尔绝对理性真理观批判和扬弃。他从现实的、感性的、对象性实践活动出发,在对黑格尔唯心主义哲学体系进行唯物主义颠倒的同时,用实践的思维方式改造了黑格尔哲学体系内的辩证法合理内核,实现了传统形而上学真理观的科学变革,形成了实践真理观。就此而言,他的真理观的形成过程可以划分为两个阶段:第一阶段是从他参加《莱茵报》的工作到迁居巴黎创办《德法年鉴》期间,他对以黑格尔哲学理性真理观为代表的普鲁士官方哲学真理观和宗教真理观进行了批判和扬弃,实现了唯物主义真理观的转变。第二阶段是从他写作《1844年经济学哲学手稿》到《关于费尔巴哈的提纲》期间,他在批判、改造和吸收黑格尔辩证法的基础上,通过批判费尔巴哈的人本主义真理观,形成了辩证唯物主义真理观。

在《莱茵报》工作期间,马克思在对普鲁士"官方理性"真理观及其宗教观的批判中,形成了唯物主义真理观。

首先,他揭露了普鲁士政府"理性真理"的反科学性,强调真理植根于事情本身,具有客观性。在书报检查令中,政府的理智被推崇为国家的至高的唯一理性,"凡是政府的命令都是真理"①被作为书报检查的标准。在这种情势下,书报检查官被赋予了无上的权力,被看作是书报检查令的卫道士,是政府"官方侍从"。他们的观点严肃而谦逊地追随着"国家的观点",由于其恭顺又乏味,在书报检查中就成为"扼杀真理的刽子手"②。为此,马克思讥讽"官方理性","这种理性不从科学研究中学习,反而去教训科学研究,并俨然作为一种博学的天意,规定科学家的胡子上的每个胡须应该有多粗才能成为世界性的胡子"③。在这种"官方理性"的主导下,真理的"所有客观标准都已消失了,人身关系成了关键,能称之为保证的只有书报检查官的得体的处事方式"④。针对于普鲁士政府的这种"官方理性",马克思提出,"精神的实质始终就是真理本身",而"精神的谦逊总的说来就是理性,就是按照事物的本质特征去对待各种事物的那种普遍的思想自由",因此,真理就是要求人们"按照事物的本质特征去对待各种事物","使事物自身突出出来"⑤。这一论断强调了真理植根于事物自身的本质特征,要求按照事情本身去反映事物,掌握事物的本质。可见,马克思在这里所主张的真理的理性原则已经具有了唯物主义内容,而与黑格尔的纯粹的理性真理观区别开来。在此基础上,马克思在批判海尔梅斯的唯心宗教真理观时指出,谬误在与真理的斗争过程中,它是会自行暴露其错误、不合理性和缺陷的,故而不需要"用外力来压制它";但是国家应该"帮助真理进行这一斗争",即便国家无法剥夺"'谬误'拥护者的内在自由,也要剥夺这种自由的可能性,就是剥夺生存的可能性"⑥。而这也是哲学所关心的核心问题。哲学关注的是事实维度的真实性问题,不是价值维度的有效性问题;"所关心的是一切人的真理,而不是个别人的真理"⑦。"真理是普遍的,他不属于我一个人,而为大家所有;真理占有我,而不是我占有真

---

① 《马克思恩格斯全集》(第一卷),中央编译局编译,人民出版社1995年版,第113页。
② 钟晨发:《马克思真理观的形成极其伟大的生命力》,《华中师范大学学报》(人文社会科学版)1983年第2期。
③ 《马克思恩格斯全集》(第一卷),中央编译局编译,人民出版社1995年版,第211页。
④ 《马克思恩格斯全集》(第一卷),中央编译局编译,人民出版社1995年版,第133页。
⑤ 《马克思恩格斯全集》(第一卷),中央编译局编译,人民出版社1995年版,第111—112页。
⑥ 《马克思恩格斯全集》(第一卷),中央编译局编译,人民出版社1995年版,第215页。
⑦ 《马克思恩格斯全集》(第一卷),中央编译局编译,人民出版社1995年版,第215页。

理。我只构成我的精神个性的形式"①。这一论断揭示了真理与人的关系,强调了真理不为人的意志所转移的普遍性和客观特性及其存在形式的个性化和多样化。这就为马克思立足于真理的客观性,批判各种主观真理奠定了坚实的基础。

其次,马克思在批判普鲁士"官方理性"对真理的歪曲和抽象过程中,强调要用历史发展的眼光考察真理的生成途径,认为真理问题的研究不仅要求人们反映对象的认识是合乎真理的,而且要求形成真理性认识的过程和途径"也应当是合乎真理的"。书报检查令要求"人们对真理作严肃和谦逊的探讨",这实际上是"虚伪的自由主义的手法"②来掩饰他们对于真理的恐惧和自身的虚伪性。为此,马克思直接指出,所谓"谦逊地探讨"实质上就是害怕真理,不让真理的探讨前进一步,"它就是规定在探讨真理时要对得出的结论感到恐惧,它是一种对付真理的预防剂"③。它强迫对于真理的探讨一开始就脱离主题,而把注意力转移到"某个莫名其妙的第三者身上",使得人们的探讨忽视真理,关注真理以外的其他东西,忘记探讨事物自身,从而堵塞探讨真理的道路。为此,马克思强调探讨真理的正确道路,应该是"直奔真理,不要东张西望"④,而且要立足于谈论事物本身来认识真理;不仅如此,对真理的探讨过程本身就应当是真实的,"真实的探讨就是扩展了真理,这种真理的各个分散环节在结果中是相互结合的"⑤。但是,这条探求真理的途径到底是什么呢?对于这条道路,后来马克思在这场斗争中认识到哲学和政治的批判并不能实质地改变社会现实的情况下,指出,"要把哲学的批判和实际的斗争结合起来",从实际的斗争中发现和掌握真理,从而他就把真理植根于实际的斗争中,实现了理论和实际的密切结合。由此可见,虽然此时马克思还未提出科学的"实践"哲学范畴,但是已经意识到了"实践批判"活动的重大意义,实践真理的思维方式已经逐步开始形成。

再次,马克思在批判普鲁士"官方理性"真理观中,初步形成了关于真理辩证发展的思想。他在对这一斗争现实切身感受基础上提出,"最好是

---

① 《马克思恩格斯全集》(第一卷),中央编译局编译,人民出版社1995年版,第110页。
② 《马克思恩格斯全集》(第一卷),中央编译局编译,人民出版社1995年版,第109页。
③ 《马克思恩格斯全集》(第一卷),中央编译局编译,人民出版社1995年版,第110页。
④ 《马克思恩格斯全集》(第一卷),中央编译局编译,人民出版社1995年版,第110页。
⑤ 《马克思恩格斯全集》(第一卷),中央编译局编译,人民出版社1995年版,第112—113页。

把真理比作燧石,它受到的敲打越厉害,迸发出火花就越灿烂"①。这说明,真实是在与谬误的持续斗争中形成自身并彰显和发展自身的。而且,"真理是检验它自身和谬误的试金石"②。由此,马克思就提出了真理辩证发展的观点,并在各种具体问题上加以阐发。他在《〈莱比锡总汇报〉在普鲁士邦境内的查封》一文中指出:"即使年轻的报刊每天都使自己遭到非议,即使恶劣的激情渗入报刊,人民还是通过它来了解自己的状况,并且知道,报刊中尽管存在着种种由于怀有敌意或缺乏理智而产生的毒素,但报刊的本质总是真实的纯洁的,这种毒素会在报刊的永不停息的滚滚激流中变成真理和强身健体的药剂"③。在《神圣家族》中,他在批判蒲鲁东时又指出,"一切谬误都构成科学的阶梯,甚至我们的最不完善的判断也包含着一些真理"④。可见,谬误与真理并不是绝对对立和矛盾的。在真理的持续辩证形成和发展的形成过程中,谬误作为被扬弃的环节而纳入到真理体系中成为真理形成和发展的内在环节。由此,马克思就初步形成了辩证发展的真理观。

当然,马克思批判普鲁士"官方理性"真理观的同时,也涉及对于普鲁士政府的"宗教真理观"的批判。黑格尔在历史哲学讲演中提出,世俗的生存,只有其普遍的灵魂"被承认是'神的本质'的特殊性和有限的存在",才能够在原则上获得生存和存在的根据。因此,"国家是建筑在宗教上的",亦即"国家的根是深深地埋植在宗教里的——我们主要地说,国家是从宗教产生的而且现在和将来永远会如此产生"⑤。基于黑格尔的这一论断,马克思发现,在对普鲁士国家和黑格尔国家哲学的批判方面,"对宗教的批判"是"一切批判的前提"⑥,即对世界的批判的前提。而且,青年黑格尔派对于以黑格尔哲学为代表的"官方理性"的批判基本上也都是从对这一主张的批判开始的,作为青年黑格尔派成员之一的马克思在"博士俱乐部"受鲍威尔等人的影响下对"官方理性"真理观的批判也势必涉及对这一理性宗教真理观的批判。

诚然,马克思对这一宗教真理观的批判是接着费尔巴哈的宗教批判工

---

① 《马克思恩格斯全集》(第一卷),中央编译局编译,人民出版社1995年版,第174页。
② 《马克思恩格斯全集》(第一卷),中央编译局编译,人民出版社1995年版,第110页。
③ 《马克思恩格斯全集》(第一卷),中央编译局编译,人民出版社1995年版,第353页。
④ 《马克思恩格斯全集》(第二卷),中央编译局编译,人民出版社1957年版,第31页。
⑤ [德]黑格尔:《历史哲学》,王造时译,上海世纪出版集团2006年版,第47页。
⑥ [德]马克思:《〈黑格尔法哲学批判〉导言》,转自《马克思恩格斯选集》(第一卷),中央编译局编译,人民出版社1995年版,第1页。

作进行的。作为青年黑格尔派成员的费尔巴哈,从人本学的唯物主义立场对基督教进行了哲学批判,实现了青年黑格尔派对宗教批判的转折。他认为,人按照自己的形象创造了上帝,把自己的类本质异化而形成神的本质,故人实际上是主体,他发挥自身的能动性创造了神,神性作为人的属性是人的本质的展现,但宗教却把神作为了全能全善的创造主体,把人看作神的宾词,看作是神的神性的特殊化表现形式,这就颠倒了人与神的真实关系。他在《关于哲学改造的临时纲要》中指出,黑格尔运用同样的手法,颠倒了主客体关系,把人和自然界看作是精神外化、对象化自身而创造的产物。实际上,精神产生的只能是抽象的观念。人们"要理解思维和存在、精神和物质、人和自然界的统一,不应该从观念出发,而应该从有感觉的人和自然界出发;精神能在物质中找到自己的位置,而物质在精神中却找不到自己的位置;人及其思维、感觉和需要,应是这种统一的有机反映"①。在此基础上,马克思提出了他的唯物主义真理观。他认为,"真理、本质、实在仅仅在感性之中"②,"只有那通过感性直观而确定自身,而修正自身的思维,才是真实的,反映客观的思维……具有客观真理性的思维"③。对此,马克思表示认同。他指出:"思辨神学家和哲学家们,假如你们愿意明白事物存在的真相,即明白真理,你们就应该从先前的思辨哲学的概念和偏见中解放出来。你们只有通过火流,才能走向真理和自由,其他的路是没有的。费尔巴哈,这才是我们时代的涤罪所"④。由此,马克思就把追求真理定位在了克服思辨神学和哲学的假象而走向明白事物的真相,并清晰明确地表述了他的唯物主义真理观。不过,虽然费尔巴哈把宗教的本质归还给人,把宗教世界归结于它的世俗基础,完成了对宗教自身的批判,并为其他一切批判提供了前提。但他却没有在理论上和实践上对这一世俗基础提出疑问,因而并未越出宗教范围对宗教产生的这一世俗基础做深刻批判,也并未对世俗社会的自我分裂和自我矛盾进行分析和说明。为此,马克思从现实感性的人和属人的现实生活世界出发,延续和发展费尔巴哈的宗教批判。他指出:"谬误在天国为神祇所做的雄辩一经驳倒,它在人间的存在

---

① [德]黑格尔:《历史哲学》,王造时译,上海世纪出版集团2006年版,第57页。
② [德]路德维希·费尔巴哈:《费尔巴哈著作选集》(下卷),荣震华、王太庆等译,商务印书馆1984年版,第435页。
③ [德]路德维希·费尔巴哈:《费尔巴哈著作选集》(上卷),荣震华、王太庆等译,商务印书馆1984年版,第178页。
④ [德]马克思:《路德是施特劳斯和费尔巴哈的仲裁人》,转自《马克思恩格斯全集》(第一卷),中央编译局编译,人民出版社1956年版,第33—34页。

就声誉扫地了。"①"真理的彼岸世界消逝以后,历史的任务就是确立此岸世界的真理。人的自我异化的神圣形象被揭穿以后,揭露具有非神圣形象的自我异化,就成了为历史服务的哲学的迫切任务。于是,对天国的批判变成对尘世的批判,对宗教的批判变成对法的批判,对神学的批判变成对政治的批判"②。由此,马克思把对谬误的批判和对真理观的探讨就从宗教领域转移到了尘世,由对宗教神学真理观的批判转向了对社会现实的政治批判,并致力于确立现实世界的真理观,同时把宗教批判纳入了他的意识形态学说。

总之,马克思在与普鲁士"官方理性"及其宗教观的斗争中,完成了理性真理观向客观真理观的转变,完成了辩证唯心主义真理观向辩证的唯物主义真理观的转变。但是,这一唯物主义真理观的真正现实基础还未奠定,还缺乏对这一真理观现实根源的深入考察和分析。实际上,这个奠基性工作是由他的真理观形成的下一阶段来完成的。

第二阶段是1843年到1845年,这是马克思在不断从理论走向实践的过程中,逐步形成和阐发实践辩证唯物真理观的时期。马克思从现实、感性的物质实践活动出发,通过对费尔巴哈人本主义的唯物主义真理观和黑格尔理辩证唯心主义真理观展开彻底批判,形成了辩证唯物主义真理观。在《关于哲学改造的临时纲要》中,费尔巴哈虽然把真理确立为客观的唯物主义真理观,恢复了感性、经验在真理观上的基础地位,但在近代先验的逻辑中心主义认识论影响下,他把真理观的确定和形成诉诸对自然、人和社会世界直观、感觉和情欲,诉诸人们对现成事实(即孤立实体)的直观、感觉和情欲,从而把真理看作是一种现成的和即成的现存表象符合关系。正如马克思所指出的,"费尔巴哈不满意抽象的思维而喜欢感性的直观,但是他不是把感性看作实践的、人的感性的活动"③,而是仅仅停留于空洞的抽象原则。诚然,费尔巴哈也偶尔谈到实践对人们的真理性认识的作用,但大部分都是观念上的零星猜测,始终未超出理论的范围,真正走向现实、感性的实践活动。而且,这些观点对"费尔巴哈的总的观点的影响微乎其微,以致只能把它们看作是具有发展能力的萌芽"。结果,费尔巴哈对"感

---

① [德]马克思:《〈黑格尔法哲学批判〉导言》,转自《马克思恩格斯选集》(第一卷),中央编译局编译,人民出版社1995年版,第1页。
② [德]马克思:《〈黑格尔法哲学批判〉导言》,转自《马克思恩格斯选集》(第一卷),中央编译局编译,人民出版社1995年版,第2页。
③ 《马克思恩格斯选集》(第一卷),中央编译局编译,人民出版社1995年版,第59—60页。

性世界的'理解',一方面仅仅局限于对这一世界的单纯的直观,另一方面仅仅局限于单纯的感觉",他"没有看到,他周围的感性世界绝不是某种开天辟地以来就直接存在的、始终如一的东西,而是工业和社会状况的产物,是历史的产物,是世世代代活动的结果"①,相反他"把理论活动看作是真正人的活动",而把实践活动看作人的生理活动和"卑污的犹太人"的利己主义商业活动,因此他不能把人看作是感性的对象性存在物,看作是人们的感性对象性活动所推动的社会变迁和历史发展的产物,把人对世界的真理性认识看作人作为主体在实践活动中逐步创造、生成的生命运动过程,把真理看作人的历史性存在方式,故他不能够真正把握真理。

在此基础上,马克思总结道,"从前的一切旧唯物主义(包括费尔巴哈的唯物主义)的主要缺点是:对对象、现实、感性,只是从客体的或者直观的形式去理解,而不是把它们当作感性的人的活动,当作实践去理解,不是从主体方面去理解"②,因而"忽视了人的能动性、创造性和主体性"③。与费尔巴哈真理观从抽象的人性论出发,把感性理解为"自然客体"不同,黑格尔的真理观则是从抽象精神和"劳动对主体的塑造"④角度出发的,把真理看作是精神作为主体通过自身能动的自我否定、自我相关的辩证运动而形成的自在自为的绝对知识。由此,黑格尔肯定并发展了人作为主体在推动真理生成和发展方面的重要作用。但在这里,由于"人"被理解为"能思者",故而"劳动活动"作为人的具体活动就不是被理解为物质的活动,而是理解为"意识和知识发展的精神活动",因此真理作为精神自我否定的辩证运动过程,就不是人们在实践活动中持续创造性地真实反映客观对象的认识过程,而是精神作为主体从自在走向自为,最终获得自我认识的辩证发展过程。对此,正如马克思所指出的,对对象、现实、感性,"和唯物主义相反,能动的方面却被唯心主义抽象地发展了,当然,唯心主义是不知道现实的、感性的活动本身的"⑤。诚然,"在这种精神活动中,认识的主体同被认识的客体是结合在一起的"⑥,亦即真理的辩证生成运动是以思维与

---

① 《马克思恩格斯选集》(第一卷),中央编译局编译,人民出版社1995年版,第75—76页。
② 《马克思恩格斯选集》(第一卷),中央编译局编译,人民出版社1995年版,第54页。
③ 袁贵仁,杨耕:《马克思主义哲学与现代西方哲学研究》(总序),北京师范大学出版社2012年版,第16页。
④ 吴晓明,王德峰著:《马克思的哲学革命及其当代意义》,人民出版社2005年版,第285页。
⑤ 《马克思恩格斯选集》(第一卷),中央编译局编译,人民出版社1995年版,第54页。
⑥ 《马克思恩格斯选集》(第四十二卷),中央编译局编译,人民出版社1979年版,第160—161页。

存在统一为基础的。由此,他认为"理念就是真理;因为真理即是客观性与概念的符合"①,亦即真理是现实事物的定在与其概念的同一,只要事物的定在符合于概念,就是真理。结果,黑格尔就把概念确立为衡量人们对客观事物认识的正确性标准,而不是事物自身,进而他就把"作为客观事物与概念的真实关系完全颠倒了"②,形成了头脚倒置的唯心主义真理观。可见,旧唯物主义和唯心主义的共同缺陷都在于"不理解最初创造人的世界的那种'革命性的'、即实践的——批判性的活动"③,亦即不理解作为社会现实实存的实践的感性活动,因此都无法突破近代逻辑中心主义认识论思路、消解感性仅仅被理解为"一切自然的自然存在物的自有性质"和"社会存在以纯思为基础的幻相",从而无法真正超越近代哲学"把人劈分为思想主体与感性客体这样一种二元存在"④的思维模式和认识思路,进而形成以感性本体论为基础的思维与存在相统一的正确合理的真理观。

针对费尔巴哈真理观的缺陷和黑格尔真理观的缺陷,马克思突破和超越近代先验的逻辑中心主义认识论思路所追求真理的理论形态,破除一切自然事物之感性形式的自有性质,与尼采一样,对存在与意识的关系进行了形而上学倒转,并确立"存在对意识的优先地位"⑤。在此基础上,与尼采"向内深入到人的心灵生活中",从人的心理生活需要出发,从价值维度和审美视角寻求用艺术来否定真理,并进而使价值取代真理而成为社会生活中的第一位思想要素不同,马克思"向外深入到人的社会生活中"⑥,从现实感性的社会实践活动出发,在现实社会生活中汲取力量,对真理的生成和发展的现实基础进行了前提性反思和追问。

马克思认为,"思维和存在虽有区别,但同时彼此又处于统一中"⑦。而二者的统一基础是人们的社会历史性实践活动及其推动的社会生活发展变迁过程。传统不能恢复思维与存在的统一,因为它本身就从这一差异

---

① [德]黑格尔:《小逻辑》,贺麟译,商务印书馆1980年版,第397页。
② 全增嘏:《西方哲学史》(下册),上海人民出版社1985年版,第244页。
③ [德]卡尔·洛维特:《从黑格尔到尼采》,李秋零译,生活·读书·新知三联出版社2014年,第126页。
④ 吴晓明,王德峰著:《马克思的哲学革命及其当代意义》,人民出版社2005年版,第285页。
⑤ 吴晓明,王德峰著:《马克思的哲学革命及其当代意义》,人民出版社2005年版,第305页。
⑥ 周国平:《尼采:在世纪的转折点上》,东方出版社2014年版,第26—27页。
⑦ [德]马克思:《1844年经济学哲学手稿》,转自《马克思恩格斯全集》(第三卷),中央编译局,人民出版社2002年版,第302页。

出发,并且停留在这一差异中。而"理论的对立本身的解决,只有通过实践方式,只有借助于人的实践力量,才是可能的;因此,这种对立的解决绝不只是认识的任务,而是现实生活的任务,而哲学未能解决这个任务,正因为哲学仅仅把这仅仅看作理论的任务"①。对于此,列斐伏尔在考察马克思的实践概念时也进一步指出,"理论难题的解决,是一个实践的任务。真正的实践是现实理论的条件。唯一真正的实践是革命性的实践,它超越了重复性和模仿性的变化。……通过实践,思维与存在、意识与感觉或者物理与性质、精神与自发性被重新统一起来"②。由此,马克思就把理论问题的根本解决奠定在了实践活动及其创造的现实社会生活基础上,要求哲学对于理论问题的解决要突破以往局限于思想理论范围内的狭隘视域,走向作为理论得以产生和发展的现实基础——人类的现实社会生活和社会历史性实践活动,在人类社会历史性实践活动所推动的社会生活发展进步的过程中理解和认识社会生活,并由此推动理论问题的最终解决。对于此,马克思认为,"意识的改革只在于使世界认清本身的意识,使它从对于自身的迷梦中惊醒过来,向它说明它自己的行动"③。换句话说,通过使意识摆脱传统形而上学的先验逻辑中心主义,回归社会实践活动领域,回归以社会实践活动为基础的社会生活,实现思维方式的转变,旨在还原社会生活的具体性、丰富性和差异性,与此同时,在人们通过社会实践活动建构这一丰富多样的社会生活世界过程中,使人们的思维观念能够立足现实社会实践活动,本真地揭示和领悟丰富多样的社会生活,从而在人们形成对自己社会性生存的自我认识的过程中实现社会总体自我认识。

在此基础上,马克思进一步提出,"人的思维是否具有客观的真理性,这不是一个理论问题,而是一个实践问题。人应该在实践中证明自己思维的真理性,即自己思维的现实性和力量,自己思维的此岸性。关于思维——离开实践的思维——的现实性或非现实性的真理,是一个纯粹经院哲学的问题"。在这里,马克思更加突出地强调,人们要解决人类思维的客观真理性问题,必须超越近代建立在意识的内在性规定基础上的形而上学和思维自身的理论形态,走向社会实践,通过思维指导人对现实生活的否

---

① [德]马克思:《1844年经济学哲学手稿》,转自《马克思恩格斯全集》(第三卷),中央编译局,人民出版社2002年,第306页。
② [法]亨利·列斐伏尔:《马克思的社会学》,谢永康,毛林林译,北京师范大学出版社2018年,第41页。
③ [德]马克思:《马克思致阿尔诺德·卢格(1842年11月30日)》,转自《马克思恩格斯文集》(第十卷),中央编译局,人民出版社2009年,第9页。

定性批判和改造的实践活动来"创造出一个感性世界,从而使思维在现实的此岸中实现自身"①,并由此推动社会辩证发展来理解和把握人类思维的客观真理性。由此,马克思就确立了实践的唯物主义生存论境遇下的真理观,实现了哲学真理观上的革命。基于此,马克思直接指出,"哲学家们只是用不同的方式解释世界,问题在于改变世界"②。

总的来看,马克思的实践真理观具有不同于以往传统形而上学真理观的以下几方面特征:其一,他把真理看作是人们通过实践活动对于感性世界的批判和改造中形成的思维意识对这一现实感性的生活世界在观念中的正确合理的复现和确证,因此,他的真理观是奠基于人们的生命创造和社会历史性生存基础上的,是一个不断创造和生成的辩证发展过程。其二,他的真理观奠基于人的实践生存方式,但并不是说,这一真理观就只是经验论的和实证性的,只关注人的经验性生存,而不关注人的超验性生存;毋宁说,这一真理观强调的是"在经验界解决一个超验性生存问题"③,强调的是把人类超越性生存实现在人的经验性生存中。因为通过认识和把握真理,我们虽然并不能够彻底知道"所是者",但能够试图知道"所能是者"④。正是因为如此,我们能够把包含"应然"的真理转换为实践观念,指导我们现实具体的社会实践活动,在改变周围环境的同时,实现自身的现实性生存和发展。其三,他虽然强调批判和改造客观经验世界的实践活动对于真理产生和形成的基础作用,但这一有意识有目的的活动也是在人们对自身及社会现实的先行批判、超越和构造的观念引导下展开的,亦即在解释世界及改造世界的观念引导下展开的。

5.1.1.2 实践的唯物主义社会真理思想的提出

在确立实践真理观基础上,马克思进一步提出了实践唯物主义社会真理观。他认为,"整个所谓人类历史不外是人通过人的劳动而诞生的过程,是自然界对人来说的生成过程,所以关于他通过自身而诞生、关于他的形成过程,他有直观的、无可辩驳的证明。因为人和自然界的实在性,即人对人说来作为自然界的存在以及自然界对人说来作为人的存在,已经变成实

---

① 闫孟伟:《"感性活动"与现象学的认识论批判》,转自《中国现象学与哲学评论——现象学与纯粹哲学》(第九辑),上海译文出版社2007年版,第81页。
② 《马克思恩格斯选集》(第一卷),中央编译局编译,人民出版社1995年版,第55页,第56页,第57页。
③ 吴宏政:《历史生存论观念》,吉林大学博士论文,2004年,第3页。
④ [德]卡尔·雅斯贝尔斯:《时代的精神状况》,王德峰译,上海译文出版社2013年版,第34页。

践的、可以通过感觉直观的"①。这是在说,人类社会的生成和发展过程作为人们通过自觉的劳动实践活动把自在自然的世界批判和改造成为属人的"为我世界"的过程,只不过是属人的自然界和人自身的现实"生成过程",同时对于能思维的人的意识而言,它又是"被理解到、认识的生成过程"②。可见,社会意识是"社会的产物"③。它作为人们的普遍意识"不过是以现实共同体、社会存在物为生动形式的那个东西(亦即现实生活)的理论形式"。人们在社会意识中"确证自己现实的社会生活",并且"复现自己的现实存在"④。故而,在社会真理认知层面,"只有'为我之物',而不是'自在之物',才可以有概念上的副本",而人类能够加以认识和理解的,也只能是"人化自然",而不是"自在自然"⑤。换句话说,人们能够认识的社会生活世界,并不是什么"现成的东西,在认识过程中被人同化;它是和一种实践努力相对应的东西,只在那种努力的背景下'呈现'"⑥。因为"唯有劳动才向我们展示存在的全部秘密"⑦。劳动实践活动不仅使社会生活被创造和生产出来从而持续存在和发展,而且使这一创造过程及其结果的本性和规律不断向实践主体展开和暴露,所以人们能够发现和掌握社会真理。简言之,劳动实践活动使得"人类意图得以实现和自然规律得以发现",它"把因果性与目的性统一起来"⑧。其中,"人类意图得以实现",就体现为作为人们实践活动结果的社会生活,"自然规律得以发现"则体现为人们对于大量的社会现象和社会事实的因果性揭示以及整个社会运行过程的连续性和逻辑性的总体把握,体现为对于整个社会生产实践及其相应的社会关系的正确性反映和规律性把握,亦即对于社会存在的观念性和理论性的正确把握。正因为如此,马克思说,"全部社会生活在本质上是实践的。凡是把理论引向神秘主义的神秘东西,都能在人的实践中以及对这

---

① 《马克思恩格斯全集》(第三卷),中央编译局编译,人民出版社2002年版,第310页。
② 隽鸿飞:《实践唯物主义的困境与出路》,《人文杂志》,2015年第6期。
③ 《马克思恩格斯选集》(第一卷),中央编译局编译,人民出版社1995年版,第81页。
④ 《马克思恩格斯全集》(第三卷),中央编译局编译,人民出版社2002年版,第302页。
⑤ [波兰]莱泽克·科拉科夫斯基:《走向马克思主义的人道主义——关于当代左派的文集》,姜海波译,黑龙江大学出版社2013年版,第44页。
⑥ [波兰]莱泽克·科拉科夫斯基:《马克思主义的主要流派》,转自衣俊卿和陈树林合编的《当代学者视野中的马克思主义哲学:东欧和苏联学者卷》(下)(第二版),北京师范大学出版社2012年版,第117页。
⑦ 吴晓明,王德峰著:《马克思的哲学革命及其当代意义》,人民出版社2005年版,第287页。
⑧ [英]戴维·麦克莱伦:《马克思以后的马克思主义》,李智译,中国人民大学出版社2004年版,第163页。

个实践的理解中得到合理的解决"①。由此,马克思就把社会认识的真理性定位在了对象、现实、感性的人的实际活动上,为人们科学地认识社会揭示了一条正确的道路,进而也为我们探究社会真理实践生成机制奠定了坚实的基础。对于此,雅思贝尔斯评论道,"以前所有的历史哲学都是建立在被动审视的基础上的,而马克思的历史哲学却是主动的:它通过思想去行动。根据历史的必然性去行动,需要科学作为基础,而马克思则提供了这一基础"②。正因为如此,莱泽克·科拉科夫斯基认为,马克思的思想体系作为一种"影响我们整个世界观的重要的哲学启示",它的永恒效力就在于,它"让我们能够把思想当作实践活动的产物;能够揭穿意识是来源于社会存在中周而复始的异化的神话,并让这些神话返本归宗"③。在此基础上,马克思进一步提出了关于社会存在与意识及其社会意识的辩证关系和社会运动规律的社会真理思想。这些社会真理思想,正如卡西尔所言,诸如所有的科学、艺术、语言、神话等社会意识形态都是"人创造他自己的历史——文化的历史——的活动,所有这些活动的产品都是'文化产品'",这些活动和产品"各自开启了一个新的地平线"并向我们显示了社会生活的"一个新的方面"④。

在确立了实践唯物主义的社会真理观基础上,马克思进一步阐述了他的社会真理思想。从价值和意义看,社会真理主要构成人类社会生活合理秩序建构的理论基础,特别是社会制度的设计和社会规范及社会发展规划的制定及其安排得以普遍确立的合法性根据和哲学基础。这一根据和前提在马克思这里,主要是指以人的现实感性的物质生产活动及由此形成的相应的社会关系形式存在的社会生活所最终决定和支配的真实的和正确的意识及社会意识。他认为,人们"所产生的观念,或者是关于他们对自然界的关系的观念,或者是关于他们之间的关系的观念,或者是关于他们自身的状况的观念。显然,在这几种情况下,这些观念都是他们的现实关系和活动、他们的生产、他们的交往、他们的社会组织和政治组织有意识的表现,而不管这种表现是现实的还是虚幻的"⑤。这也即是说,人们不能把自

---

① 《马克思恩格斯选集》(第一卷),中央编译局编译,人民出版社 1995 年版,第 56 页。
② [德]卡尔·雅思贝尔斯:《科学方法的挑战》,转自吴晓明主编的《当代学者视野中的马克思主义哲学〈西方学者卷〉》(上)(第二版),北京师范大学出版社 2012 年版,第 28—29 页。
③ [波兰]莱泽克·科拉科夫斯基:《走向马克思主义的人道主义——关于当代左派的文集》,姜海波译,黑龙江大学出版社 2013 年版,第 179 页。
④ [德]恩斯特·卡西尔:《人论》,甘阳译,上海译文出版社 2013 年版,第 9 页。
⑤ 《马克思恩格斯选集》(第一卷),中央编译局编译,人民出版社 1995 年版,第 72 页。

己的意识和思维同他们自己的经济活动、交往活动和经济关系、社会结构状况等分开,他们的意识和思维乃是他们的这些经济活动、交往活动和关系等的反映。因为人们通过社会实践改造自在世界而使之成为自为的"属人"世界的同时也给自己带来了变化。故而,"一个社会的意识形态的各个方面——宗教、道德、哲学、法等等,并不是他那存在于经济活动、交往活动和经济状况等之外的意识和思维的一些抽象形式,而是这些活动、关系和状况的产物。他们的性质和变化,主要取决于生产力、分工和所有制方式的发展;他们随着生产力和交往方式的改变而改变"①。正如卡西尔所说,"人的社会意识依赖于一种双重活动——同一化和分化"②的实践活动。人们的那些真实地和正确地反映现实关系、生产活动、交往活动以及社会组织和政治组织的有意识的观念,就是社会真理。那些歪曲和虚幻反映现实关系、生产活动、交往活动以及社会组织和政治组织的有意识的观念,就是虚假的意识形态。它们都产生于社会实践活动和相应的社会关系中,都是意识到了的社会实践活动和社会关系,亦即社会存在。因为"人们是自己的观念、思想等等的生产者","而且人们是受他们的物质生活的生产方式,他们的物质交往和这种交往在社会结构和政治结构中的进一步发展所制约的"。在这个意义上可以说,现实社会生活过程才是社会意识形成和发展的真正决定和支配力量。正如恩格斯所指出的,"人们的意识决定于人们的存在而不是相反"③。在《〈政治经济学批判〉序言》里,马克思在总结政治经济学研究结果时,对此做了进一步发挥和系统化论述,他说道:"人们在自己生活的社会生产中发生一定的、必然的、不以他们的意志为转移的关系,即同他们的物质生产力的一定发展阶段相适合的生产关系。这些生产关系的总和构成社会的经济结构,即有法律的和政治的上层建筑竖立其上并有一定的社会意识形式与之相适应的现实基础。物质生活的生产方式制约着整个社会生活、政治生活和精神生活的过程。不是人们的意识决定人们的存在,相反,是人们的社会存在决定人们的意识"④。在《1844年经济学哲学手稿》中,马克思也说,"宗教、家庭、道德、科学、艺术等等,都不过是生产的一些特殊的方式,并且受生产的普遍规律的支

---

① [法]奥古斯特·科尔纽:《马克思恩格斯传》(第三卷),管士滨译,生活·读书·新知三联书店1980年版,第357页。
② [德]恩斯特·卡西尔:《人论》,甘阳译,上海译文出版社2013年版,第381页。
③ 《马克思恩格斯全集》(第十三卷),中央编译局编译,人民出版社1998年版,第527页。
④ 《马克思恩格斯选集》(第二卷),中央编译局编译,人民出版社1995年版,第32页。

配"①。这是在说,社会生产力的发展是人类社会历史发展的最终动力。正是社会生产力和生产关系构成的物质生产方式及其规律和社会经济结构归根结底支配着人们的意识,支配着人们的社会生活、政治生活和精神生活。这是人类社会的发展机制和发展规律。故以生产力为根本的物质生活的生产方式及其规律是整个人类生活的现实基础,而整个人类生活则是在这些特定的生产方式及其规律制约下通过生产实践活动而"对每一个个人的实际生成"②。由此,马克思就明确提出了社会存在最终决定社会意识的社会真理思想。在此基础上,马克思在批判唯心主义历史观时就提出,唯物主义历史观是"从直接生活的物质生产出发阐述现实的生产过程,把同这种生产方式相联系的、它所产生的交往形式即各个不同阶段上的市民社会理解为整个历史的基础,从市民社会作为国家的活动描述市民社会,同时从市民社会出发阐明意识的所有各种不同理论的产物和形式,如宗教、哲学、道德等等,而且追溯它们产生的过程。这样当然也能够完整地描述事物(因而也能够描述事物的这些不同方面之间的相互作用)"。这就是说,实践的唯物主义历史观是从由现实的物质生产过程及相应的交往活动构成的市民社会来研究、分析人类历史的发展和相应的理论活动及其产物的。因此,这种历史观是"始终站在现实历史的基础上","从物质实践出发来揭示观念的形成"③。

在此基础上,马克思立足于社会现实生活,对社会真理思想的具体特性和本质进行了深入考察。马克思认为,就意识最终植根于现实生活过程而言,"道德、宗教、形而上学和其他意识形态,以及与它们相适应的意识形式便不再保留独立性外观了。它们没有历史,没有发展,而发展着自己的物质生产和物质交往的人们,在改变自己的这个现实的同时也改变着自己的思维和思维的产物"④。这即是说,任何思想意识(包括社会真理)都植根于现实生活而没有独立性,都不具有绝对的客观有效性和实在性,而是都随着现实物质生产方式的变革和生活方式的变更而不断自我更新变革的,因而是具体的和历史的,具有相对性。为此,恩格斯也指出,"每一个时代的理论思维,从而我们时代的理论思维,都是一种历史的产物,它在不同

---

① 《马克思恩格斯全集》(第四十二卷),中央编译局编译,人民出版社1979年版,第121页。
② 吴晓明,王德峰著:《马克思的哲学革命及其当代意义》,人民出版社2005年版,第317—318页。
③ 《马克思恩格斯选集》(第一卷),中央编译局编译,人民出版社1995年版,第92页。
④ 《马克思恩格斯选集》(第一卷),中央编译局编译,人民出版社1995年版,第73页。

的时代具有完全不同的形式,同时具有完全不同的内容"①。因此,虽然"统治阶级的思想在每一时代都是占统治地位的思想"②,但这些思想"不过是占统治地位的物质关系在观念上的表现,不过是以思想的形式表现出来的占统治地位的物质关系",当"社会的物质生产力发展到一定阶段,便同他们一直在其中运动的现存生产关系或财产关系(这只是生产关系的法律用语)发生矛盾。于是这些关系便由生产力的发展形式变成生产力的桎梏。那时社会革命的时代就到来了,随着经济基础的变更,全部庞大的上层建筑也或慢或快地发生变革"。可见,任何社会意识(包括社会真理)都不是绝对永恒的真理,而是与现实社会生活过程始终处于相对运动过程中,因此它具有开放性和流动性,是随着社会生产力的变化为基础的经济关系的变化而或快或慢地发生着变化的。这就打破了人们"用永恒价值的说教守护者的眼光评估历史现象的种种企图",而把社会真理的认知和把握建立在了"历史相对性的普遍性原则上,建立在人性是人类社会历史的产物、我们的整个世界观都具有'社会主体性'的观点上"。这就意味着,社会真理是"集体活动的产物",人们能够在它转换为实践观念的指导下"创造性地组织现实,使其顺应人在世界上的生活和社会取向",从而"保存在我们的思想中"。故而,在这个意义上可以说,社会真理实质上是"人创造的"③。

值得注意的是,对马克思社会真理思想的考察,必须厘清如下三方面的认识:(1)如前所述,马克思于1843年9月德法年鉴时期在《致阿尔诺德·卢格》的信件中曾首次提出了"社会真理"一词,并把它与社会需要和社会斗争相提并论。(2)马克思对"社会真理"概念的这一理解,与他在其他著作中通常从唯物史观的角度用真实反映社会存在的意识及社会意识、关于人类社会的发展规律的揭示,来阐述他的社会真理思想在逻辑上是相一致的。(3)虽然马克思表达了对人们正确认识自然、认识自我、认识社会的总体关切,但马克思的社会真理思想还是主要表现在他对于社会意识产生和发展的现实基础和一般特性的考察及其对于虚假意识形态的批判反思中。他分析和阐明从意识到意识形态的社会历史根源,揭示意识形态的虚假性及阶级性,探寻消除意识形态的现实可能性途径和方式,并由此将研

---

① 《马克思恩格斯选集》(第四卷),中央编译局编译,人民出版社1995年版,第284页。
② 《马克思恩格斯选集》(第一卷),中央编译局编译,人民出版社1995年版,第98页。
③ [波兰]莱泽克·科拉科夫斯基:《走向马克思主义的人道主义——关于当代左派的文集》,姜海波译,黑龙江大学出版社2013年版,第171页。

究视野扩展到其他社会意识形式。

在从唯物史观角度分析和考察社会真理的具体特性和本质基础上,马克思还在政治批判和社会批判中进一步具体分析了意识形态及其产生的历史根源和表现形式。他认为,"意识形态是由所谓的思想家通过意识、但通过虚假的意识完成的过程"①。尽管如此,但"意识在任何时候都只能是被意识到了的存在,而人们的存在就是他们的现实生活过程。如果在全部的意识形态中,人们和他们的关系就像在照相机中一样是倒立成像的,那么这种现象也是从人们生活的历史过程中产生的,正如物体在视网膜上的倒影是直接从人们生活的生理过程中产生的一样"②。但推动思想家们的这一生活历史过程始终是他们所"不知道的,否则这就不是意识形态的过程了"③。而他们如果对"这些个人的现实关系的有意识的表现是虚幻的,如果他们在自己的观念中把自己的现实颠倒过来,那么这又是由他们狭隘的物质活动方式以及由此而来的他们狭隘的社会关系造成的"。这一方面意味着,社会意识并不必然全面准确合理地反映社会存在,人们对社会生活的认知并不一定就是科学认知,并不一定就是社会真理。相反,"社会意识由一种特定的实践产生,并且只是在特殊情况下才忠实地反映这个实践:当实践不是被掩盖在神秘的面纱之下,当人与人之间的关系是直接的,没有'不透明的'的中介时候"④。这另一方面则说明,从发生学来看,无论是意识形态还是一般社会意识,它们作为人们的社会认识都是社会生活作为社会存在不断"刺激我们的感官"⑤而造成表象,并进而形成感性认识的基础上产生的。换句话说,即使是虚幻的意识形态,也是与其他社会意识形式一样的,是由现实物质活动方式和社会关系形式存在的社会生活造成的。因此,就意识形态与现实社会生活的必然关联而言,意识形态也是对现实社会生活的反映,故而它的存在具有一定的必然性。

但毋庸置疑的是,意识形态对现实社会生活的这种反映是一种颠倒的、歪曲的和虚幻的反映。这又是由人们从"'人本身'中抽去'生命活

---

① 《马克思恩格斯选集》(第四卷),中央编译局编译,人民出版社1995年版,第726页。
② 《马克思恩格斯选集》(第一卷),中央编译局编译,人民出版社1995年版,第72页。
③ 《马克思恩格斯选集》(第四卷),中央编译局编译,人民出版社1995年版,第726页。
④ [法]亨利·列斐伏尔:《马克思的社会学》,谢永康,毛林林译,北京师范大学出版社2018年,第47页。
⑤ [德]康德:《未来形而上学导论》,李秋零译,中国人民大学出版社2013年版,第32页。

动'，因此剩下的便是纯粹意识"①造成的结果，亦即是人们的意识与产生它的社会现实相分离而对社会现实产生虚幻表象的结果。归根结底，这又是由财产私有制、劳动异化和社会分工所导致的后果。尤其是分工所引起的体力劳动和脑力劳动的分离直接促成了意识形态的形成。马克思认为，当人类的社会分工发展到物质劳动和精神劳动分离时，人们的思维过程在形式和内容上都可能是"从纯粹的思维中——不是从他自己的思维中就是从他的先辈的思维中引出的"②，"与此相适应的是玄想家的、僧侣的最初形式"就开始出现，因为物质劳动与精神劳动的分工，造成人们自由自觉的对象性生产劳动活动中意识与对象性之间隔离由可能性转变为现实性，并由此人们抽取"纯粹意识"并把它看作是"主体"，看作是"脱离对象性的'社会存在'的自为的生成"③。结果，"从这时候起意识才能现实地想象：它是和现存实践的意识不同的某种东西；它不用想象某种现实的东西就能现实地想象某种东西，从这时候起，意识才能摆脱世界而去构造'纯粹的'理论、神学、哲学、道德等等"。由于这些理论相对地脱离社会现实状况，因此当它们与现存的关系发生矛盾时，也"仅仅是因为现存的社会关系和现存的生产力发生了矛盾"，亦即是由现实社会中的社会关系与生产力之间产生的矛盾所造成的。

　　尽管如此，但马克思还认为，社会意识形态的虚假性也是因阶级统治的需要而由占统治地位的阶级或集团人为主观促成的。一定时代占统治地位的特定阶级或集团为了达到自己的目的，总是把自己的特殊利益装扮成社会全体成员的利益，相应地在观念上他们"赋予自己的思想以普遍性的形式，把它们描绘成唯一合乎理性的、有普遍意义的思想"④，由此就形成了占统治地位的社会意识形态。对于此，列斐伏尔在论及马克思关于意识形态功能的思想时就曾说，"意识形态的表象在群体(人民、国家)和阶级(和阶级的派别)的斗争中始终作为工具起作用。但它们为介入这样的斗争采取了如下方式：掩盖群体的利益和诉求，将特殊的东西普遍化，误将

---

① 吴晓明，王德峰著：《马克思的哲学革命及其当代意义》，人民出版社2005年版，第315页。
② 《马克思恩格斯选集》(第四卷)，中央编译局编译，人民出版社1995年版，第726页。
③ 吴晓明，王德峰著：《马克思的哲学革命及其当代意义》，人民出版社2005年版，第316页。
④ 《马克思恩格斯选集》(第一卷)，中央编译局编译，人民出版社1995年版，第100页。

部分当作整体"①。正如尼采从价值维度谈论意识形态时所言,"为了使共同生活成为可能,共同体的成员必须按照规则'说谎',这样的'谎言'便被视为真理"②。当然,这里需要注意的是,意识形态的表象是通过语言来表达的,是把语言转换成意识形态的话语来影响人们的观念和意识的,进而来影响人们的实践活动的。语言是存在之家,"人们所说的东西来源于实践——来源于任务的执行,来源于分工——来源于世界中现实的行动和现实的斗争。然而,他们实际所做的,只能作为语言而进入意识。意识形态在实践和意识(即语言)间进行中介。这种中介也可以充当意识的屏幕、屏障或者阻力"③。而意识形态话语正是意识的阻力和障碍。这种话语作为语言,不论是思想家的语言(例如哲学家的语言),还是所有言说者的语言,都扭曲了实践的现实。对于此,马克思认为,"语言,这个与社会整体保持一致的观念仓库,充满了错误、假象、琐碎的真理和深刻的事实"④。究其根由,社会意识形态实际上只是代表某一时代的某一政党、阶级、集团、阶层或特定职业团体的特殊利益,是这些政党、阶级、集团、阶层或特定职业团体的占统治地位的物质关系的观念性表现,所以它作为价值话语体系只能是这些集团或团体的意识形态,而不是全民共同的或大多数人共同的社会意识。这正是社会意识形态的唯心特性和阶级特性之所在。尽管如此,但由于"一个阶级是社会上占统治地位的物质力量,同时也是社会上占统治地位的精神力量。支配着物质生产资料的阶级,同时也支配着精神生产资料,因此,那些没有精神生产资料的人的思想,一般地隶属于这个阶级的。占统治地位的思想不过是占统治地位的物质关系在观念上的表现,不过是以思想的形式表现出来的占统治地位的物质关系;因而,这就是那些使某一个阶级成为统治阶级的关系在观念上的表现,因而这也就是这个阶级的统治的思想。此外,构成统治阶级的各个个人也都具有意识,因而他们也会思维;既然他们作为一个阶级进行统治,并且决定着某一历史时代的整个面貌,那么不言而喻,他们在这个历史时代的一切领域中也会这么做,就是说,他们还作为思维着的人,作为思想的生产者进行统治,他们调

---

① [法]亨利·列斐伏尔:《马克思的社会学》,谢永康,毛林林译,北京师范大学出版社2018年,第54页。
② 周国平:《尼采与形而上学》,生活·读书·新知三联书店2017年版,第205页。
③ [法]亨利·列斐伏尔:《马克思的社会学》,谢永康,毛林林译,北京师范大学出版社2018年版,第55页。
④ [法]亨利·列斐伏尔:《马克思的社会学》,谢永康,毛林林译,北京师范大学出版社2018年版,第56页。

节着自己时代的思想的生产和分配;而这就意味着他们的思想是一个时代的占统治地位的思想"①。结果,"几乎整个意识形态不是曲解人类史,就是完全撇开人类史"②,所以"精神的一切进步到现在为止都是损害人类群众的进步,群众陷入了日益严重的非人境遇"③。

在考察科学合理的社会意识形成和发展时,马克思认为真正要解决社会意识与社会存在之间的不一致和矛盾来消除虚假意识形态,其根本问题在于变革现存的社会关系及由此形成的现实社会生活过程。对于此,莱泽克·科拉科夫斯基就评论道,"马克思的典型特征还在于,他对形成研究者观念的社会条件,对社会科学施压所造成的局限和扭曲的认识,还有他为消灭科学上的意识形态的神话而进行的战斗"④。马克思认为,"生产力、社会状况和意识,彼此之间可能而且一定会发生矛盾,因为分工不仅使精神活动和物质活动(活动和思维,即没有思想的活动和没有活动的思想)、享受和劳动、生产和消费由不同的个人来分担这种情况成为可能,而且成为现实,而要使这三个因素彼此不发生矛盾,则只有消灭分工"⑤。这即是说,只有消灭分工,才能消除精神活动和物质活动等等之间的分离和对立,消除生产力、社会状况和意识之间的矛盾,从而消除社会意识形态的虚假性。与此同时,"意识的一切形式和产物不是可以通过精神的批判来消灭的,不是可以通过把它们消融在'自我意识'中或化为'幽灵''怪影''怪想'等来消灭的,而只有通过实际地推翻这一切唯心主义谬论所由产生的现实的社会关系,才能把它们消灭;历史的动力以及宗教、哲学和任何其他理论的动力是革命,而不是批判"⑥。因此,要彻底消灭虚假的意识形态,不仅要通过推动生产力的巨大增长和高度发展,实现财富极大丰富和人们普遍交往的建立来消灭社会力量对个人生存来说的异化,进而实际地消灭分工;更要变革现存的社会关系,亦即废除私有制,进行社会革命,而不是仅仅局限于精神内部的思想批判,由此才能彻底实现社会意识全面、真实、准确地反映客观的社会存在,形成科学合理的社会真理思想。对于此,马

---

① 《马克思恩格斯文集》(第一卷),中央编译局编译,人民出版社2009年版,第550—551页。
② 《马克思恩格斯选集》(第一卷),中央编译局编译,人民出版社1995年版,第66页。
③ 《马克思恩格斯文集》(第一卷),中央编译局编译,人民出版社2009年版,第290页。
④ [波兰]莱泽克·科拉科夫斯基:《走向马克思主义的人道主义——关于当代左派的文集》,姜海波译,黑龙江大学出版社2013年版,第171页。
⑤ 《马克思恩格斯选集》(第一卷),中央编译局编译,人民出版社1995年版,第83页。
⑥ 《马克思恩格斯选集》(第一卷),中央编译局编译,人民出版社1995年版,第92页。

克思指出,"只要阶级的统治完全不再是社会制度的形式,也就是说,只要不再有必要把特殊利益说成是普遍利益,或者把'普遍的东西'说成是占统治地位的东西,那么,一定阶级的统治似乎只是某种思想的统治这整个假象当然就会自行消失"①。而这一革命就是无产阶级的社会主义革命。在马克思看来,无产阶级是地地道道的"'普遍等级',他没有特殊的利益,而是代表着普遍的利益"②。尽管如此,但无产阶级注定要消灭一切阶级,才能够代表全人类的共同利益,他们的意识才能真实地反映社会现实关系和社会现实。因此,当无产阶级革命时代到来时,随着异化劳动的消除,占统治地位的经济生产方式和交往方式以及从中产生的社会结构也会逐渐发生变革,作为上层建筑的法律的、政治的、宗教的和哲学的意识形态也会相应地发生或快或慢的变革。到未来共产主义社会时,人们自由自觉地从事生产实践活动,生产力、社会状况和意识三者之间相互适应,达到协调一致,社会意识与社会存在的矛盾将彻底消除,"意识形态的假象也随之澄清"。同时,在自由生产者的联合体中,意识形态的"幻象也无存在的必要"③。换句话说,共产主义社会作为"过去时代的结束"和"真正历史的开始"并不表示人类社会发展将会停止,而是表示"人的经验生活和人的本质性之间的一切矛盾的消灭"④。结果,正如雅斯贝尔斯所言,在马克思看来,到共产主义社会,"已经把握了自身存在的本性的人从此能够规划自己的发展,能够加速那原本必然的事物的到来。人的存在和人的意识不再分裂,而是统一在一起。……现在他将成为他自己的产品的主人。由于他已自觉地达到了关于他的发展的必然过程的科学认识,他将整个儿地支配他自己的生活"⑤。与此同时,人们的社会意识也将真正摆脱唯心特性和阶级特性,真实地反映社会存在,社会真理将真正实现彻底的唯物主义和无阶级性。

值得注意的是,在这里强调的是,"人创造环境,同样,环境也创造人"。要真正地、实际地消除人们的不适应社会经济基础变化的思想观念,

---

① 《马克思恩格斯文集》(第一卷),中央编译局编译,人民出版社 2009 年版,第 553 页。
② [德]卡尔·洛维特:《从黑格尔到尼采》,李秋零译,生活·读书·新知三联出版社 2014 年版,第 334 页。
③ 卞绍斌:《马克思与正义:从罗尔斯的观点看》,《哲学研究》2014 年第 8 期。
④ [波兰]莱泽克·科拉科夫斯基:《马克思主义的主要流派》,转自衣俊卿和陈树林合编的《当代学者视野中的马克思主义哲学:东欧和苏联学者卷》(下)(第二版),北京师范大学出版社 2012 年版,第 120 页。
⑤ [德]卡尔·雅斯贝尔斯:《时代的精神状况》,王德峰译,上海译文出版社 2013 年版,第 161 页。

"就要靠改变了的环境而不是靠理论上的演绎来实现"①。这也即是说,消除虚假意识形态,促成社会真理的生成,纯粹精神上的批判是不行的,根本上还在于消除分工和变革现存的社会关系及由此形成的现实社会生活过程。尽管如此,但是,这并不意味着否定精神上批判意识形态的必要性。因为"改变世界的意愿并不仅仅意味着直接的行动,而是同时意味着对迄今为止的世界解释的批判,意味着对存在和意识的改变"②。"如果因为意识形态是社会资源和权力的不平等分配的产物、反映和补充,就认为没必要批判意识形态,这是还原论的观点"。这一观点否认了人的精神的积极作用,否定了人的精神的能动性和主体性在历史变革中的作用。而且,按照这一观点推论,马克思对意识形态的批判也是没有必要的。但实际上,正如我们所知道的,马克思正是通过对意识形态的批判,揭开了意识形态得以产生和存在的社会现实基础及其对社会现实生活本真状态遮蔽的本质,这无疑是促进了人们对社会生活本真状态的正确合理性认知,促进了社会真理的生成。不仅如此,在马克思看来,社会意识形态本身就是现实社会生活的一部分,是现实社会生活的"副本"③,因此对于促成社会真理的生成来说,消除分工和变革现存的社会关系及由此形成的现实社会生活过程固然是根本,但对于社会意识形态的批判也仍然是必要的。

5.1.2 恩格斯的社会真理思想的提出

在这里,必须提到的是另一位马克思主义的开创者恩格斯,他对于马克思主义社会真理观的形成和创立,作出了不可磨灭的贡献。但与马克思关注人类世界(属人的世界——自然界、人类社会、人本身)的辩证运动不同,恩格斯关注的是从自然辩证法的角度看待自然、社会和人自身的辩证运动。马克思关注人类世界运动主要着眼于它的动力和机制,着眼于人的主体能动性在实践活动中的发挥及相应地对于人类世界的批判和改造作用,凸显人类世界的辩证运动其实就是人类自身的辩证发展,就是人类自身不断走向自由自觉,从而自在自为地占有自身的过程;恩格斯关注自然、社会和人自身的运动则主要着眼于揭示它们的运动规律,着眼于揭示自然

---

① 《马克思恩格斯选集》(第一卷),中央编译局编译,人民出版社1995年版,第95页。
② [德]卡尔·洛维特:《从黑格尔到尼采》,李秋零译,生活·读书·新知三联出版社2014年版,第127页。
③ [英]戴维·麦克莱伦,林进平:《马克思意识形态理论的九大问题》,《马克思主义与现实》,2011年第6期。

界、人类社会及人的思维的普遍规律,强调自然世界自我运动的客观性和必然性。相应地,在社会真理观上,马克思强调真理是在人类对客观世界能动性持续批判和改造下所实现的二者的内在统一关系,因此具有目的性、理想性、经验性、历史性;恩格斯则强调真理是人类的认识对于自然、社会、人自身的正确反映(亦即"在我们关于现实世界的表象和概念中正确地反映现实"①),特别是对其运动规律的正确反映,因而具有绝对性和相对性、至上性和非至上。他说:"思维的至上性是在一系列非常不至上地思维着的人中实现的;拥有无条件的真理权的认识是在一系列相对的谬误中实现的;二者都只有通过人类生活的无限延续才能完全实现"②,亦即真理的至上性和绝对性是通过人类在不断克服谬误,确立相对真理的过程中不断趋近的,但永远也达不到绝对真理。即便如此,这并不能说恩格斯的社会真理观是与马克思的社会真理观相对立的,是对后者的修正和毁坏,而只能说是与后者相一致基础上的对后者的补充。恩格斯的辩证唯物社会真理观强调社会的客观性及其运动发展的不以人的意志为转移的必然性,肯定和承认人类社会产生之前与人类实践活动改造之外存在的自然界及其辩证运动,并提出人类正确认识这类自然世界的本性及规律性的有效方式,填补了马克思所探讨的人类社会产生之后的客观世界的实践唯物社会真理观在承认人类史前史中探讨自然界及其辩证运动的空白,从而使得马克思主义社会真理观得以完整地建构起来。在这个意义上可以说,恩格斯的社会真理观是马克思主义社会真理观的有机组成部分,是对马克思社会真理观的进一步拓展和补充。

不仅如此,在巴黎公社失败后,针对许多青年知识分子对于唯物史观的歪曲和片面理解,尤其是把它说成是"经济决定论",恩格斯还从人类历史发展与思想观念发展的角度进行反驳,提出了以下几方面观点,进一步明确和完善了马克思主义社会真理思想。

首先,物质生活的生产和再生产(亦即经济因素)对于上层建筑的各种因素(包括社会结构、政治结构和观念结构等等)以及各种社会意识形式,只是在"归根结底"的意义上才是决定性因素,而不是唯一的决定性因素。他指出,"根据唯物史观,历史过程中的决定性因素归根到底是现实生活的生产和再生产。无论马克思或我都从来没有肯定过比这更多的东西。

---

① 《马克思恩格斯选集》(第四卷),中央编译局,人民出版社 1995 年版,第 225 页。
② 《马克思恩格斯选集》(第三卷),中央编译局,人民出版社 1995 年版,第 427 页。

……经济状况是基础,但是对历史的斗争进程发生影响并且在许多情况下主要是决定着这一斗争的形式的,还有上层建筑的各种因素:阶级斗争的政治形式及其成果——由胜利了的阶级在获胜以后确立的宪法等等,各种法的形式以及所有这些实际斗争在参加者头脑中的反映,政治的、法律的和哲学的理论,宗教的观点以及它们向教义体系的进一步发展。这里表现出这一切因素间的相互作用,而在这相互作用中归根到底是经济运动作为必然的东西通过无穷无尽的偶然事件向前发展"①。所以,人们把唯物史观等同于经济决定论,就把唯物史观变成了机械决定论。

其次,社会意识形式的形成和发展对于作为基础的经济运动具有相对的独立性,有其相对独立的发展道路。他以社会意识形态的形成为例,指出"意识形态是由所谓的思想家的意识、但是通过虚假的意识完成的过程。推动它的真正动力始终是他不知道的。否则这就不是意识形态的过程了。因此他想象出虚假的或表面的动力。因为这是思维过程,所以它的内容和形式都是他从纯粹的思维中——不是从他自己的思维中,就是从他先辈的思维中引出的。他只和思想材料打交道,他毫不迟疑地认为这种材料是由思维产生的,而不去进一步研究这些材料的较远的、不从属于思维的根源"②。这种独立性还表现在,"每一个时代的哲学作为分工的一个特定领域,都具有由它的先驱传给它而它便由此出发的特定的思想材料作为前提。因此经济上落后的国家在哲学上仍然能够演奏出第一小提琴:……经济在这里并不重新创造出任何东西,但是它决定着现有思想材料的改变和进一步发展的方式,而且多半也是间接决定的,因为对哲学发生最大的直接影响的,是政治的、法律和道德的反映"。

再次,社会意识的发展中充满着大量偶然现象,经济的必然性就是通过这些偶尔现象得以实现和表现的。他指出,"人们自己创造自己的历史,但是到目前为止,他们并不是按照共同的意志,根据一个共同的计划,甚至不是在一个有明确界限的既定社会内来创造自己的历史。它们的意向是相互交错的,正因为如此,在所有这样的社会里,都是那种以偶然性为其补充和表现形式的必然性占统治地位。在这里通过这种偶然性而得到实现的必然性,归根结底仍然是经济的必然性"。"历史上所有其他的偶然现象和表面的偶然现象都是如此"。特别是在意识形态领域,这种偶然性表

---

① 《马克思恩格斯全集》(第四卷),中央编译局编译,人民出版社1995年版,第696页。
② 《马克思恩格斯全集》(第四卷),中央编译局编译,人民出版社1995年版,第726页。

现得尤为明显。"我们所研究的领域越是远离经济,越是接近于纯粹抽象的意识形态,我们就越是发现它在自己的发展中表现为偶然现象,它的曲线就越是曲折。如果您划出曲线的中轴线,您就会发现,所考察的时期越长,所考察的范围越广,这个轴线就越同经济发展的轴线接近平行"①。

5.2 马克思主义社会真理思想在东方国家的丰富与发展

针对落后的物质生产力和整个社会的发展,许多东方国家的先进知识分子坚信"科学社会主义所体现的科学理性以及把世界视为按照客观规律运动着的物质存在的历史唯物主义和辩证唯物主义的令人折服的逻辑力量"②,他们在选择马克思主义哲学时,主要选择了相对感兴趣的并更容易理解的恩格斯思想,从关于世界的客观必然性方面丰富和发展了马克思主义的社会真理思想。在这方面最早作出贡献的是理论家普列汉诺夫。首先,他提出了人类理性作为实践意识通过主体的实践活动对于现实社会生活的批判和改造作用。他认为,人类理性是社会历史的产物,但这一产物一旦形成,"它不应该而且按照其天性说亦不能服从以前的历史所遗留下来的现实;它必然地要依照自己的样式和类型来改造现实,使它更合理。……行动(人们在社会生产过程中的合规律的活动)向辩证唯物主义者说明社会人的理性的历史发展"③。其次,他认为人们在实践活动中对于社会生活的认识,由于有主体的能动作用,认识结果是由主客体相互作用而共同促成,所以它具有主客体双方的特点而不可能达到对于社会生活的直接等同和一致,故只能是"象形文字论"的。最后,他创造性地把社会心理看作是社会结构和人们认识社会的重要组成部分。他认为,社会心理是"一部分由生长在经济上的全部社会政治制度所决定的社会中的人的心理",在这之上是"反映这些心理特性的各种思想体系"④。

---

① 《马克思恩格斯全集》(第四卷),中央编译局编译,人民出版社 1995 年版,第 732—733 页。
② 安启念:《新编马克思主义哲学发展史》,中国人民大学出版社 2004 年版,第 130—131 页。
③ [俄]普列汉诺夫:《论一元论历史观之发展》,博古译,生活·读书·新知三联出版社 1961 年版,第 198 页。
④ 《普列汉诺夫哲学著作选集》(第三卷),曹葆华译,生活·读书·新知三联出版社 1984 年版,第 195 页。

在俄国社会主义的革命和实践中,列宁在与"民粹派"和以普列汉诺夫为代表的孟什维克派的斗争中,针对落后的俄国进行社会主义革命这一问题,提出了他的马克思主义社会真理思想。他认为,由于经济斗争的狭隘性使得无产阶级无法形成自己的阶级意识,这种意识只能从外面灌输进去,同时进行思想教育和思想改造,才能形成具有无产阶级革命思想的革命阶级。

5.3 马克思主义社会真理思想在西方国家的丰富与发展

针对西方社会资本主义制度日益完善和无产阶级革命热情和意识的逐渐退化和淡化,卢卡奇、柯尔施、葛兰西等早期西方马克思主义者一方面对马克思主义和列宁主义的社会真理思想进行反思,另一方面开始新的探索。他们都从考察黑格尔辩证法出发,认为马克思主义的内容最主要的是哲学方面的,它"重视的不是人以外的物,而是主客体的相互作用,是基于实践活动的历史辩证法。既然主客体的相互作用,人的实践活动,是历史辩证法的源泉,那么人的意识就在历史发展中起着决定性的作用"①。在此基础上,他们都提出了关于西方发达资本主义条件下阶级意识的马克思主义社会真理思想。

5.3.1 卢卡奇的总体性辩证法社会真理思想

在《历史与阶级意识》中,针对资本主义社会存在的大量的物化现象,卢卡奇沿着马克思的实践唯物主义社会真理思想继续前进,提出了社会真理性认识的总体辩证法。他认为,马克思主义哲学最本质的东西是他的哲学辩证法,与此相关,总体性观点是马克思主义区别于资产阶级思想的根本所在。"总体性范畴,总体之于部分的完全至高无上的地位,这是马克思从黑格尔那里汲取的方法论的精华,并把它出色地改造成一门崭新学科的基础"②。就人类历史而言,总体性观点强调"人类社会并非各个组成部分的简单组合,而是这些部分的有机统一;这个统一体在历史中形成,在历史中辩证地运动发展,表现为一个有机的整体。作为一种方法,它要求把社

---

① 安启念:《新编马克思主义哲学发展史》,中国人民大学出版社 2004 年版,第 236 页。
② [匈]卢卡奇:《历史和阶级意识》,张西平译,重庆出版社 1989 年版,第 30—31 页。

会作为总体来认识,也即作为整个社会的辩证地发展着的历史过程来认识"①。在这个意义上,研究对象的实际分离和科学的分工与专门化以及由此产生的专门科学和方法论上必要的和有用的某些抽象概念都是在社会的总体性认识中要被扬弃的辩证因素,因此"归根结底就没有什么独立的法学、政治经济学、历史科学等等,而只有一门唯一的、统一的——历史的和辩证的——关于社会(作为总体)发展的科学"②。这即是说,只有在这种把社会生活中的孤立事实作为历史发展的环节并把他们归结为一个总体的情况下,对事实的认识才能成为对现实的认识,亦即达到在观念中再现现实,达到许多规定的综合,因而是达到多样性统一的具体。当然,这一总体性范畴下的各个环节并不是无差别的同一性,而是彼此间处于一种动态的辩证关系,并且是同一种动态的和辩证的整体动态的辩证环节,因此它们在资本主义生产制度下并没有真正的独立性和自主性。由此,卢卡奇就提出了关于人类正确认识社会的总体辩证性方法。

在此基础上,他进一步指出"历史是在社会内在矛盾的推动下的辩证运动过程,因此总体性要求分析社会的内在矛盾,以便揭示社会的整体的辩证历史运动",尤其是对"资本主义社会及其生产力和生产关系的内在对抗"③作为具体的总体性方法的物质基础,更需要人们去认真分析和理解它们及其产生的内在必然性,这样人们才能真正理解社会现实本身的性质,达到对于资本主义社会的本质正确把握。而且,他认为总体性辩证法奠基于实践活动,它是主客体间的相互作用,并进而促成思维与存在、理论与实践的统一,而实践活动作为推动社会辩证发展的基础和动力,不外是人在一定的思维意识的指导下进行的,因此人的意识在社会发展中具有重大意义。他指出,"历史一方面主要是人自身活动的产物(当然迄今为止还是不自觉的),另一方面又是一连串的过程,人的活动形式"④。之所以如此,就在于"行动、实践——马克思把实践的要求放在他《关于费尔巴哈的提纲》之首——按其本质,是对现实的冲破,是对现实的改变"⑤。由于这种对现实的冲破和改变,社会才能发展变迁,才能形成历史。而人的意识就是在这一冲破和改变的过程中形成和发展起来的,因此它具有创造

---

① 安启念:《新编马克思主义哲学发展史》,中国人民大学出版社 2004 年版,第 245 页。
② [匈]卢卡奇:《历史和阶级意识》,杜章智等译,商务印书馆 1992 年版,第 77 页。
③ 安启念:《新编马克思主义哲学发展史》,中国人民大学出版社 2004 年版,第 247 页。
④ [匈]卢卡奇:《历史和阶级意识》,杜章智等译,商务印书馆 1992 年版,第 274 页。
⑤ [匈]卢卡奇:《历史和阶级意识》,杜章智等译,商务印书馆 1992 年版,第 90—91 页。

性,具有"生成的特性"。在这种条件下,"只有当人能把现在把握为生成,在现在中看出了那些他能用其辩证的对立创造出将来的倾向时,现在,作为生成的现在,才能成为他的现在。只有感到有责任并且愿意创造将来的人,才能看到现在的具体真理。……在这种生成中,意识(无产阶级的已经变成实践的阶级意识)就是一种必不可少的、基本的组成部分。

因此,思维和存在是同一的,就不是说它们是互相'符合',互相'反映',它们是互相'平行'或互相'叠合'的(所有这些说法都以隐蔽的形式包含着僵硬的二重性的思想)。它们的同一在于它们都是同一个现实的和历史的辩证过程的环节。"①这是在说,由于历史是人类通过实践活动对社会现实的不断超越和突破,又是在相应的意识指导下不断生成和创造的过程,因此人类对于社会的真理性认识不是对社会的既定性和现成性把握,而是在社会的变化和生成过程中对于社会的辩证揭示和动态把握,尤其是对于以揭示社会发展的将来可能性为前提的社会现实的把握。在这一揭示和把握过程中,意识作为实践的意识与社会存在的同一,不是传统认识论思维模式下的主客体之间的相互符合、反映或平行和叠合,而是由实践活动所推动的同一个社会辩证发展过程的内在环节。由此,卢卡奇就在驳斥自然辩证法的概念(即认识的反映论)的基础上,提出了他实践辩证的社会真理思想。

卢卡奇认为,恩格斯的反映论由于没有涉及实践的历史过程中的主体和客体的辩证关系及其相互作用,没有认识到在一切形而上学中客体仍然是未被感触到的、未改变的,因此思想仍然是直观的、不合适用的,而"使对于物化的意识来说是不可克服的思维和存在、意识和现实的二重性在理论上具体化了"②,而这一二重性问题,马克思早在《关于费尔巴哈的提纲》中通过把哲学变成实践,把存在和现实看作是实践的产物而解决了,马克思"认为较之经验的僵化的物化事实,历史发展的倾向代表的虽然是产生于经验本身的,因此绝不是彼岸的,但确实是一个更高级的、真实的现实。……真理的标准虽然就在于切中现实,然而这现实绝不与经验的事实的存在相同一。这一现实并不是现成的,而是生成的。……对象的真正的本质就在这一生成之中,在这一倾向之中,在这一过程之中展现出来"③。因此,"当生成的真理就是那个被创造但还没有出世的将来,即那个正在(依

---

① [匈]卢卡奇:《历史和阶级意识》,杜章智等译,商务印书馆1992年版,第298—299页。
② [匈]卢卡奇:《历史和阶级意识》,杜章智等译,商务印书馆1992年版,第293页。
③ [匈]卢卡奇:《历史和阶级意识》,杜章智等译,商务印书馆1992年版,第297页。

靠我们自觉的帮助)变为现实的倾向中的新东西时,思维是否为反映的问题就显得毫无意义了"①。

此外,卢卡奇认为由于社会及其辩证运动不是一个既定的和现成的存在,而是一个通过人的实践活动不断创造生成的总体,因此作为创造和认识主体的人也必然是一个总体。他指出,"总体的观点不仅规定对象,而且也规定认识的主体。……只有当进行设定的主体本身是一个总体时,对象的总体才能加以设定;所以,为了进行自我思考,只有不得不把对象作为总体来思考时,才能设定对象的总体"。这里的"设定"即是"创造"。这就是说,只有能从总体上认识、理解和创造历史的主体,才能真正创造和认识辩证运动的社会总体。因此,这一主体必然不是从个体性观点观察社会现象而获得零碎的、无联系的、局部的事实或规律的个人,而必然是作为总体、整体存在阶级。因为无产阶级才能把握历史发展的方向,才能代表未来,所以这一作为对于社会真理的把握的阶级只能是无产阶级。在此基础上,卢卡奇认为只有促进工人的无产阶级意识觉醒(即对自己历史使命的清醒认识)才能推动社会主义革命。由此,他就提出了工人阶级的无产阶级意识问题。当然,这一意识不是"无产阶级实际的主观意识",而是"'被赋予'的阶级意识,即一个阶级在充分意识到自身的利益后必定会有的意识"②。

基于此,卢卡奇认为十月革命后无产阶级缺乏革命热情和革命意识的根本原因在于资本主义社会存在严重的物化现象,它妨碍了人们对于社会及其辩证运动的正确认知和了解。他从马克思在《资本论》中关于商品拜物教现象的分析出发,指出在资本主义社会里,"人自己的活动,人自己的劳动,作为某种客观的东西,某种不依赖于人的东西,某种通过异于人的自律性来控制人的东西,同人相对立"③。这即是说,劳动的异化导致"物的世界正通过似乎不受人的支配的客观规律统治着人们。人变成了客体,变成了其生活形成过程的消极旁观者"④。与之相伴随的是,人们之间的社会关系在这一异化劳动过程中转变成为商品之间关系的虚幻形式。这造成人不仅受到物的统治和支配,还要受到物与物之间关系的主宰,由此人

---

① [匈]卢卡奇:《历史和阶级意识》,杜章智等译,商务印书馆1992年版,第299页。
② [英]戴维·麦克莱伦:《马克思以后的马克思主义》,林春等译,东方出版社1986年版,第199页。
③ [匈]卢卡奇:《历史和阶级意识》,杜章智等译,商务印书馆1992年版,第147页。
④ [英]戴维·麦克莱伦:《马克思以后的马克思主义》,林春等译,东方出版社1986年版,第202页。

就被物化了。其结果之一就是人成了被"消灭整体的每一个形象"①。他借用马克斯·韦伯的"合理性"概念指出,"如果我们纵观劳动过程从手工业经过协作、手工工场到机器大工业的发展所走过的道路,那么就可以看出合理化不断增加,工人的质的特性,即人的个体的特性越来越被消除。一方面,劳动过程越来越被分解为一些抽象合理的局部操作,以至于工人同作为整体的产品的联系被切断,他的工作也被简单化为一种机械性重复的专门职能。另一方面,在这种合理化中,而且也由于这种合理化,社会必要劳动时间,即合理计算的基础,最初是作为仅仅从经验上可把握的、平均的劳动时间,后来是由于劳动过程的机械化和合理化越来越加强而作为可以按客观计算的劳动定额(它以现成的和独立的客观性同工人相对立),都被提出来了。随着对劳动过程的现代'心理'分析(泰罗制),这种合理的机械化一直推行到工人的'灵魂'里:甚至他的心理特性也同他的整个人格相分离,同这种人格相对立地被客体化,以便能够被结合到合理的专门系统里去,并在这里归入计算的概念"②。这即是说,劳动的分工和专门化造成社会整体物化,使得社会丧失了历史的整体性而形成了普遍的分裂,人生活在支离破碎的世界中而失去了历史感。这是资本主义生产方式根据计算来调控社会生活使之趋向合理化的原则所必然造成的结果。由此带来的后果是,"正像资本主义制度不断地在更高的阶段上从经济方面生产和再生产自身一样,在资本主义发展过程中,物化结构越来越深入地、注定地、决定性地沉浸入人的意识里"③,人对社会的意识也变成对于零碎的、无联系的、局部的社会事实或社会规律的抽象认知,成为了物化意识。在实际生产生活中,人们社会意识的这一物化过程是受两方面推动的:一方面,自然科学对于经验事实的抽象把握方法被普遍应用于人文社会领域,它在促进资本主义社会生产力大发展的同时,也妨碍了人们对于社会辩证运动过程和总体趋势的把握;另一方面,人们在资本主义社会的琐碎分工生产方式下把自己看作是商品及其附属物,都依靠自己的商品与他人进行交换而求得生存发展,因此他们只关心自己,只是从自己个人的角度出发去认识社会和其他事物。这进一步限制了人们视野,使他们看不到社会及其辩证运动的过程和总体趋势,看不到社会发展的未来。结果,在资

---

① [匈]卢卡奇:《历史和阶级意识》,张西平译,重庆出版社 1989 年版,第 21 页。
② [匈]卢卡奇:《历史和阶级意识》,杜章智等译,商务印书馆 1992 年版,第 149 页。
③ [匈]卢卡奇:《历史和阶级意识》,杜章智等译,商务印书馆 1992 年版,第 156 页。

本主义社会现有条件下，人们就形成了对于社会生活的现成事物及其相互关系所构成的现成社会生活的物化意识。对于无产阶级突破社会现实，形成总体性观念的途径，卢卡奇认为他们只有"在行动中冲破社会现实，并在这种现实的总体中把它加以改变"。具体来说，无产阶级必须投入到革命实践中，在和外部敌人作斗争的同时，与资本主义生活方式的意识形态的破坏和腐蚀的影响做斗争，并进行自我教育，才能形成对于社会及其辩证运动过程和总体趋势的把握。因为"这种意识的改变就是革命过程本身"①。而真理的获得就在这一改变过程中。由此，卢卡奇就形成了关于无产阶级意识的社会真理思想。

5.3.2 葛兰西的实践哲学社会真理思想

葛兰西的社会真理思想体现在他关于实践哲学的论述中。他认为，马克思主义哲学的科学本质就是社会历史的实践性，实践概念反映了马克思主义哲学的实质，因此马克思主义哲学就等同于实践哲学。他指出，"处在法国革命和复辟之间的中途上的黑格尔，给予思想生活的两个要素唯物主义和唯灵论以辩证的形式，但是，它的综合是'一个以头站地的人'。黑格尔的继承者摧毁了这种统一，有的回到唯物主义体系，有的则回到唯灵论体系。实践哲学通过其创始人复活了黑格尔主义、费尔巴哈主义和法国唯物主义的这一切经验，以便重建辩证统一的综合，'以脚站地的人'"②。这即是说，"实践是主体和客体相互作用的辩证法，是唯物主义和唯心主义的综合和超越"③。马克思主义哲学作为实践哲学就是通过马克思提出这一实践的观点来实现的对于黑格尔绝对唯心主义辩证法的唯物主义辩证法颠倒，由此实现了对于旧唯物主义和唯心主义的综合和超越，形成了以实践为基础的唯物主义哲学。因此，这一实践哲学作为实践一元论的哲学，它必然不是唯心主义一元论的，也不是唯物主义一元论的，而是"具体历史行为中对立面的同一性。那就是与某种被组织起来的（历史化）的'物质'，以及与被改造过的人的本性具体地、不可分解地联结起来的人的活动（历史——精神）中的对立的同一性"④。这即是说，实践就是"……物质和精神、人和自然的'对立的同一性'，就是把以物质、自然为一方，同以精

---

① [匈]卢卡奇:《历史和阶级意识》，杜章智等译，商务印书馆 1992 年版，第 347 页。
② [意]葛兰西:《实践哲学》，徐崇温译，重庆出版社 1990 年版，第 84 页。
③ [意]葛兰西:《实践哲学》，徐崇温译，重庆出版社 1990 年版，第 128 页。
④ [意]葛兰西:《实践哲学》，徐崇温译，重庆出版社 1990 年版，第 29 页。

神、意识为另一方这两种要素都统一在人的实践活动之中"①。按照这一思路,一切存在(包括物质、自然、社会、精神、意识和知识等)都是人的实践活动的产物,人是这些东西的客观尺度,相应地人对于社会及其辩证运动的认知过程和结果也是实践活动的产物,人本身也是这些认知过程和结果的客观尺度。

葛兰西曾言,"'客观'这个概念在形而上学唯物主义中显然意味着甚至存在于人之外的客观性,但断言即使人不存在,实在也存在,这意味着或是一种隐喻,或是一种神秘主义。我们只知道与人有联系的实在,正像人是历史的形成过程一样,知识、实在同客观等等一样,也是一种形成"②。这即是说,"客观实在只能在人的实际活动中形成,这就是社会实践,实践创造和规定着一切外部客观实在"。实践哲学的本质就在于人们对于这种客观现实的创造性。当然,这种"创造性不是唯我论的思想创造世界,而是客观地改变客观现实的实践创造性。这种实践创造性的内涵就在于它表明了'并不存在独立的、自在的和自为的现实,而只存在处在同那些改变它的人们的历史关系之中的现实'"③。相应地,作为对于这一现实的认知的社会真理也是人们在一定的历史关系中通过实践活动创造和形成的,其客观性也是在这一过程中获得的。当然,人们在这一认知过程中,"应当考虑到一起构成物质本身的各种物理的(化学、机械的等等)特性,但只是在它们变成一种生产的'经济要素'的范围内,所以,物质本身并不是我们的主题,成为主题的是如何为了生产而把它社会地、历史地组织起来,而自然科学则应当相应地被看作是一个历史范畴,一种人类关系"④。这是在说,实践哲学作为人们对于社会生活的认知是主体性哲学,它考察的是与实践活动相关的、或本身就是实践活动的要素的物质,考察的物质现实也是在这一相关性中,由它们自身的物理化学性质和规律能够使其通过社会的、历史的组织起来而转变为生产的经济要素的物质,在这个意义上可以说,这些物质现实是具有社会性的,自然科学作为对这些物质现实进行的物理化学性质和规律的研究也是一个由实践活动规范的历史范畴,反映的是一

---

① 徐崇温:《西方马克思主义》,天津人民出版社1982年版,第211页。
② [意]葛兰西:《现代君主及其他作品》,转自《西方马克思主义哲学的历史逻辑》,张一兵、胡大平,南京大学出版社2003年版,第84页。
③ 张一兵、胡大平:《西方马克思主义哲学的历史逻辑》,南京大学出版社2003年版,第79页。
④ [意]葛兰西:《实践哲学》,徐崇温译,重庆出版社1990年版,第162页。

种由实践活动促成的人类关系,因而同时又是社会科学。由此,葛兰西就提出了奠基于主体实践的创造性之上的社会真理思想。

20世纪30年代以后,西方资本主义社会日益发展,无产阶级革命热情更加淡漠。在这里,工业革命推动物质生产力发生了质的飞跃,也推动了世界市场需求的不断扩大,工人生活状况得到了很大改善,阶级界限日益模糊,阶级斗争逐渐淡化。"科学技术成为第一生产力,现代资本主义制度具有了技术上的合理性"[①]。相伴随的是,资本主义总体转向垄断资本主义,帝国主义列强瓜分世界的大战由此爆发,人类陷入了普遍危机。在这一背景下,人的生存问题从人类历史发展进程的深处重新凸显出来,成了时代的主题。法兰克福学派正是适应这一时代要求,在马克思的《1844年经济学哲学手稿》公开发表的推动下,在继承和发展卢卡奇等人关于发达资本主义条件下物化问题的社会真理思想基础上,立足于对人,特别是对个人的人道主义关怀,从作为资本主义制度根基的资本主义文化出发,对资本主义通过经济垄断、政治控制、社会控制、意识形态控制等方面对人的控制进行了深刻批判和揭露,提出了他们关于现代资本主义社会批判的社会真理思想。霍古海默、马尔库塞和哈贝马斯他们是法兰克福学派的主要代表,在此就对他们的社会真理思想做一梳理。

5.3.3 霍克海默的社会批判理论的社会真理思想

在继承和发展卢卡奇关于形式主义理性批判基础上,霍克海默提出了关于批判理论的社会真理思想。他认为,形式主义理性作为传统理论忽视了科学的社会功能。"它不谈理论在人类生活中意味着什么,而只谈理论在它由于历史原因而产生于其中的孤立领域意味着什么"[②]。这意味着传统的形式主义理论是一个封闭的科学理论系统,它倾向于实现自身内部的逻辑一贯和完备性,而不惜牺牲具体的历史内容。与之相区别的批判理论,则"既不是孤立的个人的功能,也不是个人的总和的功能。相反,它的主体是处在与其他个人和群体的真实关系之中的、与某个阶级相冲突的、因而是处在与社会整体与自然的关系网络中的特定个人"。这意味着批判理论是开放性的,人们对于社会的真理性认知是与时代的发展变迁相联系,正确的社会理论对于"既存的社会现实"应该保持批判的态度。而且,

---

① 安启念:《新编马克思主义哲学发展史》,中国人民大学出版社2004年版,第237页。
② [德]霍克海默:《批判理论》,李小兵译,重庆出版社1989年版,第201页。

在传统理论与经验事实的关系上,"在劳动的分工中,学者的作用是把事实纳入概念框架之中,并使概念框架保持在最新状态上,以便使他和所有使用概念框架的人能够把握尽可能广泛的事实"①。这是在说,传统理论在保持自身体系完备性的前提下,也只是注重对于经验事实的记录、整理和解释,认为我们的周围世界就是这些事实的总和,是我们必须会接受的存在。因此,它只关心现存的当下既定事实,而不考虑世界的改造和发展,从而保持了抽象的意识形态特征。这些特征普遍存在于自然科学和社会科学中,特别是实证主义和实用主义中。由此,他就认为批判理论"目标在于把人从奴役中解放出来"②。而这种奴役"是由现存的苦难强加给它的。设计这样一种解决苦难的办法的理论,不会为既存现实服务,而只能揭露那个现实的秘密,不管在任何特定环节上可能发现的荒谬和错误有多么不可辨别,不管那种可能表明是复仇行为的错误有多么多,批判理论事业的总趋向是不接受所谓人类健全理智的制裁,即使在它许诺会取得成功的时候,它也不习惯于这么做"③。这即是说,社会批判理论作为人们对于人类社会及其辩证运动的认知,在于凭借传统理论形成对于社会现实的正确认识的基础上,对现实进行批判,并超越传统理论,以便实现人的解放、社会的发展。由此,他就把作为社会真理思想的社会批判理论置于社会现实运动基础上,同时又使之面向社会发展的未来可能性。

在此基础上,霍克海默认为批判理论的超越性集中体现在哲学上。这在法国大革命时期,就体现为"某些偏见的消除,与开启新世界的大门在实质上是等值的。传统和信仰是旧制度的两大堡垒,哲学对它们的攻击构成了一种直接的历史行动"④。但是,现在传统理论妨碍了人们对既存的社会现实的批判改造和由此推动社会发展,而使人们退化并满足于当下的技术操纵,因此哲学的真正社会功能就在于它对社会中日常流行的东西的批判。"这种批判的主要目的在于,防止人类在现存社会组织慢慢灌输给它的成员的观点和行为中迷失方向。必须让人类看到他的行为与其结果间的关系,看到他的特殊存在和一般社会生活之间的联系,看到他的日常谋划和他所承认的伟大思想间的联系。哲学揭示出了那些,就人类在日常生

---

① [德]霍克海默:《批判理论》,李小兵译,重庆出版社1989年版,第189页。
② [德]霍克海默:《批判理论》,李小兵译,重庆出版社1989年版,第232页。
③ [德]霍克海默:《批判理论》,李小兵译,重庆出版社1989年版,第206—207页。
④ [德]霍克海默:《批判理论》,李小兵译,重庆出版社1989年版,第257页。

活中必须依赖孤立的观点和概念而言,人类陷于其中的矛盾"①。这即是说,哲学的主要任务就在于批判各种传统科学及其对人们的灌输所形成的社会现实的肯定和接受而迷失自我的状态,激发和保护人们理性地和批判地行动能力和思维能力,使人们能够批判和超越个人的行为、存在和思维,而看到它们与行为的结果、一般社会生活和伟大的思想之间的关联和内在张力。由此,他就把社会批判理论定位在了对于日常流行的东西的批判,特别是对于传统理论的批判,以达到对于社会现实的批判,形成对于人的自我解放和合理性社会理想的追求。

在《启蒙的辩证法》一书中,霍克海默深化了卢卡奇对现代资本主义社会的批判,提出了关于批判启蒙精神的启蒙辩证法。他把该书的主题确定为"启蒙的自我毁灭",力图探讨以下悖论,即"启蒙始终是为了将人们从恐惧中解放出来并建立其统治权。但是被充分启蒙了的世界却遍布胜利的灾祸"②。他认为,自十八世纪启蒙运动以来,启蒙理性作为工具理性一方面对自然界起技术的控制作用,推动了自然科学技术大发展和人对自然界改造取得了巨大胜利,使人不再受被神化了的自然界和各种社会秩序的支配而获得解放,人以自己的自由思想认识并征服自然,"知识就是力量";但另一方面它也逐渐转变为成为极权主义,使人的自由思想退化为数学推理,使人的思考退化成为一种对象性的机械化自我运动,从而使人重新陷入新的神话之中。"对启蒙来说,任何不符合计算规则和实用性的东西,都是不可信的。启蒙只要能不受任何外来压力的干扰而发展,它就不会停顿。在其发展过程中,它对待它自己的人权概念,完全与对待旧的一般概念一样。它遇到的一切精神阻力只能增强它的力量。……启蒙总是极权主义的"③。在这里,人的"思维被还原成一种数学机器,这表明了世界的法令即是世界自身的尺度。主体理性的胜利,即一切现实服从于逻辑的形式主义是以理性服从直接被给予的事实为代价的。……数学形式主义的工具是数字,是直接事实最抽象的形式,他坚持思维的直接性。事实取得了胜利;认识被局限于对事实的重复;思想成了同义反复。思维的机器使生存服从于自己,那么,在重新创造生存的过程中,这种服从也越盲目。因此,启蒙又变成了神话,并且永远不能真正地认识到如何来避免这

---

① [德]霍克海默:《批判理论》,李小兵译,重庆出版社1989年版,第257页。
② [德]霍克海默、阿多尔诺:《启蒙辩证法》,洪佩郁译,重庆出版社1990年版,第3页。
③ [德]霍克海默、阿多尔诺:《启蒙辩证法》,洪佩郁译,重庆出版社1990年版,第6页。

一点。……世界是一个巨大的分析判断,是从科学的幻想中遗留下来的唯一世界,它具有与宇宙的神话一样的模式"①。由此造成的结果是,自然界和社会秩序虽然变成了日常生活的现实,但却因为获得了铁的必然性强制力量而支配人,"个人还原为与风俗习惯保持一致的中心点和指望于他的操作方式,泛灵论使客体精神化,而工业主义则使人的精神客观化,甚至在全盘计划之前,经济机构就自动地使商品具有决定人的行为的价值。……通过不计其数的群众生产和群众文化的机构,约定俗成的行为模式被当作自然的、令人尊敬的、合理的模式强加于个人之上,每个人仅仅把自己规定为一个东西,一个静止的因素,或者是成功或者是失败的因素。他的尺度是自我保存,成功或不成功地接近他所作用的客观现实,并为之确立模式"②。

为此,霍克海默认为要批判资本主义社会现实就要批判启蒙精神,使新的启蒙精神得以再生,成为真正的启蒙。而这就要像卢梭曾说过的,"敢于超越虚假的判断、超越盲目的统治原则的时候,启蒙运动才成之为启蒙运动。……人们从事物的力量中学会了最终取消权力。当最近的实践的目的作为目前所获得的最遥远的目标显示自身的时候,……也就是说,占统治地位的科学所蔑视的自然的那些领域被承认为初始领域的时候,启蒙才得以实现,才是名符其实的启蒙"③。这就是说,真正的启蒙实际上不是对于现实屈从的实用主义,把物摆在人之上统治人,而是在于对社会现实的批判和超越,将人从外部压抑和强制中解放出来,精神、自由才是人的最高权力。由此,霍克海默提出了批判和超越非理性的和异化的社会现实的途径,为人们形成真正启蒙的社会真理性认知和本真的社会历史性生存提供了方法论借鉴。

在此基础上,霍克海默认为,自然和社会秩序通过启蒙理性对人的统治和支配具体由以下途径实现的。其一,消费者对于富裕生活的执着追求,使他们满意于资本主义社会生产为他们提供的东西。"今天受骗的群众……更加醉心于神话般的成就,他们富有愿望。他们坚定不移地相信统治者用来奴役他们的意识形态。人们酷爱统治者给他们的一切,热情地接受有关当局对他们施行的狡诈伎俩"④。其二,社会分工的日益复杂化和

---

① 《法兰克福学派论著选辑》(上卷),商务印书馆1998年版,第139—140页。
② 《法兰克福学派论著选辑》(上卷),商务印书馆1998年版,第141页。
③ 《法兰克福学派论著选辑》(上卷),商务印书馆1998年版,第154页。
④ [德]霍克海默,阿多尔诺:《启蒙辩证法》,洪佩郁译,重庆出版社1990年版,第125页。

精细化,强迫人们服从于机器需要的工作方式。"工人的软弱并不只是统治者的策略,而是工业社会的逻辑结果"①。其三,文化工业通过对人的思想灵魂的控制和支配,达到了社会对人登峰造极的控制。"因为在摆脱前资本主义秩序的束缚后,启蒙并没有创造一种多样化的解放的文化,事实上却已经达到了它的反面"②。文化成为大众消费的商品,丧失了艺术家的个体性创造。就连娱乐本身也被工业化了,成为对社会辩护的工具。"商业与娱乐活动原本的密切关系,就表明了娱乐活动本身的意义,即为社会进行辩护。欢乐意味着满意。……享乐意味着全身心的放松。头脑中什么也不思念,忘记了一切痛苦和忧伤。这种享乐是以无能为力为基础的。实际上,享乐是一种逃避,但是不像人们所主张的逃避恶劣的现实,而是逃避对现实的恶劣思想进行反抗"③。而且,文化工业使人们抛弃了理想,只关注和崇拜社会现实而放弃了理想。大众消费的文化"十分坚定地按照需要嘲弄旧的梦想并使其破灭了老一辈的理想,它把这些梦想和理想看作不合时宜的感情和意识形态。新的意识形态是把世界本身作为对象的。新的意识形态需要崇拜事实,它使自己只限于通过尽量准确的描述,把恶劣的定在提高到真实的王国之中。通过这样的描述,定在本身变成了价值和权力的代用品"④。这样一来人对社会现实的批判和超越维度就融合在对社会现实的理解、认同和肯定之中,人的思维创造性和想象力受到抑制,人就丧失了对理想和价值的追求。此外,文化工业通过广播、电影、音乐、喜剧、绘画以及文学作品,满足大众对于文化的消费需求,由于这些需求都是社会预先规定的,从而大众也只是被社会规定需求的消费者,文化工业由此就潜移默化地控制人并把人塑造成为资本主义社会所需要的人。可见,文化工业下的"大众文化的问题在于它并不真是大众化的,与其说是人民创造了它,不如说它是强加给人民的,是为统治的利益和潜在的极权主义服务的"⑤。这意味着,要批判和超越被神化了的社会现实,形成真正的启蒙,就要批判和超越引导消费型的社会生活,尤其是要批判和否

---

① 《法兰克福学派论著选辑》(上卷),商务印书馆1998年版,第149页。
② [英]戴维·麦克莱伦:《马克思以后的马克思主义》,林春等译,东方出版社1986年版,第274页。
③ [德]霍克海默,阿多尔诺:《启蒙辩证法》,洪佩郁译,重庆出版社1990年版,第135—136页。
④ [德]霍克海默,阿多尔诺:《启蒙辩证法》,洪佩郁译,重庆出版社1990年版,第139页。
⑤ [英]戴维·麦克莱伦:《马克思以后的马克思主义》,林春等译,东方出版社1986年版,第279页。

定文化工业对人的思想的压抑和控制,重新实现人的主体性自我和思想自由。这一任务是知识分子通过理论批判来完成的。由此,"理论批判成为了社会发展的推动力量,人类的希望就在知识分子身上"①。霍克海默认为,只要知识分子通过批判理论教育全社会民众,就能够使人类重新获得启蒙,实现人类解放。在此基础上,他就提出了关于人们形成社会真理性认知和本真的社会历史性生存的社会真理思想。

5.3.4 马尔库塞的异化劳动的社会真理思想

在深入分析马克思的异化劳动思想基础上,马尔库塞进一步发展霍克海默启蒙辩证法的社会真理思想,提出了关于现代资本主义社会政治文化批判的社会真理思想。他认为,黑格尔已经把哲学推向了社会实践的境地,"因此,哲学的最后顶点同时就是它的退位,哲学一从纯理念中解放出来,也就从它与现实的对立中解放了出来。这意味着它不再是哲学了。但是不能因此认为,思维必须遵从现存的秩序,批判的思想不会止息,而是采取一种新的形式。理性上的创造取决于社会理论和社会实践"②。这意味哲学走向社会实践,融合在社会实践中成为社会实践意识时,它不是要放弃自身批判和超越社会现实的维度而屈从于社会现存秩序,而是通过在社会实践和社会理论的推动下以一种新的创新形式展现这一维度。因此,社会批判理论作为哲学走向实践所形成的理论,批判性和超越性是其典型特征。

但是"黑格尔到马克思的转化是不同真理类型的转化,它不能用哲学的术语来解释"③。因为"马克思主义的一切哲学概念是社会和经济的范畴,而黑格尔的社会和经济的范畴全是哲学概念"④。所以,黑格尔在哲学上已经强调了劳动范畴,但把它转换为强调异化劳动的是马克思。马尔库塞认为,马克思早期著作中的一些表述"全都包含有黑格尔的扬弃一词,以致扬弃也有这样的含义,即重新赋予其真实形式以一种内容。但是,马克思所预见的未来劳动方式迥然不同于现行方式,以致他不肯使用'劳动'

---

① 安启念:《新编马克思主义哲学发展史》,中国人民大学出版社2004年版,第282页。
② [美]马尔库塞:《理性与革命:黑格尔与社会理论的兴起》,程志民等译,重庆出版社1993年版,第28页。
③ [英]戴维·麦克莱伦:《马克思以后的马克思主义》,林春等译,东方出版社1986年版,第282页。
④ [美]马尔库塞:《理性与革命:黑格尔与社会理论的兴起》,程志民等译,重庆出版社1993年版,第258页。

一词来同样称呼资本主义社会与共产主义社会的物质过程。但归根到底,他使用'劳动'一词,是指资本主义所实际理解的含义,即在商品生产中创造剩余价值或'产生资本'的活动。另一些活动不是'生产性劳动',因此不是真正意义上的劳动。可见,劳动意味着从事劳动的个人决不会有自由和全面发展,显然,在这种形势下,个人的解放就是劳动的否定"[1]。这也即是说,马尔库塞认为马克思的劳动概念内蕴了黑格尔的"扬弃"的全部含义,都有赋予劳动所创造的社会生活以真实的内容。在这个意义上,马克思所预见的未来的劳动方式应该是作为人的本质的生命活动方式。这种劳动是人的自由自觉的活动,是作为主体的劳动者的自我实现,因而是劳动者生存和生活的第一需要,是他的一种生活享受,故这种劳动是个人自由的全面发展意义上的真正劳动,而不是他在资本主义制度下的使用的"劳动"一词的含义。他在资本主义制度下使用的"劳动"一词的含义是指"在商品生产中创造剩余价值或'产生资本'"的活动,这是一种异化劳动,个人在这一劳动中是被社会分工专门化和职业化了的单向度发展的人。这就是马尔库塞对于马克思劳动概念的分析。

在此基础上,马尔库塞认为虽然追求理性启蒙的理想随着哲学朝向社会实践逐渐被追求幸福的憧憬所代替了,但在当代资本主义条件下,劳动的普遍彻底异化使幸福这一憧憬成了泡影。他指出,"在发达资本主义,人处于社会整体的支配之下,成为按照生产的需要合理组织起来的社会这架大机器的工具,在消遣和娱乐享受中接受了社会对自己的统治。劳动并非人的内在需要和自我实现,而是为了满足消费的需要不得不忍受痛苦,是异化劳动"。而这种劳动,"就其实质而言,是对人的潜力的压抑,因而也是对渗透到劳动中的'力比多'(即无意识的本能的性欲和爱欲的能量)的压抑"[2]。当然,这一压抑是社会在劳动的组织过程中通过行为规则的意识压抑人的本能、性欲和爱欲使之服从现实来实现的。故而,劳动的解放(即异化劳动的消除),也就意味着劳动成为人们的爱欲的体现,成为劳动者的自我实现。他指出,"假如对社会有用的劳动同时也能直接满足个体的需要的话,多形态性欲和自恋性欲的重新,将不再是对文化的一种威胁,它本身就是一种文化建设。……但是在成熟文明中,只能把它看作是解放

---

[1] [美]马尔库塞:《理性与革命:黑格尔与社会理论的兴起》,程志民等译,重庆出版社1993年版,第293页。
[2] 《法兰克福学派论著选辑》(上卷),商务印书馆1998年版,第430页。

的结果"①。由此马尔库塞就把马克思的异化劳动这一社会问题转化成了一个心理学问题。这一方面深化了人们对于异化劳动的心理层面的认知，另一方面这也使异化劳动成了一个个人心理问题，抹杀了消除异化劳动的社会意义，尽管在他看来，异化劳动的消除也是通过社会条件的改变来使爱欲得到恢复解放，使劳动变为娱乐活动来实现的。

在《单向度的人》一书中，马尔库塞把异化劳动对人的压抑这一主题进一步深化和系统化，提出了异化劳动使人全面彻底异化，人成为单向度的人的理论。他认为，在现代资本主义社会中，工人阶级和资产阶级都不再是社会进步的力量了，尤其是工人阶级已不再是和资产阶级对抗的阶级，而成为与资产阶级协调一致，丧失了对资本主义社会现实生活的批判和超越的阶级。他认为，"资本主义的发展已经改变了这两个阶级的结构和作用，以致他们都不再是社会变革的力量了。在当代社会最发达的地区，以前对立的双方由于在保留和改善现行制度方面有了凌驾一切的利益而统一起来。技术的进步达到了确保共产主义社会的成长及其内聚力的程度，而质变这一概念本身，在关于非爆炸性演变的现实主义观念面前开始退却了"②。结果"在大多数工人阶级的身上，我们看到的是不革命的，甚至是反革命的意识占着统治地位。……工人阶级的绝大部分被资本主义社会所同化，这并不是一种表面现象，而是扎根于基础，扎根于垄断资本的政治经济之中的。……工人阶级失去的将不只是他们的锁链，这一点虽然是微不足道的，但却是确实的"③。这意味着工人阶级失去了批判和超越资本主义社会现实生活的意识维度，而融合到社会现实生活中去了，这是资本主义社会政治经济发展到垄断阶段后所带来的普遍的和必然的结果。不仅如此，就连资产阶级自身也不再是社会发展进步的推动力量了。由此造成的结果是，发达资本主义工业社会就在这一单一的社会秩序结构内部由自由主义社会转变成了极权主义社会。这一极权主义社会"不仅是社会的一种恐怖主义的政治协调，也是一种非恐怖主义的经济——技术协调。后一种协调是由既得利益通过操纵需求而起作用的，因而防止了不顾大局的强大反对派的出现。助长极权主义的不仅是政府或政党的具体统治形式，而且是一种具体的生产与分配制度，这种制度可以与'多元主义'

---

① 《法兰克福学派论著选辑》（上卷），商务印书馆1998年版，第428页。
② [美]马尔库塞：《单向度的人：发达工业社会意识形态研究》，张峰等译，重庆出版社1988年版，第11页。
③ 《法兰克福学派论著选辑》（上卷），商务印书馆1998年版，第606页。

的政党、报纸、'抵消力量'等等和谐共存"①。在这里,"技术性社会似乎满足了人们的需求,因此不给异议留下余地"②。因为发达资本主义社会通过技术进步不仅能够提高劳动生产率,而且能够增强人们对技术乃至社会的依赖性。"技术进步的法则寓于这样一个公式:技术进步=社会财富的增长(社会生产总值的增长)=奴役的加强"。换句话说,人们在发达资本主义社会的单向度异化,根本原因在于科学技术的进步。

具体而言,这是由以下原因造成的。首先,社会不断制造虚假需求并使这一需求得到满足,使人们在"不幸中的幸福感"中忘记了自己的异化和不幸,丧失了对于社会现实的批判精神,这是现代资本主义社会控制人的基本手段。"思想的独立、自主和政治反对权,在一个日渐能通过组织需要的满足方式来满足个人需要的社会里,正被剥夺它们基本的批判功能。这样的社会可以正当地要求人们接受它的原则和政策,并把对立降低到在维持现状的范围内讨论和赞助可供选择的政策上"③。其次,技术的进步不仅满足了人的虚假需求,而且还体现了"理性的狡计",在全面改变社会面貌的同时,也改造了工人的阶级思想。马尔库塞认为,资本主义生产过程中先进技术的应用,不仅改善了工人的劳动条件,而且按照社会分工把工人结合进了被管理的民众的技术共同体中,使他们与其他工作岗位上的人员融为一体,这造成他们丧失了对于社会现实的批判和否定,而满足于现实社会生活。而且与之相伴随的是,资本主义社会大规模地应用机器来进行生产并创造价值,这使得工人劳动的价值无法衡量,阶级划分也失去了依据,再加上工人都持有工厂的股票,这使得阶级界限更加模糊,马克思的剩余价值理论过时了。不仅如此,它还使工人产生了在思想上和行为上把自己与工厂融为一体的相互依赖性,进而使工人以极大的热情发挥自己的能动性和创造性推动企业的生产发展。结果,在社会生活日趋合理化的过程中,随着"统治让位于行政管理。……剥削的有形根源消失在客观合理性的伪装背后,仇恨和破坏失去了其特定目标,技术的面纱掩盖了不平

---

① [美]马尔库塞:《单向度的人:发达工业社会意识形态研究》,张峰等译,重庆出版社1988年版,第20页。
② [英]戴维·麦克莱伦:《马克思以后的马克思主义》,林春等译,东方出版社1986年版,第285页。
③ [美]马尔库塞:《单向度的人:发达工业社会意识形态研究》,张峰等译,重庆出版社1988年版,第4页。

等和奴役的再生产"①。在这个意义上可以说,技术本身已经由中性变成了对人实行控制的超阶级意识形态。它赋予了现存社会秩序和社会制度以不可置疑的合理性。"目前阶段,技术的控制像是增进一切社会集团和利益群体的福利的理性之体现——以致所有矛盾似乎都是不合理的,所以反作用都是不可能的"②。这表现在思想文化层面,就是社会通过技术理性和工具理性剔除了艺术、思维、哲学等领域中的形而上学成分,使它们丧失了对现实的批判和超越维度而具有了现实性、可计算性和可操作性,并由此与现实和解,屈从于现实要求,为现实辩护。而这种单向度的文化又反过来控制人的思想,促进了人的单向度化。为此,马尔库塞认为,必须推翻不合理的现行社会制度,但是对于这种变革,他持悲观态度。他认为,"批判社会的理论并不拥有弥合现在和未来之间的差距的概念,因为这种理论并没有提供希望,也没有建树,它始终是消极的"③。

5.3.5 哈贝马斯的社会交往论的社会真理思想

哈贝马斯在继承和发展霍克海默和阿多尔诺坚持认为劳动是人类活动的一个基本范畴的思想基础上,提出了基于社会交往的社会真理思想。他认为,"马克思是着意于把劳动与相互作用加以区别。劳动是作用于外部世界的有目的的理性活动,而相互作用只是物与物之间的关系。这两个领域(在某种程度上符合经典马克思主义对生产力和生产关系的区分)虽然与社会进化的各个方面有关联,却是彼此独立的,每一个方面都有它自己的认识方式和理性标准,即在作为手段的活动领域里必须扩大技术的控制;在文化发展领域里必须扩大不受歪曲和控制的交流形式"。在这里,哈贝马斯实际上把人类的行为活动区分为两类:一种"工具行为",另一种是"交往行为";前者是遵从技术规则的有目的的——合理的生产活动,后者是通过符号进行的思想交流活动;前者依靠对自然知识的学习而进步,追求的是生产力的发展和生产效率的提高,后者则依靠对主体际关系知识的学习,人与人通过语言在交谈中,追求彼此形成相互理解和认同而达成共

---

① [美]马尔库塞:《单向度的人:发达工业社会意识形态研究》,张峰等译,重庆出版社1988年版,第29页。
② [美]马尔库塞:《单向度的人:发达工业社会意识形态研究》,张峰等译,重庆出版社1988年版,第10页。
③ [美]马尔库塞:《单向度的人:发达工业社会意识形态研究》,张峰等译,重庆出版社1988年版,第201页。

识和意见的协调一致,并逐渐产生普遍的行为规范而内化为人们共同遵守的活动准则,以维护现有的社会制度;因此前者涉及人与自然的关系,后者涉及人与人的关系;前者属于技术领域,后者属于文化领域。这两种行为活动领域都与社会进化发展相关联。在劳动过程中,人通过学习自然知识促进工具发展和技术进步,来提高现有的生产力水平,但同时由此也引发了生产力的发展与现有社会制度结构的矛盾和人与人之间的矛盾;人们通过学习关于主体际关系的道德实践意识领域的知识,在相互间的交谈中,经过思想交流,对技术领域的这些工具行为和战略行为做出普遍反应,形成新的共识和共同的行为规范而内化为人们共同的行为准则并由此推动社会制度结构的变化,进而推动劳动生产活动的发展和社会整体的进步。"但在这样做的时候,它们是遵循着自己的逻辑"①。这表明,在哈贝马斯看来,社会发展是由两个各自独立的活动系统——物质生产活动系统和人与人之间的社会交往活动系统相互作用推动的。其中,由社会交往活动系统推动的社会制度结构的自我进化,在社会发展中起着引领的作用,尤其是交往活动中对于道德实践领域中知识的学习和由此达成一致的过程对社会发展具有突出贡献。在此基础上,他断言,"技术性社会的政策是受公共控制的,它就必然是理性的社会,但是争论和意见必须不受到操纵和控制。言论的作用首先在于必须有一个发表言论的理想环境,只能让有较好论据的力量来决定问题。要做到这一点,除非社会的所有成员都能养成爱发表意见的习性。因此在任何一个言论活动中都本身带有社会解放的最终总目的"②。

尽管如此,但随着科学技术的发展不断促进工具行为趋于合理化和科学化,"工具行为"日益渗透进"交往行为"中,技术造就的工具合理性开始转变为资本主义社会对于人的统治和支配的合理性。这表现在,现代科学技术作为推动社会发展的"第一生产力",一方面它们的进步"已经变成了一种独立的剩余价值的来源"③,削弱甚至代替了作为生产者的劳动力在商品生产过程中创造剩余价值的作用,缓和了人与人之间的剥削压迫关系和人们之间利益的对抗,使人们的关系按照技术应用的要求来组织和形

---

① [德]哈贝马斯:《交往与社会进化》,张博树译,重庆出版社1989年版,第150页。
② [英]戴维·麦克莱伦:《马克思以后的马克思主义》,林春等译,东方出版社1986年版,第288页。
③ [德]哈贝马斯:《作为意识形态的技术与科学》,转自俞吾金编的《二十世纪哲学经典文本》(西方马克思主义卷),复旦大学出版社1999年版,第430页。

成,从而模糊了阶级对立;另一方面它使人们普遍感觉到"社会系统的发展似乎是由科学技术进步的逻辑所决定的。这种进步的固有规律似乎滋生了所有服从功能需要的政治都必须遵循的客观要求"①,这意味着,技术成为资本主义社会统治人的工具。而且,这技术统治论已经"成为一种渗入非政治化的人民大众的意识之中的隐蔽的意识形态,正是在这一天地里,它担负起了能促使合法化的力量源泉。这种意识形态的非凡成就是:它使社会的自我理解脱离交往活动的参照系,脱离以符号为中介的相互作用的概念,而用一种科学的模式取而代之。相应地,限制于文化上的社会生活世界的自我理解,就被在有目的的——合理的行为和适应性行为的范畴之下的人的自我异化取而代之"②。这即是说,由科学技术所派生的工具行为的合理性,渗透进人们的意识中成为统治人们思想行为的意识形态。这促成这一意识形态成为整个社会生活趋于科学化和合理化的源泉。结果,由人们对于社会生活世界的认识和理解所形成的社会总体的自我认识和理解,就不再产生和形成于人们在相互间的交往活动中通过语言对话进行思想交流而达成的相互理解和共识的过程,而被一种科学化和合理化的认知模式所取代。相应地,人们基于文化的理解和认同而形成的对于社会生活世界的正确认知(亦即社会真理),也被在适应科学技术发展要求的合理化行为和适用行为规范下的人的自我物化意识所替代。而且,这种意识形态由于披着科学技术合理性的外衣,所以更加不可抗拒,渗透到人们生活的各个方面。这反映在马克思主义思想的发展中,就是历史唯物主义思想的原有形式已经不能够合理地诠释现代资本主义社会的新变化而无法继续存在下去了,而必须重新建构。

哈贝马斯认为马克思主义的历史唯物主义原有形式不能够合理地诠释现代发达资本主义社会发展的现实,主要表现在以下几方面:首先,在当今科学技术成为第一生产力的发达资本主义国家,科学技术作为意识形态为现行社会制度的合法性奠基,使得社会生产力不再是推动人类解放运动的力量了。他指出,"生产力——体现于有目的的、合理的子系统中的学习过程正是用生产力凝聚起来的——从一开始就是社会发展的动力。但是,生产力并不像马克思认为的那样,在任何情况下都是一种解放的潜力,都

---

① [德]哈贝马斯:《作为意识形态的技术与科学》,转自俞吾金编的《二十世纪哲学经典文本》(西方马克思主义卷),复旦大学出版社 1999 年版,第 67 页。
② [德]哈贝马斯:《作为意识形态的技术与科学》,转自俞吾金编的《二十世纪哲学经典文本》(西方马克思主义卷),复旦大学出版社 1999 年版,第 431 页。

能引发解放运动——至少,当生产力的不断发展依赖于也具有使政治权利合法化的功能的科学技术的进步之时,就不是如此"①。其次,他认为在当今发达资本主义社会,"通过私人所有制利用资本的方式,只有借助于政府正确的、可稳定经济周转的社会与经济政策,才能得以维护。社会的制度结构重新政治化了。它不再直接与生产关系,即维护资本主义经济活动的私法制度以及确保这种由资产阶级国家所提供的制度的相应措施相一致,这意味着经济与政治系统的关系发生了变化:政治不再仅仅是一种上层建筑现象了。假如社会(亦即社会的经济生活)不再作为国家的基础和先导'独立地'通过自我调节来维护自身,那么社会和国家也就不再处于马克思主义理论所说的基础与上层建筑的关系之中。但这样一来,社会批判理论的建构,也就不能唯一地采取政治经济学批判这种形式。……当着人们把'基础'理解成本来就是国家活动和政治冲突的一种功能时,这种观点就变得不适用了"②。这即是说,在当今人类社会生活中,政治重新具有了对生产规划、生产组织、产品分配等的经济生产方式和运行机制的决定作用,它在社会发展中具有了一种基础和功能,因此马克思的基础与上层建筑关系理论对于现时代社会发展就不适用了。相应地,社会批判理论作为由人们对社会生活认知而形成的社会总体自我理解的理论概括,就不再能够采取政治经济学批判形式,因为它已经不适应社会批判理论的内容要求了。再次,他认为历史唯物主义按照生产方式划分历史的模式,已经不能解释现实社会发展过程了。他指出,"那种显示着五个或六个生产方式序列的世界历史发展过程,记下了某种宏观主体的单线式的、必然性的、为终端的和前进式的发展。……它经不起对历史哲学之客观主义的相似的批判"。人类历史发展的多样性、断裂性和非线性所形成的复杂性事实已经批驳了这种严格的逻辑性的历史必然性。"我们既不需要乞求历史的单线性,也不需要乞求历史的必然性;既不需要连续性,也不需要不可逆性"③。

对于以新的形式对历史唯物主义进行重建,哈贝马斯认为,"关键的一点是赋予人的思想观念、价值追求、世界观、关于社会结构的种种设想以独

---

① [德]哈贝马斯:《作为意识形态的技术与科学》,转自俞吾金编的《二十世纪哲学经典文本》(西方马克思主义卷),复旦大学出版社1999年版,第438—439页。
② 俞吾金:《二十世纪哲学经典文本》(西方马克思主义卷),复旦大学出版社1999年版,第427页。
③ [德]哈贝马斯:《交往与社会进化》,张博树译,重庆出版社1989年版,第143—144页。

立性,使它们摆脱所谓经济基础的制约"。显然,这是他从社会进化发展的角度得出的结论。由前文分析可知,他认为,"社会问题的解决,社会的进化,不再由生产力的发展所决定,而是取决于人们以语言为中介的思想交流,即人们的交往活动和在交往活动中取得的共识。社会变革的目标不再是发展生产力,而是使交往行为合理化。人的解放主要体现在合理化了的交往行为中"①。相应地,科学技术在现代发达资本主义社会中已经成为控制和操纵人的思想和意见的意识形态的条件下,消除科学技术造成的社会危机和人的异化,关键在于通过人们的交往活动,形成相互理解和认同并由此意见和思想达成一致而形成共识,推动社会制度结构朝向适应生产活动发展需要的方向进化,从而在推动社会全面进步中解决各种社会问题,并使科学技术处于人的自觉控制之下,消除其负面效应。当然,这种交往行为是合理化的交往行为,它是人们在语言的有效性交往能力的条件下,遵循理想的道德规范,使自己的意见和思想逐渐摆脱了科学技术操控和控制而趋向合理化的过程中形成的。在这里,人们的适用生产力发展需要的思想和意识的独立和学习创新以及在交往行动中的共识就成为引领社会发展的重要力量。由此出发,哈贝马斯就完成了基于社会交往的历史唯物主义的重建。

---

① 安启念:《新编马克思主义哲学发展史》,中国人民大学出版社2004年版,第308页。

6.对波普尔批判马克思实践唯物主义社会真理思想的回应

从前文分析可知,马克思的实践唯物主义社会真理思想肯定人们在社会实践活动中能够改造社会生活世界并由此敞开社会生活的本真状态,进而正确认识社会运动的过程、本性和规律,合理把握社会生活世界的真理,故而可以推论出,马克思认为历史社会科学成为科学是具有科学理论依据的,因而是具有合法性的。

尽管如此,但值得注意的是,对于社会生活世界的规律性把握和真理认知问题,以及由此产生的历史社会科学作为科学的合法性问题,虽然维科提出真理与创造的转换原则,解决了社会真理的可知性问题,推动了历史社会科学的分化和专门化大发展,但是到今天为止,这一问题仍有人疑虑。以波普尔为代表的反历史主义者就曾力图通过"否定社会规律的可重复性与普适性"以及由此"否定社会预测的可能性"[1]来彻底否定社会生活世界真理的可知性,从而否定历史社会科学的可能性。这尤其表现在他对马克思唯物史观的批判上。

在《历史决定论的贫困》和《开放社会及其敌人》等书中,波普尔把马克思的唯物史观称作"历史决定论"。他认为,这一"历史决定论"作为"探讨社会科学的一种方法,它假定历史预测是社会科学的主要目的,并且假定通过发现隐藏在历史演变下面的'节律'或'模式'、'规律'或'倾向'来达到这个目的"。由于这一方法把物理学研究方法与社会科学研究方法进行了类比和移植,结果导致社会科学研究一直处于滞后状态,时至今日"社会科学尚未找到它们的伽利略"[2]。而马克思唯物史观就是这样一种历史

---

[1] 欧阳康:《论人文社会科学的客观性、真理性、合理性》,《华中师范大学学报》(哲学社会科学版)1997年7月第36卷第4期。

[2] [英]卡尔·波普尔:《历史决定论的贫困》(导论),杜汝楫,邱仁宗译,上海人民出版社2009年版,第1—3页。

决定论,"一种旨在预测经济和政治的发展的未来进程,尤其是预测革命的未来进程的理论"。由于这一理论主张,"社会主义必然要从乌托邦的阶段发展到科学的阶段;它应该建立在分析原因和结果的科学方法的基础之上,建立在科学测见的基础之上"。结果,他的预言并没有实现,反而"误导了大批有理智的人",使他们相信"历史预言是探讨社会问题的科学方式"①。为此,波普尔认为,从批判历史决定论角度对马克思唯物史观展开批判是不可避免的。

对于他的这一批判,学界从方法论、历史观和政治立场等不同方面已进行了批驳,但需要从学理上进一步深入剖析和细致分析。从内容来看,波普尔主要从社会历史规律、社会历史趋势与社会历史预见三个方面对历史决定论进行了批判。与此相应,本章节立足于社会发展的实际历史进程,也将从社会发展规律、社会发展趋势和社会预测三个方面重新梳理和解读波普尔对马克思唯物史观的批判,客观分析和科学评价这一批判的合理之处和不足,进而从学理上进一步澄清波普尔对马克思唯物史观的歪曲和误解,还原马克思唯物史观的本意。

6.1 对波普尔否定社会发展规律的回应

在社会发展规律方面,人类社会发展的历史过程是一个不可重复的、独一无二的过程,对于这一历史进化过程的描述"不是规律,而是一个单称的历史命题"。换句话说,人类社会发展中不存在重复性的和普遍有效的规律。这是波普尔对历史决定论核心思想的驳斥。

波普尔认为,历史决定论的核心思想就是把社会科学的任务确定为"揭示社会进化的规律,以便预言社会的未来"②。正如莱泽克·科拉科夫斯基所言,历史决定论是"描述社会变革规律的学说,这种理论将未来有效性赋予这些规律"③。马克思在《资本论》的序言中也曾说:"本书的最终目

---

① [英]卡尔·波普尔:《开放社会及其敌人》(第2卷),郑一明等译,中国社会科学出版社1999年版,第142、145页。
② [英]卡尔·波普尔:《历史决定论的贫困》,杜汝楫、邱仁宗译,上海人民出版社2009年版,第83页。
③ [波兰]莱泽克·科拉科夫斯基:《走向马克思主义的人道主义——关于当代左派的文集》,姜海波译,黑龙江大学出版社2013年版,第117页。

的就是要揭示现代社会的经济运动规律"①,"为的是预言它的命运"②。而科学方法的一个重要设定就在于寻求那些有效性不受限制的普遍规律（即普遍有效的规律）。而且,这些普遍规律,无论以任何方式提出来,在它被理性地认可之前,"都必须由新的情况来检验"。换句话说,任何普遍规律都应该是普遍适用的可重复性规律,而且这些规律也应该是可以被新的社会生活实践不断检验的有效规律。但无论是在自然生物界还是在人类社会生活领域,都不存在这样一条进化的规律。因为"地球上的生命进化或者人类社会的进化,只是一个单独的历史过程。……然而,对这一进化过程的描述不是规律,而只是一个单称的历史命题"。这即是说,与自然生物进化历史过程一样,人类社会发展的历史进程也是由偶然性事件组成的不可逆的历史过程,在这一过程中不存在普遍有效的规律。因为普遍规律是对"某个不变秩序的断定",即对"某一类的所有过程的断定"。故而,对于这一独一无二的历史进化过程的观察,我们无法对普遍性的假说进行不断验证,也不可能发现普遍有效而为"科学所能接受的规律"③,更不可能因此预测这一独特进化过程的未来发展。由此,波普尔就认为在社会历史领域不存在普遍有效的客观规律,从而否定了社会历史生活的规律性和人们认知社会规律的可能性。

在此基础上,波普尔通过对以孔德和密尔为代表的亲自然主义的历史决定论者提出的存在所谓"连续性的自然规律"和历史规律的观点的反驳,进一步否定了人类社会历史过程的规律性。他认为,连续性的自然规律（即孔德所说的"决定一系列动态现象按我们观察到的顺序连续出现的规律"）是不存在的,即便是自然界的周期现象也很难说是规律（因为它们依赖于太阳系中的特殊条件）。这关键在于,我们虽然可以认为,"任何实际存在的现象连续都是按照自然规律进行的,但我们必须看到,实际上,三个或三个以上有因果联系的具体事件的连续都不是按照任何一个自然规律来进行的"。换句话说,任何单独一个规律,甚至单独一组规律都不可能描述有因果联系的各个事件之间的实际的或具体的连续。因此,那种认为"事件的人和连续或序列都可以用某一个规律或某一组规律来解释"的观

---

① 《马克思恩格斯选集》（第二卷）,中央编译局,人民出版社1995年版,第101页。
② ［英］卡尔·波普尔:《开放社会及其敌人》（第二卷）,郑一明等译,中国社会科学出版社1999年版,第216页。
③ ［英］卡尔·波普尔:《历史决定论的贫困》,杜汝楫、邱仁宗译,上海人民出版社2009年版,第86页。

点,就纯属于"错误的想法"。因此,就自然规律而言,既没有"连续规律",也没有"进化规律"。就社会历史规律而言,也不存在类似于内含于数学级数规律的历史规律(即孔德和密尔所谓的"决定历史事件按其实际出现的顺序连续发生的规律"①)。由此,波普尔就进一步否定了社会发展存在普遍有效的客观规律的可能性及人们在此基础上揭示社会规律的可能性,进而也否定了马克思唯物史观的科学合理性和社会历史科学的合法性。

首先,人类社会发展的历史进程中存在重复的和普遍有效的客观规律是确定无疑的。波普尔认为人类社会发展过程作为独一无二的历史进化过程,并未蕴含重复的和普遍有效的客观规律,实质上就是认为人类社会发展完全是由偶然性事件所主宰,并没有必然性客观规律贯穿整个历史发展过程之中。从表面上看,波普尔这一观点似乎是合乎人类社会发展实际的。在人类社会生活中,尽管每个人都在从事自由自觉的社会实践活动,每个人都有自己的自觉预期目的,但他们并不是"按照共同的意志,根据一个共同的计划,甚至不是在一个有明确界限的既定社会内"来从事社会实践活动的。"他们的意向是相互交错的"②,正是因为如此,人们的预期目的总的来说在表面上好像也是偶然性支配的。"人们所预期的东西很少如愿以偿",许多预期目的在大多数场合下都相互干扰,相互妨碍,彼此冲突,或者是这些预期目的本身一开始就只具有抽象的可能性而实现不了,或者是虽具有实现的现实可能性但因缺乏实现的手段也无法实现。这样,"无数的单个愿望和单个行动的冲突,在社会历史领域内造成了一种同没有意识的自然界中占统治地位的状况完全相似的状况。行动的目的是预期的,但是行动实际产生的结果并不是预期的,或者这种结果起初似乎还和预期的目的相符合,而到了最后却完全不是预期的结果"。换句话说,每个人都是历史的发展的推动者,但任何一个人又都不是历史发展的真正决定力量。这样,"历史事件似乎总的来说同样是由偶然性支配着的"③。因此,人们把人类社会发展的过程看成是偶然性事件的堆积,而不是受社会规律的支配,似乎是有一定根据的,是具有一定合理性的。也正因为如此,莱泽克·科拉科夫斯基认为,对人们来说,日常生活似乎"在本质上是一种痛苦,因为在不同的事件之间不存在任何联系,它是个人情况的积累,这类情

---

① [英]卡尔·波普尔:《历史决定论的贫困》,杜汝楫、邱仁宗译,上海人民出版社2009年版,第92—93页。
② 《马克思恩格斯选集》(第四卷),中央编译局,人民出版社1995年版,第732—733页。
③ 《马克思恩格斯选集》(第四卷),中央编译局,人民出版社1995年版,第247页。

况中的一些普遍与另一些在某些方面相似"①。

尽管如此,但实际上人类社会发展从外观上呈现为人类活动的目的性和社会事件的偶然性并不能证明人类历史进程不受客观的社会规律的支配。恰恰相反,正是在表面上这些偶然性事件起作用的地方,隐蔽的社会规律在发挥着支配作用。这涉及自然物理世界的科学认知与社会生活世界的科学认知在知识客观性问题的区别。自然物理世界的科学认知在客观性上,力求排除人为因素的一切干扰。正如卡西尔所说,科学思想的形成过程就是"排除一切'人类学'成分的不断努力"。研究自然科学并发现和制定自然规律,就必须忘掉人的存在。相反,社会历史思想"从根本上讲就是'拟人的',抹杀了它现实人的特点的方面,也就毁灭了它的独特的个性与本性"。但社会历史思想的这种拟人性"并没有对它的客观真理性构成任何限制"②。因为人类社会的历史是这样创造的:"最终的结果总是从许多单个人有目的有意识的实践活动的相互冲突中产生出来的"。

在社会生活中,每个人在自己预期目的引导下进行着自由自觉的社会实践活动,这些实践活动的相互交错,形成了"无数个力的平行四边形",由此就产生了一个合力及其相应的活动结果,就是历史结果。而这个结果又可以看作是一个作为整体地、不自觉地和不自主地起着作用的力量的产物。因为任何一个人的愿望都会受到任何另一个人的妨碍,而最后的结果就是谁都没有希望过的事物。正如雅思贝尔斯在谈到现代社会发展时所说,社会发展系统的运转实际上是"无数个人意志张力的一种合力,这些意志张力,尽管彼此有冲突,却最终联合起来发生作用。从长远看,个人所做的事取决于他作为一个生产者所具有的功能。所以,虽然所有工作都是有目的的,但并无整体上的有目的的经济"③。因此,到目前为止的历史总是像一种自然过程一样地进行,而且实质上也是服从于同一运动规律的④。这也即是说,人类社会发展的历史本身是"人类主观意志活动的产物",人类历史的客观规律就产生于这一主观意志活动中。但这一客观规律并不是"以任何'单个意志'(的主观愿望)为转移的",而是形成于"合力意志"

---

① [波兰]莱泽克·科拉科夫斯基:《走向马克思主义的人道主义——关于当代左派的文集》,姜海波译,黑龙江大学出版社 2013 年版,第 128—129 页。
② [德]恩斯特·卡西尔:《人论》,甘阳译,上海译文出版社 2013 年版,第 327 页。
③ [德]卡尔·雅斯贝尔斯:《时代的精神状况》,王德峰译,上海译文出版社 2013 年版,第 7 页。
④ 《马克思恩格斯选集》(第四卷),中央编译局,人民出版社 1995 年版,第 697 页。

(由许多单个意志形成的合力意志)活动之中,因此它扬弃了"所有'单个意志'"的主观随意性,而具有了客观实在性。故而,历史的发展,既是每一个拥有主观愿望的"单个意志"活动融合到无意识状态的、客观化"合力意志"①活动中形成的结果,又是与所有这些"单个意志"的主观愿望之间存在或多或少的差异的结果。正因为如此,当每一个人的有目的有意识的社会实践活动在社会历史领域中呈现为种种偶然性事件的时候,他们的"合力意志"活动所形成的历史结果却恰恰反映出人类历史发展是受隐蔽的社会规律支配的,因而社会发展过程呈现出类似于无意识状态的自然进化过程,即社会发展过程呈现为"无主体"的自我展开、自我深化、自我辩证发展的过程。

而且,由于到目前为止的人类历史都服从这一规律,因此这一客观的社会规律具有普遍有效性,是普适性的和可以不断被检验的规律。据此可以说,波普尔断定在人类社会发展的历史过程中不存在普遍有效的客观规律这一观点是不成立的。它把人类历史的发展等同于自然进化历史,把社会历史规律等同于自然进化规律,由自然进化规律(波普尔把它看成是一种"进化假说"②)的不存在,推断出社会历史规律的不存在,这一论证过程本身就是不合理的。它强调自然规律的客观实在性,以此为标准来否认人的主观能动性在社会规律形成中的积极作用,这不仅反映出他倾向于把科学思维看作是"唯一的和真正的思"③,把科学思维看作是社会历史研究的准绳,进而形成了"对作为方法的科学的信仰"④,而且这一做法本身也是机械性思维的结果。虽然"进化本身并不是自然的单纯事实,而是科学的假设,是我们对自然现象进行观察和分类的一种调节性原理"⑤,但人类社会发展在本质上不同于自然生命的运动历史,社会规律也不同于自然规律,就在于它们都是在人类实践活动中生成的,是人类实践活动的结果和活动的规律,人类的主观能动性在其中起着至关重要的作用。对于此,雅

---

① 俞吾金:《历史事实和客观规律》,转自《开展科学对话,促进科学发展》,《历史研究》2008年第1期。
② [英]卡尔·波普尔:《历史决定论的贫困》,杜汝楫、邱仁宗译,上海人民出版社2009年版,第84—85页。
③ [德]海德格尔:《形而上学导论》,熊伟、王庆节译,商务印书馆2005年版,第26页。
④ [德]卡尔·洛维特:《从黑格尔到尼采》,李秋零译,生活·读书·新知三联书店2014年版,第177页。
⑤ [德]恩斯特·卡西尔:《人论》,甘阳译,上海译文出版社2013年版,第359—360页。

思贝尔斯就曾言,"历史进程的必然性与人的自由行动相一致"①。人的自由行动的合力推动了人类社会发展,并与此同时造就和形成了社会发展历史进程的必然性规律。正因为如此,莱泽克·科拉科夫斯基认为,我们虽然"很难设想在精神科学领域中会有绝对的客观性,但这并不意味着在精神科学中不可能有任何进步"②。

在本体论层面上,人类社会的发展既然受生成于"合力意志"实践活动中的社会规律的支配,那么这一隐蔽规律又会是什么呢?在《〈政治经济学批判〉序言》中,马克思对这一客观规律作了经典叙述:"人们在自己生活的社会生产中发生一定的、必然的、不以他们的意志(即'单个意志')为转移的关系,即同他们的物质生产力的一定发展阶段相适应的生产关系。这些生产关系的总和构成社会的经济结构,即有法律的和政治的上层建筑竖立其上并有一定的社会意识形式与之相适应的现实基础。物质生活的生产方式制约着整个社会生活、政治生活和精神生活的过程。不是人们的意识决定人们的存在,相反,是人们的社会存在决定人们的意识"③。针对一些追随者和反对者的"经济决定论"的歪曲,恩格斯对这一客观规律的内容作了进一步的说明:"经济状况是基础,但是对历史斗争的发生影响并且在许多情况下主要是决定着这一斗争的形式的,还有上层建筑的各种因素:阶级斗争的政治形式及其成果——由胜利了的阶级在获胜以后确立的宪法等等,各种法的形式以及所有这些实际斗争在参加者头脑中的反映,政治的、法律的和哲学的理论,宗教的观点以及他们向教义体系的进一步发展。这里表现出这一切因素间的相互作用,而在这种相互作用中归根到底是经济运动作为必然性的东西通过无穷无尽的偶然事件(即这样一些事物和事变,它们的内部联系是如此疏远或者是如此难于确定,以致我们可以认为这种联系并不存在,忘掉这种联系)向前发展"④。换句话说,人类社会发展的历史进程是错综复杂的,一切社会因素都在相互作用,但在

---

① [德]卡尔·雅斯贝尔斯:《科学方法的挑战》,转自吴晓明主编的《当代学者视野中的马克思主义哲学〈西方学者卷〉》(上)(第二版),北京师范大学出版社2012年版,第28页。
② [波兰]莱泽克·科拉科夫斯基:《意识形态和理论》,转自衣俊卿和陈树林合编的《当代学者视野中的马克思主义哲学〈东欧和苏联学者卷〉》(下)(第二版),北京师范大学出版社2012年版,第106页。
③ 《马克思恩格斯选集》(第二卷),中央编译局,人民出版社1995年版,第32页。
④ 《马克思恩格斯选集》(第四卷),中央编译局,人民出版社1995年版,第696页。

所有这些因素中,在"归根到底"①的层面起决定性支配作用的则是经济因素,因此从外观上看,人类社会的发展是充满偶然性的,表现为一切社会因素的相互作用,但深入到人类社会发展进程中可以发现,社会因素的这些错综复杂的相互作用归根到底都是在经济因素的支配和决定下展开的。故而可以说,人类社会发展的历史进程就是"必然规律和偶然事件的统一"②。其中,经济因素作为必然性因素占统治地位,而其他社会因素作为偶然性因素是这一必然性因素的"补充和表现形式"③,这一必然性因素通过各种偶然性因素为自己开辟道路。据此可以说,波普尔虽然看到了人类社会发展进程中社会事件呈现出的偶然性,但停留于这一层面并以此来否定人类社会发展的客观规律性及由此形成的内在必然性,本身就是不合理的,这也暴露出他的思维方式的"形而上学性"④。

其次,人类可以从具有因果联系的社会事件构成的连续序列中抽象和概括出客观的社会规律,并揭示和发现这一社会规律。波普尔由"三个或三个以上有因果联系的具体事件的连续序列都不是按照任何一个自然规律来进行的"推论出"决定一系列动态现象按我们观察到的顺序连续出现的规律"作为连续性的自然规律是不存在的,进而也推论出"决定历史事件按其实际出现的顺序连续发生的规律"作为历史规律也是不存在的。从人类社会发展的历史进程的表层看,人类历史是由各种偶然事件组成,这些偶然事件即使彼此间存在因果联系而形成一个连续的序列,但由于这些偶然社会事件发生条件的个别性、不可重复性及内含目的性,也使得人类社会发展在人们面前显现为一个"单称的""个别的"和不可重复的过程,而对这一连续序列的解释也只能描述个别事件的发生,而不能被称为一种规律。据此可以说,波普尔推论历史规律不存在似乎是具有一定合理性的。

尽管如此,但这并不意味着人类社会发展的历史进程中未蕴含普遍有效的客观规律,也不意味着人们在通过社会实践活动开启社会生活世界过程中不能够揭示这一客观规律。从上面的分析可知,社会发展过程虽然表

---

① 俞吾金:《历史事实和客观规律》,转自《开展科学对话,促进科学发展》,《历史研究》2008年第1期。
② 田心铭:《恩格斯捍卫和发展历史唯物主义的重要贡献》,《思想理论教育导刊》2012年第1期。
③ 《马克思恩格斯选集》(第四卷),中央编译局,人民出版社1995年版,第733页。
④ 欧阳康:《论人文社会科学的客观性、真理性、合理性》,《华中师范大学学报》(哲学社会科学版)1997年7月第36卷第4期。

面上看是单称的、个别的和不可重复的历史过程,但实质上这一过程也是社会规律不断生成和发展的过程。而且,就构成因素看,社会发展是"由多种因素及其相互作用关系所构成的一种特种运动形式"①,而社会规律就是由这些因素中的基本因素的相互关系所构成。它表达的是人的意识、意志在内的社会现象和社会历史过程中的"变中的不变,或变化的本质关系的范畴"②。由于这些基本因素只能生成和发展于人们共同的"合力意志"的社会生活实践过程中,不能还原为单个意志的社会实践活动,因此这些基本因素之间的相互关系作为社会规律对于"单个意志"来说,都具有不为他们"单个意志"的主观愿望为转移的客观实在性。正因为如此,我们可以从不可重复的偶然社会历史事件中抽象和概括出构成社会这一特殊运动形式的基本因素,并揭示出这些因素之间的相互关系,从而发现支配社会发展的历史过程的普遍规律。马克思唯物史观就是从人类的社会历史性物质实践活动出发,把人类物质生产实践活动看作是"全部社会生活及其历史发展的现实基础,并从'生产的一切时代'所具有的共同规定中,揭示一切时代生产活动本身所蕴含着的内在矛盾及其运动规律",从而揭示和发现了生产力与生产关系的矛盾运动及其规律。这一规律是"贯穿人类社会发展过程、把前后相继的时期连接起来的普遍的历史规律"③。当然,这一规律在不同的民族、国家、文化传统和不同的历史时期有着十分不同的具体内容和表现形式。因此可以说,波普尔关于历史规律不存在的论断是不成立的。他以连续性自然规律的不存在推论出连续性的历史规律的不存在同样暴露出他的思维方式的机械性。

6.2 对波普尔否定社会发展趋势的回应

在社会历史趋势方面,由于社会发展的历史进程中并未蕴含客观规律,所以我们不能依据历史规律来判定社会发展的历史趋势。

波普尔认为,在社会发展的不可重复的和独特的历史进程中,我们无法发现客观的社会规律,也就无法看出它的发展"趋势、倾向和方向"。"社会运动变化这个概念本身——把社会看作如同实际物体那样,可以作

---

① 陈晏清,闫孟伟:《历史规律·历史趋势·历史预见》,《求是》2003年第18期。
② 张曙光:《对社会规律与人类活动的关系的再思考》,《哲学研究》1988年第6期。
③ 陈晏清,闫孟伟:《历史规律·历史趋势·历史预见》,《求是》2003年第18期。

为一个整体沿着一定的道路、按照一定的方向运动的这种想法,纯属集体主义的胡思乱想"。而"希望我们可以在某一天发现'社会运动的规律',好像牛顿发现物体运动的规律一样,不过是这些误解的结果。因为根本不存在与物体运动相类似的社会运动,所以不可能有那种规律"。而且,趋势不同于规律,"断定有某种趋势存在的命题是存在命题而不是全称命题(普遍规律则不是断定存在)";相反,普遍规律则是"断定某事的不可能性。断定在特定时间和空间有某种趋势存在的命题是一个单称的历史命题,而不是一个普遍规律"。正是因为如此,我们可以根据普遍规律做出科学预测,但不能仅仅根据趋势的存在做出科学的预测。此外,"规律和趋势是根本不同的两回事"。"把趋势和规律混为一谈的习惯加之对趋势的直觉观察",就导致了人们提出自然生物进化规律学说和历史决定论之社会运动不可逆转的学说,也导致孔德和密尔提出连续规律(即连续的自然规律和历史连续规律)学说。再次,"被解释的趋势是存在的,但它们的持续存在依赖于某些特定的原始条件的持续存在(这些原始条件有时又可以是趋势)"。密尔等人"忽视了趋势对原始条件的依赖性,把趋势看作是无条件的(故而如同绝对趋势),如同规律一样。结果,他们就把规律和趋势混为一谈,认为趋势是无条件的(因而是普遍的)"。而这也是历史决定论的主要错误。"即它的'发展规律'其实是绝对趋势;这些趋势和规律一样不依赖原始条件,并且不可抗拒地以一定方向把我们带到未来。它们是无条件预言的根据,而不是有条件的科学预测"①。马克思唯物史观也受到了这一错误思想的影响,形成了类似的观点。他认为,"一个社会即使探索到它本身运动的自然规律,它还是既不能跳过也不能用法令取消自然的发展阶段。但是它能缩短和减轻分娩的痛苦"②。这是马克思典型的历史决定论观点。就资本主义社会发展而言,我们必须服从"'各种无情的规律',服从这一事实,即我们所能做的就是去'缩短和减轻其进化的自然界阶段的分娩的痛苦'"③。这教导人们,"要改变行将到来的变化是徒劳;这可以说是宿命论的特殊形式,可以说是关于历史趋势的宿命论"④。

---

① [英]卡尔·波普尔:《历史决定论的贫困》,杜汝楫、邱仁宗译,上海人民出版社2009年版,第86、90—91、101—102页。
② 《马克思恩格斯选集》(第二卷),中央编译局,人民出版社1995年版,第101页。
③ [英]卡尔·波普尔:《开放社会及其敌人》(第二卷),郑一明等译,中国社会科学出版社1999年版,第313页。
④ [英]卡尔·波普尔:《历史决定论的贫困》,杜汝楫、邱仁宗译,上海人民出版社2009年版,第41页。

6. 对波普尔批判马克思实践唯物主义社会真理思想的回应　257

首先，社会条件对社会发展趋势的形成具有重要作用，但它是以社会发展规律为中介发挥作用的。波普尔认为，趋势的持续存在依赖于某些特定的原始条件的持续存在。这肯定了社会条件对于趋势形成的重要作用，是具有一定合理性的。尽管如此，但这些原始的特定条件在波普尔看来，无非是与某个特定事件有因果联系的作为原因的单称命题（或特定命题）。而社会趋势的形成和持续存在则是由于与这些原始的特定条件有因果联系的作为原因的单称命题（或特定命题）的持续存在，亦即由于在趋势形成和存在过程中存在因果联系的缘故。在这里，我们可以问：这些原始的特定条件与社会趋势存在的因果联系在社会发展过程中是如何产生和实现的？这些原始的特定条件与社会规律是什么关系？社会规律在社会趋势与这些原始的特定条件的因果关系之间起什么作用？对于这些问题，波普尔都没有进行详细分析和论述。

需要肯定的是，社会条件与社会规律确定是有联系的。从前文关于社会规律的分析可知，社会规律生成于一定的社会条件（主要包括社会实践活动及其构成要素和相关的社会环境）之中，也在这些社会条件中发挥作用。社会规律离不开这些社会条件。这些社会条件是社会规律得以"形成的内在依据"，也是社会规律"发挥作用的基础"[1]。没有这些社会条件，社会规律不会形成，也不会发挥作用。而社会规律和社会趋势也是有联系的。马克思在《资本论》第一卷的《序言》中谈到英国资本主义发展对德国社会发展的现实影响时，就对社会规律与社会趋势的关系进行了经典的表述："问题本身不在于资本主义生产的自然规律所引起的对抗的发展程度的高低。问题在于这些规律本身，在于这些以铁的必然性发生作用并且正在实现的趋势。工业较发达的国家向工业较不发达的国家所展示的，只是后者未来的景象"[2]。这表明，社会规律作为社会发展的内在根据，规定社会发展的趋势，它"以铁的必然性"在社会发展过程中发挥着作用并实现在社会发展过程中，使社会发展呈现出某种趋势。换句话说，社会发展趋势是由于社会规律发挥作用而呈现出来的一种必然性态势，没有社会规律在社会发展中的支配作用，社会发展也就不可能有某种趋势。因此，虽然社会条件对于社会发展的趋势确定有重要作用，没有这些社会条件，社会趋势不可能形成；但是，这些社会条件是通过社会规律而对社会发展趋势

---

[1] 陈晏清，闫孟伟：《历史规律·历史趋势·历史预见》，《求是》2003年第18期。
[2] 《马克思恩格斯选集》（第二卷），中央编译局，人民出版社1995年版，第100页。

起作用的。这些社会条件只是对社会发展规律才起直接作用的。对于社会发展趋势,它们只是发挥间接的作用。因此归根到底,社会条件只能是针对一定社会发展规律发挥作用而言的发展条件,没有社会规律发挥作用,也就无所谓社会发展的条件。据此可以说,波普尔避开规律与条件的相互依存关系,忽视人的主观能动性在社会发展中的积极作用,只是空泛地谈趋势和条件的因果关系,结果,对于社会趋势与社会条件的关系,他其实也没谈清楚。

其次,肯定社会发展规律是社会发展趋势的内在根据,并不意味着就把社会发展趋势看作是社会发展规律,社会发展规律和社会发展趋势其实是有区别的。这归根结底是由社会发展的独特本质——社会历史实践活动所造成。对于这一社会历史实践活动的特性,马克思在《1844年经济学哲学手稿》中论及人的生产和动物的生产的根本区别时就提到:"动物只是按照他所属的那个种的尺度和需要来构造,而人懂得按照任何一个种的尺度来进行生产,并且懂得处处都把内在的尺度运用于对象;因此,人也按照美的规律来构造"①。这表明,人类从事社会历史性实践活动不同于动物生产活动就在于:动物只能服从自身的肉体需要及生命运动规律来进行生产,而人类不仅能遵循各种客观规律从事社会历史性生产实践活动,而且能够发挥自身的主观能动性,根据自己的主观需要和价值欲求来选择性地从事社会历史性生产实践活动。正因为如此,社会发展"与无生命的事件序列无关,而是人的无始无终的创造活动或'价值创造'过程,是由人们在一系列可选的方案中进行自由选择的结果"②,这使得社会在朝向生成于"合力意志"实践活动中的社会发展规律所规定的可能性发展态势过程中又"充满了极为复杂的、可以导致多种演化结果的非线性相互作用关系"③。结果,社会规律并不能够完全"决定每一个别历史事件必然怎样",而是只能"近似地决定大量个别事件变化的可能趋势"④。正如马克思所指出的:"一般规律作为一种占统治地位的趋势,始终只是一种极其复杂和近似的方式,作为从不断波动中得出的、但永远不能确定的平均情况来发

---

① 《马克思恩格斯全集》(第三卷),中央编译局,人民出版社2002年版,第274页。
② 姜海波:《教条主义批判与人道主义重建》,转自波兰莱泽克·科拉科夫斯基的《走向马克思主义的人道主义——关于当代左派的文集〈中译者序言〉》,黑龙江大学出版社2013年版,第16页。
③ 陈晏清,闫孟伟:《历史规律·历史趋势·历史预见》,《求是》2003年第18期。
④ 刘锦山:《波普尔历史决定论批判的批判》,《马克思主义哲学研究》2008年第 期。

生"①。换句话说,在社会发展的任何一个具体的历史时期,社会生活体系的规律本身"只是决定演化的可能性空间"②,而并不具体地和现实地决定社会一定或必然朝向某个具体方向发展。在这个社会规律决定的可能性空间内,社会具体朝哪个方向发展,究竟哪一种可能性成为社会发展的主导趋势,这取决于现实具体的社会条件。而这个条件就是由人们的"单个意志"形成的"合力意志"社会实践活动创造、取消或改变社会规律发挥作用的条件及方式的那个条件,从而使某种社会主导趋势和某些类型社会事件成为现实。

可见,社会规律和社会趋势是存在差异的。社会规律虽然内在地规定社会趋势,但它只是某种社会发展趋势出现的必要条件,而不是充分条件。而社会趋势也只是社会规律发生作用所表现出来的一种趋向和态势,是社会规律实现自身的一种方式。正是因为如此,这就为人们发挥主观能动性改变行将到来的变化提供了可能性。人们才有可能摆脱历史的宿命,通过发挥自身的主观能动性来主导社会发展的趋势。可见,人类社会发展的历史终究还是人类的社会实践活动创造之产物。故而,尽管"没有任何个人应该为历史进程的结果负责,但每个人都应该为个人在其中的参与而负责"。这些责任不仅包括每个人对在制定和设计社会发展目标过程中"所起的作用负责"③,而且还包括对贯彻和实施这一社会发展目标所采用的手段及实现这一社会发展目标所导致的后果负责。正如卡尔·洛维特所说,在一定意义上讲,"历史并不是一个必然的进程,而是一种自由的、负责任的行为"④。这种"自由的、负责任的行为",不仅是人们自己的自觉独立行为,而且是自己对自己负责任的行为。正是因为如此,莱泽克·科拉科夫斯基认为,在"马克思的独立思想中始终占据中心位置的问题"即是"怎样能避开乌托邦思想与历史宿命论对立的两难局面",亦即是怎样阐明维护这样一个观点:"既不是任意宣布个人想象中的理想,也不是甘愿接受那种见解,认为人间事务受一个不可名状的历史进程的支配,人人参与这个

---

① [德]马克思:《资本论》(第三卷),中央编译局,人民出版社1975年版,第181页。
② 陈晏清,闫孟伟:《历史规律·历史趋势·历史预见》,《求是》2003年第18期。
③ [波兰]莱泽克·科拉科夫斯基:《走向马克思主义的人道主义——关于当代左派的文集》,姜海波译,黑龙江大学出版社2013年版,第63页。
④ [德]卡尔·洛维特:《从黑格尔到尼采》,李秋零译,生活·读书·新知三联出版社2014年版,第194页。

进程,可是谁也不能控制它"①。据此可以说,波普尔强调社会趋势和社会规律具有不同之处,是具有一定合理性的。但是,波普尔除了强调把社会趋势看成是存在命题,看成是一个存在单称的历史命题而与作为全称命题的普遍规律相区别之外,并没有进一步详细具体地论述把趋势看成存在命题和把普遍规律看成全称命题的根据及存在命题或历史性命题与全称命题的辩证关系。结果,对于规律与趋势之间关系的不同,他也没有谈清楚。

最后,强调社会发展趋势包含着社会历史主体的主观欲求和价值选择,并不因此而否定社会发展的历史必然性。换句话说,肯定人作为历史主体的主观能动性和创造性,并不由此否定社会规律使社会发展呈现出的客观必然性。从上面的分析可知,社会发展趋势既是社会规律发挥作用的结果,也是人们"合力意志"的社会实践活动创造的结果。这意味社会发展趋势既指向社会规律支配下社会发展的可能性空间,也指向人们"合力意志"的社会历史性实践活动的一般趋向。因此,社会趋势出现的客观必然性和现实性,既取决于社会发展的客观规律性(即社会发展与规律相符合的程度),也取决于从事人们"单个意志"的社会历史性实践活动在最基本的价值选择和价值取向上相互之间的一致性。可见,在社会发展过程中,社会发展趋势是社会发展的客观规律性与社会历史实践活动主体的价值目的性的有机统一。鉴于此可以说,波普尔强调不能把趋势和规律相混淆,而是一定要区分二者,是具有一定合理性的。但是,与之相伴随的是,波普尔只强调规律与趋势的区别,而把规律与趋势绝对地对立起来,忽视了二者之间的联系,则又是错误的,这是他的形而上学思维方式作祟的结果。

6.3 对波普尔否定社会发展未来历史进程可预测性的回应

在社会预测和历史预见方面,我们不能预测人类社会发展的未来历史进程。

波普尔认为,历史决定论主张社会历史科学应该是有助于揭示人类社

---

① [波兰]莱泽克·科拉科夫斯基:《意识形态和理论》,转自衣俊卿和陈树林合编的《当代学者视野中的马克思主义哲学〈东欧和苏联学者卷〉(下)》(第二版),北京师范大学出版社2012年版,第112页。

会发展的未来进程的科学。但是,我们只能根据规律来作出科学预测,而不能仅仅"根据趋势的存在来作出科学预测"。而社会历史进程中不存在重复性和普遍有效的客观规律,只有统计规律推算出的趋势。再加上"规律和趋势是根本不同的两回事"①。因此,对于一个独一无二的人类社会发展的历史进化过程的观察不能"帮助我们预见它的未来发展"②。而且,历史在某些方面有时可能重复,某些类型的历史事件之间的相似性也对社会学研究具有重要意义,但所有这些重复情况"都涉及到环境,而环境是千差万别的,环境可以对其后的发展有重大影响"。因此,我们不能期望"历史发展中看来是重复的事情将一模一样地继续出现"③。此外,在社会预测过程中,既存在预测影响被预测事件的"俄狄浦斯效应","这种影响或者会引起被预测的事件,或者会防止这种事件的发生"④,所以社会科学中"精确而详尽的社会事件日历这种观念是自相矛盾的,精确而详尽的社会预测是不可能的";还存在着"社会预报者与社会运动之间"的充分而复杂的"相互作用和相互影响"⑤,也使得社会预测具有不确定性。结果,我们不可能科学地预测知识(尤其是社会历史科学知识)的增长,进而也不能预测人类社会发展的未来历史进程。由此,波普尔推导出的结论是:"我们必须摒弃理论历史学的可能性,即摒弃与理论物理学相当的历史社会科学的可能性"。而原因就在于"没有一种科学的历史发展理论能作为预测历史的根据"⑥。因此,历史决定论作为一种方法其根本目的就是错误的。历史决定论本身也是不能成立的。而"马克思主义理论对未来不仅是一种坏的指导,而且它还使它的追随者不能认清眼前的在他们自身的历史时期发生的、有时甚至是通过他们自身的合作完成的事物"⑦。由此,波普尔就

---

① [英]卡尔·波普尔:《历史决定论的贫困》,杜汝楫,邱仁宗译,上海人民出版社2009年版,第91页。
② [英]卡尔·波普尔:《历史决定论的贫困》,杜汝楫,邱仁宗译,上海人民出版社2009年版,第86页。
③ [英]卡尔·波普尔:《历史决定论的贫困》,杜汝楫,邱仁宗译,上海人民出版社2009年版,第87—88页。
④ [英]卡尔·波普尔:《历史决定论的贫困》,杜汝楫,邱仁宗译,上海人民出版社2009年版,第10—11页。
⑤ 欧阳康:《论人文社会科学的客观性、真理性、合理性》,《华中师范大学学报》(哲学社会科学版)1997年7月第36卷第4期。
⑥ [英]卡尔·波普尔:《历史决定论的贫困》(序言),杜汝楫,邱仁宗译,上海人民出版社2009年版,第2页。
⑦ [英]卡尔·波普尔:《开放社会及其敌人》(第二卷),郑一明等译,中国社会科学出版社1999年版,第225—226页。

否定了马克思唯物史观存在的根据和社会历史科学存在的必要性。

第一,社会发展的历史预测作为对社会发展可能性的揭示,是可以根据社会发展的规律做出的。从前文分析可知,支配和规定社会发展趋势的社会规律,生成和发展于人们的"合力意志"社会实践活动中,人类社会的发展也是这一"合力意志"社会实践活动的结果。这使得社会规律发生作用的必然性和历史发展的客观必然性具有不以"单个意志"的主观愿望和社会实践活动为转移的客观实在性。而这一客观实在性,也使得个别的社会预报者即使根据个人的兴趣和爱好并采取个别的社会实践活动对社会运动施加影响,也无法从根本上彻底改变社会发展的一般趋向和态势。正因为如此,我们可以根据社会规律对社会发展的一般趋向和态势进行大体预测。当然,由于社会规律决定社会发展的一般性趋向和态势,但不决定社会发展的主导趋势和具体现实的社会事件的发生,因此我们根据社会规律对社会发展的趋势预测,只能揭示社会发展的可能性空间,近似地预测社会发展的总体趋势,但无法预测每一个别事件必然趋势。正如雅斯贝尔斯所指出的,我们可以"从历史推论出来的预见仅仅是指出了一个我必须在其中活动的范围"。而人的活动所创造的未来并不具有"确定不移的性质,人的未来只能是一种开放的可能性"①,所以,我们对每一社会事件不可能形成精确而详尽的预测。"什么即将发生"? 我们不可能给出"明确的或令人信服的回答"②。正因为如此,莱泽克·科拉科夫斯基认为,马克思根据社会发展规律对社会发展未来历史进程的预测必然是"模糊的",他的"自然科学的批评"也不允许出现"那种进一步的详细说明"。相反,这种详细说明会受到"傅立叶和多数乌托邦主义者的喜爱"③。因为,要指望"社会科学的方法论会类同对数表或是计算机,总是让我们能够按一套给定的事实得出相同的明白无误的答案,这简直就是痴人说梦"④。

第二,承认社会规律发生作用的必然性和历史发展的客观必然性,并不因此而否定社会预报者在社会预测活动中发挥的主观能动性作用。相

---

① [德]卡尔·雅斯贝尔斯:《时代的精神状况》,王德峰译,上海译文出版社2013年版,第231—232页。
② [德]卡尔·雅斯贝尔斯:《时代的精神状况》,王德峰译,上海译文出版社2013年版,第238页。
③ [波兰]莱泽克·科拉科夫斯基:《走向马克思主义的人道主义——关于当代左派的文集》,姜海波译,黑龙江大学出版社2013年版,第117页。
④ [波兰]莱泽克·科拉科夫斯基:《走向马克思主义的人道主义——关于当代左派的文集》,姜海波译,黑龙江大学出版社2013年版,第175页。

反,正是社会预报者根据社会规律对社会发展的一般趋向和态势进行大体预测,使得人们可以根据社会预报者的预测,从人类的生存和发展与社会发展进步的要求出发而做出相应的价值选择及采取相应的社会实践活动共同创造、改变或取消社会规律发生作用的条件,推动社会朝向合理化和有序化方向发展,促使有利于人类生存和发展的社会事件变成为现实,从而"避免'坏'的可能性变为现实,至少将其危害性降到最低限度"[①]。而一个民族也正是在对社会规律的把握和据此做出的社会预测中生成和确证它在社会发展的历史进程中的"此在并完成其此在"[②]。可见,社会预测虽然不具体现实地预报每一个别历史事件的发生,但正因为如此,这就为人们共同主导社会趋势的发展提供了条件,为人们发挥主观能动性促成或改变每一个历史事件的发生提供了条件,促使人们认清眼前的在他们自身的历史时期发生的、有时甚至是通过他们自身的合作完成的事物,也使得人们的社会实践活动更加自觉。因此可以说,正是社会发展的未来历史进程的可预测性使得人们更加理性地进行社会实践活动,而正是社会发展预测的非精确性促使人们更加积极地进行社会实践,从而使得社会事件作为人们的个别实践活动的结果而具有一定的确定性。正如雅斯贝尔斯所言,在一定意义上讲,"预见乃是一个想要有所作为的人所作的推测。他并不是关注那必然要发生的事,而是关注可能发生的事。他力图使未来符合他的愿望。未来之所以能被预见,正因为它能为他自己的意志所改变"[③]。正因为如此,莱泽克·科拉科夫斯基认为,"马克思从来不认为,人类的认识注定会创造关于现实的、不可避免的机械论画面"[④]。

第三,虽然社会趋势不同于社会规律,但社会趋势与社会规律的联系使得人们可以根据社会趋势对社会发展的未来历史进程进行预测。从上面的分析可知,社会规律决定社会发展的一般性趋向和态势,但不决定社会发展的主导趋势和具体现实的社会事件的发生。在这个社会规律决定的可能性空间内,社会朝哪个方向发展,究竟哪一种可能性会成为社会发展的主导趋势,将要发生什么社会事件,这取决于现实具体的社会条件。而这个条件就是由人们的"单个意志"形成的"合力意志"社会实践活动共

---

① 陈晏清,闫孟伟:《历史规律·历史趋势·历史预见》,《求是》2003年第18期。
② [德]海德格尔:《形而上学导论》,熊伟、王庆节译,商务印书馆2005年版,第12页。
③ [德]卡尔·雅斯贝尔斯:《时代的精神状况》,王德峰译,上海译文出版社2013年版,第232页。
④ [波兰]莱泽克·科拉科夫斯基:《走向马克思主义的人道主义——关于当代左派的文集》,姜海波译,黑龙江大学出版社2013年版,第49页。

同创造、取消或改变社会规律发挥作用的条件及方式的那个条件,从而使某种社会主导趋势和某些社会事件成为现实。正是因为如此,如果说我们可以根据社会规律近似地预见社会发展的一般趋向和态势,那么我们根据社会发展的趋势则可以相对现实和具体地预见社会发展的更为具体的主导方向和一般性的社会事件的发生。当然,由于人类社会实践活动个别性和不确定及相关社会环境的多变性由此推动的社会发展的复杂性,这里的社会预测也不是对社会主导方向和社会事件的精确而详尽的预测,而只能是相对于根据社会规律对于社会趋势和社会事件预测的近似性和模糊性,这一预测对于社会发展的主导方向和社会事件的预测则具有更多的准确性和清晰性。因为正如莱泽克·科拉科夫斯基谈到社会主义的社会形态出现在人类历史中的情形时所说,"但是要通过多少失败和胜利的革命、经过多少战争和危机、在多少年以后、以什么样的时间顺序和地区配置、经过什么样的倒退和高潮、以何种形式,社会主义社会才能出现,这恰恰是不能从'历史法则'的普遍认识中令人信服地推断出来的东西"①。因此,波普尔否认我们能够根据趋势作出科学预测是不成立的,他进而否认我们能够根据社会趋势预测人类社会发展的未来历史进程则更是不成立的,这是他把规律和趋势绝对对立起来而否认二者的联系所导致的必然结果。

第四,社会规律的普遍有效性和重复性,决定了人类社会发展的整个历史进程在一般态势的大体一致性和社会事件上的相似性,这使得整个历史进程在一般发展态势上和社会事件的发生上可以进行大体预测。从上面的分析可知,普遍有效和重复性的社会规律决定社会发展的一般趋向和态势,但并不具体地决定社会发展的主导趋势及方向和社会事件的发生。而在不同的历史时期,人们的社会历史性实践活动面临着社会环境和社会条件的变化,这使得生成于"合力意志"社会实践活动中的社会规律具有不同的内容和形式,从而在决定社会发展一般趋向和态势的过程中,也使得社会发展的主导趋势和社会事件的发生表现出不同的内容和形式。由此造成的结果是,人类社会发展的不同历史时期之间既充满了一定的相似性和一致性,又呈现出巨大的不同,因而使得整个人类社会发展呈现为单一的、不可重复的历史进程。而这"'在千变万化的掩饰中'重复着人类命

---

① [波兰]莱泽克·科拉科夫斯基:《走向马克思主义的人道主义——关于当代左派的文集》,姜海波译,黑龙江大学出版社2013年版,第117—118页。

运的某些基本形式"①的社会发展从根本上决定了历史在某些方面有时可能重复,某些类型的历史事件之间也存在一定的相似性,但这些方面和这些类型事件的重复不可能是一模一样的重复,亦即不可能是绝对的重复,进而也决定了人们能够对人类社会整个发展历程的一般性趋向和动态进行预测和预见,但这种预测和预见只能是大体上的预测和预见,而不会是精确而详尽地预测和预见。据此可以说,波普尔承认社会历史发展偶然出现相似性和重复是具有一定合理性的。但由于条件和环境的变化,不论是自然事件还是社会事件都不可能在不同的时空中表现出绝对的重复。因为"每一个人都生活在一个具有种种可能性的世界里"。凡是人已经知道的事件,"都已不再属于那个具有实体内容的历史的过程。真正的实在几乎是不被注意地发生着,并且在一开始是分散的和孤寂的"②。而且,根据科学规律进行预测"所形成的关于某种不可避免的未来的推断,虽然可以具有很大的或然率,但绝不可能达到必然性"③。为此,莱泽克·科拉科夫斯基认为,"一种值得尊敬的历史哲学只描述已经以某种形式发生的事情,也就是说,不涉及未来历史进程中将来会发生什么"④。可见,波普尔把历史事件的一次性看作是"历史与科学的根本区别所在",这个标准是"不充分的"⑤,而由此来否定社会发展历史进程的可预测性则更是不成立的,这也是他的机械性思维方式作祟的结果。而且,正如卡西尔所指出的,历史学即使不是"一门精密科学",也始终会"在人类知识的有机整体中保持它的地位和它的固有性质"。因为我们在历史学中所寻求的"并不是关于外部事物的知识,而是关于我们自身的知识"⑥。

第五,知识在人类社会发展的历史过程中确实起着非常重要的作用。从前文分析可知,人们对社会规律的认识和把握及根据社会规律和社会趋势预测社会发展的大体走向对于人们自觉从事社会历史性实践活动推动社会朝向合理化和有序化发展具有重要的价值和意义。尤其在无限复杂

---

① [德]卡尔·洛维特:《从黑格尔到尼采》,李秋零译,生活·读书·新知三联书店2014年版,第184页。
② [德]卡尔·雅斯贝尔斯:《时代的精神状况》,王德峰译,上海译文出版社2013年版,第191页。
③ [德]卡尔·雅斯贝尔斯:《时代的精神状况》,王德峰译,上海译文出版社2013年版,第228页。
④ [波兰]莱泽克·科拉科夫斯基:《走向马克思主义的人道主义——关于当代左派的文集》,姜海波译,黑龙江大学出版社2013年版,第148页。
⑤ [德]恩斯特·卡西尔:《人论》,甘阳译,上海译文出版社2013年版,第320页。
⑥ [德]恩斯特·卡西尔:《人论》,甘阳译,上海译文出版社2013年版,第349页。

的现代社会中,如果"缺乏足够的知识,行动就只能是笨拙而无效的。只有充分认清那不断变化着的、在行动的驱迫下更新着自身的状况,才能使行动合目的和有效果"①。而社会历史科学的任务正在于揭示社会规律及根据社会规律和社会趋势预测社会发展,从而为人们自觉从事社会历史性实践活动提供理论引导,因此社会历史科学的发展和相关知识的增长对于人类社会发展的历史进程具有重大的影响。对于此,马克思就曾言:理论只要抓住事物的根本,就能说服人,而"理论只要说服人,就能掌握群众","也就能变为物质力量"②,从而对社会进行现实的批判与改造,推动社会发展进步。这即是说,一种社会发展的科学理论,它只要真实准确地把握了现实的社会矛盾或社会问题并能够对这些矛盾和问题做出回应而为广大人民群众认同和接受,就能够转化为社会历史性实践活动的构成要素而成为解决这些矛盾和问题的现实推动力量,从而切实地对社会发展的历史进程产生影响。因此可以说,波普尔认为人类历史的进程受到人类知识增长的强烈影响是具有一定合理性的,他看到了科学知识对于人类社会发展所起的重要作用。但在这里值得注意的是,知识对于社会发展的作用又是通过知识自身转变为人们的实践观念来引导人类的社会历史性实践活动而具体地和现实地对社会发展发挥影响的。正如马克思所指出的"思想本身根本不能实现什么东西,思想要得到实现,就要有使用实践力量的人"③。正是因为如此,雅思贝尔斯认为,"人在每种状况和各行各业中的活动都需要有关于事物以及关于作为生命的他自身的专门知识。但是,单纯的专门知识本身绝非是充分的、足够的,因为专门知识只是通过占有知识的人才变得有意义。……因此,事物之现实状况的变化不可能单单是由专门知识的进步所引起的;只有通过人的存在,现实才可能被决定性地改变"④。对于此,卡尔·洛维特也认为,"人不应当教育给自己一种知识,而应当达到自我显示:'知识无论多么博学和深邃,或者无论多么广泛和易于理解,只要它不凝缩在自我的看不见的点上,以便从那里作为意志……爆

---

① [德]卡尔·雅斯贝尔斯:《时代的精神状况》,王德峰译,上海译文出版社2013年版,第93页。
② 《马克思恩格斯全集》(第三卷),中央编译局,人民出版社2002年版,第207页。
③ 《马克思恩格斯文集》(第一卷),中央编译局,人民出版社2009年版,第320页。
④ [德]卡尔·雅斯贝尔斯:《时代的精神状况》,王德峰译,上海译文出版社2013年版,第173—174页。

发出去,它都依然只是一种占有和财产'"①。在此意义上可以说,因此波普尔由我们无法预测科学知识的增长推论出我们不能预测人类社会发展的未来历史进程又是有问题的。

而且,从社会发展的实际情况看,知识的增长是可以通过一定方式加以预测的。从前文分析可知,我们是可以从社会纷繁复杂的偶然性因素中发现构成社会发展的基本因素及由这些基本因素之间的相互关系构成的社会规律的。并且,在认识和把握这些社会规律的基础上,我们也是可以根据社会规律和社会发展的趋势对社会发展的未来历史进程进行预测的。这就从认识论层面和实践论层面肯定了社会发展的可知性和可预测性。而正是人们可以认识和把握社会规律并相应地预测社会发展的历史进程,所以每一代人都能够根据社会发展的状况和需要,对社会发展进行认识和把握并形成相关的知识积累和传承,从而促进人们向社会的真理性认识不断迈进(亦即人们对于社会规律和社会趋势的认识和把握不断向准确性、明晰性和合理性迈进),推动社会历史科学知识的增长。而一种新知识的产生也总是以前人历史地积累起来知识资源作为前提和基础,因为"以往文化发展的成果包含着孕育新知识的种种智力因素",新知识的创造者只有在新的社会历史条件下,根据社会发展的新状况和新需要,"充分占有这些知识资源"并加以丰富发展和创新,才能真正构建新的知识体系。因此,"依据人类知识业已达到的程度及其面临的新问题,人们可以大体上预测出知识增长的未来走向"。由此类推,根据我们对于社会规律和社会趋势的内容和形式及其作用方式的认识和把握所达到的准确性、明晰性和合理性程度及其面临的新问题,我们也可以大体预测出这种知识增长的未来走向。可见,我们应用一定的方法是可以对科学知识的增长加以预测的。

此外,从根本上说,知识的增长是依赖于社会发展的现实理论需要和实践需要而决定的和推动的,亦即依赖于社会发展的现实需要而决定和推动的。当然,这里既包括直接的实际社会需要的推动,也包括间接的实际社会需要的推动。在社会历史性实践活动中,"当某种知识缺乏"或发展不充分时,现实的"生产活动或社会进步所面临的矛盾和问题也会激发人们去学习、创造这些知识"②,进一步解决相关问题和矛盾并进而推动相关

---

① [德]卡尔·洛维特:《从黑格尔到尼采》,李秋零译,生活·读书·新知三联书店2014年版,第403页。
② 陈晏清,阎孟伟:《历史规律·历史趋势·历史预见》,《求是》2003年第18期。

知识的增长。对于此,恩格斯在论述经济关系对于社会发展的决定性作用,谈到科学发展对经济关系中生产和运输技术的依赖关系时,就曾指出:如果像人们通常认为的那样"技术在很大程度上依赖于科学状况,那么科学却在更大得多的程度上依赖于技术的状况和需要。社会一旦有技术上的需要,这种需要就会比十所大学更能把科学推向前进"①。这表明以技术为基本要素的生产力发展的状况和需要对于科学发展及相应的知识增长具有决定性作用。事实证明也是如此。社会生产力的发展及其引发的各种社会矛盾,推动人们不断创造、更新、丰富和完善现有的知识成果,并使这些知识成果转化为人们的实践观念而融入社会历史性生产实践活动中,从而在推动现实社会生产力进一步发展的同时,解决其他方面的社会现实矛盾和问题进而推动社会全面发展进步。与此相伴随的是,在这一社会发展的历史过程中,知识在为人们的社会历史性生产实践活动提供理论指导的同时,也把自己客观地和具体地实现在这一历史过程中,并由此在内容和形式等方面丰富和发展自身。可见,社会发展其引发的各种社会矛盾和社会问题的现实需要,是知识增长的基础和动力。相反,如果人们在日常生产生活中没有对于知识的现实需要,则知识也不会形成和发展。对于此,费孝通在论述文字下乡时就指出,从社会基层看,中国传统社会作为典型的乡土社会,人们由于生活在一个长期固定的社会环境中,并且人与人彼此间熟悉,可以天天面对面直接说话,甚至人们之间通过"眉目传情"、动作暗示就可以传递信息,所以人们生活在中国传统社会中,似乎"不但文字是多余的,连语言都不是传达情意的唯一象征体系"②。不仅如此,在乡土社会里,人们生活很安定,生于斯死于斯,历世不移,日出而作日落而息,没什么事情越出生活常轨。人们大体上都"在同一环境里,走同一道路,他先走,你后走;后走的所踏的是先走的人的脚印,口口相传,不会有遗漏"③。故而,在日常生产生活中,人们之间没有时间间隔,全部文化可以亲子之间直接传授而无缺漏。在这种固定的生活中,人们需要语言,但大体上不需要文字。所以,"中国的文字并不是在基层上发生的。最早的文字是庙堂性的,一直到目前还不是我们乡下人的东西"④。与此相应,在乡土的中国传统社会里,由文字和语言组成的知识也一直没有真正形成和

---

① 《马克思恩格斯选集》(第四卷),中央编译局,人民出版社1995年版,第731—732页。
② 费孝通:《乡土中国》,上海人民出版社2013年版,第17页。
③ 费孝通:《乡土中国》,上海人民出版社2013年版,第22页。
④ 费孝通:《乡土中国》,上海人民出版社2013年版,第22页。

6. 对波普尔批判马克思实践唯物主义社会真理思想的回应   269

发展起来。

  当然,在这里,社会发展的现实状况和需要对于知识增长的推动作用主要体现在对知识的选择上。这也就是说,并不是所有的知识或理论都将伴随着社会发展的历史进程而获得增长或发展,而是只有部分知识或理论才能随着社会发展的历史进程而获得增长或发展。因为"我为知识所确定的用途主要是由我自己的意志决定的"①。而且,"理论在一个国家实现的程度,总是决定于理论满足这个国家的需要的程度"②。"人所要的种种满足,则是他的行为的根源"③。"假如我要为任何目的而活动,它无论如何都必须是我的目的。我必须在这种参加中,贯彻我的目的,得到满足"④。那这部分知识或理论是什么样的知识或理论呢?这种知识或理论一定是反映社会生产力发展及其引发的现实社会矛盾和社会问题并能够对其做出回应的知识或理论,这样才能够被广大人民群众所认同和接受并指导人们自觉从事社会历史性实践活动,从而推动生产力进一步发展并解决这些矛盾和问题,推动社会全面发展进步的知识和理论。因为"意识在任何时候都只能是被意识到了的存在,而人们的存在就是他们的现实生活过程"⑤。而且,一种知识或理论"只有被现实的生产过程所吸收,从而转化为现实的生产力的时候,它才能对人们的物质生产、经济过程乃至历史过程产生影响"⑥。而正因为这种知识或理论能够融入社会历史发展过程中,能够被现实的社会生产过程所吸收并转化为现实的社会生产力推动社会发展进步,它才能够在社会发展的历史过程中实现自身并发展自身,从而实现自身的增长。可见,影响社会发展历史进程的那部分知识或理论,一定是能够融入社会发展的历史进程中去,能够融入现实社会矛盾和社会问题的解决中,并由此而实现自身和发展自身而获得自我增长的知识或理论。相应地,我们可以从社会面临的矛盾和社会问题出发,通过审视和考察现有知识成果解释和回应这些矛盾和问题所达到的广度和深度及其缺陷和不足,在大体上预测这些知识的未来走向。

---

  ① [德]卡尔·雅斯贝尔斯:《时代的精神状况》,王德峰译,上海译文出版社 2013 年版,第 174 页。
  ② 《马克思恩格斯全集》(第三卷),中央编译局,人民出版社 2002 年版,第 209 页。
  ③ [德]卡尔·雅斯贝尔斯:《时代的精神状况》,王德峰译,上海译文出版社 2013 年版,第 174 页。
  ④ [德]黑格尔:《历史哲学〈绪论〉》,王造时译,上海书店出版社 2006 年版,第 20 页。
  ⑤ 《马克思恩格斯选集》(第一卷),中央编译局,人民出版社 1995 年版,第 72 页。
  ⑥ 陈晏清,闫孟伟:《历史规律·历史趋势·历史预见》,《求是》2003 年第 18 期。

反过来,我们也可以根据现有知识增长的一般趋向和态势及其对现实社会矛盾和问题的把握和回应,大体预测社会发展的未来走向。尤其就社会历史科学知识而言,我们可以从社会发展面临的矛盾和问题,尤其是社会生产力发展及其引发的矛盾和问题出发,通过审视和考察人们认识和掌握社会规律和社会趋势已达到的真理性程度(亦即人们认识和掌握社会规律和社会趋势已达到的准确性、清晰性、和合理性程度),及其对于揭示这些矛盾和问题的内在因果性联系和其他相互作用关系以及回应和解答这些矛盾和问题所发挥的作用及其缺陷和不足,我们大体可以预测这种知识的未来走向。同样,我们也可以根据人们认识和掌握社会规律和社会趋势的一般趋向和态势对于现实社会矛盾和问题的认识、把握和回应及解决所可能发挥的作用,大体预测社会发展的未来历史进程。因此,我们可以进一步肯定地说,知识增长(尤其是社会历史科学知识的增长)是可以大体预测的,并在此基础上我们也可以预测社会发展的未来历史进程。而波普尔的知识增长不可预测理论则确定是不成立的。他虽然看到了知识的增长受到"知识创造者个人的才能、品德、境遇"以及知识创造过程中研究视角、研究思路、研究方法等个别性和偶然性因素的制约和影响而呈现出不确定的一面;但他没看到,知识的增长不仅仅是"个人的事情",而且是与社会发展的整个历史进程密切相关。正如皮尔士在批判以笛卡尔为代表的基础主义认识论传统所谈到的,知识和真理都"并不只是个人的事情,而是一个社会过程",……一个具有"现实性和社会性的实践和探索过程"①。而这个实践和探索过程又是与社会发展相联系的。

  从上面的分析我们知道,社会发展对于知识增长具有决定性作用,以生产力发展为基础的社会发展的状况和需要是知识增长的基础和动力。正因为如此,我不仅能够预测知识增长(尤其是社会历史科学知识的增长)的一般趋向和态势,而且也可以由此大体预测社会发展的未来历史进程。据此可以说,波普尔用知识对于社会发展的预测的不可能性来否定知识增长的可预测性也是"没有充分根据的"②,故而是不确切的。在此基础上,他进一步否认社会发展的未来历史进程的可预见性则更是没有合理性根据的。而由这两方面推论出没有一种科学的历史发展理论能作为预测历史的根据,因此必须摒弃理论历史学的可能性,即摒弃与理论物理学

---

  ① 刘放桐:《马克思主义哲学与现代西方哲学研究》,北京师范大学出版社2012年版,第215页。
  ② 陈晏清,闫孟伟:《历史规律·历史趋势·历史预见》,《求是》2003年第18期。

相当的社会历史科学的可能性也是站不住脚的。波普尔没有看到社会历史科学与理论物理学的区别，不承认人的主观能动性在社会发展的历史进程中的作用，故而以理论物理学中规律的普遍有效性和客观实在性标准来衡量和评判社会历史科学中社会规律的普遍有效性和客观实在性，并由此否认社会发展的规律性和可预测性，这本身就是他的机械性思维方式的表现。

6.4 结论

总的来说，波普尔从批判历史决定论的角度对马克思唯物史观的批判，具有以下几方面局限和不足：其一，波普尔作为反历史主义者和科学哲学家，是立足于自然科学及其研究的方法对历史决定论的基本主张进行批判，进而也对马克思唯物史观展开批判的。他看到了自然演化史与人类发展历史之间的相通之处和一致性，这是具有合理性的，但另一方面他以此为前提和基础，把自然科学的研究方法与社会科学的研究方法统一起来，用统一的科学方法来分析批判社会发展的历史，这不仅忽视了社会发展自身的特性和社会发展的现实状况，有把社会历史研究抽象化和简单化之嫌；而且也忽视了自然演化史和人类历史发展的区别及自然运行规律和社会发展规律的本质区别，反映出他在逻辑上有把普遍性与特殊性混同的错误倾向，从而在思维方式呈现出的形而上学性和机械性。而这不仅导致人们在社会科学的研究看不到"主体意识"在社会发展过程中的能动作用，遮蔽了人们主导社会发展趋势和预测社会未来发展的可能性，而且导致社会科学知识"变成了与实证科学没有本质区别地追求客观知识的理论"[①]。其二，马克思唯物史观以自然演化史与人类历史发展的区分为前提，认为人类社会虽然由自然演化而来，与自然生物进化一样，其发展具有不以人的"单个意志"的实践活动为转移的客观实在性，但是人类社会发展与自然生命演化又有本质不同，人类社会发展是人自由自觉的社会实践活动的结果，因此他主张对社会历史进行实证分析的同时，运用实践的辩证思维方式对人类社会历史进行研究，故而他的唯物史观属于辩证历史决定论。

---

① 贺来：《"思维"与"存在"的异质性与辩证法的批判本质》，《天津社会科学》2015 年第 3 期。

对于此,莱泽克·科拉科夫斯基在谈到马克思的思想理论对于社会科学发展的原初贡献时就谈到,马克思所主张的"决定论的原则——而且,如果决定论是作为一种思维规则,而不是作为一种形而上学的理论的话,会更易于理解"——是"一种使人们能够了解并掌握社会的客观的方法论规则"。它不是"简单地论述'同一种情况下发生同一种现象',更不是说'所有的事件都是因果关系',因为按照这种公式,决定论就变成了一种空洞的普遍化,在科学上无法验证,也毫无结果"①。但波普尔却把马克思唯物史观误以为是机械历史决定论,以批判机械历史决定论的方式批判马克思唯物史观,必然不具有充分的合理性,而且在一定程度上必然造成对马克思唯物史观宗教宿命论式的歪曲和误解。事实证明也是如此。波普尔从规律的可验证性和可重复性的角度否定社会发展的规律性和可知性,从规律与趋势的差异性角度否定人们可以判定社会发展的趋势,从社会发展的复杂性和不确定性否定社会发展的可预见性,并由此否定历史决定论存在的合理性和社会历史科学的合法性,进而否定马克思唯物史观的科学性及其存在的必要性,虽然存在一些合理性思想,但总体上是缺乏充分的科学依据的,因而是错误的。

---

① [波兰]莱泽克·科拉科夫斯基:《走向马克思主义的人道主义——关于当代左派的文集》,姜海波译,黑龙江大学出版社 2013 年版,第 170 页。

7. 马克思主义哲学社会真理的实践生成

马克思主义哲学社会真理是人们在认识和改造现实社会生活世界的自觉社会实践活动过程中形成和确立起来的。它是对于人们从事社会实践活动批判和改造自在的社会生活世界成为属人的"为我"社会生活世界过程及其产物的揭示，也是人们在这一过程中对于自身及相关联的客观世界所展开和显现的性质和规律的认知，亦即对人自身的社会历史性生存的领悟和理解。因此，它不是囿于绝对理性的传统形而上学认识论，从个人观点出发冷眼旁观社会生活而获得的对社会现象和社会实践的零碎的、孤立的和局部的性质和规定，而是在人的社会实践活动中对于全部社会活动及社会生活的总体性认识和批判，并随着人的认知能力的不断提升与实践层次和实践范围的不断深化和拓展而不断形成和发展。它的复杂性和丰富多样性源于人的社会实践活动的复杂性和多元矛盾性特征。本著作力图运用实践的思维方式考察马克思主义哲学社会真理的发生、动力机制、发展及变革，深入透析其实践性特质，在此基础上反观人的生命本性和生存方式，历史地剖析人的生存方式的转换与人类自我理解的变迁，最终指向作为时代问题的现代社会中人的社会历史性生存的自我开显与自我理解。

7.1 社会实践活动及现实社会生活是马克思主义哲学社会真理生成和发展的基础

全部社会生活在本质上都植根于人类社会历史实践活动，都是实践活动的开显和产物。"正像社会本身生产作为人的人一样，社会也是由人生产的"①。故而,可以说人类社会生活是人类实践活动的作品,人类历史作为人类社会生活发展变迁的过程性的集合和展现,同样是人类实践活动的作品。尽管如此,但人类的这一实践活动不是盲目的、自发的和无意识的任意妄为,而是在一定的目的和意识的引导和规范下,自觉地批判和改造客观世界的过程。这一意识是由一定的社会真理引导人们在实践活动中形成的。社会真理作为人们对于社会生活世界的认知是人们有效从事社会实践活动的理论基础和思想前提。尽管如此,但社会真理又是人们在实践活动中总结实践经验的基础上创立和推动其不断发展的,因此它是人类社会实践活动的有机组成部分,是与实践活动始终相伴随的社会现象。而社会历史性实践活动是人的"本源性"生命活动和人的独特生存方式,人的生存方式只有通过实践方式的透析才可获得深层次的诠释,在此意义上将社会历史性实践活动称为社会真理的现实基础和深层根据,契合了社会真理思想的形成根基和演变历程,也表明社会真理思想的逻辑演变,实质上映射了人类社会历史实践活动方式的演变。具体而言,包含如下几方面内容:

第一,社会实践活动作为人的独特存在方式直接规定了社会真理产生和形成的可能性。一般意义而言,社会实践活动不同于人的一般的自由任意行为和动物的生产活动,而是与人的需要紧密相连的自觉活动,亦即是指人们日常自觉从事的生产活动和交往活动。就其本质而言,这一实践活动奠基于人的自由超越性生存,是人追求理想的自由的创造性活动。正如南斯拉夫实践派人物马尔科维奇等人所指出的,社会实践活动是一个"规范性范畴",它指的是"一种人类特有的理想活动,这种活动就是目的本身,并有其基本的价值过程,同时又是其他一切活动形式的批判标准。人在本质上是一种实践的存在,即一种能够从事自由的创造活动,并通过这种活动改造世界、实现其特殊的潜能、满足其他人的需要的存在"②。这意味着,社会历史实践活动作为人的本源性生存活动,是人们批判和改造社会现实生活,自由创造未来理想社会生活的活动。它使人们通过发挥自身的本质力量来批判和改造社会现实生活,在满足社会发展需要的同时实现自身的合理性发展要求。不仅如此,在这一过程中,也使人和社会世界中的感性现实从锁闭状态被揭示出来而处于敞开域中,呈现为无蔽的本真状

---

① 《马克思恩格斯全集》(第三卷),中央编译局编译,人民出版社2002年版,第301页。
② [南斯拉夫]马尔克维奇,彼得洛维奇:《南斯拉夫"实践派"的历史和理论》,重庆出版社1994年版,第23页。

态,人们由此领悟到自身作为生存的"特殊存在者"的存在和认识社会生活的现实过程及其本性和规律,形成关于自身和社会生活的真理性认知。因此,"确有物质世界存在于我们之外,但它们的意义是人的实践活动赋予的;真理只是属于人的、历史的范畴,离开实践并不存在;至于价值,'人的实践尚未进入的世界是盲目的、无意义的、无真理的、无价值的。对象和过程只有当它们与人类需要相关时才有价值,而它们也是以往全部历史的产物'"①。正如海德格尔所指出的,"唯有存在之被揭示状态才使存在者之可敞开状态成为可能",而这只能出现于"那种合乎情态的和冲动性的在存在者中间的处身中,出现于那些共同被建基于此的合乎欲求和有意愿的对存在者的行为中"②。可见,社会真理是在人类有目的有意识的自觉实践活动中形成的。人类的实践活动使得社会世界的本真存在得以揭示而自行敞开,从而使得人们能够认识社会的本质而创造生成社会真理。

具体说来,在一定的社会关系和社会条件的制约下,人们通过有目的有意识的社会实践活动,不仅突破和超越自身、自然和社会现实生活的自然直接规定性的限制,在否定和改造自然界的过程中形成属人的世界,同时又不断批判和超越自身的主观性和任意性,从而客观化和规范化自身,形成正确反映自然界本性和规律的真理性认知;在此基础上,人们还在与他人的社会关系中,不仅把自己的生命活动当作自己的意志和意识对象,形成有意识的生命存在方式和社会存在方式,而且把这种生命活动当作人类"共同参与、创造和享有的事业",从而形成对于社会关系本性的类意识。换句话说,通过人类生存实践活动的展开,人们领会到"自身总是处于与他人不断交往的社会关系当中,领会到自身的生存活动与他人生存活动的'共在'关系"③,从而领会到自觉的生存实践活动就是类生活,就是人的社会生活本性,由此在思维中复现自己的现实社会性存在,形成了关于社会的本性和规律的总体性真理认知。可见,社会实践活动在使人类开启社会世界和生成自身生存的同时也敞开了人自身的本真性生存和社会世界之本真存在,从而为人们形成对于社会世界的真理性认知提供了可能。

尽管如此,但由于社会实践活动和理论认知活动一样,是一种基于人的自由超越生存本性之上的可能性,因此人们认知社会真理可能性的实现

---

① 安启念:《新编马克思主义哲学发展史》,中国人民大学出版社2004年版,第324页。
② [德]海德格尔:《路标》,孙周兴译,商务印书馆2000年版,第153—154页。
③ 贺来:《辩证法的生存论基础——马克思辩证法的当代阐释》,中国人民大学出版社2004年版,第160页。

会受到阻碍,并形成人的自由全面的本质和社会和谐发展与人的实际存在和社会的现实生活之间的对立和矛盾,从而导致人自身生存和社会生活的异化,也导致虚假社会意识形态的形成。对于此,马克思认为,只有通过人的现实感性的生命实践活动,不断克服和超越外在异己力量的束缚并根除对象世界"异化了的规定性",进而促使现存的一切不断变革,实现人对于自己生产的整个对象世界的"自我控制"并使这一世界在对象性存在中与在人自身存在中同在,实现人对自己在对象性世界中的异化性存在的"自我重新获得"①,才能推动和促使人自身不断生成为"人"并成为人自己存在的根据和理由,从而确立自身自由的存在,实现真正自由自觉实践活动,并在此基础上形成存在与本质、对象化与自我确证、自由与必然、思维与存在的有机统一,进而促成人们对于社会真理的正确合理性把握。在这个意义上可以说,共产主义的"生产生活就是类生活。这是产生生命的生活。一个种的整体特性、种的类特性就在于生命活动的性质,而自由有意识的活动恰恰就是人的类特性"②。社会真理的真实确立则恰恰是在人的这一自由自觉的生命实践活动过程中形成的。而共产主义作为由这一自由自觉的生命实践活动建构起来的类生活,则成为社会真理真实确立和根本确立的现实基础。

第二,生产的物质生活资料的劳动活动是人类创造历史和一般哲学产生的基本现实前提,也是形成社会真理的现实基础。只要人们自觉从事以获取物质生活资料为目的的物质劳动实践活动,就会在物质生产活动和物质交往中形成关于现实生活的思想、观念和意识,就可能形成关于社会现实生活过程的如实反映,从而形成社会真理,为自觉的社会劳动实践提供有效前提和依据。社会实践活动作为人的生命活动首先表现为生产物质生活资料的劳动活动。在《德意志意识形态》中,马克思和恩格斯就深刻地指出了生产物质生活资料活动的基础作用,"全部人类历史的第一个前提无疑是有生命的个人的存在"。"这些个人把自己和动物区别开来的第一个历史行动不在于他们有思想,而在于他们开始生产自己的生活资料"。"人们生产自己的生活资料,同时间接地生产着自己的物质生活本身"③。

---

① [德]卡尔·洛维特:《从黑格尔到尼采》,李秋零译,生活·读书·新知三联书店2014年版,第379页。
② 《马克思恩格斯全集》(第三卷),中央编译局编译,人民出版社2002年版,第273页。
③ 《马克思恩格斯选集》(第一卷),中央编译局编译,人民出版社1995年版,第67页。

可见，生产着物质生活资料活动的"现实的和历史的人"①是历史唯物主义的前提和出发点，而人们的这一生产活动则是"一切人类生存的第一个前提，也就是一切历史的第一个前提"②。此外，这样的历史活动是人们为了满足生活就必须每日每时都要从事的（现在和几千年前都是这样）一种历史活动，因此也是一切历史的基本条件。

当人们的实践活动形式还主要表现为以满足基本生存为目的的物质活动和物质交往实践，而这一实践活动和精神劳动活动尚未分离时，思想、观念和意识的生产还是"直接与人们的物质活动，与人们的物质交往，与现实生活的语言交织在一起"③。其中，意识是和他人交往的实际迫切需要的产物，亦即"一开始就是社会的产物，而且只要人们存在着"，它"就仍然是这种产物"④。当然，这时候的意识还只是对直接可感知的环境的一种意识，即对他人和其他物的狭隘联系的部落意识。这主要表现为人们对于完全异己的、有无限威力的和不可遏制的自然力量的动物式恐惧和崇拜意识（自然宗教）以及人们开始意识到人总是生活于与周围的个人交往的社会中。随着生产效率的提高和社会分工的发展，精神活动和物质活动、享受和劳动、生产和消费逐渐发生分离而由不同的个人来分担，这时候的意识也与社会状况和生产力的社会现实逐渐发生了相对的分离，一方面，"纯粹的"理论、神学、哲学、道德等等的社会意识形式及意识形态就逐渐出现了，但另一方面，这也导致生产力、社会状况和这些意识理论之间可能而且必然会发生矛盾。这些矛盾突出地反映了私有制条件下作为人类生存活动的劳动实践的异化。当社会分工还是自然形成而非出于人们自愿设计和安排，个人特殊利益和共同利益之间还处于分裂状态时，劳动活动就作为一种异己的和对立的社会力量统治和压迫人。在这种异化的感性实践活动形式下的生产和交往中形成起来的资产阶级的市民社会组织，就成为资本主义国家的基础和其相应的社会意识形式和意识形态的基础。既然"异化借以实现的手段本身是实践的"，"自我异化的扬弃同自我异化走的是一条道路"⑤。而"现存的东西"只有"失去了它的权力及其所有尊严"的时候，才会被攻击、被摧毁，因为现存生活的变迁是通过它"自己的

---

① 周国平：《尼采：在世纪的转折点上》，东方出版社2014年版，第27页。
② 《马克思恩格斯选集》（第一卷），中央编译局编译，人民出版社1995年版，第78页。
③ 《马克思恩格斯选集》（第一卷），中央编译局编译，人民出版社1995年版，第72页。
④ 《马克思恩格斯选集》（第一卷），中央编译局编译，人民出版社1995年版，第81页。
⑤ 《马克思恩格斯全集》（第四十二卷），中央编译局编译，人民出版社1979年版，第117页。

真理"①得以实现的。因此,要消灭虚幻的社会意识形态,就要在现实的社会生产活动中消灭异化劳动,消灭分工,与此同时在相关的社会交往及其社会组织的发展过程中促使社会的无产阶级大多数成员都拥有无产阶级革命意识(即共产主义的意识),以便指导他们自身投身于无产阶级革命斗争,消灭资产阶级及其市民社会组织,实现人对人的真正本质的占有,进而实现人与社会的统一及社会存在和社会意识形成统一,从而促成科学的真理性社会认知的形成。可见,感性现实的实践活动始终是社会真理形成和发展的现实基础和根据。正因为如此,恩格斯认为,"德国工人运动是德国古典哲学的继承者"②。因为只有工人运动才能理解,"劳动是'所有文化和教养的创造者',它的历史是理解整个人类历史的钥匙"③。

第三,现代思想科学危机是现代人类社会历史性生存状况的反向观念性反映,也是社会发展非本真性的反向呈现。人是一种社会历史性生存的特殊存在者。"人对某种东西的任何行为都是占有人的世界的一种历史规定的方式"④。因此,"人怎样表现自己的生活,他们自己就是怎样"。而人"只有生产自己才'存在',人必须创造自己本身和他的世界",因为他的全部实存从根本上来讲是"一种中介性的和被中介"⑤了的实存。劳动是人的本质。故而,"他们是什么样的,这同他们的生产是一致的——既和他们生产什么一致,又和他们怎样生产一致"⑥。人在生产生活过程中生成自身、展示自身并确证自身的生存和存在的同时,揭示和领悟自身和社会的本真性存在,形成关于自身和社会的真理性认识,尽管如此,但人通过实践活动也可能掩盖和遮蔽自身和社会的本真性存在和整体性存在,形成对于自身和社会生活的非真理性认识。具体来说,在满足于人的基本生存需要的生产活动中,随着分工的日益发展和生产效率的逐步提高,社会真理以意识形态的消极形式反映社会现实生活过程;在拓展和深化了人的社会历史性生存活动中,随着工业化进程的不断加速和深入发展,科学技术取得

---

① [德]卡尔·洛维特:《从黑格尔到尼采》,李秋零译,生活·读书·新知三联书店2014年版,第222页。
② 《马克思恩格斯选集》(第四卷),中央编译局编译,人民出版社1995年版,第258页。
③ [德]卡尔·洛维特:《从黑格尔到尼采》,李秋零译,生活·读书·新知三联书店2014年版,第381页。
④ [德]卡尔·洛维特:《从黑格尔到尼采》,李秋零译,生活·读书·新知三联书店2014年版,第374页。
⑤ [德]卡尔·洛维特:《从黑格尔到尼采》,李秋零译,生活·读书·新知三联书店2014年版,第364页。
⑥ 《马克思恩格斯选集》(第一卷),中央编译局编译,人民出版社年1995年版,第68页。

了巨大进步,机器得到普遍应用,社会分工日益高度精细化和复杂化,社会真理作为人的独特存在方式和其他社会意识在社会现实生活过程中则以科学技术凭借其合理性和科学性而成为现代社会控制和支配人的意识形态的思想科学危机形式呈现出来。当然,社会真理思想的现代性转变与感性实践活动为基础的生产方式的变革一致。自启蒙时代以来,一方面随着人类由传统社会过渡到现代社会,在理性和批判的自由旗帜下,自由、平等、博爱、公正、民主、进步等启蒙观念成为西方现代社会基本的价值理念和制度原则;但另一方面随着现代工业文明的高度发展,现代性通过推动科学理性和技术理性为主导的生产力在追求通过科学技术最大限度地发展物质生产来获得物质利益的同时,也把社会变成了一种全方位压抑人的"技术—官僚机器社会"①。这部社会机器致使所有的人都丧失了自己的个性,成为了这架机器的零件和推动其运转的工具。正如雅斯贝尔斯所说,社会机器"造成了单个工人在许多方面几乎等同于机器零件这样的结果"②。相应地,伴随着劳动的专门化与社会分工的精细化和复杂化,人们对于相关职能的专业化程度越来越高,这使人们形成了高深的专业生产智慧,但由此也使得"每个个人仅仅在一种事情上是专家,他的才能范围通常极为狭窄,并不表现他的真实存在,也未将他带入与那个超越一切的整体的关联中去"③,结果这造成人们越来越片面化和孤立化而失去了整体感和历史感,从而变得愚钝和痴呆。在社会这一大机器运作过程中形成的人与人之间的关系,也不再取决于个体的兴趣、爱好等非理性因素,而是取决于社会物质生产活动和商品运动的实际要求,取决于人们在其中所扮演的角色和所发挥的作用。

而且,整个社会生活都以追求高效、合理化为己任,技术理性就被深入运用到社会生活各个领域,自然科学的方法也被普遍地运用到人文社会领域对于社会和人的研究中,所有一切都成为被算计的对象,虽然"人总是要有算计的,是要计较得失的,完全非功利的人是没有的"④。在这一背景下,唯利是图的心理倾向渗透到社会的各个方面,人与人之间除了商品资

---

① [德]马克斯·舍勒:《知识社会学问题〈以人为中心的现象学知识社会学〉》,艾彦译,华夏出版社2000年版,第5页。
② [德]卡尔·雅斯贝尔斯:《时代的精神状况》,王德峰译,上海译文出版社2013年版,第6页。
③ [德]卡尔·雅斯贝尔斯:《时代的精神状况》,王德峰译,上海译文出版社2013年版,第118页。
④ [德]康德:《论优美感和崇高感》(译序),何兆武译,商务印书馆2001年版,第17页。

本的关系,就是商品交换。正如雅斯贝尔斯所说,人们"尚未充分意识到自己真正想要的是什么,所以,目的上的功利主义就居了统治地位"①。这反映出人通过生存实践活动,不断进入自然世界,将人与自然的物质交换关系深化和延伸而又逐渐打破了人与自然之间的和谐平衡,使人从对自然的依赖者和附属物变成自然的占有者、支配者和掠夺者;但与此同时,实践活动作为人的生存活动也走向了它的反面——变成了统治人的物化力量,尤其是实践活动中的科学和技术因素日益成为支配和压制人的工具。由此造成的结果是,人处于社会整体的物化统治之下,并沉浸于物质活动、物质交往及相应的物质财富的享受中,接受了现行社会秩序及其制度结构对自己的统治而不再对它们有所批判和超越,从而使得人自身趋向单向度化,遗忘了自身和社会的本真性生存。无家可归状态成为人类的一种历史命运。这反映在认知层面上,正如胡塞尔所说,"现代人让自己的整个世界观受实证科学支配,并迷惑于实证科学所造就的'繁荣'。……只见事实的科学造成了只见事实的人"②。这就导致"人们以实证主义和惟科学主义的眼光去看待人类社会生活的所有方面—对于其中某些'可以实证的'方面极尽简单量化和非法还原之能事,而对那些无法'量化'和'实证'的方面(如人的情感性寄托、形而上学态度和宗教信仰等等)"③则要么以科学的名义加以拒斥,要么干脆避而不谈。结果,这就遮蔽了和掩盖了现代科学对于人和社会生活的本真性存在的揭示和领悟,割断了现代思想科学与人的社会历史生存之内在本质关联,从而使现代思想科学对于人的生活失去了意义而变成了控制和支配人的意识形态,造成了现代科学思想危机。

第四,现实感性的社会生活世界是社会真理的生成境遇。在批判德国唯心主义哲学时,马克思就指出,"在思辨终止的地方,在现实生活面前,正是描述人们实践活动和实际发展过程的真正的实证科学④开始的地方"⑤。现实生活具有本源性,是人们科学地进行社会研究的出发点和起点。社会

---

① [德]卡尔·雅斯贝尔斯:《时代的精神状况》,王德峰译,上海译文出版社2013年版,第131页。
② [德]埃德蒙德·胡塞尔:《欧洲科学的危机与超越论现象学》,王炳文译,商务印书馆2001年版,第16页。
③ [德]马克斯·舍勒:《知识社会学问题〈以人为中心的现象学知识社会学〉》,艾彦译,华夏出版社2000年版,第5页。
④ 注释:德文的"positiv"既有"实证的"意思,又有"实际的""实在的"意思——《历史法学派的哲学宣言》,转自《马克思恩格斯全集》(第一卷),中央编译局编译,人民出版社1995年版,第230页。
⑤ 《马克思恩格斯选集》(第一卷),中央编译局编译,人民出版社1995年版,第75页。

真理绝非单凭人们主观想象和意识构造就能产生和形成的,即便是传统形而上学认识论框架下的社会真理思想也不是人们脱离现实生活的幻想和臆断,而是剥取了现实生活总体的一个片段单纯进行真理性认知的结果。生活世界作为人类历史性生存的意义之源,不仅具有先验现象学所强调的纯粹先验的含义,更是指生活主体通过直观感觉到的实际日常生活世界。这个日常生活世界是在一定社会历史条件下通过各种社会实践活动所建构起来的现实感性世界,在其中人不仅在批判和改造自然和社会成为属人的"为我"世界的过程中生成自身并在相应的成果(包括劳动产品、社会关系)中确证自身,证实自身的本质;而且,在这一过程中,人展开和领悟自己的社会性历史性生存并在劳动成果中直观和检视这一生存,从而形成对于自身和社会的真理性认识。生活世界的复杂性和多样性就是在认识与实践、意义与实在的内在关联与相互映现中展开和形成自身的。诚然,社会实践活动由于总是个别行为,它在敞开人与世界而使得存在在场的同时也可能意味着对于人与世界之整体的某种遮蔽,而且即使它使得人与世界的本质自行显现,但单次的实践活动也只是敞开其本质的某一侧面,因此人类对于自身和社会的认知并不必然获得真理性认知,而是在获得真理的同时总是伴随着谬误,在与谬误的不断斗争中趋向真理性和科学性认知的。这就使得真相和假象、正确和错误相互交织充满了生活世界,真理和谬误的相互纠缠与斗争成为认知生活世界的突出特征。进而,这也使得真理的发展过程表现为"凡是真的东西,其规律是有矛盾的;凡是假的东西,其规律是无矛盾的"[1]。换句话说,真理的发展总是在矛盾运动中辩证地发展,总是体现为对立力量的统一。由此造成的结果,正如黑格尔借用莱辛《拿单》中的一个比喻所说的,"真理不是钱币,现成地摆在面前,可以让人装进兜里。真理是在认识漫长的发展过程中被掌握的,在这个过程中,每一步都是前一步的继续"[2]。而且,根本的非本质真理和谬误,即整个人自身和生活世界的遮蔽状态展示的是人的实践活动和人的认知活动所要逾越的生存视界,对谬误的认知深度和诊断准度反映了人类的实践能力发展的深度和人类认知能力提升的高度。但这些非真理和谬误也是人类实践活动的结果,而克服它们来揭示人和社会的无蔽存在,走向真理之根本途径

---

[1] [苏]阿尔森·古留加:《密涅瓦的猫头鹰——黑格尔》,张荣,孙先武编译,中华工商联合出版社2015年版,第32页。

[2] [苏]阿尔森·古留加:《密涅瓦的猫头鹰——黑格尔》,张荣,孙先武编译,中华工商联合出版社2015年版,第49页。

也必然是返回到现实生活世界,诉诸持续的实践活动、认知方式的转变和真理检验及其评价等方式。而现代思想科学危机的实质也正是人们对于人之本真性生存和生活世界之意义本源的遮蔽和遗忘,因此胡塞尔呼吁回归"生活世界"来克服和走出危机。雅斯贝尔斯也呼吁,人们要"返回最初的开端,即返回到人的实存"[①]来克服技术理性造成的人类生存危机。但返回对于人自身和社会的本真性存在的揭示绝非原路返回,也非一路平坦,而是在对假象和谬误的不断克服和扬弃过程中实现的不断返回和超越。

第五,以实践活动方式为基础的人们的社会生活方式的变迁导致了社会真理的逻辑演变和范式更新。人们的生活方式在很大程度上就是人的"一定的活动方式""生活的一定形式",它不仅是指人满足基本生存需要——衣食住行的日常生活,而且涵盖着以生产活动为基础的整个社会生活。人们就是在这一整个日常社会生活的社会生产中产生和形成与他们的一定发展阶段的物质生产力相适应的生产关系并由此构成社会经济结构,相关的法律和政治上层建筑竖立其上并有一定的社会意识形式与之相适应。为此,马克思说,"物质生活的生产方式制约着整个社会生活、政治生活和精神生活的过程。不是人们的意识决定人们的存在,相反,是人们的社会存在决定人们的意识"[②]。这意味着以生产方式为基础的物质生活方式最终决定了人们的社会生活、政治生活和精神生活。就社会真理而言,这意味着以生产方式为基础的物质生活方式最终决定了人们认知、理解和把握社会生活的方式,进而也决定了社会真理的历史形态。换言之,人们的生产实践活动方式最终决定了人们认知、理解和把握社会生活的方式,人们在生产实践活动中形成和发展起来的"概念、范畴等构成的知识体系",最终决定了人们认知、理解和把握社会生活的"思维模式和价值取向"[③]。所以,随着不同历史时期人们的生产实践活动方式的变化,人们认知、理解和把握社会生活的思维方式将相应地发生变化,社会真理的形态和范式也将相应地发生变化。例如中国特色社会主义理论体系就是中国改革开放后,在市场经济体制逐渐确立并完善的过程中形成和发展起来的社会认识体系,它反映了中国社会由传统农业社会向现代工业社会的转变

---

① [德]卡尔·雅斯贝尔斯:《时代的精神状况》,王德峰译,上海译文出版社2013年版,第66页。
② 《马克思恩格斯选集》(第二卷),中央编译局编译,人民出版社1995年版,第32页。
③ 隽鸿飞:《实践唯物主义的困境与出路》,《人文杂志》2015年第6期。

过程,也反映了人们的社会生活由农本文化方式向现代市场经济方式的转变。其中,物质生活的生产是人类社会生活生产的最基本形态,也是人类社会存在和发展的基本现实前提和根本动力。相应地,围绕物质生活生产而形成的社会生活方式及其相应的社会真理思想就与个体的社会历史性生存和社会现实生活过程内在本质关联,利益结构、权力局势、传统权威、生活规范、习俗和律法等的变动也与社会真理范式的更新一脉相通。由于以物质生活的生产方式为基础的整个社会经济形态变化不止,经济关系时常作为法律和习俗而摇摆不定地出现并逐渐成为法律规范,由此就导致社会政治制度、人们的思想观念等处于不断调整和革新之中,人们的社会生活方式也不断变迁。社会生活方式不断变迁,因而社会观点和见解也不断发生着变化,由此就导致人们对于社会生活的真理性认知不断实现着视角的转换和范式的更新。再如随着启蒙时代的到来,科学理性成为人类认识和改造自然的主导力量,科学研究的实证方法也成为社会认识和社会科学研究的权威方法。相应地,获得科学知识就成为理性地进行实践的必要前提和原则。由此,以科技革命、知识经济和工业化机器大生产为主要特征的现代实践活动就塑造了个体生存和社会生活的总体面貌。与此相伴随的是,科学理性框架下的理性认知对于个人社会历史性生存的遮蔽和社会现实生活过程的遮蔽日益凸显,形式各异的文明冲突与斗争、道德情感的沦丧、价值体系的崩溃、宗教信仰的缺失和自我认同的危机已经成为现代性危机在人们精神生活层面的主要表现形式,人们失去精神家园,"无家可归",处于无根的失落状态。于是,突破传统科学理性框架下以关注知识为核心的知识论真理观,立足于人的生存实践活动及其相应的生活方式的变化,考察社会真理与人的社会历史性生存的内在本质关联及其对于人的历史性生存和社会生活的意义就成为社会真理问题的研究趋势。实践论社会真理观和生存论真理观的提出由此也成为逻辑必然,生存本体论范式作为现代社会真理观的理论范式也应运而生。

不仅如此,随着信息时代的到来,网络成为人们交往的新工具,以网络化、数字化和信息化为中介的超现实虚拟生存活动成为人类现实生存实践活动的补充形态,以虚拟交往、虚拟经济、虚拟文化等形式构成的虚拟社会生活则成为人类现实社会生活的重要组成形式,人们处于被迫的数字化生存境遇中,信息成为人类生存和社会发展不可或缺的重要元素。相应地,以虚拟信息为基础的虚拟社会真理就成为以现实感性的物质实践活动为基础的生存论社会真理观的重要组成形态。由于"信息化世界处于一种

'虚拟状态',是一个在现实基础上通过人自身的符号和观念构造能力创造出的具有间接性、虚拟性和开放性的新的实在,它部分地摆脱了对现实及其规律的依赖,是对人所立足的物质实体所构成的现实世界的突破、延伸和补充"①,因此虚拟的社会真理作为这一信息化世界的理论再现,始终是植根于现实世界的,在此基础上实现的"人类认识与'社会信息体'的'真'的符合"②,亦即实现的人类对于这一信息化虚拟世界的正确认知把握。同时,虚拟生活方式的高效性、便捷性、灵活性和互动性,使得虚拟社会真理通过网络在合作和交流中得以创造、生成和发展并得以迅速传播和普遍确立。

总之,社会历史性实践活动是人的"本源性"生命活动,是人类社会历史性生存的根本存在方式,社会生活的实践本质根本上和最终决定并制约着社会真理的思维特性和理论范式,在人类生存实践活动的发展和变迁中社会真理逐渐生成、发展和更新,在其本质上它就是人类社会历史性生存变化的观念性反映及诠释。

7.2 人们的主体性意识自觉是马克思主义哲学社会真理生成和发展的前提和重要条件

从发生学看,马克思主义哲学社会真理是人们自由自觉地从事社会实践活动,朝向未来开启社会生活世界,揭示和领悟人们自身把自在的社会生活世界改造成为"属人的为我世界"而使社会生活的本真状态向人敞开过程中,形成的对于社会生活自我相关、自我否定、自我发展的辩证运动过程、本性和规律的正确认识和合理把握。

一方面,这意味着,与自然物理世界之真理不同,社会真理不是与人们的实践活动无直接关联的、等待人们去发现的、既定的和现成的原理或定律,而是人们在自由自觉地从事实践活动推动社会生活辩证发展过程中,揭示和领悟社会生活自我相关、自我否定、自我发展的辩证运动过程、本性和规律而形成和建构起来的科学认知体系。简言之,真理是"人最内在的产物和目的"。真理的形成过程"不仅是一个认识的过程,也是一个历史

---

① 吴宁:《在虚拟生存与现实生存之间》,《天津社会科学》2001年第4期。
② 蔡东伟:《试论社会信息中國的社会真理》,《理论与现代化》2009年第1期。

的过程"①。而这个现实的历史过程,就是人在自由自觉地从事实践活动推动社会生活辩证发展过程。马克思在批判地分析异化劳动导致人的本质与人发生异化时就曾言,人的类特性就在于"自由的有意识的活动"。这一活动是感性、现实、对象性的活动,在这一活动中,人"使自己的生命活动本身变成自己意志的和自己意识的对象,他具有有意识的生命活动,这不是人与之直接融为一体的那种规定性。有意识的生命活动把人同动物的生命活动直接区别开来。正是由于这一点,人才是类存在物。或者说,正是因为人是类存在物,他才是有意识的存在物,就是说,他自己的生活对他来说是对象。仅仅由于这一点,他的活动才是自由的活动。……通过实践创造对象世界,改造无机界,人证明自己是有意识的类存在物,就是说是这样一种存在物,它把类看作自己的本质,或者说把自身看作类存在物"②。这也即是说,人们把自己的生命活动作为自己意识的对象和意志作用的对象,进而"从一个外于自身的观点审视自身"③,对自身进行认识、理解、反思和批判,从而超越其自身的特殊性、个别性和有限性而迈向普遍性,在存在的整体中意识到自我的存在,促进自己对自己的生命和活动的自觉,进而促进自我主体性意识的自觉,是人不同于动物的最本质特征,也是人的活动由自发到自觉的必要条件。人们只有认识、理解、反思和评价自身及其活动,促进自己主体性意识觉醒,人们才能真正作为活动主体,以主体的姿态运用自己的本质力量自由自觉地支配自己的活动,进而在实践活动中实际地认识、理解、控制和掌握对象并占有对象,并由此在这一实践活动中证明自己是有意识的类存在物。而社会真理就是在人们这一自由自觉的实践活动中形成和建构起来的,因此它是生成性的。而且,在这一实践活动中,人作为自由自觉的实践活动的主体,既是历史主体和价值主体,也是认识主体和建构主体,故而人们主体性作用的发挥在社会真理的形成和建构过程中起到了关键性作用。而人们在社会实践活动中的自由自觉,即人们的主体性意识的觉醒,则构成为人们发挥主体性作用,推动社会真理形成和发展的前提和基础。雅思贝尔斯在《论历史的起源与目标》中就指出,在人类文明发展的历史进程中,相互独立、分散发展的古中国、

---

① [美]赫伯特·马尔库塞:《理性和革命——黑格尔和社会理论的兴起》,程志民等译,上海人民出版社 2007 年版,第 96 页。
② [德]马克思:《1844 年经济学哲学手稿》,转自《马克思恩格斯文集》(第一卷),中央编译局,人民出版社 2009 年版,第 162 页。
③ 邓晓芒:《启蒙、理性与语言霸权》,《广东社会科学》2003 年第 4 期。

古印度和古希腊之所以能够推动人类文明发展进入轴心时代,并促进人类创造辉煌的精神文明成果,主要原因在于这三个地区的人们怀着拯救人类的冲动,突破了处在临界状态中的"人之存在",促进了他们的主体性意识的觉醒,走向了自由。大约在公元前500年,中国、印度及希腊这三个地方的"人们开始意识到整体的存在、其自身的存在以及自身的局限。他们感受到了世界的恐怖以及自身的无能为力。他们提出了最为根本的问题。在无底深渊面前,他们寻求着解脱和救赎。在意识到自身能力的限度后,他们为自己确立了最为崇高的目标。他们在自我存在的深处以及超越之明晰中,体验到了无限制性。……这些都是在反省之中产生的。意识再次意识到其自身,而思想指向了思想本身"①。继而,"在这个时代产生了我们至今思考的基本范畴,创立了人们至今赖以生存的世界宗教的萌芽"。人类在精神上从自我意识的自然直接性、特殊性和个别性中摆脱出来,开始走向普遍性。与此同时,人们开始质疑和批判"以前无意识接受的观点、习俗以及形态",并在新的基础更高的阶段上,对于那些"流传下来的物质依旧具有生命力并且是真实的"②,则在其表现形式上进行了澄清和改变。结果,"人之存在"发生了整体性的改变,开始趋于"精神化"。人的理性主体性意识开始觉醒,人逐渐成为真正的人。"哲学家首次出现了。人们敢于作为个体依靠其自身。……人们有能力将自身与整个世界进行内在的对比。他们在自身之中发现了根源,并由此超越了其自身和世界。人们在思辨的思想中飞跃到了存在本身,在那里没有了二元性,主体和客体消失了,对立的双方恰好相合了"。进而,人在"存在的整体中意识到了自我的存在,并作为一个单独的个体,踏出了一条自己的道路"③。与之相伴随,哲学及相关的真理观念和社会真理观念也在这一时期出现了。就中国哲学而言,由于孔子"最先提出一系统性自觉理论,由此对价值及文化问题,持有确定观点及主张",则可以把孔子称为"最早的中国哲学家","孔子之自觉理论及系统观点之出现,方表示中国哲学正式开始"④。中国哲学中关于"道"和"理"的真理思想观念及相关的社会真理思想也随之逐步形成

---

① [德]卡尔·雅斯贝尔斯:《论历史的起源与目标》,李雪涛译,华东师范大学出版社2018年版,第8—9页。
② [德]卡尔·雅斯贝尔斯:《论历史的起源与目标》,李雪涛译,华东师范大学出版社2018年版,第9页。
③ [德]卡尔·雅斯贝尔斯:《论历史的起源与目标》,李雪涛译,华东师范大学出版社2018年版,第10页。
④ 劳思光:《新编中国哲学史》(一卷),广西师范大学出版社2005年版,第75页。

和发展起来。就西方哲学而言,赫拉克利特在通过对作为纷繁流变经验世界的"变本身"的"逻各斯"的追问把西方哲学带上了追求存在者之本真存在的真理之路的同时,也通过对于展现在公共社会生活领域的作为灵魂和法的"逻各斯"的探讨,把人类带上了一条对"社会的逻各斯"的追问真理道路,亦即把人类带上了一条对社会生活世界科学认知的追问的社会真理道路。可见,在一定意义上可以说,人们的自由自觉的意识是社会真理形成和发展的前提条件。

另一方面,这也意味着,社会真理并非人们单纯地对于现实社会生活的自然直接性感知和直观,并由此形成的关于社会事件和社会现象的一般日常感性经验,而是人们深入到社会实践活动中去,在自由自觉地从事社会实践活动推动社会生活辩证发展过程中运用科学思维方式和逻辑概念范畴,对揭示和领悟社会生活所形成的经验性认识进行总结概括和理论提升的结果。在《历史哲学》中,黑格尔论及经验学问的"悟性"与哲学研究的关系时就指出,"哲学不是依'悟性'的范畴,而是依理性的范畴来从事研究的,然而同时,哲学也认识那种'悟性'以及它的价值和地位"[1]。在此基础上,黑格尔在《精神现象学》中谈到关于科学认识时进一步指出,真理作为一个实存,"其真实的形态只能是一个科学的真理体系"。这意味着,"真理的真实形态取决于科学性,——或者换个同样意思的说法,真理唯有在概念那里才获得它的实存要素"[2]。因为按照亚里士多德在《形而上学》中关于知识的科学性的说法,"知与不知的标志是能否传授。所以,我们主张技术比经验更接近科学,技术能够传授而经验不能传授"[3]。这表明,知识其科学性的根本标志在于是否超越经验特殊性、私密性、当下性和模糊性,而具有普遍必然性、公共性、明晰性,并进而获得确定性、可分析性、客观现实性和可言说性的同时能够被广泛传授。与此相应,真理作为知识形态,其科学性的根本标志也在于是否超越经验的特殊性、私密性、当下性和模糊性,而具有普遍必然性、公共性、明晰性,并由此达到可分析性、客观现实性、可言说性而能够被广泛传授。黑格尔继承了亚里士多德这一思想,他认为科学的可理解性形式,是"一条呈现在每一个人面前、为每一个人平

---

[1] [德]黑格尔:《历史哲学》(绪论),王造时译,世纪出版集团·上海书店出版社2006年版,第60页。
[2] [德]黑格尔:《精神现象学》(译者序),先刚译,选自《黑格尔著作集》(第3卷),人民出版社2013年版,第3—4页。
[3] [古希腊]亚里士多德:《形而上学》,选自《亚里士多德全集》(第七卷),苗力田主编,中国人民大学出版社1993年版。第29页。

等制定的走向科学之路,而意识在走向科学时提出了一个正当的要求,即科学应该通过知性过渡到一种理性知识"①。而概念作为知性和理性把握对象事物的范畴,其构建起来的知识能够超越经验的特殊性、私密性、当下性和模糊性,上升到普遍必然性、明晰性、公共性,进而达到确定性、可分析性和可言说性而具有客观现实性和持久有效性,进而可以被传达和讲授而具有可理解性。故而,在这个意义上可以说,以概念的方式把握世界是真理具有科学性的根本标志。真理就是理性以概念的方式把握对象世界形成和建构起来的科学知识系统。故而可以说,真理不是感性知觉把握的对象,不同于感觉经验,而是知性和理性把握的对象,是具有可理解性形式的和可以普遍传授的科学知识。社会真理作为真理的一个分支,亦是如此。从主体层面看,社会真理就是人们在一定的社会条件和社会关系制约下,在自由自觉地从事社会实践活动中,突破和超越社会生活的自然直接规定性的限制,在否定和改造自在的社会生活而形成属人的社会生活世界过程中,不断批判和超越自身的主观性和任意性并客观化和规范化自身,形成和建构起来的关于社会生活自我相关、自我否定、自我发展的辩证运动过程、本性和规律的正确认识和合理把握的理论体系。在这里,如前文论述社会真理与社会规律的辩证关系时所说,规律是现象的内核,是"变动不居的现象的一幅持久不变的图像"②,故而规律不是感觉的对象,而是知性和理性把握的对象。因此,我们不能够通过感觉经验来把握社会规律及社会真理,而只能够通过知性和理性,通过运用科学思维方式、逻辑概念和范畴来把握社会生活本性和规律。故而,人们在思想观念层面的理性主体性意识自觉,就成为人们发挥主体性作用在实践活动中促进社会真理生成和建构的前提和重要条件。

第一,人的理性主体性意识自觉,既构成社会真理生成和发展的前提和基础,也构成了社会真理的内容;社会真理则不仅在人们的理性主体性意识自觉过程中生成和发展,而且它本身也是人的理性主体性意识自觉的体现。黑格尔认为,关于思想的"理性"和"自由","后者乃是前者的自己意识,并且是和'思想'有统一的根源。禽兽没有思想,只有人类才有思想,所以只有人类——而且就因为它是一个有思想的动物——才有'自

---

① [德]黑格尔:《精神现象学》(译者序),先刚译,选自《黑格尔著作集》(第3卷),人民出版社2013年版,第8页。
② [德]黑格尔:《精神现象学》(译者序),先刚译,选自《黑格尔著作集》(第3卷),人民出版社2013年版,第14页。

由'。他的意识含有下述意思:个人理解他自己为一个人格,这便是承认他自己在个体的生存中具有普遍性——能够从一切特殊性中演绎出抽象观念,并且能够排除一切特殊性,所以也就是理解他自己在本身中是无限的"①。换句话说,在认识层面,自由本身就是人的理性的自我意识的自觉,人们的思想就是人的理性精神和自由精神的体现。这也是人与禽兽之相异处。人作为拥有自我意识的个体,能够通过自我从一个外在于自身的观点审视自身已有的观念,形成自我审察和自我反省,从而使自己的认识不断超越一切已有的特殊性和有限性的观念(包括已有的关于自己的特殊性和有限性的观念及关于其他事物的一切特殊性和有限性观念)而趋于理性化中,获得更具有普遍性和适应性的思想,进而在特殊性的和有限性的事物的观念整体中形成自我意识理性的觉醒,形成独立人格。可见,人的思想的形成过程,不仅是人们不断超越自我一切已有的有限性和特殊性的观念,走向更具有普遍性和适应性的思想的过程,也是人们在这一过程中不断认识自我、反思自我、超越自我而趋向理性化,促进自我意识逐步觉醒的过程;不仅是人们形成独立人格的过程,也是人们逐步形成和确立理性精神和自由精神的过程。总而言之,人们的思想本身就包含着人的自我理性主体性自觉,人的自我理性主体性自觉构成了思想形成的前提和条件。当然,在这里,黑格尔把"个人理解他自己为一个人格",就是把"人=自我意识",进而以人的"自我意识"为中心来设定"理性"和"自由"的。他实际上把人的"理性"和"自由"仅仅看作是人的"自我意识"的自我相关、自我否定和自我辩证发展的圆圈运动。由于它们囿于精神自我运动范围内,并没有突破意识的内在性,故而根本不触及人们的社会生活现实,因此并不具有真正的现实性。

在批判黑格尔思辨哲学关于思想的理性与自由的关系理论基础上,马克思进一步从人的类特性——人的自由自觉实践活动入手,提出了实践唯物主义关于的"理性与自由"关系思想,从而把真理奠定在了现实社会生活基础上。他指出,"动物只是按照它所属那个种的尺度和需要来构造,而人却懂得按照任何一个种的尺度来进行生产,并且懂得处处把固有的尺度运用于对象;因此,人也按照美的规律来构造"②。这表明,人的本性在于

---

① [德]黑格尔:《历史哲学》(绪论),王造时译,世纪出版集团,上海书店出版社2006年版,第65页。
② [德]马克思:《1844年经济学哲学手稿》,转自《马克思恩格斯文集》(第一卷),中央编译局,人民出版社2009年版,第163页。

拥有现实的自由。而这种现实的自由,就体现为人的有目的有意识的生命活动,亦即人实现主体性意识自觉的、理性化的实践活动。从前面分析可知,社会真理作为人们对于社会生活世界本性规定和规律的科学认知,就是在人们这种自由自觉的社会实践活动中形成和发展起来的。在这种实践活动中,由于人们已经实现了主体性自觉,人们懂得社会生活的本性规定和规律作为客观尺度与人自身的本性规定和规律作为主体尺度对于社会实践活动及社会生活的制约和影响,故而人们积极主动地去探索这两种尺度的科学认知,形成社会真理和自我认识。在此基础上,人们自觉地按照社会真理进行社会批判和改造,而且处处把自我认识以自身的目的和需要的形式灌注于这一改造实践活动中,从而最终从审美的角度在实现合目的与合规律的统一中把社会生活改造成为属人的合理化、有序化的和谐世界,推动社会生活发展进步。由于在这一改造社会生活的实践活动中,人们不仅证明自己是自由的、有意识的活动的存在物,把社会生活世界转变为"他的作品和他的现实",进而创造出他们共同的有序和谐生活;而且使这一共同生活对象化,使人不仅在精神上二重化——形成自我已有的社会生活观念意识和当前社会生活意识,而且使自己批判、矫正、完善已有的社会生活观念意识并使之融入当前社会生活意识的形成和完善过程中,进而能动地、现实地进一步使当前社会生活意识二重化——形成自我的当前社会生活意识和这一社会生活意识对象化、外化、现实化的产物(即创造的"为我"的和谐属人世界),从而使自己能够在当前社会生活意识的对象化、客观化和现实化的产物(即创造的"为我"的和谐属人世界)中直观自我的当前社会生活意识,并进而肯定、承认和确证自我的当前社会生活意识,从而在一直观和确证过程中达到对于社会生活世界和自我已有社会生活观念意识的重新认识和理解,推动人们对于社会生活本性规定和规律认识的深化,促进社会真理的生成和发展。故而可以说,社会真理的形成和发展是人们在自由自觉的实践活动推动社会生活变迁发展中,对于社会生活认知不断趋于理性化和科学化的结果。其中,人们的自由的有意识的活动,是人们探索和建构社会真理的现实基础。人们的理性主体性自觉作为人们自由的有意识的活动的主观条件,则是人们在社会实践活动中探索和建构社会真理的前提条件。

当然,需要注意的是,这里主要是从人认识或掌握"必然性"的角度来理解理性概念的,从而把"理性"看作是"人的理性能力",把"理性的人"看作是拥有通过认识和反省而获得普遍理性能力的人。而这就意味着,理性蕴含两个不同的指向,一是向外指向对象,要求人作为认识的主体,理性地认识和理解外部世界,并对外部世界做出解释,进而在意识层面达到对外部世界的充分透明,达到对外部世界的充分把握。这表现在"科学精神"中,就体现为"人通过理性的活动建立起来的一个'人的世界',是'现象界'";一是向内指向"人的思想自身"。人的理性就是要求人进行自我怀疑和自我审察,就是"人的自我反省,人的自我意识"①。黑格尔在《精神现象学》中从精神辩证发展的角度论述苦恼意识时就曾言,"当意识确信全部实在性无非就是它自己,它也就达到了'理性'的层面"②,在这个层面上,意识才会扬弃自身内在的"普遍与个别"分裂所造成的哀怨或苦恼,达到二者的统一。这一方面承认和肯定人自身的有限性和不完满,另一方面又肯定人是在不断突破有限性和不完满中不断地走向无限性和完满。故而,人们要在实践活动中探索和建构社会真理体系,就需要人们不断反思和审察自己已有的思想观念,批判和超越自己的主观任意想象的虚构和幻想,批判和超越先前无意识接受的错误观点、陈规陋习以及不合理的和不合时宜的存在形态,从而达到自我主体性意识自觉,进而秉持理性精神和以理性启蒙的经验为思想基础,以正在从事的实践活动的要求和社会发展的实际需要为指针,自觉地以相关的科学社会思想理论为指导,在社会实践活动推动社会发展过程中,不断深化和发展对于社会生活本性规定和规律的认知和理解,进而推动社会真理的生成和发展。

第二,人们在实践活动中的价值主体性意识自觉,构成了社会真理生成和发展的前提条件和重要动力。人们认识社会生活世界,目的在于以社会生活世界的科学认知成果——社会真理为指导来批判和改造社会生活世界,以便满足人们的生存发展的需要。故而,人们的生存发展需要作为人们的价值追求,是影响人们认知社会生活世界和改造社会生活世界的一个重要因素。如上所述,社会真理是在人们自由自觉的社会实践活动中形成和发展起来的。在这种主体性意识自觉的、理性化的实践活动中,人们不仅形成关于社会生活本性规定和规律科学合理认知的社会真理,而且形成关于人自身本性规定和规律科学认知的自我认识;并且懂得处处把自我认识以自身的目的和需要的形式运用于这一以社会真理为指导的改造社会生活的实践活动中,从而在追求合目的与合规律的有机统一中把社会生

---

① 邓晓芒:《启蒙、理性与语言霸权》,《广东社会科学》,2003年第4期。
② [德]黑格尔:《精神现象学》(译者序),先刚译,选自《黑格尔著作集》(第3卷),人民出版社2013年版,第17页。

活世界改造成为符合人的审美规律的"为我"的属人世界。其中,人们的这两种认知成果和认识活动作为客体尺度和主体尺度、在实践活动中"相互作用、相互适应、相互转化"①,就形成了人们实践活动的真理原则和价值原则。真理原则反映的是人们对于社会生活本性规定和规律的正确认识和准确把握,体现的是外在的物的客体尺度要求,要求人们以认识和掌握主体自身的本性规定和规律为基础制定的主体预期目的,必须考虑相关客体尺度的制约和影响,以促进实践活动的有效进行和人们的预期目的的顺利实现。价值原则反映的则是人们在认识和掌握自身主体本性规定和规律基础上所形成的需要和利益,体现的是人们内在的主体尺度要求。它要求人们在实践活动中认识和掌握社会生活本性规定和规律,必须考虑主体尺度基础上的需要和利益,以促进主体的需要和利益的满足。可以说,价值原则对于真理原则起着引导和规范作用。换句话说,人们的自我认识作为价值原则,主要以主体的目的和需要形式引领和规范着社会真理的生成与发展。故而,人们探索关于社会生活本性规定和规律的科学认知,建构社会真理,必须考虑人们的生存发展需要和社会的发展进步要求。在实际的日常社会生产生活中,人们也正是在一定的价值原则引领下,以一定的真理原则为指导,通过从事实践活动把社会生活世界改造成为合目的、合规律的美的"为我"的属人世界。不仅如此,由于价值原则植根于人的自由自觉的生命实践活动,是人们作为认识主体和价值主体在这一自由自觉的实践活动中,在认识和把握自身的本性规定和规律的基础上以目的和需要的形式确立起来。故而可以说,人们的价值主体性意识觉醒是价值原则确立的前提条件,也是社会真理生成和发展的重要条件。促进人们在实践活动中价值主体性觉醒,是社会真理生成和发展的内在要求。

当然,在这里需要注意的是,价值原则不同于人们在原始的劳动活动中自发地形成的价值意识,在这些价值原则引导和规范下的真理原则也不同于真理意识。对于在原始的劳动活动中产生的价值意识和真理意识,恩格斯在探讨远古时代人类演化发展时,就曾指出,"随着手的发展,头脑也一步一步地发展起来,首先产生了对影响某些个别的实际效益的条件的意识,而后来在处境较好的民族中间,则由此产生了对制约着这些条件的自然规律的理解"②。其中,人们"对影响某些个别的实际效益的条件的意

---

① 杨耕:《关于马克思价值论的再思考》,《江汉论坛》2018 年第 11 期。
② [德]恩格斯:《自然辩证法》,转自《马克思恩格斯选集》(第 4 卷),人民出版社 1995 年版,第 274 页。

识",就是价值意识的最初形态。而人们"对制约着这些条件的自然规律的理解",则是在价值意识不断发展过程中形成起来的真理意识的最初形态。由于这些意识,无疑都是人们在原始的实践活动中自发地产生的关于自然物对人的生存发展需要的价值和意义的一些心理倾向与关于自然规律的一些零星经验性猜测,并未经过人们在思想观念中反省和审察,因此无法在人们的自我意识中达到自觉,也无法通过人们总结概括和理论提升而形成关于自然物对人的生存发展需要的价值和意义的合理诠释与关于自然规律科学认识的系统理论。相反,它们始终没有超出日常生活的感性经验的范围,故而在严格意义上还不属于价值原则和真理原则。尽管如此,但这些意识还是构成了人类形成和确立价值原则和真理原则的文化背景和精神基础。在人类社会进入文明时期以后,在社会实践活动中,人们在这些心理倾向和零星猜测的认识引导下坚持不懈地探索和追问社会生活世界对人的生存发展的意义和价值及社会生活本性规定和规律的科学认知,逐步突破和超越自然直接性经验认识,促进了自身的主体性意识觉醒,并由此走向了逻辑概念和理论原则的建构,继而运用科学的思维方式对人们关于生活世界已有的经验认识进行逻辑规范和理论提升,形成和建构起了价值原则和真理原则。因此,我们需要立足于人们正在从事的社会实践活动,对人们已有的相关社会生活的经验性价值认识和真理认识进行总结概括、反思批判和理论提升,促进人们价值主体性觉醒,进而不断深化自身关于社会生活世界对人的生存发展的意义和价值及相关的社会生活世界本性规定和规律的科学认知,从而推动社会真理不断生成和发展。

7.3 马克思主义哲学社会交往是社会真理生成和发展的主要方式和动力

感性现实的社会生活世界是一个从根本上就超越了单一"自我"而为所有人提供共同视域和意义的本源性世界。它是由人们在社会实践活动中通过言行互动的相互作用所建构的世界。在这个世界中,人们通过社会交往、分工协作进行社会生产活动,满足各自的生活需要,形成形式各异的社会关系,并由此形成自身的社会性历史性生存和本质,使自己成为不同于其他动物而成为具有社会性的人。与此同时,人们就共同关心的问题和事情通过平等对话和思想意见交流,进行自由论辩和彼此说服而形成相互理解和认同,由此达成共识和意见的协调一致,并逐渐产生普遍的行为规范而内化为人们共同遵守的活动准则,以促进彼此的互动,使自己在社会化的过程中成为一个自主性的个人。胡塞尔就曾言:"主体只在主体间性中才是其所是"①。这意味着,通过社会交往,人们在日常生活世界中形成相互蕴含、相互依赖和相互作用及相互影响的活生生的、切不断的关系,这些关系作为人们的日常生活所不可或缺而又变动不居的组成部分,不论人们自觉与否,均已成为人们思索和处理自我与周围世界、与他人的世俗关系的背景、现实基础和出发点。而人在世界之中与他人的共在,是人类从自我走向他我、从个体走向主体间性、从自然存在物走向社会性存在物的中介和主要环节,因此也是人的社会历史性生存的基本要素和基本条件。社会真理作为人们对于现实生活过程和本性的真实认知就是在这一社会交往活动中产生和形成的。人们不仅在社会实践活动中持续敞开自身和社会的存在,领会自身的生存和社会的存在的本性,形成个人对于自身和社会的认知,而且通过主体间的积极交往、平等对话和思想交流,超越个人的独断和偏见,在共现和移情条件下形成彼此间关于社会关系、社会组织、社会制度、神话和文明等等方面的动态性和历史性的普遍共识,从而在主体间的互动中丰富和发展对于自身和社会的真理性认识。卡西尔就曾言,"只有靠着对话式的亦即辩证的思想活动,我们才能达到对人类本性的认识"。"真理就其本性而言"就是这种对话式的"辩证的思想的产物"。"如果不通过人们在相互之间的提问与回答中不断地合作,真理就不会获得。因此,真理不像是一种经验的对象,它必须被理解为是一种社会活动的产物"②。皮尔士在批判笛卡尔的基础主义认识论传统时也认为,"人的知识也不可能是孤立个人的自我确认,而只能是人们之间在不同条件和因素下进行商讨的过程,也就是共同体中进行的不断地探索。真理并不是个人的事情,而是一个社会过程。……知识并非确定的、绝对化的和终极的东西,而只能存在于这样的探索过程之中,不断受到否定和批判"③。

首先,实践活动中的物质交往活动构成社会真理生成和发展的现实基础。人们在物质生产和交换过程中所发生的交往活动是物质交往的基本

---

① [德]胡塞尔:《欧洲科学的危机与先验现象学》,张庆熊译,上海译文出版社 1988 年版,第 175 页。
② [德]卡西尔:《人论》,甘阳译,上海译文出版社 2003 年版,第 10—11 页。
③ 刘放桐:《马克思主义哲学与现代西方哲学研究》,北京师范大学出版社 2012 年版,第 215 页。

形式。它作为物质生产方式的有机组成部分构成人类生产实践活动的前提。"人们在生产中不仅仅同自然界发生关系。他们只有以一定方式结合起来共同活动和相互交换其活动,才能进行生产"①。因为"生命的生产无论是通过劳动而达到的自己生命的生产,或是通过生育而达到的他人生命的生产,就立即表现为双重关系:一方面是自然关系,另一方面是社会关系;社会关系的含义在这里是指许多个人的共同活动"②。这即是说,在作为许多个人的共同活动的物质生产活动中,"个体间的交往、合作构成其本质方面,它同生产所表明的单个人类有机体与环境之间的物质变换过程,不是处于一种外在的结合关系之中,而是处于不可分割的内在统一之中"③。故而,人们在实践活动中必须通过人与人之间的相互交往形成的一定的社会关系和社会联系,共同分工协作才会形成他们与自然之间的物质交换和能量交换关系,才能进行生产。这意味着人类为了满足自身物质生活资料的需要所进行的物质生产活动必须以人与人之间交往所形成的社会一体性关系为中介才能够实现。就此而言,这一生产实践活动必然是有组织性的和社会性的。但物质交往又是在生产实践活动过程中由于物质利益需要而在个体之间形成和发展起来的,并随着物质生产资料、生产力的变化和发展而变化和发展的,因此它又被整体的生产实践活动本身所决定。马克思在谈论人的本性时就曾指出,人是什么样的,这同他们的生产相一致。这种"生产本身又是以个人彼此之间的交往为前提的。这种交往的形式又是由生产决定的"④。可见,物质交往作为人类物质生产实践活动的有机组成部分,发生于这一生产实践活动过程中,但又作为实践活动的中介环节和条件而融入实践活动中。而思想、观念、意识和社会真理认知的生产,从发生学意义上看,一开始就与人们的物质生产活动、物质交往和现实生活的语言交织在一起,人们的思维、想象和精神交往及社会真理认知在这里还是人们这些物质活动的直接产物。"表现在某一民族的政治、法律、道德、宗教、形而上学等的语言中的精神生产也是这样。人们是自己的观念、思想等等的生产者"。而且,这些思维、想象和精神交往及社会真理认知等精神生产的进一步发展也受"他们的物质生活的生产方式,

---

① 《马克思恩格斯选集》(第一卷),中央编译局编译,人民出版社 1995 年版,第 344 页。
② 《马克思恩格斯全集》(第三卷),中央编译局编译,人民出版社 2002 年版,第 80 页。
③ 吴晓明,王德峰著:《马克思的哲学革命及其当代意义》,人民出版社 2005 年版,第 296 页。
④ 《马克思恩格斯选集》(第一卷),中央编译局编译,人民出版社 1995 年版,第 68 页。

他们的物质交往和这种交往在社会结构和政治结构中的进一步发展所制约的"①。这意味着,物质交往和物质生产活动是人们的思想、观念、意识和社会真理认知等等的精神生产的基础,也是它们发展变革的动力。人们的思想、观念、意识和社会真理认知,都是随着物质生产活动和物质交往的拓展和深入不断推动人们的生活条件、人们的社会关系、人们的社会存在的改变而改变的。因此,当人们谈到使整个现实社会生活革命化的思想时,他们只是表明了由于物质生产方式和交往方式的不断变革和更新,"在旧社会内部已经形成了新的社会因素,旧思想的瓦解是同旧生活条件的瓦解步调一致的"。

由于"在过去一切历史阶段上受生产力制约同时又制约生产力的交往形式,就是市民社会,……这个市民社会是全部历史的真正发源地和舞台"②。所以,"从直接生活的物质生产出发阐述现实的生产过程,把同这种生产方式相联系的、它所产生的交往形式即各个不同阶段上的市民社会理解为整个历史的基础,从市民社会作为国家的活动描述市民社会,同时从市民社会出发阐明意识的所有各种不同理论的产物和形式,如宗教、哲学、道德等等,而且追溯它们产生的过程。这样当然也能够完整地描述事物(因而也能够描述事物的这些不同方面之间的作用)"③。这是在说,人们必须始终站在现实历史的基础上,从以一定的物质交往和物质生产活动为基础的市民社会出发来理解政治国家,认识和把握社会的各种意识形式和理论(包括社会真理)并在此基础上回溯它们形成现实生活过程,由此才能形成对于这些理论的科学把握,并使这些理论能够全面准确地描述现实社会生活及其各个侧面,从而摆脱唯心主义。换言之,人们只有研究与特定的社会意识及社会理论相关的社会历史状况,才能真正理解和把握这些社会意识及社会理论。正如卢卡奇所说,"将意识与社会整体联系起来,就能认识人们在特定生活状况中,可能具有的那些思想、情感;如果对这种状况以及从中产生的各种利益能够联系到它们对直接行动以及整个社会结构的影响予以完全把握,就能认识与客观状况相符合的思想和情感"④。因此,物质交往不仅是社会真理形成和发展的基础和动力,而且也是人们理解和把握社会真理的出发点和立足点。

---

① 《马克思恩格斯选集》(第一卷),中央编译局编译,人民出版社1995年版,第72页。
② 《马克思恩格斯选集》(第一卷),中央编译局编译,人民出版社1995年版,第88页。
③ 《马克思恩格斯选集》(第一卷),中央编译局编译,人民出版社1995年版,第92页。
④ [匈]卢卡奇:《历史和阶级意识》,杜章智等译,商务印书馆1992年版,第101页。

其次,实践活动中精神交往的自主化和多元化是社会真理形成和发展的主要途径。"精神交往是在物质交往的基础上形成的思想、观念、理论的交往活动,之所以这样说,是因为物质交往中所需要的生产经验、劳动技能和相关知识的传播与继承都是精神交往的题中应有之义"①。马克思就曾言,"思想、观念、意识的生产最初是直接与人们的物质活动,与人们的物质交往,与现实生活的语言交织在一起的。人们的想象、思维、精神交往在这里还是人们物质行动的直接产物,表现在某一民族的政治、法律、道德、宗教、形而上学等的语言中的精神生产也是这样。人们是自己的观念、思想等等的生产者"。而且,这些观念、思想等等的精神生产进一步发展也是受"他们的物质生活的生产方式,他们的物质交往和这种交往在社会结构和政治结构中的进一步发展所制约的"②。这表明,"物质交往是与物质生产过程相联系的交往,它是其他一切交往形式的赖以存在的基础;精神交往是与精神生产相联系的交往,它是物质交往的产物"③。但在人们的具体物质生产活动中,精神交往是与物质交往和现实生活的语言相伴相生的,甚至就是这些交往活动的产物,表现在人们社会生活中的政治、法律、道德、宗教、哲学、艺术、科学等精神产品和精神生活形式的传播和交流同样是这两种交往活动相互作用和相互促进的产物。不仅如此,社会真理的形成和发展也是人们在物质生产活动和物质交往活动中通过精神交往所创造和形成的结果。

在实践活动中,一方面人们通过与他人的分工协作进行形式各异的物质交往和物质生产活动并由此来推动现实社会生活发展,另一方面在这一过程中人们也同时开启了自身和社会生活世界,并与它们协调而融为一体,从而体验和感受它们的无蔽存在并把它保留在思想中,形成对于自身和社会生活的总体性真实认识。但与此相伴随的是,个体在敞开自身和社会的本质性存在的同时,也意味着对于自身和社会生活世界整体的遮蔽。因为尽管人们在这些实践活动中不断地开启和揭示自身和社会生活的本质存在,但往往也是固执于方便可达和可控制的东西,其结果要么是开启个别存在者之可敞开状态,要么遗忘了锁闭的感性社会世界整体,从而陷入了对自身和社会的认知迷误。于是,通过开放的交互主体间的精神交

---

① 王晓磊:《社会空间论》,华中科技大学博士论文 2010 年版,第 110 页。
② 《马克思恩格斯选集》(第一卷),中央编译局,人民出版社 1995 年版,第 72 页。
③ 项松林:《马克思的社会交往理论与现时代》,《重庆师范大学学报》(哲学社会科学版) 2003 年第 4 期。

往,打破这一封闭的个体独白式的唯我论世界,走向基于个体在认识、审美和道德等方面的逻辑同构性和开放性之上的主体间交往,来揭示和领悟丰富多样的复杂社会生活世界及其过程,就成为人们把握社会真理问题的必由之路。由此,人类社会生活世界就逐渐变成一个主体间言语互动的领域和产物。这个社会生活世界是每个社会个体的自主性、生存意义、尊严和价值得以生发的大地。在这个社会生活世界中,每个个体都立足于各自的生活传统形式从各自对自我意识、价值情感、利益倾向、兴趣旨向和社会现实生活过程的特定理解出发,通过自主性交往,在理性力量的制约下参与论证实践和自我辩解,自由地和包容地相互承认和相互理解,由此使不同视角下不同观点同时现身在场,使社会生活的不同领域和不同层次得以敞开,从而使社会生活整体历史地和具体地自行显现,使人们能够形成对于社会生活全面、准确的认知和把握。就此,公共的社会生活也呈现为多元、宽松、自主、相互尊重,且充满差异性和丰富性的复杂世界,而社会真理自身呈现的复杂多样性则展示了社会生活世界的基本特征。在这个意义上可以说,精神交往是社会真理形成和发展的主要路径。正如雅斯贝尔斯所指出的,"真理不是主体对客体的认识,不是人们统治自然的工具,真理的核心是'交往'"①。在交往活动中,我们根据社会生活整体历史的和具体的显现,可以"看得出真理的样态"②。

但是,社会生活世界是公共意见的领域和产物,这意味着人们通过日常的相互交往也可能造成彼此间常常处于"常人的独裁"关系之非本真世界中。人们在社会中,往往都是在继承前人留下来的材料、资金和生产力基础上,遵循传统权威、经验实例和风俗习惯而生活,其表达方式都在于"公共性",以促进语言思想的沟通和交流。相应地,"闲谈"就成为人们最普通的日常交流方式,"好奇"则成为人们领会的基本方式,"两可"则成为人们解释的基本方式。由于"不做思考的普通人只是在无需他自身创造性的条件尽其所能,在这些条件下,他并未被要求自己去思考"③,所以在日常闲谈中,人们大都不是在实践活动中原始地揭示和领悟感性存在物的无蔽存在亦即事情本身的情况下,通过交互主体间的对话交流来修正和完善

---

① 《中国现象学与哲学评论〈现象学与政治哲学〉》(第十辑),上海译文出版社2008年版,第58页。
② [德]卡尔·雅斯贝尔斯:《生存哲学》,王玖兴译,上海译文出版社2013年版,第30页。
③ [德]卡尔·雅斯贝尔斯:《时代的精神状况》,王德峰译,上海译文出版社2013年版,第28页。

对于感性存在物的事情本身的认识和理解,而是通过人云道说出来的东西把感性存在物本身在命题中揭示出来并领悟它们的,这使人们往往人云亦云,趋于相同化、平均化、浅薄化和庸俗化,从而建立起了社会权威,使自身免于进入原始领会者的言谈之所及的社会生活本身并对其不堪了了而漠视其差异性的理解,而且通过这种社会权威而增大并加深这一无根基状态。尤其在当前信息化时代条件下,随着生活节奏的加快,人们对新奇事物充满好奇。在此情形下,这种社会权威还影响着人们领会社会生活的方式,它使得人们走马观花、无驻足之地的"观看",似乎到处都在领悟现实社会生活,但无一处进入原始地领悟社会生活本身。故而,人们迅速地厌倦于他们已经听说的东西,急于摆脱生活于其中的社会现实生活,热衷于追新骛奇。对他们来说,似乎只有新奇的东西才是"最重要的知识",但这些东西"随即又被放弃,因为人们所需要的都只是一时的轰动"。因此,人们"老是不断地空谈'新事物',好像新事物就因为其新而必定是有效的"[①]。似乎人人都可以信口开河而不担负任何责任,从而忽视社会现实生活本身的存在。于是,任何事情都变得既是又不是,无可无不可。公共性的常人在社会生活中实施着它的统治,而真正与自我主体共在的他人却不现身在场。结果,整个世界就走上了歧路,时常"把不折不扣的谎言当作真实,并要求别人也同样地说谎"[②]。相应地,人们在日常现实生活中也陷入了沉沦状态中,社会真理被遗忘和遮蔽了。

为此,汉娜·阿伦特倡导回归"人与人自由地进行交流"的公共领域。在这个由众人同时在场所建立的多元性的公共领域,人们可以自由地运用理性而不受权威和权力的强制与压迫,以社会生活本身为对象表达自己的意见,从不同的立场和角度去描述从不同的视野看到的社会生活过程,从而在平等对话和论证实践及自我辩解中超越人自身的有限性,尽可能地开启社会生活整体的无蔽状态,形成对于社会生活真实、全面的认知,并且在交互主体能够普遍合理地接受的情况下,通过协商和制定实践规范、行为惯例、社会制度等形式把这些社会真理思想呈现出来。

[①] [德]卡尔·雅斯贝尔斯:《时代的精神状况》,王德峰译,上海译文出版社2013年版,第116页。
[②] [俄]陀思妥耶夫斯基:《卡拉马佐夫兄弟》(上卷),人民文学出版社1981年版,第450页。

7.4 语言实践活动是马克思主义哲学社会真理 生成和发展的关键因素和传播中介

从根本上而言,马克思主义哲学社会真理的形成和发展是受感性现实的物质实践活动及其相应的生产生活方式和交往方式制约的,但社会生活的真理性认知是一个复杂的创造和生成的过程,它还受到社会交往中语言实践活动和相关的权威话语及社会主流思想观念的制约和影响。马克思就认为,"'精神'一开始……就受到物质的'纠缠',物质在这里表现为振动着的空气层、声音,简言之,即语言。语言和意识具有同样长久的历史;语言是一种实践的、既为别人存在因而也为我自身而存在的、现实的意识"①。这即是说,语言与意识是同步发展的,它们都根源于"人与人之间的感性、实践的交往"②,是在人们的交往活动中产生和形成的。换句话说,语言是在人们相互协作的实践活动中随着社会交往的不断深入和拓展而逐步形成和发展起来的。其中,语言是意识的物质基础;同时语言又是"观念过程的实现形式",是"人们头脑中的观念过程以声音符号和书面符号的形式表现于外,加入交往过程,使别人得以感知和理解,使观念的东西在不同个体之间传递"③。故而,可以说,语言和意识归根结底植根于现实的物质实践活动,是人们在物质生产活动和物质交往中为了传递信息、交流思想的需要而创造和生成的。而语言的意义也是在这一交往协作过程中获得的。对此,马克思就明确指出,"语言也和意识一样,只是由于需要,由于和他人交往的迫切需要才产生的"。它们是"我对我的环境的关系"④,是为我而存在的关系。正如莱泽克·科拉科夫斯基所言,语言是"我们使自己适应现实并为使现实适应我们需要的一组工具。它是积极的工具及用于建设的工具,而不是用于探究的工具"⑤。

---

① 《马克思恩格斯选集》(第一卷),中央编译局编译,人民出版社 1995 年版,第 81 页。
② 吴晓明、王德峰:《马克思的哲学革命及其当代意义——存在论新视域的开启》,人民出版社 2005 年版,第 308 页。
③ 陈凤敏:《社会交往的特征及其精神生产力功能》,《河南师范大学学报》(哲学社会科学版)2004 年第 31 卷第 4 期。
④ 《马克思恩格斯选集》(第一卷),中央编译局编译,人民出版社 1995 年版,第 81 页。
⑤ [波兰]莱泽克·科拉科夫斯基:《走向马克思主义的人道主义——关于当代左派的文集》,姜海波译,黑龙江大学出版社 2013 年版,第 44 页。

而且,感性的社会现实生活本身在人类的思想意识中达乎语言,语言是对现实感性的个人所参与的社会生活的揭示和道说,是对"存在的本原性揭示"①,因此语言又是社会生活本身的存在之家。正如马克思谈到语言的"关系存在"的感性本质时所表明的,"思维本身的要素,思想生命表现的要素,即语言,是感性的自然界"②。这即是说,"语言不应该被单单理解为交往的工具,它作为思想的生命表现,乃是人的类存在的表现形式。这种表现形式本质上就是交往,它参与构造人的感性对象(经验世界)"③。由于"语言符号(有声的或有形的)本身是直接现实的和感性的,同时又只有为社会的人所共同掌握和使用才能存在和发挥其作用"④,所以它的基本特征是主体间的一致性和公共的有效性,并因此它构成主体间交往的媒介。通过这种媒介,社会生活的诸种意义就能够超越个体的观念形式,在自我与他人交往中通过争辩、讨论和交流等方式,获得社会理解和社会认同,亦即在人类个体之间实现对"世界的语言经验中的具体的(直接关涉存在的)一致性"⑤基础上,现实感性的社会生活的诸种意义获得本原性揭示,从而具有普遍的客观形式。在这个意义上可以说,"语言"在其本质上并不是指客观化和对象化之理论——自然科学意义上的道说而作为交往工具和组织工具,而是感性社会生活本身的澄明着——遮蔽着的到达,是对于社会生活世界的敞开状态应合,并且由社会生活本身来贯通和安排的社会生活世界之家。可见,语言是社会生活本身的真理之家和保存之家。社会生存实践活动中的人守护着社会生活本身之真理而归属于这一真理,在语言中倾听着现实社会生活自身的多元化自行显示并把它持留和保存在语言中。正是在这个意义上,卡西尔认为,"命题语言与情感预言之间的区别"是"人类世界和动物世界的真正分界线"⑥。

首先,社会真理作为思想理论并不是孤立的,它本身必须通过语言(以语词的形式)来表达感性现实的社会生活过程而形成自身的内容。一直以来,语言被认为是人类社会历史性生存的特有现象。在希腊人那里,人被

---

① 吴晓明,王德峰著:《马克思的哲学革命及其当代意义》,人民出版社 2005 年版,第 294 页。
② 《马克思恩格斯全集》(第三卷),中央编译局编译,人民出版社 2002 年版,第 308 页。
③ 吴晓明,王德峰著:《马克思的哲学革命及其当代意义》,人民出版社 2005 年版,第 294 页。
④ 夏甄陶:《关于认识的语言符号中介》,《哲学研究》1994 年第 6 期。
⑤ 吴晓明,王德峰著:《马克思的哲学革命及其当代意义》,人民出版社 2005 年版,第 295 页。
⑥ [德]恩斯特·卡西尔:《人论》,甘阳译,上海译文出版社 2013 年版,第 51 页。

定义为"是具有逻各斯的生物"。如果从语言的本质——感性生活世界本身的揭示和道说之意义上看,这一定义又可被理解为"人是那种具有话语的动物"在这里,"逻格斯"被原始地理解为"采集""聚集",把先前遮蔽着的感性存在物敞开来,让它在其敞开过程中自行显现自身本质,"话语"则被理解为人在这一解蔽着和遮蔽着感性存在物的过程中道说感性存在物的存在①。换句话说,从语义功能和符号功能的角度看,语言被理解成为在人类的意义世界中用于指称感性存在物的"指称者"。在这里,语言并不是一个"现成的东西",而是"人类心灵运用清晰的发音表达思想"的一个连续不断的反复劳作过程。这个过程不是简单地对于客观世界的摹写性复制,而是对于客观世界的创造性和构造性地揭示和道说。正是语言的这一揭示和道说功能,赋予社会现实生活以生气,"并使它们讲起话来"②。在这个意义上可以说,"话语"本质上就与感性世界存在整体本身内在关联,而语言本质上就是话语。正如海德格尔所言,"存在在思想中达乎语言。语言是存在之家。人居住在语言的寓所中"。其中,"思想完成存在与人之本质的关联",并且仅仅"把这种关联当作存在必须交付给它自身的东西向存在呈献出来",由此它"让自己为存在所占用而去道说存在之真理"③。正因为如此,赫拉克利特主张,"不要听从我,而要听从词语——逻格斯,并且承认一切是一"④。可见,思想活动与言语活动具有同一性,它们都是对于存在之敞开状态的道说和保存。而社会真理作为人类关于社会现实生活本性的真理性认知,就是以语词的形式来表达感性的现实社会生活过程而形成自身内容的,是对现实生活过程及其本性的本真性揭示和道说。正如马克思所指出的,"语言是思想的直接现实。……在哲学语言里,思想通过词的形式具有自己本身的内容。从思想世界降到现实世界的问题,变成了从语言降到生活中的问题"⑤。在这个意义上,我们可以说,如果没有语言符号系统,人类社会生活"就一定会像柏拉图著名比喻中那洞穴中的囚徒","就会被限定在他的生物需要和实际利益的范围内,就会找不到通向'理想世界'的道路——这个理想世界是由宗教、艺术、哲学、科学从各个不同方面为他开放的"⑥。

---

① [德]海德格尔:《路标》,孙周兴译,商务印书馆2000年版,第366页。
② [德]恩斯特·卡西尔:《人论》,甘阳译,上海译文出版社2013年版,第54、206、61页。
③ [德]海德格尔:《路标》,孙周兴译,商务印书馆2000年版,第367页。
④ [德]恩斯特·卡西尔:《人论》,甘阳译,上海译文出版社2013年版,第191页。
⑤ 《马克思恩格斯全集》(第三卷),中央编译局编译,人民出版社1960年版,第525页。
⑥ [德]恩斯特·卡西尔:《人论》,甘阳译,上海译文出版社2013年版,第70页。

尽管如此,但随着社会生产力水平的提高和主体间社会交往的不断扩展和深入以及社会分工的不断细化,思想观念和语言越来越成为独立于现实社会生活世界的力量。社会分工的发展一方面促进了思想观念和语言的专门化和系统化,但另一方面也使得思想观念和语言抽象化和绝对化而脱离了社会生活现实,形成一个自身貌似独立的特殊王国。这时的哲学语言不再是表达现实社会生活及其社会真理的普通语言,而是超越于感性现实的生活世界之上并对之加以衡量的片面化的抽象语言。相应地,这些思想和语言就不再被视为哲学所追求的保存和展示现实感性事物本身的社会真理的目的,而是从自然科学技术的角度被视为对于某项制作工艺的精通而为特定行为和制作过程服务了。在这里,人们已经遗忘了语言中"所包含的不可言说的意谓,或是故意将词语和它的意谓割裂开来"①,而从工具理性的角度把语言理解成了制作技艺了。结果,在语言中,社会真理似乎就脱离了现实社会生活世界而变成单纯的说,"照本宣科"和"说的对头"②。正如雅斯贝尔斯所言:"当语言不在真实意义上被使用时,他就不能实现作为一种交流工具的目的,而是变得以自身为目的了"③。这表现在亚里士多德那里,就是"逻格斯"已经失去了它关于流变的生活世界的丰富性暗示之内涵,丧失了其固有的领域的多维性,变成了抽象的"逻辑学"意义上的"范畴""定义"和"公式"及其逻辑之义了。"人是会说话的生物"也演变成为"人是理性的动物",变成为人能够运用词语、范畴或定义去建构思想体系并从这些词语、范畴或定义间的相互关系中去展示思想之含义了。由此,语言就变成为了一些日常可靠的工具,语词则成为一些精密枯燥的抽象符号而有了固定、单一的意谓。

在这方面,黑格尔追随亚里士多德。虽然黑格尔的逻辑中所要解决的主题是"在现代的、自己认识自己的精神基础上重新论证希腊的逻各斯"④,但他在恢复希腊语言中的"逻辑本能"时,也用逻辑学的抽象东西取代了它关于社会生活世界的丰富性暗示之内涵。由此造成的结果是,"西方逻辑主义的本体论传统遗忘了经验世界的语言性质,因为这种传统把语言本身形式化为逻辑,而后就抓住经验世界的逻辑性质,继而把语言从对

---

① 邓晓芒:《思辨的张力——黑格尔辩证法新探》,商务印书馆2008年版,第25—26页。
② [德]海德格尔:《形而上学导论》,熊伟,王庆节译,商务印书馆2005年版,第185页。
③ [德]卡尔·雅斯贝尔斯:《时代的精神状况》,王德峰译,上海译文出版社2013年版,第117页。
④ 中国社会科学院哲学研究所西方哲学史研究室编:《国外黑格尔哲学新论》,中国社会科学出版社1982年版,第115页。

存在的最初经验中排除掉了"①。结果,由语言来展示的社会真理就不再是对于社会生活过程及其本性的真实揭示和道说,而成为对其进行歪曲和伪装的虚假性意识形态。换言之,社会真理转变成为对社会生活过程及其本性的真实意义形成遮蔽的意识形态了。这突出地表现在现代社会生活中,如基尔凯戈尔曾经预言的那样,就是新闻传媒事业作为当下现实社会生活状况的表达形式,成了"这个时期的巨神",成了人们新的"一种精神的王国",使人们越来越依赖于第二手的信息来安排和处理日常社会生活。而这个时候大部分的新闻信息也是半真半假,并且信息的"广见博识"②也代替了知识本身的客观实在性和本真性。于是,人们满脑袋都装着支离破碎的文摘和意见到处乱传。结果,人们越来越难以把第二手的信息与客观实在性和本真性知识区别开来,直到最后,大部分人甚至都忘记了这一区别的存在及其意义。为此,雅斯贝尔斯指出,人们必须"阅历真理的失地",以达到"收复真理的失地",必须"穿越困惑的重重迷雾",以达到"人类自身的决定";必须"剥除掩盖真相的种种虚饰,以揭示真正隐藏着的东西"③。就揭示社会真理的哲学语言而言,马克思认为,"哲学家们只要把自己的语言还原为它从中抽象出来的普通语言,就可以认清他们的语言是被歪曲了的现实世界的语言,就可以懂得,无论思想或语言都不能独自组成特殊的王国,它们只是现实生活的表现"④。而社会真理的实践诠释实际上正是尝试进行这样一种"语言还原"的探讨。它从社会历史性实践活动出发,通过对现实生活世界中生命活动及其形态变迁的考察,对语言的内容展开现实根源的追溯,从而真正恢复和充实语言的丰富性和思想的多维性,使语言真正成为社会真理的存在之家。

其次,在主体间交往的多元化社会生活世界中,话语的"权威依赖"又构成社会真理存在和发展的总体尺度,对社会真理的形成和发展起着规范和引导作用。马克思认为,在人类社会发展的现有历史中,"统治阶级的思想在每一时代都是占统治地位的思想。这即是说,一个阶级是社会上占统治地位的物质力量,同时也是社会上占统治地位的精神力量,支配着物质

---

① 吴晓明,王德峰著:《马克思的哲学革命及其当代意义》,人民出版社2005年版,第294页。
② [美]威廉·巴雷特:《非理性的人》,段德智译,上海译文出版社2012年版,第40页。
③ [德]卡尔·雅斯贝尔斯:《时代的精神状况》,王德峰译,上海译文出版社2013年版,第66页。
④ 《马克思恩格斯全集》(第三卷),中央编译局编译,人民出版社1960年版,第525页。

生产资料的阶级,同时也支配着精神生产资料"。这意味着,统治阶级的思想在其相应的时代是人们社会生活的主导的、权威的思想。而这一思想的主导性和权威性最终是由这一阶级占统治地位的物质力量决定的。它"不过是占统治地位的物质关系在观念上的表现,不过是以思想的形式表现出来的占统治地位的物质关系"。而且,统治阶级"作为一个阶级进行统治,并且决定着某一历史时代的整个面貌,那么不言而喻,他们在这个历史时代的一切领域中也会这样做,就是说,他们还作为思维着的人,作为思想的生产者进行统治,他们调节着自己时代的思想的生产和分配;而这就意味着他们的思想是一个时代的占统治地位的思想"①。这表明,在阶级社会,统治阶级的思想作为主导权威思想不仅是占统治地位的物质关系的在观念上的要求,也是这一阶级对全社会进行统治,从精神层面上支配和控制人们的思想意识所带来的必然结果。正因为如此,它是由统治阶级所创造和生产的,对整个社会的精神生产活动和精神交往起着引导、调节和规范作用。

具体而言,统治阶级的思想在现实的社会生活中一般展现为主流的社会意识形态,以政治、法律、道德、宗教、形而上学、艺术、习俗、惯例等社会意识形式和制度、规范形式表达出来,并通过思想教育、意识灌输和行为引导渗透到人们的思想、观念、意识和行动中,对其进行总体调节和规范,从而影响和制约人们相关的精神生产活动和精神交往。在实践活动中,人们对于社会生活及其本性和规律的认识就是在这一特定的主导权威思想的影响和制约下通过相关的精神生产活动和精神交往形成的。它通过政治、法律、道德、宗教、形而上学、艺术等意识形式为人们认知社会生活提供基本的认知模式和认知框架以及认知方法、认识的机制和认知的途径,也划定和规定了人们基本的认识范围和认知方向。当然,统治阶级的思想主要是通过最终权力的强制,来确立自己的权威并由此实现对人们的精神统治的。但这也并不排除以"通过相互信任而达到相互联结的形式"的权威,以便规范"不确定的因素",使"个人同存在的意识相联系"②。

尽管如此,但人们也不是一直处于这种状况,通过理性的说服教育来证明正当的权利而确立思想的权威,成为权威转换的一种内在趋势。这一内在趋势成为现实,是通过启蒙运动来完成的。恩格斯就曾言,"在法国为

---

① 《马克思恩格斯选集》(第一卷),中央编译局编译,人民出版社1995年版,第98—99页。
② [德]卡尔·雅斯贝尔斯:《时代的精神状况》,王德峰译,上海译文出版社2013年版,第64页。

行将到来的革命启发过人们头脑的那些伟大人物,本身都是革命的。他们不承认任何外界的权威,不管这种权威是什么样的。宗教、自然观、社会、国家制度,一切都受到了最无情的批判;一切都必须在理性的法庭面前为自己的存在作辩护或者放弃存在的权利。思维着的知性成为衡量一切的唯一尺度"①。这是在说,启蒙运动通过倡导"科学理性、进步与个性"②,使宗教、自然观、社会、国家制度等等以及与之相应的传统的社会生活方式都遭到了极大批判,亚里士多德、《圣经》、上帝、教会神学等的传统权威(亦即外界权威)由此衰落,代之而起的是经验科学急剧扩张并被不断引介到异质领域,科学理性(亦即知性)作为最具有影响力的权威被确立起来。这种理性使人们"不像古人那样轻于信任他人和信赖权威,相反地,他们要从自己的理解、独立的确信的意见来献身于一种事业"③。由此造成的结果是,正如马克思谈及路德的宗教改革时所提到的,"的确,路德战胜了虔信造成的奴役制,是因为他用信念造成的奴役制代替了它。他破除了对权威的信仰,是因为他恢复了信仰的权威"④。这即在说,科学理性作为代替传统权威的内在权威,作为人们"通过相互信任而达到的相互联结的形式",由于规范着人们生活中"不确定的因素","使个人同存在的意识相联系"⑤,所以比传统权威更加全面深刻地支配着人的思想意识。尤其是在现时代,它已经在很大程度上征服了最具有批判性的哲学,以至于法伊尔·阿本德惊呼"哲学是科学的奴仆"⑥。

在这一背景下,人们对于社会生活的真理性认知大都受到科学认知模式的影响,也在适应科学技术发展要求的合理化行为和适用行为的规范下越来越成为人的自我物化意识。而且,"现代社会内部分工的特点,在于它产生了特长和专业,同时也产生了痴呆"⑦。这造成人们的理论认知活动和生产实践活动的分离,进而导致了人们认知的抽象化、片面化和对这种科学认知活动及其物化结果的认同和接受。而这又是通过主体间的社会交往活动来实现的。在社会交往活动中,人们对于复杂多元的社会生活世

---

① 《马克思恩格斯选集》(第三卷),中央编译局编译,人民出版社1995年版,第355页。
② 马天俊:《从生存的观点看》,华中科技大学出版社2008年版,第2页。
③ [德]黑格尔:《历史哲学》,王造时译,北京三联出版社1956年版,第61—62页。
④ 《马克思恩格斯选集》(第一卷),中央编译局编译,人民出版社1995年版,第10页。
⑤ [德]卡尔·雅斯贝尔斯:《时代精神的状况》王德峰译,上海译文出版社2013年版,第64页。
⑥ [美]法伊尔·阿本德:《自由社会中的科学》,兰征译,上海译文出版社1990年版,第36页。
⑦ 《马克思恩格斯选集》(第一卷),中央编译局编译,人民出版社1995年版,第169页。

界的真理性认知就体现为交互主体在现有社会意识形式和社会制度规范下,对于社会生活各个领域中的专家、精英等的"权威真理"的话语依赖和服从。这些"权威真理"也被推崇为绝对真理,人们只能自愿接受,而不能够质疑。为此,人们就要返回到生活世界中,从社会实践活动出发,把这些"权威真理"纳入相关社会真理形成和发展的整体过程中来考察其形成和发展过程。故而,人们不能把它们推崇为绝对真理,而是应把它们看作是人们对于作为社会事实的社会现象、社会生活过程及其本性的某一方面或侧面的反映和理论概括,并在人们主体间的自主性交往中要求理性论证和自我辩解以及在具体实践活动中进行验证,由此开启社会生活世界,敞开人和社会生活的本真状态,从而揭示和道说社会真理,正确合理地把握这些"权威真理"的合理性和局限性。正如哈贝马斯所指出的,在社会和政治领域内,真理应该被定义为"话语主体通过语言交往而达成的共识"[①]。

[①] [德]哈贝马斯:《交往行为理论的准备性研究及其补充》,转自章国锋《话语—权力—真理—社会正义与话语的伦理》,《社会科学》2006年第2期。

8. 马克思主义哲学社会真理的检验标准

马克思主义哲学社会真理是在人类现实性地认识和改造纷繁复杂、流变不息的和偶然的社会生活世界的过程中产生和形成的。它奠基于人的自由超越性社会生存，反映了人类对于社会生活世界趋于有序化、合理化发展的渴望，也反映了人类对社会生活世界之确定性认知和把握的追求。确定性的社会真理是人们在实践活动中对于社会生活世界之本真性存在的揭示和领悟。相应地，社会真理的确定性标准是社会生活本真性存在在实践活动中的自行显现，社会真理的检验标准就在于人们在实践活动中对于社会生活世界本真性存在的开启和社会生活世界向人们敞开的过程。

自 1978 年国内学术界展开"真理标准"大讨论以来，关于"真理标准"问题，学术界一直存在着两种不同的见解：一种观点认为，真理标准是客观实在的对象；另一种观点则认为真理标准只能是社会实践活动及其结果。从表面上看，这两种观点似乎就同一个问题展开争论和交锋，但实际上它们却是在探讨关于真理标准的两个不同方面的问题——"真理自身的标准"是什么和"真理的检验标准"是什么的问题。在这里，我们不打算对真理标准问题做全面分析，只就社会真理的标准及其检验标准做出重点阐述和理解。本著作试图从社会真理在社会实践活动中的形成过程和结果方面来探讨社会真理自身的确定性标准问题，并从社会真理在社会历史性实践活动中的丰富和发展及其自身的逻辑一贯性、与其他科学体系的融贯性和自身的整体性等方面，探讨社会真理的检验标准问题。

8.1 马克思主义哲学社会真理的确定性标准

社会真理植根于现实社会生活本身，它是人们以认知和把握社会现象和社会事件为出发点，在社会实践活动中揭示和领悟社会生活过程及其本性和规律的过程。社会生活本身的存在规定了社会真理的客观性内容,人们对于社会生活本身存在的揭示和领悟规定了社会真理的本质特征。相应地,社会真理的确定标准就在于人们在自由自觉的生命实践活动中正确合理地揭示和把握的社会生活本身。换句话说,社会真理本身的标准就在于人们在自由自觉的生命实践活动中对于这一社会生活世界本真地揭示和领悟,亦即在人们的自由自觉的生命实践活动使这一社会生活世界的本真存在得以自行敞开和自行显现的过程中,人们对这一社会生活过程、本性和规律的正确合理地领悟和把握。

8.1.1 人的自由超越性生存形成了马克思主义哲学社会真理的基础标准

人们在社会实践活动中的自由超越性生存形成了社会真理的基础标准。在实际生产生活中,人们都是在继承前人留下来的材料、资金和生产力基础上,在一定的传统权威、经验实例和风俗习惯背景下来继续从事生产实践活动推动社会发展的。在这些社会条件和社会背景下,人们既可以在现有的社会制度及相应的社会结构和物质生产条件下继续从事所继承的活动,在常人状态中通过参与社会公共生活以及与他人进行社会交往来认知和领会自己的社会性生存和社会生活的本性和规律;也可以立足于自身的自由超越性生存本性,在现有社会条件下从自身的最大可能性存在方式中先行领会自身的在世存在,自觉筹划自己的理想世界和未来图景,重新设计和安排自身的实践活动方式和活动程序,并在相应的实践活动中把自身和社会生活世界本身向自身开显出来而由此领悟和把握它们,形成关于自身和社会生活本性和规律的自我认识和社会真理。后一种可能性指向了社会真理存在样式中最原始的真理现象。在这一真理现象中,人自身和社会生活世界所展开的本真状态构成人的社会历史性生存和社会生活的本真存在方式。人们在这种展开的本真状态中能够根据自身最大的可能性存在去自由超越性现实生存,并在社会实践活动中改造现实社会生活世界的同时现实地使社会生活世界的本真状态向人们敞开,进而人们认识和把握这一敞开过程及其结果,由此形成对于社会生活的真理性认知。在这个意义上可以说,社会真理植根于社会现实生活本身,植根于人们的社会历史性的自由超越性生存。对于此,马克思也认为,自由自觉的生命实践活动使得人能够把自己的生命实践活动变成自己意志的对象和自己意识的对象,从而与动物区别开来而成为社会存在物。与此同时,在这一自由自觉的实践活动中,人还能够"按照任何一种的尺度"和自身的"内在尺度"①批判地创造对象世界,证明自己是有意识的社会存在物,并检视和确证自己对于感性现实的对象世界的真理性认知,从而形成关于人类社会生活世界的真理。故而,他总结道:"劳动的对象是人的类生活的对象化:人不仅像在意识中那样在精神上使自己二重化,而且能动地、现实地使自己二重化,从而在他所创造的世界中直观自身"②。但是,劳动的异化颠倒了人的意识与生命实践活动及人的本质的三者之间的关系,把人类的这种原本自由自觉的生命活动所形成的社会生活和人的本质贬低为仅仅维持人的肉体生存的手段,把人所具有的社会意识变成为维持自己生存的手段而成为为此服务的工具,从而使人自己的"人的本质"、自己的精神本质与人"自身"及社会现实相异化,人对现实社会生活形成的社会认知及其相应的社会规范、秩序与人的生命本质相分离和对立而成为虚假的意识形态和压制人的工具。于是,通过现实感性的实践活动扬弃异化,形成奠基于人的自由自觉的生命活动及其相应的社会生活,促成人的本质回归和人的本真性社会生存,就成为社会真理自身的基础性标准和根本出发点。

8.1.2 社会现实生活过程及其本性和规律构成了马克思主义哲学社会真理的客观标准

马克思就曾说道:人类社会演进"历史的全部运动,既是它的现实的产生活动——它的经验存在的诞生活动,——同时,对它的思维着的意识来说,又是它的被理解和被认识到的生成运动"③。社会真理就是这样的思维意识。它作为人类理解和认识社会的活动,就是人们在社会历史性实践活动中伴随着社会生产实践活动的展开以及相应的社会关系的形成和变革而在主客体内在统一性关系中形成的对于生产活动过程和社会关系的正确合理性揭示和把握。因此,它作为人们对于社会的普遍意识不过是以社会共同体、社会存在物为生动形式的社会现实生活的创造性观念表达,亦即是社会现实生活的理论存在形式。相应地,就社会真理的内容而言,其客观标准就在于人们在实践活动中揭示的现实社会生活的本来面目,亦即在这一敞开过程中人们所正确领悟和把握的如其所是的自行显现的社会现实生活过程及其本性和规律。而判断一个社会真理思想体系的客观

---

① 《马克思恩格斯全集》(第三卷),中央编译局编译,人民出版社2002年版,第274页。
② 《马克思恩格斯全集》(第三卷),中央编译局编译,人民出版社2002年版,第274页。
③ 《马克思恩格斯全集》(第三卷),中央编译局编译,人民出版社2002年版,第297页。

标准就在于社会真理所反映的关于社会生活的客观内容与人在相应的实践活动中开显和揭示的社会生活的客观实在相一致和符合,亦即社会真理实现感性的社会生活在实践活动中的自身统一性与协调性。当然,这里所说的"符合"已不再局限于传统形而上学认识论真理观意义上的主观符合客观,而是在实践活动中实现的主客观内在双向运动的辩证统一。因此,社会真理作为主体尺度和客体尺度的有机统一,不仅在于本真地揭示和道说社会现实生活的本来面目,而且要符合人的内在价值追求和合理性发展要求。由于社会生活是人们在一定的社会关系中通过生产实践活动及相应的社会交往建立起来的属人的为我世界,社会运动的规律实际上就是人自身的社会行动规律,因此,作为社会真理的客观标准的"社会生活本身"也已不再是传统形而上学认识论真理观意义上的与人的社会历史性生存无关的绝对客观的实体对象,而是人在实践活动中创造和形成的、并被人们通过实践活动敞开和揭示的人的社会历史性生存以及由此形成的相应的社会生活过程。由于社会真理既在于对于人类社会历史性生存的正确地揭示和道说,又在于对社会生活过程及其本性和规律的正确认知和把握,因而生存论实践论的社会真理观之合理建构,就既克服了传统形而上学认识论真理观割裂社会真理与人的社会历史性生存本质关联的缺陷,又批判地吸收了以往社会真理思想中的合理因素,使社会真理与人的社会历史性生存在人的生存实践活动基础上实现了真正的统一。

8.2 马克思主义哲学社会真理检验的标准

由于人类社会世界就是一个不断发展的有机整体,所以社会真理作为人们对于这个世界的认知过程及其结果,必然也是过程性全体,必然是在社会运动发展过程中自我相关、自我否定、自我生成和发展的辩证性和过程性存在,故而我们在人的自由超越性生存和现实社会生活过程及其本性和规律基础上确定了社会真理之后,还需要在社会实践活动及其推动的社会运动发展过程中不断检验社会真理,在接受新的社会实践和社会发展情况的反复确证和检验的条件下不断创新、修正、补充、丰富和完善社会真理的内容和形式。而且,"一切理论都是尝试,都是实验性的假说",它们是否成立都要经过新的社会实践和社会发展情况检验,并且通过这种"实验的确认",我们才能"从我们的错误中学习,认识到我们的错误并批判地加以利用,而不是固执地坚持错误"①,进而我们才能在不断纠正错误和更新理论中推动理论的发展。正因为如此,在谈到运用科学方法形成认知成果时,皮尔士认为,"用科学方法所得出的任何结论、信念都可能发生错误而被推翻,都处于不断修正和发展的过程中。……任何一种可以称为真理的假设都需要改进;任何信念的确定性都是相对于其证据,随着新证据的发现而需要修正。任何经验的陈述都不是绝对可靠的最后证实,甚至逻辑和数学的研究也并不排除错误的可能性"②。对于此,莱泽克·科拉科夫斯基在谈到意识形态与科学活动的关系时也曾说,"科学活动在其发展过程中,所要求的正是……由社会来进行检验的原则,即要求客观主义的原则、修正主义的原则、永恒的批判以及经常不断地对一切可能出现的观点加以比较的原则"③。所以,对社会真理不断进行检验不仅是社会真理自身发展的现实要求,也是科学的理论态度的必然要求。

8.2.1 马克思主义哲学社会真理检验的基础标准——社会实践

从唯物史观看,社会真理作为人们有效从事新的社会实践活动的前提和根据,本身就是先前社会实践活动推动人类社会运动发展的有机组成部分和产物,因此检验社会真理的基本标准只能是社会历史性实践活动,即判断人们对于社会生活本身的认知是否真实和正确的客观依据和现实基础只能是社会实践活动。而且,由于社会现象和社会事件的复杂性和多变性,人们由此出发在社会实践活动中对于社会生活过程及其本性和规律的个别性认知只能达到近似真实的程度,在此基础上形成的社会认知理论既包含真实的内容,也包含着不符合现实社会生活本身的内容,这也需要通过实践活动的甄别、筛选和检验来凸显和深化真实的内容,并批判和反驳虚假的内容。因此,把社会实践活动看作是社会真理检验的基本标准也是社会真理进一步确认自身的内在要求。

当然,这里所谈及的"社会实践活动"不能作传统形而上学认识论真理观意义上的简单而含混地理解——要么把"实践"作泛化理解(实践是

---

① [英]卡尔·波普尔:《历史决定论的贫困》,杜汝楫、邱仁宗译,上海人民出版社2009年版,第70、69页。
② 刘放桐:《马克思主义哲学与现代西方哲学研究》,北京师范大学出版社2012年版,第224页。
③ [波兰]莱泽克·科拉科夫斯基:《意识形态和理论》,转自衣俊卿和陈树林合编的《当代学者视野中的马克思主义哲学:东欧和苏联学者卷》(下)(第二版),北京师范大学出版社2012年版,第104页。

一个无所不包的"大全式"抽象概念。它作为人们"从对人类历史发展的考察中抽象出来的最一般的结果的概括",不仅是"可以适用于各个历史时代的药方或公式"①,而且能够解释现实生活中发生的一切);要么把"实践"作庸俗化理解(实践活动就是一般的"干"和"做"的行为活动);要么把"实践"理解为价值无涉的中立性概念,对其进行完全客观主义和实证主义的技术性和科学性的描述和分析;要么只是把"实践"理解为一个理论层面的知识论范畴,其应用范围和理论解释仅仅限于理论层面的知识论范围内有效——而应该且必须把它理解为"被合理地理解的合理的实践活动"。对于此,在《关于费尔巴哈的提纲》中,马克思以否定的方式对"被合理地理解的实践活动"进行了界定。他指出,"从前的一切唯物主义(包括费尔巴哈的唯物主义)的主要缺点是:对对象、现实、感性,只是从客体或者直观的形式去理解,而不是把它们当作感性的人的活动,当作实践去理解,不是从主体方面去理解。因此,和唯物主义相反,唯心主义却把能动的方面抽象地发展了,当然,唯心主义是不知道现实的、感性的活动本身的。费尔巴哈想要研究跟思想客体确实不同的感性客体,但是他没有把人的活动本身理解为对象性的活动。因此,他在《基督教的本质》中仅仅把理论的活动看作是真正人的活动,而对于实践则只是从它的卑污的犹太人的表现形式去理解和确定。因此,他不了解'革命的'、'实践批判的'活动的意义"②。这表明,"被合理理解的实践活动"既不是以费尔巴哈为代表的旧唯物主义,从客体的和直观的形式去理解的现存的、既成性的和现成性的"对象、现实、感性"活动;也不是以黑格尔为代表的唯心主义,从抽象思辨的角度去理解的"对象、现实、感性"活动。相反,它只能是合理地被理解为不同于理论思维活动的人的主体性活动。这一活动是人们能动地批判和改造现存世界,并进而创造对象、现实、感性的社会生活世界的活动,因此不仅是具有对象性、现实性和感性的活动,也是"革命的"、批判性的活动。正是在这一实践活动基础上,人们才能正确合理地把握"对象、现实、感性",把握人们的社会生活世界,形成正确合理的社会认知。不仅如此,由于社会真理作为人们对于社会生活世界的科学认知,不仅具有社会意识的属性,也具有社会存在的属性,因此从社会实践活动对于社会真理的基

---

① 《德意志意识形态》,转自《马克思恩格斯选集》(第一卷),中央编译局,人民出版社1995年版,第74页。
② 《关于费尔巴哈的提纲》,转自《马克思恩格斯文集》(第一卷),中央编译局,人民出版社2009年版,第499页。

础作用看,这一实践活动就只能是人的自由自觉的生命实践活动,其根本的精神旨归是生存论意义上人自身生命的自由,亦即人的自由超越性生存。就此而言,这里的"被合理地理解的合理的实践活动"应该被把握为"一个关于人的本源性的生命活动及其历史发展的生存论的本体论概念,认为实践活动在根本上是人的最为基本的生命存在和生命活动方式,实践观点的重要性就在于它为全面地理解人的现实生命及其历史发展提供一种基本的理论观点和思维方式"①。正如列斐伏尔在探讨马克思关于意识形态生产、发展和消失的条件时所言,"正是在自觉的革命实践的基础上,思想和行为被辩证地表达,知识'反映'实践,也就是说,作为对实践的反映而被建构起来。在此之前,知识以其不能'反映'现实,也即以不能反映实践为特征,它只能变换、歪曲现实,将其与假象混淆——简言之,知识是意识形态的"②。故而,社会真理的检验标准只能是这种被合理地理解的实现人的自由超越性生存的合理的实践活动。

首先,合理的实践活动作为合目的性与合规律性相统一的实践活动为社会真理的合理性检验奠定基础。合理性问题是19世纪末20世纪初现代西方哲学针对传统哲学对于理性的过度推崇和张扬而形成的绝对理性主义所造成的人类生存危机和社会危机,展开反思和批判的直接产物。从根本上说,"合理性"是一个评价性概念。它表示评价主体对于一定的价值关系的现实结果和可能结果的反映,是评价主体对于对象的价值、意义及其根据的一种深层探究与判断。具体而言,合理性就是评价主体对于对象之合乎自身本性、规律与和谐秩序或合乎主体的目的、意图等的探究与判断。因此,所谓合理的,就是评价对象"合理智而被认为是正常的,合规范而被认为是正当的,有根据而被认为是应当的,有理由而被认为是可理解的,有价值而被认为是可接受的,有证据而被认为是可相信的,有目标而被认为是自觉的,有效用而被认为是可采纳的,等等"③。总言之,合理性就是要"看对象是否合理以及合理的程度如何,其目的在于揭示事物存在的合理性根据和合理性程度,由此而确定评价者对事物的取舍态度"④。

---

① 贺来:《辩证法的生存论基础——马克思辩证法的当代阐释》,中国人民大学出版社2004年版,第138页。
② [法]亨利·列斐伏尔:《马克思的社会学》,谢永康,毛林林译,北京师范大学出版社2018年版,第66页。
③ 欧阳康:《论人文科学的客观性、真理性、合理性》,《华中师范大学学报〈哲学社会科学版〉》1997年第7期,第36卷第4期。
④ 欧阳康:《人文社会科学哲学》,武汉大学出版社2001年版,第333页。

因此，从性质上看，合理性又是一个规范性概念，它不在于对对象进行描述或指称，而在于对对象或事件的理由及根据等等和规范性标准之间的关系展开判断和评价。由于合理性问题本身不在于判断知识的真假，而是评价行为和活动合理与否，因此合理性是一种行为的方式，是活动的合理性。正因为如此，合理性的社会实践活动的合理性标准就在于社会实践活动本身。这一标准是为了规范社会实践活动中的人与自然、人与社会之间的关系而设定的，而标准的内容及其更新则是社会实践活动及其变革过程的反映。

由于社会实践活动，都是人们有意识有目的的活动，在其本质上都是目的性与规律性的统一。正如马克思所言，"动物只是按照它所属于的那个种的尺度和需要来构造，而人懂得按照任何一个种尺度来进行生产，并且懂得处处都把内在的尺度运用于对象；因此，人也按照美的规律来构造"①。所谓"内在尺度"就是人的合理发展需求、从事生产实践活动的动机和目的，而"任何一个种的尺度"则是指在人的这些需求、目的和动机指引下，从事实践活动所遵循的对象事物的性质和规律。因此，这里的"规律性"，"不是外在于人及其活动的神秘力量或自在法则的强制性，而应理解为人的活动的自律性、规则性和秩序性。它源于人的活动，表现于人的活动，并随着人的活动的变化和发展而体现出差异性和可变性特征"。故而，这一活动的规律性"理应内在地包含了人的目的性要求"。正因为如此，可以说，合理性的实践活动在本质上是合目的性与合规律性的有机统一。如果我们只强调实践活动的合规律性，忽视其合目的性，则我们就退回到了传统的理性哲学，把"理性"看成了一种神秘化的绝对，人的实践活动则成了只是服从"机械决定论的过程"。而我们只强调合目的性，忽视合规律性，则人的活动又成了完全偶然的和随意的过程，"陷入了主观主义"。当然，合目的性和合规律性在合理性实践活动中的地位和意义是有差异的，合规律性是"合理性的前提"，而合目的性则是"合理性的核心"。正因为如此，人们合理性的实践的行为和活动不仅要符合对象自身的性质和规律，亦即"合规律性"，而且要符合人的本质力量制约下的合理发展需求，亦即"合目的性"，从而实现主观目的性与客观实在性的有机统一。马克思的实践唯物主义所生发出的关于共产主义的论证就是从人及其这样一种实践的规范和理性的角度展开的：一方面"共产主义及其运动是基于生产力发展之上的社会关系及其相应的组织制度的结构性运行的必然趋

---

① 《马克思恩格斯全集》（第三卷），中央编译局编译，人民出版社2002年版，第274页。

势";另一方面"它又是人的有目的追求人性完善和自由实现的不懈过程的最高阶段"①,因此形成了合规律性与合目的性的有机统一,是合理的理想社会类型。

而社会真理作为人们在实践活动中对于自己的社会历史性生存和社会生活过程及本性和规律的本真性揭示和领悟,其合理性则在于实现这样一种合目的性与合规律性的辩证统一,而且其合理性的检验标准就在于由社会实践活动所创造和生成的这样一种合目的性与合规律性的辩证统一过程及其结果。就"合目的性"而言,人们在一定的社会关系和社会制度下基于社会实践活动所形成的对于社会生活过程及其本性和规律的认知活动,要合乎社会进步的要求和实践活动中理性的逻辑准则所规定的主体的特殊目的、动机和价值倾向,亦即它们之间存在内在的相关性和切合性;社会真理作为人们通过社会交往超越个体性社会真理认知而形成的对于社会生活世界的本真性揭示和领悟过程,要在人们主体间的自主性交往中通过平等对话、自由论辩和实践验证等方式中敞开人的社会历史性生存和社会生活的整体状态,由此形成正确的社会自我理解;社会真理作为实践观念指导实践活动所产生的社会效用和社会价值要尽可能地促进社会和谐发展和实践活动主体的合理的预期目的的实现。就"合规律性"而言,社会真理作为人们对以社会实践活动及其相应的社会关系形式存在的社会生活过程的辩证把握,要揭示实践活动所实现的主客体辩证统一过程及本性和规律,以及这一辩证统一过程所蕴含的可能性和应然性;以社会真理为基础的实践观念的设计与筹划,尽可能地立足于人现有的本质力量和社会提供的可能条件及社会自身的承载能力之上,并在符合社会进步要求和主体的合理性发展需要基础上遵循感性社会生活过程及其本性和规律而设计和构想未来世界的理想蓝图和世界图景,形成相应的科学观念模型;同时,人们在这一模型指引下根据感性对象的性质和规律能够寻求科学合理的实践方法和手段,有效地组织实践步骤和实践过程,从而有效地推动社会发展和满足自己的实践目标。这些环节和要素共同构成了合目的与合规律相统一的实践活动单次检验社会真理的依据。

由于社会真理作为人的社会历史性生存方式,不仅是人们通过实践活动批判和改造自然界和社会生活成为属人的为我世界所带来的必然结果,而且本身就是在这一实践活动过程中对于这一过程和结果及其本性和规

---

① 郑文先:《合理性研究三题》,《宝鸡文理学院学报》(人文社会科学版)1996年第3期。

律的正确合理性的认知和把握。它是随着社会实践活动的对象、目的、手段、机制和途径等因素所引发的社会实践方式和社会生活方式的变迁而不断更新发展的,是历史的和具体的。尽管如此,但社会真理一旦形成,它就会超越它原初形成过程的特殊性和有限性,而具有了一定程度上的普遍性和无限性。它虽然在一定程度上可以被任何具体和历史的特殊社会实践活动证实或证伪,但是任何具体的确证和否证又都是有限的和相对的,这使得它不可能最终被这些具体的社会实践完全地证实或反驳。因此,就需要同类型的社会实践活动在其辩证运动中对于社会真理进行连续不断地展开检验,并随着社会真理体系自身的不断自我调适和自我修正以适应或改变实践对其证实或证伪的结果,以此在检验过程中不断提高社会真理自身的正确性和合理性,从而使人们的社会认知在持续的社会进步和理论的累积性发展中不断逼近真理。因为"一种真正的历史眼光如果没有一个不断修正的过程也是达不到的"[①]。可见,合理性的社会实践所规定的社会真理的"合目的性与合规律性相统一",只是就社会真理的合理性的基本条件和要求而言的,并不就是指社会真理的合理性的实际内容和合理性的标准本身。而且,它实际上是一个开放性的规定,它的实际内容和合标准本身并不是一旦形成就固定下来不再变更的,而是随着社会实践活动的深化发展和由此推动的社会生活方式的变迁而不断变化的。尽管如此,这些标准和内容的变更还是都应该受到现实社会实践活动所规定的"合目的性与合规律性相统一"这一基本条件的限制和约束。

其次,由社会现象和社会事件所组成的社会经验事实构成了检验社会真理之合理性的客观实在性标准。由社会现象和社会事件作为人们在特定社会条件和社会关系下推动社会生活辩证运动的特定产物,构成人们认识和理解社会生活及其辩证运动过程的基点,人们在大多数情况下都是透过这些社会经验事实来认知和理解社会生活的。社会真理作为人们对于社会生活过程及其本性和规律的本真性揭示和领悟,也是以对社会现象和社会事件等社会经验事实的正确认识和反映为出发点的。而且,社会真理作为人们对于社会生活世界及其本性和规律的真理性认知,虽然不同于一般意义上的社会意见和社会意识,而是在社会生活的辩证运动中产生和形成的,但它一旦形成就会作为实践观念指导实践活动来推动社会发展,并由此融会到实践结果中以社会现象和社会事件的形式历史地和具体地表

[①] [德]卡尔·雅斯贝尔斯:《人论》,甘阳译,上海译文出版社 2013 年版,第 311 页。

现出来。由此,人们通过直观这些经验的社会事实就可以在一定程度上验证社会真理的正确性和合理性。正如马克思所言,"随着对象性的现实在社会中对人来说到处成为人的本质力量的现实,成为人的现实,因而成为人自己的本质力量的现实,一切对象对他来说也就成为它自身的对象化,成为确证自身和实现他的个性的对象"①。而这就要求人们"在充分发挥主观能动创造性时必须按照人类社会的实际情况或本来面目去认识、反映社会,并遵循人类社会历史活动的内在的固有的规律去改造社会,力求使自己的行为无论何时何地都要符合客观规律"②。当然,由于社会真理作为理论所固有的普遍性和抽象性及其主体性和价值性,使得它不可能被所有相关经验社会事实和具体事例完全证实,而只能获得部分的或某种程度上的证实和辩护。尽管如此,但随着相关社会实践活动所提供的社会经验事实不断增多,社会真理在不断被证实或证伪,并由此引起它自身的不断自我调适和自我修正以适应或改变实践对其证实或证伪结果,以此在检验过程中不断提高它自身的真理性和合理性,从而使人们的社会认知在持续的社会进步和理论的累积性发展中不断逼近真理。由于社会经验事实是不断变化的,是动态的和历史性存在的,因此它对于社会真理的检验也是不断变化的。这就要求我们在检验和确证社会认知的真理度时,本着科学的态度从感性现实的物质实践活动出发,具体地和历史地考察每一社会现象、社会事件等社会经验事实及其发生原因、变化的条件及途径、趋势、造成的后果和影响等等,并在此基础上考察社会真理形成和确立的历史必然性及其局限性,从而对它做出科学合理的评价。

最后,合理性实践活动所蕴含的现实可能性及应然性和它指向的主体内在诉求构成了社会真理之合理性检验的有效性标准。社会真理作为人们在社会实践活动中形成、确立和不断辩证发展的思想体系,不仅是基于社会经验事实之上的理论认知体系,而且也是基于人的自由超越性生存本性之上的价值观念体系。它不仅是对实践活动所敞开的社会生活过程、本性和规律的正确领会和人的历史性生存的本真性把握,而且领会和把握的过程本身就是一种对人的"在世界之中存在"的筹划,一种朝向人的社会历史性存在之可能性的筹划。因此,社会真理本身就反映着社会存在和人的社会历史性生存的辩证法,在其作为实践观念的形式中就蕴含着现实性

---

① 《马克思恩格斯全集》(第三卷),中央编译局编译,人民出版社2002年版,第304页。
② 欧阳康:《人文社会科学哲学》,武汉大学出版社2001年版,第511页。

与可能性、实然与应然、现在与未来的统一。相应地,它的实践论意义就在于通过观念先行批判和改造现存的社会生活世界而把这一现实社会生活世界蕴含的人的本真生存和社会合理性发展的潜在可能性展示出来,并通过融入社会目标、社会政策和社会发展的计划和纲领中,指导人们有效地进行实践活动,由此把这些潜在的可能性转化为具体的现实社会生活。因此,除了社会经验事实的客观实在标准检验社会真理的合理性之外,还必须联系人的社会历史性生存的基本结构和社会运动的一般特征,从价值意义的角度来判断和评价社会真理的合理性。这就要求人们从批判的角度看待社会真理,依据社会真理作为实践观念在具体的历史性社会实践活动中所推动的社会关系、社会制度、社会规范等等是否符合社会生活的"应有"状态,是否由此促进了社会生活合理性发展的实现,以及所导致的人们的社会历史性生存方式的变更是否促进了人类本真性社会生存的实现等等来评判它的合理性。具体说来,就是从效用价值的角度看,由社会真理指导的一定的社会实践活动所生成某种实际结果和呈现出来的某种实际价值,能否谋求某种利益,达到某种功效。从道德规范价值的角度看,由社会真理所引导的特定的社会实践活动及由此引起的社会关系和社会生活方式的相应变迁是否促进社会和谐和社会公正,并在此条件下促进主体的合理利益的实现和合理需要的满足,从而促进人的自由全面的发展;从审美价值的角度看,由社会真理所引导的社会实践活动是否促进社会发展的有序性、规律性、完善性、和谐性、最佳性、目的性,从而实现社会发展的内容美和形式美等等。这三个方面共同构成了社会真理检验的价值有效性标准。由于"真理概念本身,就其内容而言,依赖于我们理性上的可接受性标准,而这些标准又依赖于我们的价值,并且以我们的价值为先决条件"①。因此,社会真理的价值标准又是社会真理之合理性检验的不可或缺的标准。它和事实标准在实践活动的检验中有机统一而不可分割,共同构成了社会真理之合理性的检验标准。

8.2.2 马克思主义哲学社会真理检验的补充标准——逻辑一贯性

从唯物史观看,社会真理作为人们在实践活动中对于人的社会历史性生存和社会生活的本真性揭示和领悟,既有存在论上的具体的和历史的存

---

① [美]希拉里·普特南:《理性、真理与历史》,童世骏、李光程等译,上海译文出版社 1997 年版,第 227 页。

在形式,也有认识论上的思想理论形式,因此仅仅通过相关的合理性社会实践活动及其结果来检验社会真理的正确合理性是不够的。而且,这些社会历史性实践活动往往也渗透着一定的思想理论,由这样一些实践活动形成的社会经验事实来检验社会真理,这造成经验观察的陈述和理论命题之间出现内容上的某种程度的重叠和交叉,有可能限制对"被检验理论起反驳作用的经验事实的暴露"①,从而导致对社会认知的虚假判定,形成社会真理的错误检验。不仅如此,这些社会经验事实及相应的经验性思想观念,往往是人们立足于自己具体从事的日常生活和生产实践活动,从自己已有的日常生产生活观念出发,来认识和理解社会生活而形成和建构起来的,故而它们是历史的和具体的,具有个别性和特殊性,因而也更多地具有偶然性和或然性,而缺乏普遍性和必然性,这使得由这些社会经验事实和相关经验思想来检验社会真理,也必然具有一定程度的偶然性和不确定性。对于此,孙利天教授就指出,"实践是检验真理的唯一标准,而实践总是历史的、有限的实践,实践标准也具有历史性和相对性;并非所有真理性认识都需要实践检验,逻辑证明作为检验真理的辅助手段也是重要的;实践作为感性物质活动并不能直接检验真理,只有实践中的主体才能判断和验证实践的检验后果"②。

此外,对于哲学理论体系而言,"不和谐是没有任何意义的"③。换句话说,从哲学角度看,社会真理作为人们在社会实践活动中科学认知社会生活世界而形成和建构起来的理论,其理论内容之间及与其他相关科学理论内容之间的和谐融洽性和连贯性是其作为一个科学理论的最基本的要求。故而,理论内容的逻辑自洽性和连贯性,也应该成为检验社会真理一个标准。最后,在《关于费尔巴哈的提纲》中,马克思指出,"人的思维是否具有客观的真理性,这不是一个理论的问题,而是一个实践的问题。人应该在实践中证明自己思维的真理性,即自己思维的现实性和力量,自己思维的此岸性。关于思维——离开实践的思维——的现实性或非现实性的争论,是一个纯粹经院哲学的问题"④。对于这条内容,很多学者把它看作

---

① 费多益:《论科学的合理性》,中国社会科学院研究生院博士论文,2001年,第40页。
② 孙利天:《马克思主义哲学在改革实践中的创新性发展》,《中国社会科学》2018年第11期。
③ [德]卡尔·洛维特:《从黑格尔到尼采》,李秋零译,生活·读书·新知三联书店2014年版,第49页。
④ [德]马克思《关于费尔巴哈的提纲》,转自《马克思恩格斯文集》,中央编译局,人民出版社2009年版,第500页。

是"实践是检验真理的唯一标准"的理论依据,并由此把实践活动看作是检验人们科学认知的唯一衡量尺度,结果一方面导致行动哲学被抬高到绝对地位,而忽视了理论对于实践活动的先导作用和其对人们科学认知的逻辑规范作用,并由此造成人们对生产实践活动中的技术性活动和实践活动结果的盲目崇拜与功利主义和实用主义追求;另一方面,由于实践活动作为检验标准的客观普遍性难以确立,最终导致人们的科学认识陷入经验主义和相对主义。对于此,列斐伏尔就指出,这一条内容所阐述的实践标准,"后来被解释为一种为了维护实践性而对理论的完全拒绝,被解释为对经验主义的追随和对效果的膜拜,被解释为一种实用主义。以哲学批判之名,哲学的重要性被忘记,即在马克思看来,实践包含着对哲学的超越"①。尽管如此,但一般而言,实践对任何理论的"超越"和"克服"都是建立在实践对理论"依赖"②基础的,亦即是建立在实践对理论的合理性及其功能有保留地肯定和承认基础上,并对其不足和缺陷实现克服和超越。而实践对理论实现的"超越"和"克服",也是辩证地"扬弃"理论,亦即是在更高阶段的、更合理的实践思维框架下对理论的合理性及其功能的改造性地再次揭示和阐明,并在实践活动中促进理论的合理性及其功能的彰显和实现,从而使其再次获得确认和肯定。故而,可以说,"在马克思看来,实践包含着对哲学的超越",实际上意味着对以黑格尔思辨哲学和以费尔巴哈旧唯物主义为代表的传统形而上学的废除,与此同时,把哲学理论本身纳入实践观点的思维框架下,使其从囿于"抽象的逻辑一致性"而"与社会实践活动和实证证实相脱离"③的存在状态中回归到社会生活世界中,从人们日常生产生活出发,从人的社会历史生存和社会生活变迁发展的角度,重新诠释哲学理论在实践层面上的形成发展机制及其合理性和价值,从而形成和建构实践哲学。正因为如此,可以说,马克思的《关于费尔巴哈的提纲》所阐述的人的思维的实践标准,并不是排斥哲学理论标准,而是在实践基础上对哲学理论标准的实现。这意味着人的思维观念客观真理性的标准问题,不仅是一个实践层面的问题,也是一理论层面的问题。人不仅需要在实践层面证明自己思维的真理性,即自己思维的现实性和力量及此岸性,

---

① [法]亨利·列斐伏尔:《马克思的社会学》,谢永康,毛林林译,北京师范大学出版社 2018 年版,第 23—24 页。
② 欧阳康:《新时代社会认识与国家治理现代化——马克思主义哲学的本真精神、演进逻辑及其当代价值》,《哲学研究》2018 年第 10 期。
③ [法]亨利·列斐伏尔:《马克思的社会学》,谢永康,毛林林译,北京师范大学出版社 2018 年版,第 23 页。

也需要在理论层面证明自己思维的逻辑合理性,即思维的自洽性和融贯性。

尽管如此,但人的思维的真理性问题,也不能仅仅只看作是理论层面的问题。如果它仅仅被看作是理论层面的问题而离开了实践层面,则关于其实践层面的现实性或非现实性的标准问题的争论,亦即关于其实践层面的客观真理性标准问题的争论,就变成了纯粹理论层面的抽象逻辑推理问题,而失去了其原本的重要意义和价值。可见,由于人的思维观念的客观真理性问题,既是一个理论问题,更是一个实践问题,所以人的思维观念客观真理性的标准,既应该有理论层面的思维逻辑标准,又应该有实践层面的客观现实标准。这两个方面的标准不是决然对立、相互排斥的,而是相互补充、相互证成的,都是确定和证明人的思维观念客观真理性不可缺少的判断标准。故而,可以说,我们除了在实践活动层面,从生存论的角度确立检验社会真理的实践标准外,还需要从理论逻辑层面,从认识论的角度来检验社会真理体系本身的内在科学合理性。

当然,从理论体系本身看,社会真理作为科学认知体系本身的科学合理性检验标准在于体系的逻辑自洽性和一贯性及与其他相关社会认知体系之间的融贯性。社会真理作为人们在社会实践活动中对社会现象及相关的社会生活过程、规律和本性的认知和把握,是随着实践活动向纵深层次不断发展而推动社会生活的新领域和新空间的开辟与社会生活过程的不同层面和不同领域的敞开而不断丰富和发展的。尽管如此,但从社会真理的形成和发展过程看,社会真理作为科学认知体系的发展又是在不断形成的新认知与旧有认知的相互对立、斗争中不断自我修正,不断自我调适,不断自我完善的矛盾运动过程,因此这种发展又是社会真理的自我否定、自我扬弃和自我发展。由于社会真理的发展是在逻辑一贯性基础上不断丰富和完善自身内容和形式的辩证运动过程,因此它作为一个整体性的科学知识体系,自身内部的逻辑一贯性和系统性就成为其科学合理性的基本标准。而这就不仅要求组成社会真理体系的命题在形式上具有逻辑一致性,在内容上具有相容性,而且要求社会真理体系自身具有内容的完整性,并与其他相关科学体系之间具有融贯性,从而使社会真理自身实现逻辑上的自洽和内容上的浑然一体。

具体说来,这就要求组成社会真理的各个命题在总体上要围绕一个核心主题展开,彼此之间在形式和内容上要具有逻辑一贯性而能够相互解释,并且每一命题都能够与整个命题体系相融贯而不矛盾,整个知识体系与其他相关科学知识体系具有相容性。正如布兰夏德所言，在一个整体连贯的知识体系中要求"没有任何命题是任意的，每一个命题都要共同甚至独自受到其他命题的限定，没有任何命题会处于这个种系之外"[①]。这同样适用于作为科学理论体系的社会真理。由于任何一个社会真理系统都是人们在特定的社会历史实践活动中形成和发展起来的知识系统，因此它是相对连贯和部分完整的，而不是绝对连贯的和绝对完整的。因此，它需要不断被修正和完善，从而使自身的连贯性和完整性得以不断增强，由此不断提升自身的真理度和合理度。当然，社会真理自身的这一逻辑检验标准，并不排斥实践检验标准，而是在承认这一标准的根本作用基础上而对于这一检验标准的补充。因为社会真理的连贯性标准并不抹杀社会真理与实在对象的差异和统一性，而是要求合理地对待二者的关系。之所以如此，就在于这一逻辑性标准含蓄地预先假定：它不能保证社会认知的完全正确性，而只是保证社会认知真理性的一个方面，我们必须认真考虑社会真理与实在对象的关系，避免走向两极端。

---

① ［英］丹西：《当代认识论中真理的连贯论》，段丽萍译，李国海校，《国外社会科学文摘》1990年第1期。

9. 社会思潮多样化背景下马克思主义社会真理思想的生成和发展研究

在当前现代性时代,社会结构的不断变化和利益格局的不断调整已经成为世界各国经济社会发展的常态,这使得社会思潮多样化发展既是世界各国社会思想文化发展的基本现实,也是世界各国社会思想文化发展的基本趋势。从西方社会发展情况看,虽然自由主义思潮长期处于主导地位,但处于次要地位的保守主义和被边缘化的社会主义两大社会思潮对经济社会发展也一直发挥着重要影响。尤其是近几年来,民族主义、民粹主义、极端主义、逆全球化等社会思潮在国际社会中盛行,深刻影响着各国经济社会健康发展和国际关系的和谐发展。于是,如何克服多样化社会思潮的不利影响,凝聚发展共识,推动本国经济社会持续健康发展,从而有效推进社会治理,就成为当前世界各国经济社会发展面临的重要问题之一。也是当前我国经济社会发展面临的基本问题之一。

自近代以来,随着我国社会发展不断融入世界发展并逐渐从传统社会向现代社会转型,社会发展方式也逐渐从以感性实践经验和直接的客观性伦理道德建立和规范的社会秩序走向"自觉以思想理论来指导社会变革和发展的历史时期"[①]。在这一过程中,为了摆脱内忧外患、治愈传统社会遗留的各种顽疾、寻求民族救亡图存、实现民族独立发展,我们将西方社会的某些思想与中国传统思想和中国社会发展实际情况以及世界发展形势相结合,指导我们应对和解决中国社会现实矛盾和问题,与此同时也推动了各种社会思潮的形成和传播。对于此,刘同舫指出,当今我国社会思潮作为"中国现代性"的产物,实质上集中浓缩地反映了"自清末民初以来中国在民族国家建构过程中各个时期外在的制度结构和内在文化心理的急剧

---

① 徐长福:《理论思维与工程思维——两种思维方式的僭越与划界》,重庆出版社 2013 年版,第 2 页。

变迁"。无论是这些社会思潮彼此"冲突融合,抑或是兴衰变迁",大都根源于"中国现代性过程中种种的政治、经济和文化矛盾"①,也都谋求影响中国现代化进程和现代化发展方向。尤其是在当前,伴随改革开放的深入推进和市场经济体制的建立和完善,社会结构发生深刻变化,利益格局不断调整,各种社会思潮在我国社会文化思想领域激烈交锋和争论,构成了一道独特的思想图景,对促成人们思想观念的社会共识和人们合力推动我国经济社会发展产生着较大的不利影响。于是,如何克服多样化社会思潮对我国发展的不利影响,凝聚社会改革发展共识,整合各方面社会改革发展力量,继续推动我国社会主义现代化建设,就成为我们当前面临的一项重要课题和一项重要历史任务。

从唯物史观角度看,社会发展是由人们有意识有目的的实践活动合力推动的,在科学的社会认识基础上形成起来的社会共识和社会凝聚力在社会发展中发挥着重要作用。习近平总书记在全国思想宣传工作会议上强调,"要旗帜鲜明坚持真理,立场坚定批驳错误"②。在此基础上,党的十九届四中全会从国家治理的高度,首次把马克思主义在意识形态领域的指导地位确立为一项根本制度,同时进一步强调,要"注意区分政治原则问题、思想认识问题、学术观点问题、旗帜鲜明地反对和抵制各种错误观点"③。这表明,从思想认识和学术观点上批驳各种错误思想,坚持真理,是我们在新时代背景下坚持马克思主义在意识形态领域指导地位,抵制各种错误观点的重要原则和重要方法。这就为我们从马克思主义社会真理思想角度引导人们科学认识当前我国现代化发展进程,进而批判和超越社会思潮,促进社会共识,凝聚社会力量推动我国经济社会持续健康发展,提供了思想指导。本著作就是从社会认识的角度分析和阐明当前社会思潮及缺陷和不足基础上,探讨引导人们科学认识当前我国现代化建设,批判和超越社会思潮,凝聚社会共识的路径。

---

① 刘同舫:《在应对当代各种思潮的挑战中发挥马克思主义的威力》,《马克思主义研究》2010 年第 3 期。
② 《习近平出席全国思想宣传工作会议并发表重要讲话》,新华社,2018 年 8 月 22 日。
③ 《中共中央关于坚持和完善中国特色社会主义制度 推进国家治理能力和治理能力现代化若干重大问题的决定》,新华网,2015 年 11 月 5 日。

9.1 国内外研究现状综述

从现有研究成果看,无论在实践上还是在理论上通过坚持社会主义核心价值体系和增强马克思主义在思想意识形态领域主导权和话语权来引领当前多样化社会思潮,已经成为学界的基本共识。而且,学界对于坚持社会主义核心价值体系来引领这些社会思潮的必然性、建构机制、主要路径、重要原则、基本规律等问题都进行了详尽而系统的研究,成果已然相当丰富;对马克思主义话语权在当前我国意识形态领域面临的复杂形势及其建构路径、增强马克思主义在思想意识形态领域主导权和话语权来引领这些多样化社会思潮的方式方法等问题也进行了多方面研究,形成了比较丰富的成果。这些研究成果,无疑有助于从价值层面促进对多样化社会思潮的引领,凝聚改革发展共识,形成改革发展的合力,继续推动中国特色社会主义事业发展。尽管如此,但人们的社会实践活动持续推动着我国社会主义现代化建设持续向前发展的,"没有一种社会状态可以一劳永逸地被固定,尽管这是意识形态的目标。意识的其他形式和相互竞争的意识形态竞相出场并加入争斗。与一种意识形态作斗争的,只能是另一种意识形态或者一种真的理论"①。而社会真理作为人们对社会生活过程、本性和规律的正确合理性认知,当前在一定程度上就体现为人们对于我国现代化发展进程及科学认识,故而,它在一定意义上就是这样一种"真的理论"。因此,我们除了可以通过增强马克思主义意识形态领域话语权和坚持社会主义核心价值体系之外,还可以通过探索和建构关于我国现代化发展进程的科学认识,来引导人们批判和超越社会思潮。

不仅如此,从认识上看,当前我国社会思潮不仅是我国特定社会群体和社会阶层对于当前我国现代化建设的利益、要求或观点的观念性反映和思想性表达,而且也是人们对于当前我国现代化建设的科学认识、回应和解答,反映的实际上是人们对于当前我国现代化发展的不同看法。由于这些看法既有错误的内容,也有正确合理的因素,因此需要我们从认识层面全面考察这些看法,并对其进行辨别和筛选,进而引导人们在辩证地扬弃

---

① [法]亨利·列斐伏尔:《马克思的社会学》,谢永康,毛林林译,北京师范大学出版社2018年版,第59页。

这些看法中形成关于我国现代化发展及其存在的问题的正确合理看法。基于此,本著作把社会真理与社会思潮相提并论,从社会认识角度分析和阐明社会思潮及其缺陷和不足基础上,力图探寻人们科学认识当前我国现代化建设,进而批判和超越社会思潮的路径。

当然,社会思潮作为社会意识,是一定历史时期人们的现实社会实践活动推动社会发展变迁的产物。故而,我们应该从社会思潮的根源处,从社会实践活动推动社会生活发展变迁处,对其进行实践性诠释和解读,并进而探寻人们科学认识社会生活,批判和超越这些社会思潮的可能路径。对于此,马克思在《关于费尔巴哈的提纲》中论及实践与理论的关系时就指出,"全部社会生活在本质上是实践的。凡是把理论引向神秘主义的神秘东西,都能在人的实践中以及对这种实践的理解中得到合理的解决"[1]。就我国当前多样化社会思潮而言,我们要引导人们科学认识当前我国现代化发展并进而批判和超越这些社会思潮,但不能局限于这些社会思潮本身,而是要回到当前我国现代化建设进程中去。在我国现代化建设进程中,全面诠释和解读这些多样化社会思潮,批判和驳斥其不合理的和错误的观点和思想,在促进人们对于社会生活过程、本性和规律科学认知基础上凝聚社会共识。正是基于这些要求,本著作从人们的日常社会实践活动出发,在全面系统地梳理和分析社会思潮基础上,揭示和阐明这些多样化社会思潮的不足和缺陷,探寻人们科学认识当前我国现代化建设,进而批判和超越社会思潮的可能路径。

从现有研究情况看,学界对于社会多样化思潮背景下社会真理生成与发展问题的专题研究成果少之又少。但是,对于当前社会多样化思潮背景下社会真理生成和发展问题的提出、生成和发展社会真理的研究思路和具体路径等问题,一些学者在讨论一元与多元的关系问题和国家治理问题时,还是一定程度上有所涉及,有所思考。例如韩庆祥教授在《积极掌握意识形态话语权》中,从增强问题意识的角度,提出研究社会多样化思潮要以社会问题为导向,通过分析和解决社会问题来引领整合社会多样化思潮,提出了社会多样化思潮背景下社会真理的生成和发展问题。贺来教授在《超越"一"与"多"关系的难局》中,提出了突破理论哲学的局限,走向实践哲学来处理"一"与"多"的关系的研究思路,这为我们在当前多样化社会

---

[1] [德]马克思:《关于费尔巴哈的提纲》,转自《马克思恩格斯文集》(第一卷),中央编译局,人民出版社2009年版,第501页。

思潮背景下开展社会真理生成和发展机制研究,并为指导人们通过社会实践活动来解决社会现实问题而推动社会发展,促进社会思潮的引领和整合提供了可借鉴的研究思路。欧阳康教授在《强化国家治理研究中的价值自觉和善治导向》中,从国家治理的角度分析了当前我国社会价值出现多样化的历史根源和现实依据,并提出了国家治理过程中对这些多元价值引领的具体路径。从认识角度讲,社会思潮多样化本身是社会认识复杂多样的一种表现形态,故而欧阳康教授的这一研究为我们在多样化思潮背景下探讨马克思主义社会真理思想的生成和发展的具体路径也提供了思想借鉴。

9.2 社会思潮的内涵及其与社会真理的辩证关系

既然要探究多样化背景下马克思主义社会真理思想生成和发展的机制和路径,进而来引领和整合多样化社会思潮,那么需要回答的问题首先是:"什么是社会思潮?""唯观史观视角下社会真理与社会思潮的关系如何?"本节内容就主要围绕这几个问题展开阐释。

9.2.1 社会思潮的含义

社会思潮,从字面上讲,就是指社会中流行的思潮。近代以来,我国著名的社会思想家梁启超较早地从每个时代的思想潮流与相应历史时期文化的总体发展状况关系角度,对社会生活中盛行思潮的一般兴起和衰落规律及其社会影响进行了初步概括。他主张,一个时代的思想潮流,就是"凡文化发展之国,其国民于一时期中,因环境之变迁,与夫心理之感召,不期而思想之进路,同趋于一方向,于是相与呼应汹涌,如潮然"[1]。这也即是说,从文化发展的角度看,社会思潮是在一个国家发展的特定历史时期,由于社会环境的变化,人们在社会心理层面对这一社会环境变化产生感召并在思想层面形成各自认识和理解,同时这些认识和理解在总体上趋向一致,因而形成了特定的思想潮流。简言之,社会思潮是人们在特定历史时期某种共通思想观念的相互呼应和召唤下,由"继续的群众运动"[2]而兴起

---

[1] 梁启超:《论时代思潮》,转自其著作《清代学术概论》,上海古籍出版社 2011 年版,第 1 页。

[2] 梁启超:《中国近三百年学术史》,商务印书馆 2011 年版,第 13 页。

和发展起来的。从形成和发展的过程看,由于此共通思想观念在人们的日常生产生活中形成、传播并产生影响有一个从微弱、流行、形成风尚、式微的过程,故而社会思潮有一个形成(即"启蒙时期")、鼎盛(即"全盛期")、蜕变(即"蜕分期")和衰灭(即"衰落期")的发展演变过程。结果,正如列斐伏尔在分析马克思意识形态思想所指出的,"没有一种意识的形式构成了最后那个词语,没有一种意识形态成功地使自己转变成一个永久的体系。为什么呢?因为实践总是期待新的可能,一个不同于现在的将来。一种意识形态在它的全盛时期成功导致了共识,那时他还在成长之中,还是激进的,这种共识最终走向瓦解。它为另一种意识形态所取代,后者带来一种对现存事态的新批判,并且承诺某种新鲜事物"①。这表明,后来的意识形态取代前面的意识形态关键在于社会实践活动需要凝聚新的社会共识。而前面的意识形态无法继续凝聚共识,后来的意识形态则在一定程度上适应变化了的社会环境中新的社会实践活动要求和社会发展需要,回应和解答社会面临的新问题和新矛盾,承诺了满足人们的利益欲求和价值期盼,所以能够兴起和发展。与此相类似,梁启超也认为,"凡'思'非皆能成'潮';能成潮者,则其'思'必有相当之价值,而又适合于其时代之要求者也;凡'时代'非皆有'思潮';有思潮之时代,必文化昂进之时代也"②。这即是说,从社会思潮形成和发展的条件看,人们特定的共通思想观念要成为社会发展中涌动的潮流,那它必然对于社会发展有一定价值,并且能够在一定程度上回应和解答社会发展的时代要求。不仅如此,这些特定历史时期的社会思潮之所以汹涌澎湃,激烈交锋,关键还在于这些历史时期是"文化昂进之时代",亦即是文化大繁荣大发展之时代。例如春秋战国时期和五四运动时期,这种文化大突破、大发展的黄金时期,各种社会思潮风云迭起、激烈交锋。沿着这一研究思路,学界立足于当前中国式现代化建设的具体实践和经济社会发展的实际需要,从社会发展层面,根据各自研究的重点问题,从各自相应的研究角度对社会思潮进行了深入诠释和解读,形成了不同的认识和理解。从学界现有研究成果来看,当前人们对于社会思潮大体上形成了三种界说。

其一,以诠释"思潮"为核心的社会思潮词义解释说。这一界说主张,社会思潮是一定历史时期特定社会群体和社会阶层从自身利益欲求出发,

---

① [法]亨利·列斐伏尔:《马克思的社会学》,谢永康,毛林林译,北京师范大学出版社 2018 年版,第 58—59 页。
② 梁启超:《中国近三百年学术史》,商务印书馆 2011 年版,第 13 页。

形成和建构的,对人们日常生产生活产生一定影响的思想倾向和思想潮流。在《辞海》中,思潮被界定如下:它是一定历史时期内,体现"一定阶级或阶层利益、要求或观点的思想倾向"。这种"涌现出来的思想情感,如思潮起伏"①。毋庸置疑,这是从广义上界定社会思潮之内涵的。基于此,《中国大百科全书》(哲学卷)对社会思潮进一步作出了诠释。它指出,社会思潮是展现"特定环境中人们的某种利益并对社会生活有广泛影响的思想趋势或倾向。社会思潮有时表现为由一定理论形态的思想作主导,有时又表现为特定环境中人们的社会心理,是社会意识的综合表现形式"②。姜朝晖也主张,社会生活中的思想潮流一般是指"以一定时代的思想精神状况和有广泛影响的学说为主导和依据的,反映一定阶级或阶层群众利益的思想倾向"③。综上可见,这一词义解释说主要把社会思潮定位为社会意识。社会存在决定社会意识,社会思潮主要被看作是特定历史时期一定社会群体和社会阶层利益和要求的观念性反映和思想性表达,进而也可以说,被看作是这一历史时期特定社会群体和社会阶层生存发展和个人自身生存发展及相关的整体社会发展进步之时代要求的一种观念性反映和思想性表达。故而,它对这些社会群体和社会阶层的社会生活发挥着重要影响,进而对这一历史时期社会发展产生着重要影响。故而,可以说,这一界说主要在社会思潮形成的功能性条件方面继承和发展了梁启超的社会思潮界说。

其二,关于社会思潮内涵的综合解释说。这一界说认为,社会思潮不仅是一定历史时期特定社会群体和社会阶层利益、要求或观点的观念性反映和思想性表达,更是人们对这一历史时期现实社会生活过程及其相关社会矛盾和社会问题的认识、回应与解答。例如刘书林就提出,社会生活中的流行思潮是以特定思想为指导、回应和解答现实重大问题、在特定社会阶层和社会群体中得到广泛传播而形成影响很广的"思想倾向或思想观念的矛盾运动"④。据此,陈红等人指出,社会生活中流行的思潮实质上是"一种社会意识形态",是人们关于社会生活意识的综合展现,其社会根源在于"社会生活中人们之间的物质利益关系",故而它实际上体现了"一定

---

① 《辞海》,上海辞书出版社1979年版,第3837页。
② 《中国大百科全书》(哲学卷),中国大百科全书出版社1992年版,第765页。
③ 姜朝晖:《论马克思主义对当代中国社会思潮的引领》,《社会学辑刊》2010年第5期。
④ 刘书林:《引领社会思潮是维护社会安定局面的重要战线》》,《青海社会科学》2011年第5期。

时期内的社会存在状况"①。邢贲思等人也指出,社会生活的流行思潮在一定程度上表现了"社会生活的变化",故而它在一定意义上也是"社会生活的晴雨表"。通过它的波澜起伏,我们可以看到"社会历史的现状及其走向"②。正因为如此,宫厚英从社会思潮与思潮关系的角度进一步指出,社会思潮由于展现、影响甚至决定"一个时代社会发展、文化变迁、思想演进的主流趋势,并预制社会历史进程的主要发展方向"。因此,它作为一种客观的现实存在和持续性存在,其"历史与社会发展的历史一样弥久"③。可见,这一种综合解释说,不同于前一种词义解释说,其内涵不仅包括对于一定历史时期特定社会群体和社会阶层利益、要求和观点的观念性反映和思想性表达,更在于对这一历史时期社会发展的过程本身及其相关社会矛盾和社会问题的回应和解答,是对社会思潮内涵的整体界说。它不仅从社会思潮形成的客观功能性条件和表现形式方面揭示了社会思潮的本质,而且从社会思潮现实社会根源层面,阐发了社会思潮的产生和形成,进而从整体上继承和发展了梁启超的社会思潮学说。

其三,关于社会思潮内涵的中介阐释说。这一界说把社会思潮纳入人类意识结构中,并把它定位为联结一定社会意识形态理论与特定社会群体和社会阶层的社会心理的中间环节。它认为,从人类意识的构成看,人类意识由理论思维层面和感性经验层面构成,社会思想理论属于理论思维层面,是人类理论智慧的表达,当其表现为人们的日常生活观念和社会心理时,则主要属于感性经验层面,是人类特定感性经验的表达。社会思潮作为"社会意识的一种特殊表现形式",……是把一定的社会心理作为意识基础,把相关社会意识形式作为理论核心,在特定历史时期具有"一定影响的社会意识的活动形态"④。它既有社会意识形态思想理论层面,也有社会心理的日常感性经验层面,因此是联结二者的中间环节。何梓焜就指出,社会思潮是"社会心理与思想体系双向转化过程的中介。……一方面它把社会心理作为思想体系的来源,它经过理论加工和系统概括成为思想体系,这个加工过程就是经过社会思潮这一环节,进行蒸馏、提炼、凝练、升华,把自发的、分散的社会心理概括和提升为自觉的、系统化的思想体系。

---

① 陈红,张福红:《西方社会思潮与大学生社会主义核心价值观教育》,《思想政治教育研究》2014年第30卷第1期。
② 邢贲思,江涛:《当代西方思潮评析》,《中国社会科学》2000年第1期。
③ 宫厚英:《中国共产党引领社会思潮研究述评》,《理论学刊》,2013年第4期。
④ 王炳权:《深入理解社会思潮的基本内涵》,《高校理论战线》,2010年第11期。

另一方面思想体系又反过来影响社会心理和社会存在,这就是思想体系要经过社会思潮进行灌输、影响、传播、积淀、扩展、普及,成为群众性的社会心理并转化为社会实践"①。在此基础上,张澍军进一步把社会思潮定位为"一种特殊的普通意识",认为这种"普通意识"具有一般形式的"普通意识",它具有作为"社会心理与社会意识形态中介环节"②的特性。可见,这一中介解释说已经从社会思潮内涵的界定,走向社会意识结构的揭示和阐明,并在此基础上进一步诠释社会思潮的基本内容和确立其在社会意识中的地位和作用。故而,它主要是从社会意识的构成方面,在社会思潮与社会心理和思想理论体系的关系中揭示和阐明了社会思潮的内涵和作用,并由此从内容构成方面继承和发展了梁启超的社会思潮学说。

　　本著作对于社会思潮问题的探讨,侧重于社会思潮的第二种解释,即社会思潮不仅是一定历史时期特定社会群体和社会阶层利益、要求或观点的观念性反映和思想性表达,更是人们对这一历史时期现实社会生活过程及其相关社会矛盾和社会问题的回应与解答。它不仅表现为社会思想理论,也表现为特定社会心理、情感和情绪等等。当然,这是人们立足于当前社会实践,从当前社会发展过程中存在的社会问题和社会矛盾出发,从社会思潮产生和形成的客观条件来诠释社会思潮的内涵及其构成的。由于社会发展是由人们的社会实践活动合力推动的,实践主体即历史主体、价值主体和认识主体,人们的思想认识和观念是在他们从事的社会实践活动开启社会生活过程中生成和建构起来的,社会实践活动及其创造社会生活世界支配和规定着人们的认识和观念的内容和形式。故而,一种社会思潮要出现,并形成一种能够广泛而深刻影响特定社会群体和社会阶层日常生产生活和社会发展的重要思想意识和社会心理,我们认为需要具备以下条件:第一是社会变迁和社会环境变化,出现各种重大理论和实践问题、矛盾甚至冲突,需要进行有效回应和解决;第二与社会变迁和社会环境变化相伴随的是,社会构成的巨大变化和社会利益格局的深刻调整,需要对各种利益期盼和愿望诉求进行回应和满足。第三是社会环境宽松,各种思想文化自由发展,竞相绽放。这为各种社会思想理论广泛传播和深入影响人们生活,进而发展成为各种社会思潮,创造有利的客观条件。例如春秋战国时期和五四运动时期,之所以是中国文化思想大发展大繁荣的辉煌时期,

---

① 何梓焜:《社会思潮问题略谈》,《现代哲学》1991年第1期。
② 张澍军:《社会思潮、普通意识及其相互关系试探》,《哲学研究》1992年第3期。

就在于"这两个时期的思想文化环境比较宽松,百家争鸣、思想活跃",进而才进入了百花齐放。在宽松的社会环境中,争鸣不仅使人们能够创造各自的文化思想并在差异性和独特性基础上形成个性,并能够尊重、理解和宽容他人创造自己的文化思想,从而"各美其美",甚至在此基础上还能够进一步发展到"美人之美",在价值标准上肯定和包容多样性文化思想潮流同时并存,并求同存异、相互理解、相互借鉴。与之相反,自"秦始皇焚书坑儒和汉武帝独尊儒术"以后到清朝末期,中国传统文化"思想原创力逐渐枯竭",思想文化发展一直没有"越出先秦的范围"就在于"定于一尊",导致多样性社会文化思想从"是非之争"发展到价值标准上的"对抗性矛盾",结果不是一种社会文化思想压倒另一种社会文化思想,就是后者压倒前者,"胜者存,败者亡"[①]。由此造成的后果是,这不仅禁锢了人们的思维,捆绑了人们的手脚,扼杀了人们创新的可能性,导致整个社会文化思想丧失了发展动力和创新活力,而且使存留下来的社会文化思想失去了自身的个性和独特性,而走向平庸化和封闭性。可见,构建有利于思想创新的宽松的社会环境,是促进思想文化发展的主要动力,也是社会思潮兴起和盛行的客观条件。从社会思潮与社会思想理论的关系看,有一种社会思想理论不仅能够在一定程度上回应和解答这些重大社会现实理论和实践问题,并回应和解答时代课题,而且能够在一定程度上回应和满足特定社会群体和社会阶层的利益期盼和愿望诉求,故而在广泛的社会传播过程中,它能够通过他们的认知、评价、选择和接受而转化为他们的思想意识和社会心理,并由此进入实践意识层面,转化为人们的实践观念,进而深刻影响他们的日常生产生活和社会发展,并形成一种比较普遍的思潮潮流。因此,在社会思潮中,特定社会思想理论处于"核心地位",对特定社会群体和社会阶层的思想意识和社会心理具有"指导作用"[②];而特定社会群体和社会阶层的思想意识和社会心理则发挥着中介作用,使特定社会思想理论进入实践意识层面转化为实践观念,进而影响他们生产生活和社会发展的关键环节。在这个意义上可以说,社会思潮就是特定社会思想理论普遍影响特定社会群体和社会阶层思想意识和社会心理,进而影响他们日常生产生活和社会发展而形成和兴起的一种重大思想潮流。

[①] 费孝通:《从小培养二十一世纪的人》,选自其著作《文化与文化自觉》,群言出版社 2016 年,第 89 页。
[②] 林泰、蒋耘中:《社会思潮概念辨析》,《思想教育研究》2016 年第 5 期。

9.2.2 社会真理与社会思潮的辩证关系

唯物史观视角下,社会思潮和社会真理不仅在内涵上存在着联系与区别,而且也在产生和形成过程、发展特点、表现形态等方面存在着联系和区别。

第一,从产生和形成过程看,社会真理和社会思潮作为社会意识,都是人们社会实践活动基础上的日常生产生活和社会发展的产物。

具体而言,由于"全部社会生活在本质上是实践的"①,而从事实践活动的人是"现实中的个人",是在一定的"社会关系"中存在的、"进行着物质生产的,因而是在一定物质的、不受他们任意支配的界限、前提和条件下活动着的"②个人,这促使"这些个人所产生的观念,或者是关于他们对自然界的关系的观念,或者是关于他们之间的关系的观念,或者是关于他们自身的状况的观念。显然,在这几种状况下,这些观念都是他们的现实关系和活动、他们的生产、他们的交往、他们的社会组织和政治组织有意识的表现,而不管这种表现是现实的还是虚幻的"③。而社会真理和社会思潮作为社会意识,正是这些"现实中的个人"在他们的这些现实关系和活动、生产、交往、社会组织和政治组织中形成和建构起来的思想理论和思想观念。由于社会真理和社会思潮植根于人们的现实关系和活动、生产、交往、社会组织和政治组织,亦即植根于人们的日常生产生活,故而以社会实践为基础的人们现实的日常生产生活,是社会真理和社会思潮产生和形成的现实社会根源和必要的客观条件。

在这里,需要注意的是,社会思潮和社会真理都是人类社会进入文明阶段以后,人们运用理性的科学思维方式去认识自然、社会和人本身的过程中形成和发展起来的。在原始社会,由于人们的认识能力的局限,还不能用科学的思维方式去认识和理解自然力及人类自身,而主要采用神话的形象思维方式认识和解释世界,故而只能建构神话和宗教,而不能够建构社会思想理论,更不可能形成社会真理和社会思潮。相反,人们主要以神话的形象思维方式对于现实社会生活进行理解和崇拜,故而古希腊宗教的

---

① [德]马克思:《关于费尔巴哈的提纲》,转自《马克思恩格斯文集》(第一卷),中央编译局,人民出版社 2009 年版,第 501 页。
② [德]马克思:《德意志意识形态》,转自《马克思恩格斯文集》(第一卷),中央编译局,人民出版社 2009 年版,第 524 页。
③ [德]马克思:《德意志意识形态》(注释),转自《马克思恩格斯文集》(第一卷),中央编译局,人民出版社 2009 年版,第 524 页。

产生和形成是与城邦社会及统一民族的形成是同步的。直到赫拉克利特,在通过对经验流变世界的"变本身"之"逻各斯"的追问把西方哲学带上了追求存在者之本真存在的真理之路的同时,才通过对于展现在社会生活领域的、作为灵魂和法的"逻各斯"①的探讨,把人类带上了一条追求社会生活之本真存在的社会真理道路,社会思想理论才开始形成和发展起来,社会思潮也才随之逐渐出现。

第二,从发展特点看,社会真理生成和发展具有连续性,而社会思潮的兴起和盛行则具有阶段性。

从存在论上讲,社会真理是人的社会性存在方式,是社会性存在的人本身。只要人从事社会实践活动,人们就会不断形成和发展社会真理。因为社会真理是人们在实践活动中,对现实社会生活过程进行先行观念性批判和超越基础上,形成起来的对于社会发展过程及其本性和规律的正确合理性揭示和对于未来可能性世界的本真性揭示和理想性建构。它是人们有效进行实践活动和顺利推动社会发展的理论依据和思想基础,并与人们的实践活动和社会发展相伴相生,只要人们继续进行实践活动,推动社会发展,社会真理就必将存在,并不断获得深化和发展。但由于以社会实践活动为基础的人们现实的日常生产生活是总体性和复杂性的,而且是不断拓展和深入发展的,因而总有新的、不确定的和偶然的因素和条件出现,影响和干扰人们按照既定的方式和原有的方法继续进行社会实践活动,并造成各种社会问题、社会矛盾甚至社会冲突,制约和阻碍社会生活严格按照人们预定的轨道向前发展。与此同时,人们已有的实践经验和社会认识,又是人们在领悟和把握先前的实践活动方式和社会发展过程基础上形成起来,故而它们的社会功能和社会效用主要适用于先前的实践活动和社会发展实际需要,具有一定的阶段性和限制性。对于人们当下现实日常生产生活的发展出来的新问题、新矛盾,这些实践经验和社会认识就逐渐"失去了效力"②,而无法充分地回应和合理解答并指导人们有效解决这些社会问题、社会矛盾和社会冲突,把社会生活引向纵深发展。而且,这些实践经验和社会认识是人们从自己具体的生产生活过程出发,从各自生产生活需要的角度,形成的对实践活动方式和社会发展过程的个别的实践经验和特殊性社会认识。故而,它们具有具体性、历史性、相对性和可修改性,不具

---

① 姚介厚:《西方哲学史〈古代希腊与罗马哲学〉》(上)(学术版),凤凰人民出版社、江苏人民出版社 2005 年版,第 143—144 页。
② 劳思光:《当代西方思想的困局》,华东师范大学出版社 2016 年版,第 65 页。

有绝对性的和完全彻底性。对于此,徐长福就曾言,"人的认识要穷尽一个实体的全部属性,无论如何是不可能的"。人的理论思维,不足以把握"事物的整体、实体的完型,特别是不足以把握个别性的社会历史事件"①。这是理论思维的局限。由此造成的结果是,随着实践活动的不断纵深发展和社会生活过程的逐渐展开,人们的这些实践经验和社会认识与这些新的实践要求和社会发展实际需要越来越不相适应和不协调,无法满足这些新的实践要求和社会发展实际需要,甚至相反,他们彼此之间发生矛盾和冲突,妨碍人们继续有效进行实践活动来推动社会发展,这是理论思维之"所失"②。为此,我们就需要不断解放思想,实事求是,顺应新的实践要求和社会发展需要,不断更新和发展人们的实践经验和社会认识,创新人们的实践方式和方法。这反映在理论思维层面,就表现为既有的社会真理理论通过转化为实践观念而继续指导新的实践活动和社会发展的不合理性和无效性。为此,我们需要根据这些新的实践要求和社会发展需要,对已有的实践经验和社会认识进行矫正、调整和规范,对已有实践观念做出改变,对既定的社会真理理论进行批判和超越,进而形成适应新的实践要求和社会发展的需要的新的实践经验和社会认识,并进而形成新的实践观念和社会真理理论,从而在有效引导人们继续进行实践活动和推动社会持续发展过程中,推动社会真理理论不断生成发展。可见,在日常生产生活中社会实践和社会发展过程的不间断性和持续性决定了人们的实践经验和社会认识生成和发展的不间断性和持续性,进而也决定了实践观念和社会真理理论生成和发展的不间断性和持续性。

与之相反,特定社会思潮作为特定社会思想理论的思想潮流,却是特定历史阶段的产物。与社会真理理论一样,社会思潮作为社会意识,虽然也是回应和解答新的实践要求和社会发展需要,从思想认识上力求指导人们解决社会问题、社会矛盾和社会冲突而形成和发展起来的思想潮流;但不是任何社会思想理论都能够形成为社会思潮,也不是任何时代都会出现各大社会思潮风起云涌、激烈交锋的局面。从前文分析可知,一种社会理论要发展成为社会思潮:其一,在于对社会实践和社会发展中的重大问题和矛盾甚至冲突等重大时代问题,它能够突破现有社会思想理论边界和超越既定社会思想理论框架及其基本原则,做出一定程度上的回应和解答,

---

① 徐长福:《理论思维与工程思维》,重庆出版集团·重庆出版社2013年版,第49—50页。
② 徐长福:《理论思维与工程思维》,重庆出版集团·重庆出版社2013年版,第86页。

诸如在社会形态变迁和社会转型等社会环境发生重大变化过程中,对社会发展的道路、社会发展的方向等重大现实问题的回应和解答,而非如社会真理,除了要以与之相类似的方式回应和解答社会实践和社会发展中的重大问题和矛盾甚至冲突等之外,还包括在现有的和既定的理论框架和基本原则之内,对社会实践和社会发展中一般社会问题、社会矛盾和冲突等的回应和解答。其二,在于它能够借助对社会实践和社会发展中的重大问题和矛盾甚至冲突等回应和解答,来表达和回应特定社会群体和阶层的利益诉求和期盼,因而具有明显的价值性倾向。由于特定社会群体和社会阶层的利益诉求和期盼具有主观任意性、偶然性和不确定性,相应地,社会思潮对这些重大问题的回应和解答也具有主观任意性、偶然性和不确定性。进而,这也使得社会思潮的形成和兴起具有偶然性和不确定性。与之相反,社会真理则主要是对于社会实践和社会发展中重大问题、矛盾甚至冲突的有效回应和解答,并在此基础上正确合理地认识和把握社会发展的过程、本性和规律,揭示社会发展的本真状态,因而它侧重于对实践活动及社会发展本身所蕴含的道理的探寻和揭示,故而它具有明显的事实性倾向。由于社会发展的过程、本性和规律具有连续性、客观性和稳定性,所以社会真理的生成和发展具有必然性和确定性,进而也使得这一生成发展过程具有连续性。其三,在于存在宽松的社会环境,能够包容不同思想文化多元共存并和谐发展,形成百花齐放,百家争鸣的文化发展局面。这是社会思潮形成和发展的客观条件。而社会真理,则如上文所述,它与人们的实践活动和社会发展相伴相生,只要人们继续进行实践活动,推动社会发展,社会真理就必将存在,并不断获得深化和发展。由此可见,社会思潮的形成和出现是特定社会发展需要推动的结果,是特定历史阶段的产物。

第三,从内容构成和表现形式看,社会真理作为真理体系主要是以思想理论形态出现,而社会思潮则既有思想理论的形态,也有社会心理和其他精神形态,而且主要是以社会心理和其他精神形态在特定社会群体和阶层中存在和呈现。从性质上看,社会真理理论作为思想理论体系,是人们在理论思维层面运用概念、判断、推理形成的一个逻辑上无矛盾的自洽体系,故而它是一个内部各构成部分之间可以进行逻辑推导的科学知识体系。诸如各种社会理论、历史理论、哲学理论、文化理论等思想知识体系,都是社会真理体系的表现形态。而社会思潮是各种社会思想意识理论在特定社会群体和阶层生活中广泛深入传播而兴起和盛行的思想潮流,故而这些社会思想理论在传播过程中必然要进行一定的改造和变形,促进它们趋向一定程度的"通俗化和大众化",推动它们向常识靠拢,以便适应人们具体的实践要求及人们已有的思想观念特性和社会发展需要。同时,人们在认识、理解、认同和接受这些社会思想意识理论时,也不是直接移植、全盘接受,而是立足于自身的日常生产生活,根据各自具体的实践要求及相关的社会发展需要和自己已有的思想观念倾向、兴趣、偏好、价值旨趣、利益欲求等,对这些社会思想意识理论进行筛选、剪裁、抽象、简化甚至批判,以便适应自己的实际需要和满足自己的目标需求。结果,这些社会思想理论转变为社会思潮的同时,其内容构成和内部结构必然发生不同程度的变化:一方面,社会思想理论在转变为社会思潮过程中,与人们的已有思想观念、社会心理、情感、兴趣、偏好和实践需要等各种特殊需要相适应、相融合和协调,在形成社会思潮过程中失去了自身与其他异质性理论之间的逻辑融洽性和逻辑推导特性。对于此,邢贲思等人就认为,社会思潮作为社会心理,是"以一定的信念作为主体,表现为不系统、不成形的观念冲动,用情感激动人心,用非理性的自发性影响人们"[1],用常识和日常生活观念亦即人的原初情感等等因素去影响人们的思想观念和精神情感。当然,这并不意味着,这些社会理论之间是"并无任何内在联系的一堆文化零件"[2]。恰恰相反,由于它们共同构成了一种社会思潮或几种社会思潮,因此它们之间总体上是存在着某种程度的关联的。另一方面,在这一转变过程中,在实践意识层面,社会思潮则要么成为人们改造、转化、创新和发展已有思想观念和社会心理的思想资源,要么成为新建构的思想观念和社会心理的有机组成部分。这使得这些社会思想理论与这些相关的社会思潮既存在着原则上和方向上的一致性,又在具体的内容上和形式上相互区别,也使得社会真理理论作为社会思想理论与各种社会思想思潮在具体的内容和形式上区别开来。

第四,从发生学角度看,社会思潮既是社会真理产生和形成的思想土壤,也是社会真理不断发展和完善的思想资源和重要条件。

从内涵的客观层面看,社会思潮作为一定时期现实的社会关系(包括物质经济关系)和利益诉求及相关社会条件,以思想观念和心理情感等形式在一定社会群体或阶层意识中的反映和呈现,表达的是人们在"不断更新思维框架下,对于社会发展变迁中产生的各种社会矛盾和问题的认识、

---

[1] 邢贲思,江涛:《当代西方思潮评析》,《中国社会科学》2000年第1期。
[2] 费孝通:《论梁漱溟先生的文化观》,选自其著作《文化与文化自觉》,群言出版社2016年版,第48页。

理解、诠释,以及相应地解决这些社会矛盾和问题的可能方案和思路。这些认识、理解、诠释既有正确的,也有错误的;其提供的解决社会矛盾和问题的方案和思路亦既有合理的和有效的,也有不合理的和无效的。其中,那些对于社会矛盾和问题形成的正确的认识、理解和诠释,反映的是人们对于社会发展现实进程的正确把握;那些解决社会矛盾和问题的合理性方案和思路,反映的则是人们在对社会发展现实进程正确认识基础上,基于对社会发展本性和规律的合理性把握而形成的对于社会发展趋势的合理性预测和对发展的未来前景的理想性建构。从发生学角度看,社会真理正是人们在社会实践活动中,在不断排除自己对于社会矛盾和问题的错误认识、理解、诠释和修正不合理的解决社会矛盾和问题的方案和思路的情况下,形成的对于社会矛盾和问题的正确合理性认知及有效解决思路和方案,并由此进一步形成对于社会发展过程及其本性和规律的正确合理性认识和把握以及对于未来可能性世界图景的本真性揭示和理想性建构。故而,在这个意义上可以说,社会思潮中的那些对于社会矛盾和问题形成的正确合理性认识、理解和诠释及其有效的解决方案和思路,在本质上就是社会真理。而社会真理在形成和建构过程中,也正是立足于现实实践活动,在批判地借鉴和吸收社会思潮中的这部分具有社会真理性质的因素和成分基础上,不断生成和发展、丰富和完善自身内容和形式的。正如马克思在谈到政治批判和政治斗争时所说的,"在这种情况下,我们不是教条地以新原理面向世界:真理在这里,下跪吧!我们是从世界的原理中为世界阐发新原理"①。故而可以说,社会思潮既是社会真理不断生成和发展自身的思想土壤,也是社会真理不断丰富和完善自身的思想资源和重要条件。

第五,从发挥作用的角度看,社会思潮中包含的社会真理性因素和成分,是社会思潮得以长期存在并发挥持久影响力的基础和条件。

一般而言,在社会实践活动中,社会思潮主要是通过具体指导人们回应和解决社会问题和矛盾,推动社会发展变迁,来实现自身对人们现实生活世界的社会效用;同时,也正是在这一过程中,社会思潮在人们思想观念和社会心理中才得以存在和发展并发挥自身对人们的社会心理和日常生产生活观念的影响。换句话说,这些社会思潮,主要是通过转化为人们的实践观念,现实具体地引导人们从事社会生产实践活动,并由此融入现实

---

① 《马克思恩格斯文集》(第十卷),中央编译局,人民出版社2009年版,第9页。

的社会生产生活中去而被现实的社会生产生活所吸收,进而成为现实的社会生产生活发展的思想基础和精神动力,在推动社会持续发展的时候,它才能对人们现实的社会生产生活产生影响,也才能够在人们的思想观念和社会心理中存在和发展。这意味着,并不是所有社会思潮和特定社会思潮的所有部分都会对人们的现实社会生产生活产生影响,并能够在人们的思想观念和社会心理中存在和发展的。相反,只有那些在一定程度上正确合理地反映社会生产力发展和社会其他方面发展,并对其引发的社会问题和矛盾做出一定程度上的有效回应,而且能够被人们理解、认同和接受,进而能够在一定程度上正确指导人们有效从事社会实践活动,解决这些社会矛盾和问题,推动社会生产力发展和社会进步的那些社会思潮和特定社会思潮中的那些部分才能够真正对人们的现实社会生产生活产生持续影响,并能够在人们的思想观念和社会心理中长期存在和发展。

恩格斯在谈到科学发展对经济关系中生产和运输技术的依赖关系时指出,如果像人们通常认为的那样"技术在很大程度上依赖于科学状况,那么科学却在更大的多的程度上依赖于技术的状况和需要。社会一旦有技术上的需要,这种需要就会比十所大学更能把科学推向前进"[1]。与之相类似,以技术为基本要素的生产力发展和社会其他方面发展的状况和需要对于各种社会思潮存在和发展及其作用的发挥也起着规范和选择作用。而且,"理论在一个国家实现的程度,总是决定于理论满足这个国家的需要的程度"[2]。"人所要的种种满足,则是他的行为的根源"[3]。"假如我要为任何目的而活动,它无论如何都必须是我的目的。我必须在这种参加中,贯彻我的目的,得到满足"[4]。而社会思潮之所以能够被人们所理解、认同和接受,正是因为如此。而且,"理论只要抓住事物的根本,就能说服人",而"理论只要说服人,就能掌握群众","也就能变为物质力量"[5],从而对社会进行现实的批判与改造,推动社会发展进步。与之相类似,一种社会思潮及其组成部分只有真实准确地把握了现实的社会矛盾或社会问题并能够对这些矛盾和问题做出有效的回应,才能够为人们认同和接受,进而转化为社会历史性实践活动的构成要素成为解决这些矛盾和问题的现实推

---

[1] 《马克思恩格斯选集》(第四卷),中央编译局,人民出版社1995年版,第731—732页。
[2] 《马克思恩格斯全集》(第三卷),中央编译局,人民出版社2002年版,第209页。
[3] [德]卡尔·雅斯贝尔斯:《时代的精神状况》,王德峰译,上海译文出版社2013年版,第174页。
[4] [德]黑格尔:《历史哲学〈绪论〉》,王造时译,上海书店出版社2006年版,第20页。
[5] 《马克思恩格斯全集》(第三卷),中央编译局,人民出版社2002年版,第207页。

动力量,切实地对社会发展的历史进程产生影响。而这种真实准确地反映了现实的社会矛盾或社会问题并能够对这些矛盾和问题做出有效的回应的社会思潮及其组成部分,正是在一定程度上反映了社会发展的本性和规律,具有社会真理的性质。社会真理也是因为基于人们对于社会发展及其引发的社会问题和矛盾的正确合理性认识和把握,并在有效指导人们解决这些社会矛盾和问题、推动社会发展过程中,才逐渐形成和建构起来的、关于社会发展过程、本性和规律的科学知识体系。因此,它作为人们的"前识和共识"①能够正确引导人们有效地解决社会问题和矛盾,充分回应人们的利益诉求,顺应社会发展的方向,成功推动社会发展进步;与此同时,它在这一过程被人们的生产实践活动及相应的社会发展进步所确证和反复检验,并得以长期存在和获得发展,进而发挥其对经济社会发展的持续影响。可见,社会思潮中蕴含的社会真理因素和成分,是社会思潮得以长期存在和发展并获得认同而被广泛传播,进而对人们的经济社会生活发挥持续影响的最终决定条件和基础。离开了这些社会真理因素和成分,社会思潮就失去了它长期存在发展并对经济社会生活持续发挥影响的根基,结果它终将被社会发展的历史进程所淘汰。

9.3 当前我国社会思潮多样化背景下马克思主义社会真理思想的生成和发展机制研究

与当今世界其他各国社会思潮复杂多样相类似,当前我国在现代社会转型过程中由于各种因素的综合作用,在思想文化领域内也呈现出了各种社会思潮多元并存、各执一端、两极对立、激烈争论的局面。这在一定程度上消解和削弱了中国特色社会主义理论作为主导意识形态的号召力和引领力,导致人们关于我国现代化建设的思想认识朝向多元多样发展和相对主义发展,造成人们观念的模糊和思想的混乱,阻碍了人们在科学认识我国现代化建设基础上形成社会改革发展共识。为此,本著作开展当前我国多样化社会思潮背景下社会真理生成和发展研究,就是力图探讨引导人们科学认识我国现代化建设,批判和超越社会思潮,从而增强社会改革发展

---

① 阎孟伟:《"感性活动"与现象学的认识论批判》,转自《中国现象学与哲学评论——现象学与纯粹哲学》(第九辑),上海译文出版社 2007 年版,第 78 页。

共识的路径。

9.3.1 当前我国多样化社会思潮的一般性质和特点

从社会认识角度看,当前我国社会思潮作为人们对我国现代化建设生活的认识和把握,虽然彼此在内容和形式上存在差异,甚至相互对立,进而在社会文化思想领域陷入各持一端、两极对立下的激烈交锋,但它们都着眼于世界的整体现代化发展进程和我国从传统社会向现代社会的转型,都是从我国社会现代转型中的问题及其反思和对策入手,形成和建构起自己的观点和思想的。故而,这些观点和思想在性质、特点、传播方式、形成和构建的方式等方面,仍然存在着一些相同或相通之处,使彼此能够共生共存,并与中国特色社会主义理论体系在意识形态领域形成激烈竞争的局面。而这些相同或相通之处,也反映了当前我国多样化社会思潮的一般性质和特点。

第一,从认识方式看,社会思潮主要秉持自我为本位的价值立场,以二元对立的思维方式和极端化的思维方式看待我国现代化建设及其问题和它们之间的关系,这导致它们彼此深陷激烈的两极对立之争。在社会文化思想领域,历史虚无主义与复古主义之争、新左派与新自由主义之争、民粹主义和民族主义与新自由主义之争等等,大体上都是各执一端、两极对立下的激烈交锋。从根源上看,这些社会思潮之所以采用二元对立的思维方式和极端化思维方式看待当前我国现代化建设及其与其他社会思潮的关系,大体上有以下两方面原因:

其一,中国传统"华夷思想"和"天下观念"作为人们不自觉地和无意识地接受下来的传统观念的思维惯性影响。历史地看,自春秋时代起中国人就形成了按照文明发展水平之高低区分华夏与蛮、夷戎、狄(简称"四裔"①)之中心与边缘的"华夷思想"。这一思想主张,华夏作为中国人是文明人,"四裔"作为夷狄是野蛮人(即是指"缺乏文明教化的人)",野蛮人要接受文明人的教化。在此基础上,人们就形成了以华夏自我为中心想象的和建构的世界的"天下观念"②。这使得中国人大多对本土文化始终怀有强烈的自信并产生了强烈的"中华文化优越感",对外来文化和思想警觉性比较高,"非我族类其心必异","明犯强汉者,虽远必诛"等等,就是这一

---

① 钱穆:《民族与文化》,九州出版社2012年版,第5页。
② 葛兆光:《"王权"与"神佛":日本思想史的两极》,《读书》2020年第5期。

观念的具体体现。故而,在近代,面对西方文化向中国的大量输入并在中国的广泛传播,与此同时否定中国传统文化和全盘西化的观念在中国盛行,人们在"华夷思想"和"天下观念"的影响下做出直接性反应,就是坚守旧有文化思想,复古主义随之兴起。结果,人们对于外来文化和思想总是采取"道与器"与"本与末"的贯通式的整体主义理解或者"格义"或"注疏"式的改造主义诠释。在当前,针对我国文化的现代化发展和社会现代转型问题,面对后现代思潮影响下的历史虚无主义观念盛行,社会生活中出现了虚无中国历史事件和历史人物、虚无传统文化和红色革命文化的现象和事件,人们在"华夷思想"和"天下观念"的影响下做出直接性反应,就是在新的条件下倡导旧有文化思想或恢复旧有社会秩序。于是,复古主义思潮和文化保守主义再次兴起。而面对倡导市场化、自由化、私有化的经济发展体制机制及自由、平等、民主等普世价值理念的新自由主义在国内社会思想文化领域的盛行,新左派则倡导"侧重于平等、社会福利(比如提倡'共同富裕'),公有制经济('国进民退'),批评贫富悬殊、官员腐败等社会弊端[①]"等。两大思潮形成尖锐对立,在社会思想文化领域激烈交锋。

其二,在西学东渐中逐渐被中国人学习和接受的西方近代认识论框架下主客二元对立的思维方式和形而上学思维方式的重要影响。自笛卡尔在牛顿机械论自然观影响下提出身心二元论以后,主体与和客体、精神与物质相区分的二元论思维方式便在近代西方哲学史上形成了。笛卡尔认为,除了上帝实体外,在自然界中还存在心灵和精神、身体和物质两种不同种类的实体。心灵和精神的属性是思维、思想、意志、情操,是"主动而自由的"[②],身体和物质的属性是广延、形状、位移,是被动的和机械性运动的。故而,这两类实体不存在内在本质关联,而是相互分离且各自独立自存的。换言之,它们虽然都是世界的本原,并列存在,但互不决定、互不派生和互不依赖。其中,心灵和精神属于独立的精神领域,由于它们能思维,能思想,故而处于优先地位;而身体和物质属于机械的自然物理世界,故而处于附属地位。这就是笛卡尔的二元论观点。自此以后,二元论思维方式逐渐成为西方近代哲学认识论的重要思维方式,不仅影响着西方近代哲学的走向,而且也影响着西方人分析和考察周围世界的思维方式。直到西方近代哲学发展到现代哲学,出现了马克思的实践哲学和胡塞尔的现象学,人们

[①] 顾肃:《当代社会思潮中的激进与保守、左与右之争》,《浙江学刊》2013年第1期。
[②] [美]梯利:《西方哲学史》,葛力译,商务印书馆1995年版,第315页。

在思维方式上才逐步突破这一二元论思维方式。随着尼采宣告"上帝死了",人们以这种思维方式分析和观察生活和事物,就把人看作认识主体,把对象看作是客体,人处于优先地位,其他事物则处于附属地位。于是,人们在认识上的主客二元对立思维模式就完全确立起来了。在中国近代,随着西学东渐,大量的西方思想理论传入中国,中国人在学习和借鉴西方文化的同时也学习和采纳了这一主客二元论思维方式,并自此以后就把这一思维方式看作是认识周围的生活世界及相关事物的重要思维方式。如前所述,当前民粹主义就在西方近代认识论主客二元对立的思维方式和中国儒家伦理道德层面"官民"有别的"民本"思想的影响下,采取二元论思维方式看待中国社会现代转型过程中社会利益构成的多元化和社会阶层的分化以及利益格局的变化,结果往往走向"仇富、仇官、反智,其中又以仇官最为突出"①。同时,伴随着中国互联网的发展,民粹主义又盛行于网络空间,以"贫富差距、身份阶级"等简单直接的二元对立思维来评判大多数具体事件。当前民族主义也以二元对立的思维方式看待中国与其他国家之间的国际关系摩擦、领土争端、贸易摩擦等问题,故而它最突出的主张,就是仇恨西方,并进行政治冒险和军事冒险。

第二,社会思潮秉持自我为本位的价值立场和主客二元论思维方式,导致它们看待我国现代化建设及其问题和它们之间的相互关系,从认识上的"是非之争"走向价值标准上的"对抗性矛盾",进而导致它们相互排斥、相互否定,阻碍了人们形成社会改革发展共识。例如复古主义和历史虚无主义,在近代就采用二元对立的思维方式和极端化思维方式看待中国传统文化与西方文化及二者关系,把认识上的"是非之争"看作是价值标准上的"对抗性矛盾",用一种文化否定另一种文化。结果,这妨碍了中国传统文化与西方文化的交流沟通和互动融合并形成文化共识,也阻断了中华优秀传统文化向现代文化的传承发展。在当前,复古主义和历史虚无主义延续了这一传统。复古主义也采用二元对立的思维方式和极端化的思维方式看待中国传统文化与以红色文化、社会主义先进文化为核心的中国现代文化及二者关系,在价值取向上用前者否定后者。历史虚无主义不仅沿袭了其在近代否定中国传统文化的做法,而且也采取二元对立的思维方式和极端化的思维方式看待以红色文化、社会主义先进文化为核心的中国现代文化与西方文化及二者关系,在价值取向上用后者否定前者。而这不仅阻

---

① 孟威:《民粹主义的网络喧嚣》,《人民论坛》2016年第1期(下)。

碍了中国传统文化、中国现代文化与西方文化的交流沟通和互动融合并形成文化共识,而且妨碍在此基础上推动中国特色社会主义文化的传承和发展。如上所述,新左派和新自由主义也是采取二元对立的思维方式和极端化的思维方式看待我国改革开放以来社会经济体制、社会价值理念、分配政策、对外开放政策、公民权利等方面的变迁和发展。由于它们都固执于价值取向上的资本主义社会与社会主义社会在市场经济体制与计划经济体制、私有制经济与公有制经济及相关社会制度和社会价值理念等方面绝对分离和对立的传统观念与经典文献的相关叙述,因此新自由主义倡导市场化、自由化、私有化的经济发展体制机制及自由、平等、民主等普世价值理念;新左派则倡导"侧重于平等、社会福利(比如提倡'共同富裕'),公有制经济('国进民退'),批评贫富悬殊、官员腐败等社会弊端[①]"等。结果,两大思潮形成尖锐对立、相互排斥、相互否定,在社会思想文化领域激烈交锋。这不仅妨碍了当前我国现代化建设中市场机制和政府作用、私有制经济与公有制经济及相关社会制度和社会价值理念之间的互动协调,也阻碍了人们在此过程中形成关于社会改革发展共识。

第三,社会思潮秉持自我为本位的价值立场和主客二元论思维方式,把它们之间的相互关系看作是价值标准上的"对抗性矛盾",使得它们更为关注自身作为意识形态的广泛传播带来的社会效应和产生的外部价值,并借此实现其相关社会阶层和社会群体所追求的利益欲求和价值目标。从性质上看,各社会思潮把彼此之间的关系看作是在价值标准层面上的对抗性矛盾,实际上就是把它们在各自价值目标和利益欲求及其实现层面上的相互关系看作是两极对立、非此即彼、一方排斥另一方、一方否定另一方的矛盾。这意味着,各社会思潮之间价值目标和利益欲求及其实现和满足具有排他性和单向性。它们各执一端、两极对立的交锋争论,在一定程度上就是它们各自价值目标和利益欲求及其实现的交锋争论,就是它们彼此之间的"价值之争"。这使得各社会思潮在用语言表达对于我国社会主义现代化建设认识时,在反映和揭示其所蕴含的客观性道理的同时,更强调设计和构造相关的价值性话语及其广泛传播带来的社会效应和外部价值。

从根源上看,话语是由作为实体的人有意识地有目的地发出的声音,是人"付出一定身心能量换来的结果"。它不仅反映和揭示事物相关的客观道理,还可以表达人的一定价值意图、利益需要、态度和规范等等,是"可

[①] 顾肃:《当代社会思潮中的激进与保守、左与右之争》,《浙江学刊》2013年第1期。

以对实际生活产生影响的事件"①。正如福柯所指出的,"话语不仅是思考和产生意义的方式,更是能够决定主体身份的本质、意识和无意识思想及人的情感"。正因为如此,从话语与社会权力关系看,我们又"必须将话语看作是一系列的事件,看作是一种政治事件:通过这些政治事件才得以运载着政权、并由政权又反过来控制着话语本身"②。故而,话语又成为"不同群体争夺霸权及意义与意识形态产品的斗争场所和斗争对象"③。各社会思潮就是通过制造各种话语,争夺、保持和扩大自身的话语权力,同时限制甚至剥夺其他社会思潮或社会思想理论的这种权力的。例如复古主义思潮和历史虚无主义思潮与马克思主义和社会主义在意识形态领域内争夺话语权,试图取代马克思主义和社会主义在中国现代化建设中的指导地位和作用,进而否定马克思主义、社会主义和中国共产党的领导,否定以红色文化和社会主义先进文化为核心内容的中国现代文化,使中国社会发展离开社会主义道路。

不仅如此,针对人们在认识、理解、选择、评判、认同和接受方面存在的角度、性质、方面、层次、特点等不同和差异,各社会思潮在接近常识、迎合大众心理需求和适应大众接受信息的一般思维方式和习惯性手段中,还通过各种话语形式,借助各种媒体平台和信息渠道推动其广泛深入传播,扩大其在人们日常生产生活和社会发展中的影响力,并以此展示其通俗化、大众化和亲民化。例如当前我国新自由主义、当前我国新左派、民粹主义等社会思潮积极介入公共生活,主动参与民众关于社会热点问题的争论,尤其是对腐败、上学难、社会不公、贫富差距等与民众日常生活密切相关的社会问题的争论,立足于各自立场,从各自思维倾向和价值意图出发,分析和阐明他们对这些问题成因和后果的认识和看法,并借助于一定的哲学理论进行逻辑分析和推理,论证这些认识和看法的正确合理性,进而满足广大民众对这些问题思想认识的需要和心理的需求。而复古主义则顺应人们长期存在的中华传统文化优越感和人们习惯于生活在传统文化中的惯性心理,借助于电视、网络、报纸等媒体大肆宣扬和传播复古思想而形成

---

① 徐长福:《理论思维与工程思维——两种思维方式的僭越与划界》,重庆出版社 2013 年版,第 142 页。
② 刘同舫:《在应对当代各种思潮的挑战中发挥马克思主义的威力》,《马克思主义研究》2010 年第 3 期。
③ 徐长福:《理论思维与工程思维——两种思维方式的僭越与划界》(注释),重庆出版社 2013 年版,第 141 页。

"国学热"和"儒学热"。历史虚无主义则利用人们对于大量客观具体的真实历史知识的缺乏和人们对于当前主流意识形态简化、抽象的灌输方式的反感心理,否定和歪曲历史真相,并以此在网络、电视、报纸等媒体上广泛宣扬和传播,进而误导人们对历史的认识和了解。毋庸置疑,这些社会思潮借助于话语在社会文化思想领域广泛传播,不仅在一定程度上消解和削弱了马克思主义理论和社会主义思想作为主导意识形态的话语权和号召力,而且总体上加剧了人们对于社会改革发展思想认识上的分化和对立,导致人们各自不同的思想观念及思想观念内部充满了冲突和矛盾。

第四,社会思潮秉持自我为本位的价值立场和主客二元论思维方式,看待我国现代化建设及其问题和它们之间的相互关系,具有明显的主观主义倾向和形而上学倾向。这使得社会思潮本身也无法凝聚社会发展共识,整合社会改革力量,推进我国现代化建设。秉持自我本位的价值立场和主客二元论,一方面把人的精神、人的自我意识和自我本身当作能动的主体,当作中心,把其他事物和其他当作被动消极的客体,当作边缘,当作被掌握和操控的受动性对象,这导致人们往往倾向于从自我主体的观念、情感、思想、观点、要求、欲求和需要出发,去认识和把握客体,去认识和把握其他事物和其他人。这一方面容易导致人们在实践活动中走向自我中心主义,另一方面也容易导致人们在认识层面走向先验的逻辑中心主义。从实质上看,这都是在思想观念层面和理论思维层面,从自我需要和自我认识出发,去选择、认识、理解和把握人类生活世界的,因此具有明显的主观主义和形而上学倾向。当前我国社会思潮秉持自我为本位的价值立场和主客二元论思维方式,看待我国现代化建设及它们之间的相互关系,就是主要从价值意识和自我认识出发,以二元对立的思维方式去选择、认识、理解和把握我国现代化建设和它们之间的相互关系。例如就当前我国经济社会发展中存在的贫富差距、社会公平、权力腐败、社会保障等社会问题而言,如前所述,由于新左派和新自由主义采取二元对立的思维方式和极端化的思维方式看待我国改革开放以来社会经济体制、社会价值理念、分配政策、对外开放政策、公民权利等方面的变迁和发展,而且它们都固执于价值取向上的资本主义社会与社会主义社会在市场经济体制与计划经济体制、私有制经济与公有制经济及相关社会制度和社会价值理念等方面绝对分离和对立的传统观念与经典文献的相关叙述,故而当前我国新左派把这些社会矛盾和社会问题归咎于改革开放,归咎于发展社会主义市场经济,归咎于发展非公经济,故而它们由此否定我国现代化建设道路的正确合理性,并进而大多把西方左翼和后现代理论作为自己的理论资源,沿袭西方后现代主义的思维倾向,从批判现代性的角度审视我国现代化发展,主张平等、公有制经济、否定改革开放、批判市场经济,恐惧私营经济等,而当前我国新自由主义把这些社会矛盾和社会问题归咎于公有制经济和政府干预,归咎于社会主义协商民主制度,故而它们由此否定我国现代化建设道路的正确合理性,大多以当前西方新自由主义为理论资源,以西方发达国家的现代化发展模式和发展路径为尺度和标准来审视和评判我国现代化发展,倡导普世价值,鼓吹自由、民主、人权,倡导自由市场经济及相关的私有化、自由化,主张建立小政府等。显然,这些相互对立、相互排斥、相互否定的问题认识和解决思路及方案都是这些社会思潮从各自价值意识和各自思想观念出发,去认识、理解和把握这些社会问题,并选择一套相关的社会发展思想理论或一种社会发展方式和一些社会发展经验,直接照搬到回应和解答这些社会问题过程中而形成和建构起来的,因此具有明显的外在的形式性、抽象性、主观性和形而上学性。采用这些问题认识和解决思路及解决方案直接去约束和规范现实,也将必然抹杀社会生活的丰富性、多样性和差异性,并陷入社会的乌托邦工程而导致社会生活趋向封闭和僵化。结果,这些认识问题和解决问题的思路及方案既不切合当前我国经济社会发展的现实状况,也无法适应当前我国现代化建设实践要求和现实社会发展需要,因此它们无法凝聚社会发展改革共识,整合社会改革发展力量,促进这些社会问题的有效化解,故而也无法推进我国现代化建设。

  黑格尔在审视和评判 18 世纪初末 19 世纪初德国哲学思潮时说,"不同哲学思潮的存在,是由精神不完备和认识不充分造成的"[①]。就当前我国社会思潮而言,我们同样也可以说,它们存在和发展并激烈交锋,干扰和阻碍着社会改革发展共识的形成,在一定程度上也是由人们在思想认识上不成熟、不完备和不充分,依然局限于理论思维层面,秉持自我为本位的价值立场和主客二元论思维方式,看待我国现代化建设和它们之间的相互关系而造成的。马克思曾指出,"全部社会生活在本质上是实践的。凡是把理论引向神秘主义的神秘东西,都能在人的实践中以及对这种实践的理解中得到合理的解决"[②]。与此相应,社会认识在本质上也是实践的,凡是把

---

  ① [苏]阿森纳. 古留加:《密涅瓦的猫头鹰——黑格尔》,张荣,孙先武编译,中国工商联合出版社 2015 年版,第 37 页。
  ② [德]马克思:《关于费尔巴哈的提纲》,选自《马克思恩格斯文集》(第一卷),人民出版社 2009 年版,第 501 页。

人们的社会认识引向错误的不合理的东西,也都能在相应的社会实践活动中以及对这种社会实践活动的理解中得到合理的把握,进而也能使错误的社会认识得到澄清,并在此基础上形成正确合理的社会认识。基于此,我们需要立足于社会实践,探寻引导人们科学认识我国现代化建设,进而批判和超越社会思潮自我为本位的价值立场和主客二元论思维方式,凝聚社会改革发展共识的路径。

9.3.2 批判超越社会思潮的自我为本位的价值立场和主客二元论思维方式,引导人们科学认识我国现代化建设

如上所述,当前我国多样化社会思潮秉持自我本位的价值立场和主客二元论思维方式看待我国现代化建设及它们之间的关系,导致各社会思潮在各持一端、两极对立下激烈交锋,阻碍人们科学认识我国现代化建设,无法形成社会改革发展共识,主要有两个原因:其一,中国传统"华夷思想"和"天下观念"作为人们不自觉地和无意识地接受下来的传统观念的思维惯性影响。其二,自近代以来在西学东渐中逐渐被中国人学习和接受的西方近代认识论框架下主客二元对立的思维方式和形而上学思维方式的重要影响。基于此,我们要立足于社会实践,引导人们科学认识我国现代化建设,凝聚社会改革发展共识,就需要探寻批判和超越中国传统"华夷思想"和"天下观念"与西方近代认识论框架下主客二元对立的思维方式和形而上学思维方式的影响的路径。为此,我们提出以下几方面建议:

第一,在社会交往实践中促进中华文化自觉的基础上,不断增强文化自信。如前所述,当前我国社会思潮秉持自我本位的价值立场和主客二元论思维方式看待我国现代化建设及它们之间的关系,导致它们陷入各持一端、在两极对立下激烈交锋,阻碍人们科学认识我国现代化建设,进而形成社会改革发展共识,一个重要原因就是中国传统"华夷思想"和"天下观念"作为人们不自觉地和无意识地接受下来的传统观念的思维惯性影响,更进一步说,就是人们在这一不自觉地和无意识地接受下来的传统观念影响下,在社会交往实践中缺乏文化自觉基础上的对于中华文化不自信的心理所致。而这一文化不自信的心理又主要是由近代以来伴随着中国传统社会衰落,中国传统文化式微,中国传统"华夷思想"和"天下观念"遭遇西方强势文化冲击所造成的。从内涵看,中国传统"华夷思想"和"天下观念"作为人们不自觉地和无意识地接受下来的传统观念,实质上是一个在社会交往实践中在价值维度上以"华夷有别和文明有高低之别"观念下华

夏族群为文明中心、蛮夷接受华夏文明教化的中心到边缘的差序格局观念。这一观念基于文化自负心理,在价值取向上秉持狭隘的"中华文化优越论"。但两极相通,物极必反。人们的这一观念在近代以来的文化交往实践中遭遇西方强势文化(即在欧洲中心主义观念支配下"传统与现代"二元对立的分析框架中把西方文明看作是普世文明的典范,看作是各非西方国家要模仿和接受的文明类型的文化)的强烈冲击,走向了另一极端,在产生了"西方文化优越论"的同时,也滋生了对于中华文化的极端不自信甚至自卑。继而,在这些社会心理和这些思想观念的共同影响下,人们在当前文化交往实践中又产生了对于中华文化不自信。由此造成的后果是,复古主义、历史虚无主义、新自由主义和民族主义等社会思潮的兴起和盛行,并且在各持一端、两极对立下激烈交锋,阻碍人们科学认识我国现代化建设,并在此基础上形成社会改革发展共识。

而文化自信与文化自负和文化自卑不同,就在于它是以文化自觉为前提,是在对中华文化进行自我检讨和自我反省基础上对中华文化有自知之明,并在客观科学地对待中华文化基础上对推动中华文化的传承发展充满信心。不仅如此,文化自信问题不仅是社会发展中其他方面自信问题的表征,而且是社会发展中更基本、更深层、影响也更持久的问题。故而,促进文化自信,不仅有助于提升人们对于中华文化的主体性自觉,而且有助于引导人们科学认识我国现代化建设,坚定道路自信、理论自信和制度自信。为此,我们需要在社会交往实践中促进中华文化自觉,不断增强文化自信,来促进人们科学认识我国现代化建设,从而批判和超越社会思潮的自我为本位的价值立场和主客二元论思维方式,凝聚社会改革发展共识。

按照费孝通的理解,文化自觉是"生活在既定文化中的人对其文化有'自知之明',明白它的来历、形成的过程、所具有的特色和它发展的趋向。自知之明是为了加强对文化转型的自主能力,取得决定适应新环境、新时代文化选择的自主地位"①。促进中华文化自觉不仅包括对中国传统文化、红色文化、社会主义先进文化形成"自知之明",对它们的基本内容、发展的形成过程、基本内容、发展的趋向、独特优势、鲜明特色等形成正确合理性认识,也包括在对西方文化及世界其他种类的文化体系有"自知之明",对它们形成正确合理性认识基础上,对中华文化在世界文化发展中独特价值和重要意义有科学合理认识和把握,还包括对中华文化适应我国现

---

① 费孝通:《文化与文化自觉》,群言出版社 2016 年版,第 249 页。

代化建设需要和实践发展要求而需要推动它们朝向建设中华民族现代文明方向传承和发展的历史责任的主动担当。为此,我们不仅要在正本清源基础上,讲清楚中华文化和西方文化的历史渊源、逻辑演变、发展趋势、独特创造、重要价值及鲜明特色,从而使人们认识到自近代以来的中华文化是中华民族的伟大创造和辉煌成就及其在近代以来世界文化发展中具有独特的价值和重要意义,增强文化自信;而且也要引导人们立足于我国现代化建设实际需要和实践要求,正确看待中华文化,既要看到中华优秀传统文化、红色文化和社会主义先进文化对于我国现代化建设的重要指导作用,也要认识到中华优秀传统文化、红色文化中与市场经济不相适应的一些要素和成分以及社会主义先进文化中有待不断丰富发展的一些方面,增强人们思想观念和意识的时代性,不断推动中华文化朝向中华民族现代文明传承和发展。而这不仅有助于人们从自我文化中心主义的狭隘视角中超拔出来,突破自我本位的价值立场和二元对立的思维方式,直面文化世界整体,理解世界文化的历史发展源流、现实发展状况和未来发展趋势,并在此过程中理解和把握中华文化,确定自己传承和发展中华文化的责任,并采取相应的行动,推动中华文化向建设中华民族现代文明传承发展,增强文化自信;而且有助于人们在社会交往实践中尊重差异、包容多样,在各美其美、美人之美中形成美美与共的共识,从而克服社会思潮各持一端、两极对立的激烈交锋的干扰和影响,进而在科学认识我国现代化建设的基础上凝聚社会改革发展共识。

第二,植根于当前我国现代化建设实践,从马克思主义真理观角度,习近平总书记以新时代中国特色社会主义思想为指导推动思想再解放。如前所述,当前我国社会思潮陷入各持一端、两极对立下的激烈交锋争论,阻碍人们形成社会改革发展共识,另一个重要原因就是在自近代以来西学东渐中逐渐被中国人学习、接受的西方近代认识论框架下主客二元对立的思维方式和形而上学思维方式的重要影响。就其实质而言,西方近代哲学认识论框架下的主客二元对立的思维方式和形而上学思维方式,就是人们在认识活动中形成的主体与客体、意识与对象、精神与物质、思维与存在的二元对立的思维方式。在这一分析框架下,如第四章关于笛卡尔到康德知识论视角下的社会真理思想中所指出的,认识论真理观力图把人们形成和构造为认知主体,把其他事物形成和构造为认知对象和认知客体,并寻求以理性为指导和约束的认知主体对于认知对象的正确合理性认知,从而形成二者特定的相一致的关系。这样一种特定的相一致的关系,要么如唯理论所强调的,认知主体是"积极自主建构型的",拥有理性直觉所把握的自明的和真实的天赋观念,而客观的认知对象是"无本质的消极的存在",真理就是认知主体通过运用自身理性能力进行先天的逻辑推演,正确理解和规范认知对象及其本质,形成的科学认知体系。其中,作为理性主体的人是认知运动的核心。要么如经验论所主张的,一切知识来源于感觉经验,理性的认知主体是"被动的、接受性的",是作为接受认知对象的"刺激作用滞留或累积的器皿"①(形成感觉印象和记忆),此时理性的主体就像洛克所主张的心灵的"白板",是"无本质"的。真理就在于通过科学实验观察和感性经验的积累并经由归纳上升到普遍必然的知识,进而形成对于认知对象及其本质正确把握的知识体系。从前文分析可以推知,当前我国新自由主义、新左派、历史虚无主义和复古主义秉持主客二元对立的思维方式,大多采取了与唯理论认识路线相类似的认识路线来认识、回应和解答我国现代化建设及其相关社会问题,故而具有明显的主观主义和形而上学倾向,并因此陷入了唯心史观。对于这一分析框架及其相关的认识活动,马克思在《关于费尔巴哈的提纲》的第一条中就指出,"从前的一切唯物主义(包括费尔巴哈的唯物主义)的主要缺点是:对对象、现实、感性,只是从客体的或者直观的形式去理解,而不是把他们当作感性的人的活动,当作实践去理解,不是从主体方面去理解。因此,和唯物主义相反,唯心主义却把能动的方面抽象地发展了,当然,唯心主义是不知道现实的、感性的活动本身的。费尔巴哈想要研究跟思想客体确实不同的感性客体,但他没有把人的活动本身理解为对象性的活动。因此他在《基督教的本质》中仅仅把理论的活动看做是真正人的活动,而对于实践则只是从它的卑污的犹太人的表现形式去理解和确定。因此,他不了解'革命的'、'实践批判的'活动的意义"②。这表明,批判和超越西方近代认识论框架下主客二元对立的思维方式和形而上学思维方式及其相关的唯理论和经验论,唯有追溯到其发生处——社会实践活动及其创造的社会生活世界,在社会实践活动创造社会生活过程中重新解读和诠释唯理论与经验论、唯心论与唯物论、主体与客体、精神与物质、思维与存在、主观观念与客观的社会生活过程及其相互关系,进而形成对其批判和超越。就当前我国社会思

---

① 马天俊:《真理的境遇》,吉林人民出版社1999年版,第8页。
② [德]马克思:《关于费尔巴哈的提纲》,选自《马克思恩格斯文集》(第一卷),中央编译局,人民出版社2009年版,第499页。

潮而言,我们不仅要回到社会交往实践活动中(尤其是文化交往实践活动中),通过促进中华文化自觉,增强中华文化自信,从思想文化层面实现对传统的"华夷思想"和"天下观念"的批判超越,从而实现对自我本位的价值立场和主客二元论思维方式的批判和超越;而且要回到社会生产实践活动及相关的社会生活过程中(尤其要回到我国现代化建设实践活动中),通过植根于这一实践活动及相关社会生活之上的习近平新时代中国特色社会主义思想的引导,推动人们思想再解放。从本质上讲,习近平新时代中国特色社会主义思想就是当前我国现代化建设实践及创造的社会生活的思想。它站在当今时代发展的战略高度,基于对人类社会发展规律的正确认识和科学把握,以坚持和发展中国特色社会主义为主题,着眼于世界百年未有之大变局的基本发展态势、我国社会主义初级阶段基本国情及新时代社会主要矛盾的变化和党情,着重揭示和阐明了新时代条件下中国社会发展的规律、社会主义建设的规律和共产党执政的规律,是马克思主义所蕴含的科学逻辑与中国式现代化建设实践经验的有机结合。这使得它在规律认识和把握方面具有内在的科学性和真理性。而这也正是它超越社会思潮认识和把握我国现代化建设之处。

一方面,由于它是从"从理论和实践结合上系统回答新时代坚持和发展什么样的中国特色社会主义、怎样坚持和发展中国特色社会主义"这一重大时代课题而形成和建构起来的科学理论,故而它突破了社会思潮仅仅停留于理论思维层面认识和把握我国现代化建设的局限,直面我国现代化建设实践及整个实际生活过程,并在这一社会生活过程中基于理论与实践互动认识和把握我国现代化建设。这不仅有助于引导人们突破自我中心主义的狭隘视域和仅仅停留于思维观念层面认识和把握我国现代化建设的局限,批判和超越自我本位的价值立场,走向我国现代化建设实践及现实的社会生活过程;而且有助于引导人们进一步批判和超越二元对立的思维模式,在这一社会生活过程中基于思想理论与实践活动、意识观念与现实社会生活、精神与物质、意识与存在的互动来认识和把握我国现代化建设。另一方面,由于它是对于新时代条件下中国社会发展规律、社会主义建设规律和共产党执政规律的正确认识和科学把握,故而它摆脱了人们关于我国现代化建设的各自特殊的感性经验认识的局限,也突破了社会思潮在认识我国现代化建设上的先验逻辑中心主义的主观性和形而上学性,直面我国现代化建设的客观的、普遍的、共同的、可传达的认识,继而在我国现代化建设实践及其创造现实的社会生活过程中形成和建构这一客观的科学知识体系。这有助于引导人们突破自我已有思想观念主观限制,摆脱先验逻辑中心主义的思维方式的影响,客观科学地认识和把握我国现代化建设并由此形成社会发展改革共识。因此,我们要以习近平新时代中国特色社会主义思想为指导,以"五位一体"总体布局和"四个全面"战略布局为依托,坚定"四个自信",确保我国改革开放和现代化建设事业始终朝着正确的方向前进。同时,习近平新时代中国特色社会主义思想作为中国特色社会主义进入新时代的理论成果,是马克思主义中国化的最新成果。它立足于新时代条件下我国现代化建设实际,科学回答了新时代建设中国特色社会主义之问,提出了当前我国现代化建设的总任务和总目标,故而我们要始终坚持以习近平新时代中国特色社会主义思想为指导来推进全面深化改革,并在此基础上引导广大民众科学地、客观地认识和理解我国现代化建设及其存在的问题。

  第三,从坚持开放发展理念的高度,坚定不移地实施对外开放的发展战略。从交往内容上看,社会交往实践活动不仅包括文化交往实践活动,还包括政策沟通、经贸往来、设施连通等交往实践活动。在宽泛意义上讲,文化交往活动一般被称作"精神交往活动",而政策沟通、经贸往来、设施连通等等交往实践活动则一般被称作"物质交往活动"。这些物质交往活动作为广义社会生产实践活动中的分配环节和交换环节,在马克思早期考察私有财产和市民社会时,大体上是被视为与生产关系等同的形式而存在着的,故而与文化交往实践活动相比,它们与我们日常推动生产力发展的劳动实践活动的关系更为切近,故而也更为根本和基础。

  如上文所述,文化交往实践活动通过中西文化交流或中外文化交流,推动人们批判和超越自我本位的价值立场和二元对立思维模式看待中西文化或中外文化及其辩证关系,打破中西文化或中外文化的隔阂与对立,促进它们从各美其美到美人之美再到美美与共,在提升文化自觉中增强文化自信,引导人们科学认识我国现代化建设,凝聚社会发展共识。人们进行政策沟通、经贸往来、设施连通等社会交往活动,则是人们彼此根据生产生活要求和社会发展需要进行直接沟通交流与互动。它们在促进生产要素互通有无、物产互补、科学技术交流共享等过程中,推动人们批判和超越自我本位的价值立场和二元对立思维模式看待彼此及其相互关系,实现彼此相互尊重各自差异、包容多样,进而形成共识和共同行动。对外开放则是这一社会交往和文化交往的前提和基础。只有实行对外开放,本国家、本民族人民才能走出国门,与其他国家、其他民族人民进行社会交往,进而打破国别限制和地域限制,促进生产要素互通有无、物产互补、科学技术交流等等,从而实现优势互补、相互促进。与此同时,人们在这一过程中才能够突破自我既有的存在样式和形态,批判超越自我本位的价值立场和二元对立的思维方式看待彼此及其相互关系,进而在与他者交流互动促进彼此相互尊重各自差异、包容多样,形成与他者的共识和共同行动。故而可以说,对外开放是社会交往的前提和基础,也是人们在社会交往中推动批判超越自我本位的价值立场和二元对立的思维方式,推动自我发展和社会发展的动力和重要条件。而且,只有大开放,也才能促进大发展。改革开放四十多年来,我国现代化建设就是立足于我国社会主义初级阶段基本国情,在积极实施对外开放发展战略、不断扩大对外开放格局、主动融入世界经济发展的潮流中展开和推进的。在这期间,中华民族实现了"从站起来、富起来到强起来的伟大飞跃",中国人民实现了"从温饱不足到小康富裕的伟大飞跃"[1]。而这既离不开中国共产党人带领中国人民自力更生、艰苦奋斗、开拓进取、敢为天下先的责任担当,奋力推进我国现代化建设;更离不开世界经济全球化的助力。对于此,魏杰指出,"2002年入世以后,全球化的进程带动了中国的快速发展,没有全球化就没有中国建设的快速发展。我们应该承认全球化对中国的巨大贡献。而且中国必须继续坚持全球化才能得以发展"[2]。故而,我们要从坚持开放发展理念的高度,坚定不移地实施对外开放的发展战略,继续积极主动融入世界经济的全球化进程。为此,我们不仅要继续积极主动承接产业转移,参与世界产业链、供应链和价值链;而且要不断推进我国经济深层次开放,诸如服务市场开放、金融市场开放等;还要更加积极主动地推动"一带一路"建设和西部大开发,切实推动西部发展、中部与东部在"一带一路"建设中联动发展、协调发展。与此同时,在这一中国与世界发展的交流、互动、交融过程中,引导人们不仅从中国发展的角度看待世界,而且从世界发展的角度看待中国,从而实现对自我本位价值立场的和二元对立思维方式的批判和超越,形成对于我国现代化建设的正确合理认识及在此基础上的社会改革发展共识。

第四,从社会生产力发展的角度,在全面深化改革中推动我国经济社会持续健康发展。马克思在考察生产力和交往形式之间的关系时曾指出,

---

[1]《习近平在庆祝改革开放四十周年大会上的讲话》,新华网,2018年12月18日。
[2] 魏杰:《后疫情时代的中国经济》,《企业管理》2020年第8期。

"生产力与交往形式之间的这种矛盾——正如我们所见到的,它在迄今为止的历史中曾多次发生过,然而并没有威胁交往形式的基础——,每一次都不免要爆发为革命,同时也采取各种附带形式,如冲突的总和,不同阶级之间的冲突、意识的矛盾,思想斗争,政治斗争,等等。……因此,按照我们的观点,一切历史冲突都根源于生产力和交往形式之间的矛盾"①。故而,我们可以说,这些附带形式的历史冲突例如"冲突的总和,不同阶级之间的冲突,意识的矛盾,思想斗争,政治斗争,等等"②。它们的缓和与解决,最终都取决于生产力与交往形式之间矛盾的缓和与解决(即后来马克思在《资本论》中所使用的"生产力与生产关系之间的矛盾"的缓和和解决),最终取决于破除已有交往形式对于生产力发展的阻碍并继而推动生产力发展(即破除已有生产关系对于生产力发展的阻碍)。而我国社会思潮秉持自我本位的价值立场和主客二元论思维方式看待我国现代化建设及它们之间的关系,造成各社会思潮在各持一端、两极对立下激烈交锋,进而导致人们关于我国现代化建设的认识产生意识矛盾和思想斗争,并难以达成社会改革发展共识。这些社会思潮激烈交锋及所导致的意识矛盾和思想斗争,就是生产力与生产力关系之间的矛盾的附带表现形式。故而,克服社会思潮激烈交锋争论及所导致的意识矛盾和思想斗争,促进人们形成社会改革发展共识,进而促进人们批判和超越自身秉持的自我本位的价值立场和主客二元论思维方式看待我国现代化建设及它们之间的关系,也最终取决于生产力与生产关系之间矛盾的缓和与解决。为此,我们不仅要在社会交往实践中提升中华文化自觉、增强文化自信和坚持实施对外开放战略,并在观念意识层面坚持以习近平新时代中国特色社会主义思想为引领来推动思想再解放;而且也要在社会生产实践活动中的生产环节部分,植根于我国现代化建设,破除已有生产关系对于生产力发展的阻碍并继而推动生产力发展,从而推动我国经济社会持续健康发展。就当前我国经济社会发展而言,就是要通过全面深化改革,来促进社会不平衡不充分的发展与人民日益增长的美好生活需要之间的矛盾的缓和与解决;就是要通过全面深化改革,"破除各方面体制机制弊端"、打破"利益固化藩篱"、解决"突出矛盾"等我国各项事业发展中出现的问题,从而增强社会发展动力、社会活

---

① [德]马克思,恩格斯:《德意志意识形态》,《马克思恩格斯文集》(第一卷),中央编译局,人民出版社 2009 年版,第 567—568 页。
② [德]马克思,恩格斯:《德意志意识形态》,《马克思恩格斯文集》(第一卷),中央编译局,人民出版社 2009 年版,第 568 页。

力与促进社会公平正义、增进"人民福祉"①。

其一,在继续坚持以经济建设为中心的背景下,坚定不移贯彻新发展理念,大力推进全面深化改革,尤其要提升各级政府服务意识、优化营商环境,并对科研人员进行政策性扶持,进一步鼓励和支持科技创新,助力加快经济转变发展方式和产业转型升级。通过坚持以创新、协调、绿色、开放、共享的新发展理念为科学指引,推动全面深化改革,破除机制体制弊端。与此同时,提升各级政府的整体服务意识、优化各地营商环境,在加快转变经济发展方式和各产业转型升级中推动经济高质量发展。尤其要注重推动科技创新和转化及新技术的推广和应用,进一步建立健全科研人员的激励机制,对于紧缺科技人才和顶尖科技人才除了给予适当的项目支撑和资金支持之外,特别要进行政策性倾斜,最大限度调动科技人才的积极性和创造性投入科技创新发展,为经济高质量发展提供科技支撑。其二,始终坚持以人民为中心的价值立场,大力推进社会制度建设,尤其要推进司法改革和社会法治建设及民主政治建设,促进社会公平正义。推进社会生活中的各项制度建设,尤其是要推进关涉普通民众日常生产生活的司法改革和社会法治建设及民主政治建设,坚持和贯彻《中华人民共和国民法典》,并以此为引领,逐渐消除一切不合时宜的思想观念和体制机制弊端,打破利益固化的藩篱,继而吸收人类文明有益成果,构建系统完备、科学规范、运行有效的相关制度体系,从而在制度层面推进我国经济、政治、文化、社会、生态等方面全面协调发展,整体地促进社会公平正义、社会保障、道德滑坡、贫富差异大等社会问题和社会矛盾的缓和与解决。其三,坚持实施以保障民生和改善民生为基本导向的发展战略,尤其要加强社会保障体系建设。在民生建设方面,我们要继续推进经济建设和发挥制度优势,并从发展战略的高度,大力发挥政治优势,推进社会保障体系建设,加快全面实施全民参保计划,从而保证全体人民在共同推进社会主义现代化建设中有更多的获得感和幸福感,促进全体人民共同富裕。

以上这些方面就是全面深化改革,破除既有生产关系对生产力发展的阻碍并推动生产力发展,进而推动我国现代化建设的主要建议。发展生产力,解决广大人民群众日常生产生活中存在的困难和问题,积极回应人们对深化改革发展的新的价值期盼和热烈期望及其对美好生活的向往,重视人民群众的合理诉求及不断提高的美好生活要求,以人们的满意度和幸福

---

① 《〈党的十九大报告〉学习辅导百问》,学习出版社,党建读物出版社2017年版,第15页。

度作为衡量改革发展成效的标准。这不仅有助于增加人们对于当前我国社会改革发展的认可度和接受度,进而在生产生活中正确合理地认识和理解我国现代化建设与习近平新时代中国特色社会主义思想及其相互关系,从而批判和超越自我本位的价值立场和二元对立的思维方式,达成社会改革发展共识;而且有助于人们坚定道路自信、理论自信和制度自信;还有助于增强人们对于中华文化自觉基础上的文化自信,进而坚定对外开放的发展战略,继续推动中国积极融入经济发展,实现与全球化发展同频共振。故而,我们要坚持推进全面深化改革,破除既有生产关系对生产力发展的阻碍并推动生产力发展,进而推动我国现代化建设。

10. 当代中国马克思主义社会真理思想的探索与思考

"哲学家们只是用不同的方式解释世界,问题在于改变世界"①。真理的研究不仅在于其解释世界的功能,更重要的是发挥其作为"精神的武器"的"改变世界"的作用。本著作开展马克思主义社会真理思想问题研究,也不仅仅只是试图建构一个关于社会生活世界的正确合理性认知的科学社会认识体系,更重要的是发挥它的理论价值和实践价值。从形成和发展过程看,中国特色社会主义理论体系形成和发展与习近平新时代中国特色社会主义思想的创立与发展于中国改革和建设的伟大历史实践过程中,是中国共产党人带领广大人民群众对于我国社会主义现代化建设本性和规律进行长期探索与思考的智慧结晶。它们作为人们对于我国社会主义现代化建设过程、本性和规律的科学认识和准确把握,是体现人们对于社会主义现代化建设理论自觉和实践自觉的科学社会认识体系。为此,本著作立足于当前社会主义现代化建设实践,分析和梳理中国特色社会主义理论体系形成和发展历程与习近平新时代中国特色社会主义思想创立与发展历程,试图揭示和阐明当代中国的马克思主义社会真理思想的探索与思考的影响和制约因素,进而探寻推动习近平新时代中国特色社会主义思想的创新和发展的现实路径。

10.1 当代中国马克思主义社会真理思想问题的提出

历史地看,我国社会主义现代化建设的展开和推进,是顺应近代以来

---

① 《马克思恩格斯选集》(第一卷),中央编译局,人民出版社1995年版,第57页。

我国社会发展方式进入"自觉以思想理论来指导社会变革和发展的历史时期"①，以真理标准大讨论冲破马克思主义和社会主义的绝对真理观和形而上学真理观的认识和理解、确立实践真理标准为契机，从人们的社会实践活动及其创造的社会生活出发，探索关于社会主义现代化建设过程、本性和规律的科学认知，进而构建中国特色社会主义理论体系，并以这一社会认识体系为指导，推动人们解放思想和改革开放深入发展的过程。

在《〈黑格尔法哲学批判〉导言》中，马克思在谈及宗教批判时曾言，对宗教的批判"撕碎锁链上那些虚幻的花朵，不是要人依旧戴上没有幻想没有慰藉的锁链，而是要人扔掉它，采摘新鲜的花朵。对宗教的批判使人不抱幻想，使人能够作为不抱幻想而具有理智思考的人来思考，来行动，来建立自己的现实，使他能够围绕着自身和自己现实的太阳转动。因此，真理的彼岸世界消逝以后，历史的任务就是确立此岸世界的真理"②。就真理标准大讨论而言，从理论层面看，它是针对当时以"两个凡是"为代表的形而上学绝对真理观意识形态，力求在学术上恢复马克思主义的一个常识性哲学基本命题：实践是检验真理的唯一标准，从而确立实践在认知真理中的权威地位。从实践层面看，它则是针对中国走什么样的道路去建设社会主义现代化、怎样实现社会主义现代化等问题，要破除人们在思想观念上忽视社会主义初级阶段的基本国情和置世界基本发展趋势于不顾的情势，把马克思以西方发达国家为背景的社会主义建设思想直接照搬过来运用到中国社会主义建设实践中的主观主义、教条主义和本本主义，促进人们思想解放，以实事求是的态度客观的从中国实际国情和世界发展趋势出发去理解马克思主义和社会主义，并以此为指导建设社会主义现代化，探索和实践适合中国社会生活本身的社会主义现代化发展道路。故而可以说，从认知层面看，真理标准大讨论是要破除关于"两个凡是"的现成条文和意识形态权威话语对于社会生活全部形式内容的规范、限制、宰割、裁剪，还原社会生活的全面性、丰富性、异质性和总体性，并从社会生活本身出发，把社会实践及其创造的社会生活本身确立为人们认知社会生活科学性的尺度，从而实现"以实践观点的思维方式取代'先验主义'的本体化的思

---

① 徐长福：《理论思维与工程思维——两种思维方式的僭越与划界》，重庆出版社 2013 年版，第 2 页。
② ［德］马克思：《〈黑格尔法哲学批判〉导言》，转自《马克思恩格斯文集》（第一卷），人民出版社 2009 年版，第 4 页。

维方式'"①来认识和理解社会生活,把由人们的实践活动及其所创造的日常现实社会生活理解和确立为人的真实的社会存在和真实的社会生活。从实践活动层面看,它则是要克服和超越人们把关于社会生活的科学认知问题仅仅看成是理论层面的知识论问题,摆脱从理论上把"两个凡是"现成条文和意识形态权威话语看成是社会生活科学认知的检验标准的思维逻辑;从而把人们对于社会生活认知的科学认知问题从认识论层面扩展和延伸到社会本体论层面,把社会主义建设实践及其创造的社会生活和形成的人的社会历史性生存,确立为人们对于社会主义现代化建设过程、本性和规律认知和理解正确合理性的现实基础和衡量标准。换言之,它是把关于社会主义现代化建设过程、本性和规律的社会认知问题纳入社会实践活动领域,使其从纯粹的理论思维领域和主观思想观念层面回归其实践根源处和客观现实的社会生活层面,回归由社会实践活动及其创造的社会生活世界形成起来的"事情本身",并由此促进人们对社会生活世界的科学认知和确立其检验的实践标准。由于科学的社会认识作为人们在社会实践活动中对于社会生活世界的科学认知,是在社会实践和社会发展过程中形成和发展起来的,并通过转化为人们日常生产生活观念,而作为人们的实践观念指导人们从事社会实践活动,进而不断融入社会发展过程中而外化、客观化为社会现实存在的样式,故而它作为真理的一个分支,实际上已经超越了认识论范围,而以社会本体的形式参与形成和建构人们的现实社会生活,并成为其有机组成部分。正因为如此,真理标准大讨论才不仅使马克思主义回到了应有的认识论和实践论地位,而且引发了当代中国解放思想运动,使中国共产党带领人民重新确立了实事求是的思想路线,继而推动了中共十一届三中全会的召开和中国改革开放,实现了工作重心向经济建设的转移,开启了我国社会主义现代化建设的伟大征程,与此同时也推动了中国特色社会主义理论的形成和发展。

实践是真理的源泉。实践发展永无止境,认识发展永无止境。科学的社会认识作为人们对于社会生活过程、本性和规律的科学认知,也是在与社会实践的互动中随着社会发展变迁不断丰富发展的。它通过指导社会实践并落实于现实社会生活中而作为思想前提和存在样式推动社会发展变迁,但社会发展变迁又暴露出现存社会认识的缺陷和不足而使其变成了

---

① 贺来:《哲学以何种方式改变世界——纪念"实践是检验真理的唯一标准"发表40周年》,《江海学刊》2018年第4期。

"历史性"的真理,并进一步提出了对社会生活过程、本性和规律重新获得科学认识的要求,其结果是新的现实的科学社会认识的产生及其辩证发展和社会的发展进步。自真理标准大讨论以来,中国共产党带领人民坚持解放思想、实事求是,正确认识社会主义初级阶段的基本国情和准确把握世界发展的趋势,针对中国社会面临的一系列重大实践和理论问题,在有效回应和解答这些实践和理论问题过程中不断深化社会主义建设规律、党的执政规律和人类社会发展规律的科学认知,探索和建构了中国特色社会主义理论体系,并以此指导人们从事现实具体的社会实践活动,从而推动了我国经济社会持续健康发展。但问题与成就并存。改革开放四十多年的社会认识的探索和思考,在不断纠错和调整中摸索前进,虽然构建了中国特色社会主义理论体系,但仍有许多因素阻碍和制约着这一理论的创新和发展,使得理论的前进之路艰难而又坎坷,因此也是对人们在社会主义现代化建设中的社会认识探索和思考作些许评价和反思的时候。而且,科学合理地评价我国社会主义现代化建设中探索和思考社会认识的历程,总结和反思人们在这一历程中的经验和教训,分析导致人们错误认识社会生活的因素,探讨形成和建构科学社会认识现实路径,对于新时代条件下我们继续坚持解放思想、实事求是的思想路线,推进习近平新时代中国特色社会主义思想创新和发展,推动经济社会持续健康发展,具有重要的现实意义。基于上述原因,本著作以真理标准大讨论和改革开放为分界点,从中国特色社会主义体系的形成和发展入手,透过改革开放后社会主义现代化建设模式和机制及由此带来的人们对于社会主义建设实践科学认知的探索状况,深入分析造成如此探索状况的根源及其实质所在,进而把它们作为经验教训,以此为基础探寻当代中国马克思主义社会真理思想的探索与思考的可能路径。

当然,这里需要说明的是,从唯物史观看,社会认识理论与中国特色社会主义理论体系之间也是内在本质关联着的。首先,从理论渊源看,社会认识理论的形成和发展与中国特色社会主义理论体系都根源于马克思主义理论,都是对马克思主义理论的创新和发展。从前文分析可知,"社会真理"概念首先是由马克思提出并加以诠释的。本著作对"社会真理"概念的解释,也是继承和发展马克思对于"社会真理"概念的理解和诠释而来,并从唯物史观角度对社会认识问题进行分析和探讨。故而,在这个意义上可以说,社会认识理论是对马克思主义唯物史观的深化和发展,特别是对唯物史观中蕴含的社会认识思想的深化和发展。中国特色社会主义理论的形成和发展主要是马克思主义基本原理和我国现代化建设实践相结合的产物,特别是马克思主义与我国现代化建设中实际具体发展需要和社会实践要求相结合的产物。它是对马克思主义在我国社会主义现代化建设中具体应用和丰富发展的经验性总结、概括和理论性提升,是对我国社会主义现代化建设过程中不断推进马克思主义中国化的经验性总结、概括和理论性提升。故而,在这个意义上可以说,中国特色社会主义理论也是对马克思主义理论的深化和发展。其次,从内涵上看,社会认识理论是人们在社会实践活动开启社会生活世界,揭示和领悟社会实践活动把自在的社会生活世界改造为"为我"的属人世界而敞开其本真状态过程中,形成和建构起来的关于社会生活过程、本性和规律的科学认知体系;而中国特色社会主义理论则是改革开放以来人们在社会实践活动推进社会主义现代化建设过程中,形成和建构起来的对于我国社会主义现代化建设过程、本性和规律的科学认知体系。故而,在这个意义上可以说,社会认识理论是人们探索和构建中国特色社会主义理论体系的理论根据和思想基础,而中国特色社会主义理论体系则是社会认识理论在社会主义现代化建设实践中的外化、客观化和现实化,是社会认识理论在社会主义现代化建设实践中的具体化、个别化和特殊化,是社会认识理论在中国特色社会主义现代化建设中的具体应用和丰富发展。正是基于此,本著作把中国特色社会主义理论与社会认识理论相提并论,并力图通过分析和梳理中国特色社会主义理论体系的形成和发展历程,揭示和阐明当代中国马克思主义社会真理思想探索与思考的影响和制约因素,探寻推动习近平新时代中国特色社会主义思想创新和发展的现实路径。

10.2 中国特色社会主义理论体系作为社会真理思想的研究现状

从现有研究成果看,自2007年党的十七大报告明确提出"中国特色社会主义理论体系"的概念之后,学界就围绕中国特色社会主义理论体系的形成起点、发生机制、发展过程、发展的实践逻辑、科学内涵、基本特征、主题、价值取向、范畴、框架、基本内容、理论逻辑建构、理论品格、思想精髓、重大意义及其与毛泽东思想的关系等方面进行了深入系统地研究,并就深化中国特色社会主义理论体系的研究方向、具体路径、具体方法、具体思路等问题提出了对策和建议。尤其是 2012 年党的十八大以来,伴随着思想文化领域持续掀起学习、研究和宣传习近平新时代中国特色社会主义思想高潮及全国各地方各行业各部门持续全面学习贯彻习近平新时代中国特色社会主义思想,学界对习近平新时代中国特色社会主义思想的时代背景、基本含义、哲学基础、逻辑发生、实践生成机制和重大意义及其对中国特色社会主义理论体系的丰富和发展等方面进行了系统深入地研究和阐释。这些研究无疑有助于深化人们对于中国特色社会主义理论体系与习近平新时代中国特色社会主义思想的认识和理解,增强人们的理论自觉和理论自信,也有助于人们在此基础上进一步推动习近平新时代中国特色社会主义思想的创新和发展。尽管如此,但中国特色社会主义理论体系与习近平新时代中国特色社会主义思想作为人们对于我国社会主义现代化建设过程、本性和规律科学认知而形成和建构起来的社会认识理论,既是一个不断生成发展的开放性和过程性体系,也是一个总体性的大全式思想体系。它们的生成发展既有实践上的根源,也有认识上的原因;既有国外各种思潮的影响,也有我国传统文化和社会主义建设实践经验的自身因素制约;既有世界发展总体形势的影响,也有我国具体国情的制约。总而言之,它们是多种因素综合作用的结果。故而,中国特色社会主义理论体系形成和发展的探讨,就不能像目前学界所做的那样,只停留在学理层面探讨其形成发展的内在逻辑,而应该在此基础上深入到社会主义现代化建设进程中去,在社会实践层面进一步探讨其形成发展的具体因素和现实条件。基于此,本著着眼于中国特色社会主义现代化建设进程与习近平新时代中国特色社会主义思想创立与发展历程,力图从马克思主义社会真理思想的角度,从社会实践层面进一步探讨习近平新时代中国特色社会主义思想生成发展的现实具体的主观因素和客观条件,为人们深化习近平新时代中国特色社会主义思想的认识和理解,推动习近平新时代中国特色社会主义思想创新和发展提供理论借鉴。

10.3 推动中国的马克思主义社会真理思想的生成和发展
——中国特色社会主义理论体系的建构和完善

改革开放前社会主义现代化建设初期探索的经验和教训表明,要推进我国社会主义现代化建设,关键在于自主地探索和思考我国社会主义现代化建设认知,关键在于自主地形成和建构我国社会主义现代化建设过程、本性和规律的认知,并在社会实践活动中贯彻和落实这些认知成果,推动我国经济社会持续健康发展,与此同时在这一过程中不断检验、矫正、丰富和发展这些认知成果。为此,我们就需要从那些不合时宜的习惯旧势力、观念、体制、制度的束缚中解放出来,从对马克思主义的错误认知及教条化僵化的理解中解放出来,从主观主义、形而上学、外部形式的反思、传统二元对立的思维模式的桎梏中解放出来,立足于我国社会主义现代化建设实践,针对我国社会发展实际面临的一系列新问题、新情况和世界发展的新形势,以马克思主义为指导,在回应和解答这些新情况中的新问题的过程中不断推动理论创新,并以此为指导推进社会主义现代化建设。恩格斯谈到唯物史观的原理出发点时曾说,"一切社会变迁和政治变革的终极原因,不应当到人们的头脑中,到人们对永恒的真理和正义的日益增进的认识中去寻找,而应当到生产方式和交换方式的变更中去寻找;不应到有关时代的哲学中去寻找,而应当到有关时代的经济中去寻找"①。因此,我们就需要推动思想解放,使人们回到他们所从事的社会实践活动中去,回到由人们的社会实践活动所创造的社会生活世界中去,在人们的日常生产生活中探索与思考、形成和建构社会主义现代化建设认知。如前所述,这一任务是通过真理标准大讨论来推动的。真理标准大讨论后,实践真理观深入人心。在1978年11月10日到12月15日举行的中央工作会议上,邓小平作了《解放思想,实事求是,团结一致向前看》的讲话。这些讲话后来成为中共十一届三中全会的主题报告。自此以后,在解放思想、实事求是的思想路线指引下,人们回归中国现实社会生活,立足于中国基本国情和世情,不仅探索和思考、创造和形成了社会主义现代化建设的科学认知,而且在实践中落实、深化和发展了这些认知成果,切实有效地推动了社会主义现代化事业的发展。中国特色社会主义理论体系的形成和发展与习近平新时代中国特色社会主义思想的创立与发展,就是实践的社会认识观念探索和思考、确立和完善的最好说明和表征。持续的解放思想和实践的社会认识观念的探索和思考、确立和完善,为人们积极自主探索和思考社会主义现代化建设认知提供了广阔的空间。

第一,对社会主义现代化建设初期探索成果及经验教训的总结反思,

---

① [德]恩格斯:《反杜林论》,转自《马克思恩格斯选集》(第三卷),中央编译局,人民出版社1995年版,第617—618页。

推动了人们探索我国社会主义现代化建设的理论自觉。改革开放前,中国共产党人带领人民以革命经验为指导,直接照搬苏联社会主义现代化建设模式来推动中国社会主义现代化建设,脱离了中国社会发展实际和世界发展的趋势,导致人们探索社会主义现代化建设认知犯了重大错误,造成社会主义现代化建设事业遭受严重挫折。尽管如此,但在一些具体的社会问题上,人们还是注重自主地探索适合中国社会发展实际的道路,顺利完成了社会主义改造,确立了社会主义制度,为当代中国社会的一切发展进步奠定了根本的政治前提和制度基础;而且,科学地制定了第一个五年计划,建立起了独立的比较完整的工业体系和国民经济体系,积累了在中国这样一个社会生产力水平十分落后的东方大国进行社会主义现代化建设的重要经验,这些因素都为我国社会主义现代化发展道路的开辟奠定了物质基础,也为人们创造性地认知和把握我国社会主义现代化建设提供了思想土壤。在总结和反思这些经验和教训基础上,人们实现了社会主义现代化建设的理论自觉。真理标准大讨论是这一理论自觉的表现。通过真理标准大讨论,人们自觉从满足于社会主义的抽象优越性和对社会主义的空想性中回到了中国现实社会生活和人们的现实生存,立足于社会主义初级阶段的基本国情与世界经济快速发展和技术进步日新月异的现实,针对日益增长的物质文化需要同物质文化发展不能满足需要状况之间的矛盾,以马克思主义为指导,在社会实践活动中努力探索和思考关于社会主义现代化建设本性和规律的认知,并在这些认知成果的指导下推动了改革开放和社会主义现代化建设事业的新发展。

第二,思想解放激发了人们创造性地探索和思考社会主义现代化建设的科学认知。思想解放作为发展社会主义现代化建设事业的基本经验和基本方法,是发展我国社会主义现代化建设事业的一大法宝,也是人们探索和思考社会主义现代化建设本性和规律认知得以丰富发展的基本前提。它为改革开放提供了思想基础,也为人们创造性地探索和思考社会主义现代化建设本性和规律认知开辟了可能性空间。回顾中国改革开放四十多年的发展,可以看出,正是通过思想解放,尤其是真理标准问题大讨论所引发的思想解放运动,才使人们摆脱了"左"的思想束缚,确立了实践的社会认识观念,激发了人们创造性地探索和实践关于社会主义建设的科学认知及其成果,开启了改革开放的破冰之船;才使人们不断冲破思想禁区,克服主观偏见,在马克思主义指导下遵循实事求是的路线,科学认知和把握社会主义现代化建设本性和规律,探索符合中国社会实际的社会主义现代化发展道路,成功实现了由封闭僵化的计划经济体制向充满活力的社会主义市场经济体制的伟大历史转折。思想解放对人们在社会实践中深化和发展社会主义现代化建设认知具有潜在的前瞻性,能够使人们自觉突破教条主义、形而上学和经验主义等习惯旧势力和传统观念的束缚,根据变化了的中国社会发展实际和时代发展要求,不断推动人们对社会主义现代化建设本性和规律认知的深化发展,并以此引导人们有效地推进改革开放和社会主义现代化建设持续发展。中国社会主义现代化建设之所以能够一步又一步地取得成功,就因为有解放思想这个法宝。从这个真理标准大讨论到邓小平的南方谈话到江泽民的"七一讲话";从党的十七大和胡锦涛在庆祝改革开放30周年大会上的讲话到党的十八大再到党的十九大和习近平同志在庆祝改革开放40周年大会上的讲话,一次又一次思想解放,不断推动人们的思想观念突破和创新发展,也为中国社会发展指明了前进方向,引导我国改革开放向纵深发展。在这个意义上可以说,中国特色社会主义事业的持续发展过程,就是人们在社会实践中不断解放思想、实事求是地深化发展社会主义现代化建设认知的过程。

第三,改革开放从客观上推动了人们对社会主义现代化建设认知的发展深化。改革开放作为强国之路,是中国社会发展进步的活力源泉,也是深化发展社会主义现代化建设认识的根本动力。它通过改变束缚生产力发展和生产关系变革的体制和制度,提倡与其他先进文明民族进行频繁交往,不但打破了以苏联模式为代表的传统封闭僵化的社会主义现代化建设模式,解放和发展了生产力,为中国社会主义现代化建设注入无限生机和活力;而且推动了思想解放的深入发展和人们思维方式的根本转变,使人们更加务实地以社会主义经济建设为中心,立足于时代发展和社会变化发展的实际,针对社会实践面临的重大矛盾和重大问题,在总结和反思中国社会主义现代化建设历史和现实的经验教训、借鉴其他社会主义国家兴衰成败的经验教训基础上,不断推进中国社会主义现代化建设认知,推动社会主义事业持续发展。中国特色社会主义理论体系就是人们在改革开放的伟大实践中不断探索和思考社会主义建设规律、共产党执政规律和人类社会发展规律基础上形成和发展起来的社会认识体系。它作为一面旗帜,时刻提醒我们要深入社会生活,立足于社会实践活动,不仅要客观地认识不断变化的社会现实,理性地把握社会主义现代化建设的本性及其规律,而且要在它们的指导下积极投身于改革开放的伟大实践,实际地推动社会主义现代化建设事业不断前进。

第四,社会交往的扩大和深入,推动了人们对社会主义建设认知的丰富完善。改革开放不仅解放和发展了生产力,促使人们按照市场需要合理流动,形成适应社会现代化发展需要的社会阶层结构;而且促进了人们彼此之间的相互交往,以及与其他文明民族之间的对外交往。人们对于社会生活世界认知,正是人们在这一社会交往过程中不断对话的思辨产物。这一社会交往作为人们在物质生产活动和物质交往活动基础上形成的思想、意识和理论的自主交往活动,不仅使人们能够学习、借鉴和吸收其他国家社会发展的经验和教训,纠正自身在社会生活认知上存在的缺陷和不足,促成自身的社会生活认知趋向科学合理和丰富完善;而且使人们能够在理性力量的制约下,通过平等对话、自由论辩等方式消除在社会生活世界认知上存在的独断和偏见,从而推动社会认识的发展深化。改革开放四十多年来,每一次思想解放的深入和对外开放的扩大实际上都是人们相互间社会交往的扩大和深入的体现。通过社会交往,人们在刺激和挑战中不断解放思想,在社会实践中越来越清楚地认识到我国社会主义现代化建设过程、本性及其规律,并在此基础上实事求是地全面准确地把握这些科学认识成果,进而推动中国特色社会主义理论深化发展,并且充分利用各方面有利条件落实这些科学认知成果,从而在竞争与合作中不断推动社会主义事业前进。故而,在这个意义上,可以说中国特色社会主义理论与习近平新时代中国特色社会主义思想创立与发展的过程和社会主义建设不断深入的过程,就是关于中国社会主义现代化建设的认识在社会交往中不断丰富发展的过程。

10.4 推进中国的马克思主义社会真理思想探索和创新
——中国特色社会主义思想的创新与发展

当前世界正经历百年未有之大变局的加速演化,我国正处在实现中华民族伟大复兴的关键时期。伴随着我国改革开放的深入推进和全面深化,市场经济体制的建立和完善,社会结构发生深刻变化,利益格局不断调整,社会思想文化日益多样化和社会价值取向日益多元化,纷繁复杂的社会思潮在意识形态领域激烈碰撞交锋,"社会内部各种价值要素和价值观念之间激烈冲突,表现为社会矛盾凸显,社会冲突频发,价值状况堪忧"[①],从思

---

① 欧阳康:《中国道路及其价值意蕴》,《马克思主义与现实》2011年第3期。

想认识上和价值取向上干扰和妨碍着人们对我国社会主义现代化建设过程、本性和规律认知的深化。从现实社会生活方面看，在国际上，"世界经济复苏乏力、局部冲突和动荡频发、全球性问题加剧"①，国内则存在着"发展不平衡不充分、民生领域短板突出、社会矛盾和问题交织叠加、思想安全复杂严峻、改革在实践上尚需深入等困难和挑战"②，这无疑增加了人们从事社会实践来推动社会主义现代化建设的复杂性、不确定性和风险，进而也从现实条件方面增加了人们在这一过程中深入认识和把握社会主义现代化建设过程、本性和规律的复杂性和难度。尽管如此，但思想是行动的先导，先进的理论是人们有效进行实践的灯塔。在这一背景下，如何促进人们认知和把握我国社会主义现代化建设过程、本性和规律并将其付诸实践，就成为我们当前面临的一个重要时代课题和一项重要历史任务。时代是思想之母，实践是理论之源。从生存论看，我们需要植根于人们日常生产生活，通过从事社会实践活动参与到当前我国社会主义现代化建设进程中去，在这一建设进程中开启当前社会主义现代化建设生活世界，揭示和领悟这一生活世界的过程、本性和规律，并不断把这些认识成果运用到社会实践活动中去，从而在推动社会主义现代化事业持续健康发展中不断促进习近平新时代中国特色社会主义思想的创新与发展。为此，从当前人们认知和把握我国社会主义现代化建设情况看，我们可以从以下几个方面做出努力：

第一，引导人们科学认识我国现代化建设，批判超越社会思潮的自我为本位的价值立场和主客二元论思维方式。从前文分析可知，当前我国社会思想文化领域主要存在新自由主义、新左派、民粹主义、历史虚无主义、复古主义、极端主义等一些社会思潮。它们在我国社会思想文化领域各执一端、两极对立，激烈交锋和争论，对人们日常生产生活和我国经济社会发展产生着较大影响。而这主要是由于它们秉持自我为本位的价值立场、以二元对立的思维方式和极端化的思维方式看待我国现代化建设和之间的关系所致。这些因素不仅导致它们从认识上的"是非之争"走向价值标准上的"对抗性矛盾"，进而导致它们相互排斥、相互否定；而且导致它们更为关注自身作为意识形态的广泛传播带来的社会效应和产生的外部价值，并借此实现其相关社会阶层和社会群体所追求的利益欲求和价值目标；还

---

① 《〈党的十九大报告〉学习辅导百问》，学习出版社，党建读物出版社2017年版，第2页。
② 《〈党的十九大报告〉学习辅导百问》，学习出版社，党建读物出版社2017年版，第8页。

使得它们具有明显的主观主义倾向和形而上学倾向。由此造成的后果是,它们的兴起和盛行阻碍了人们在正确合理地认识我国现代化建设基础上形成社会改革发展共识。从根源上看,之所以如此,大体上有以下两方面原因:其一,人们不自觉地和无意识地受中华传统"华夷思想"和"天下观念"的传统思维惯性影响。这使得中国人大多对本土文化始终怀有过于强烈的自信并产生了强烈的"中华文化优越感",对外来文化和思想警觉性比较高,"非我族类其心必异""明犯强汉者,虽远必诛"等等,就是这一观念的具体体现。如文化复古主义和新左派等社会思潮的诱发和滋生,就与这一观念密切相关。其二,自近代以来西学东渐中逐渐被中国人学习和接受的西方近代认识论框架下主客二元对立的思维方式和形而上学思维方式的重要影响。人们以这两种思维方式分析和观察生活和事物,就是把人看作认识主体,把对象看作是客体,人处于优先地位,其他事物则处于附属地位。于是,人们在认识上的主客二元对立思维模式就完全确立起来了。当前民粹主义和民族主义等社会思潮的诱发和滋生就与这一观念密切相关。为此,我们不仅要在社会交往实践中提升文化自觉、增强文化自信和坚持实施对外开放战略;而且也要在观念意识层面坚持以习近平新时代中国特色社会主义思想为引领来推动思想再解放;还要在社会生产实践活动中的生产环节,植根于我国现代化建设,破除已有生产关系对于生产力发展的阻碍并继而推动生产力发展,从而推动我国经济社会持续健康发展。与此同时,在这些活动中引导人们科学客观地认识和理解我国现代化建设与习近平新时代中国特色社会主义思想及其辩证关系,从而批判和超越自我本位的价值立场和二元对立的思维方式,促进社会改革发展共识。

第二,坚持社会主义核心价值观的积极引导。以肯定和承认价值理念的个体性差异和矛盾为前提的、复杂多样的社会价值理念格局和坚持社会主义核心价值观的引导,是人们在社会主义现代化建设实践中深入探索和思考、落实落地社会主义现代化建设本性和规律认知的内在保障。党的十八大报告提出,社会主义核心价值观主要包括国家层面的价值目标"富强、民主、文明、和谐";社会层面的价值取向"自由、平等、公正、法治";个人层面的价值准则"爱国、敬业、诚信、友善"。它们作为当前我国社会核心价值理念,是引导当前我国经济社会发展的核心价值理念和价值原则,承载着中华民族最深沉的精神追求。对于此,党的十九大报告进一步指出,"社会主义核心价值观是当代中国精神的集中体现,凝结着全体人民共同的价值追求"①。正因为如此,它作为人们共同的价值追求和价值理想的集中体现和表达,能够引导主体的多元化价值理念朝向有利于经济发展、政治昌明、社会和谐和精神进步的方向发展,并在社会主义建设实践中促进这些有利于社会发展的价值理念进一步转换为人们认知社会生活世界的合理性价值取向,从而引导人们积极投身于社会主义现代化建设实践,开启社会主义现代化建设生活世界,使人们在揭示和领悟社会主义现代化建设本性和规律中推动人们对于社会主义现代化事业的认知不断拓展和深化。不仅如此,它还肯定和承认主体价值理念的个体性和差异性,又强调这些不同价值理念之间的相容性和一致性,能够最大限度地调动人们的积极性和创造性参与社会主义现代化建设科学认知的探索和思考,使他们在各自特殊的和具体的社会实践活动中自觉地认知和把握社会主义建设本性和规律,同时通过彼此间的社会交往,消除各自认知上存在的独断和偏见,推动社会对于社会主义本性和规律认识的丰富完善,并在实践中落实这些认识成果,从而推动社会主义现代化建设持续健康发展;它还能够使这些不同价值理念在社会认知活动中从相互竞争、矛盾走向协调和融合,形成以社会主义核心价值观引导、多样化价值观念并存的价值理念格局,能够促进社会价值认同和引导人们进行科学合理的价值选择,激发人们从社会生活的不同方面和不同层面探索关于社会生活过程、本性和规律的科学认知,由此形成多样化的社会认识并不断地落实于实践中,推动社会多样化发展。故而可以说,坚持社会主义核心价值观的积极引导,是推动社会认识生成发展、促进习近平新时代中国特色社会主义思想创新发展的内在保障和重要前提条件。

第三,坚持科学社会发展理念的有效引导。以承认和明确人与自然、人与社会、城乡、区域不平衡不协调发展为基础的"新时代我国社会主要矛盾是人民日益增长的美好生活需要和不平衡不充分的发展之间的矛盾"②的社会现实和坚持科学的社会发展理念的引导,是推动社会认识生成发展和习近平新时代中国特色社会主义思想理论体系创新发展的思想基础。对于此,党的十九大报告指出,"发展是解决我国一切问题的基础和关键,发展必须是科学发展,必须坚定不移贯彻创新、协调、绿色、开放、共享的新发展理念"③。坚持这些科学的社会发展理念的引导,有助于促使人们在

---

① 《〈党的十九大报告〉学习辅导百问》,学习出版社党建读物出版社2017年,第33页。
② 《〈党的十九大报告〉学习辅导百问》,学习出版社,党建读物出版社2017年版,第15页。
③ 《〈党的十九大报告〉学习辅导百问》,学习出版社,党建读物出版社2017年版,第17页。

实践过程中切实地突破传统发展观念片面地追求经济利益和物质财富的累积、忽视人的全面发展和社会全面进步的弊端,从经济、政治、文化、社会、生态以及城乡发展关系和区域发展关系等方面全面认识和把握我国社会主义现代化建设过程、本性和规律,并把这些认识成果落实于具体的实践活动中,推动经济、政治、文化、社会和生态的全面协调发展及城乡、区域均衡协调发展。不仅如此,科学的社会发展理念强调社会发展要坚持共享发展,这既肯定了人在社会发展中的主体地位和作用,而且把促进以增加人民福祉和人们公平享有发展成果为基础的人的自由全面发展作为社会发展的出发点和根本落脚点,为社会持续健康发展找到了动力源泉,也为人们在社会发展中积极探索和思考、落地落实人们对于社会生活的认知成果提供了强大动力。此外,它们强调经济社会创新发展和全面协调发展以及城乡、区域均衡协调发展,并与生态环境的保护相结合,这不仅有助于人们突破粗放型经济增长模式的束缚,积极探索结构优化、高效益、高质量的经济发展模式,从而深化人们关于社会内在发展的认知,推动经济又好又快地发展;而且有助于人们注重政治、文化、教育、科技等方面的相应发展和创新,不断挖掘和尝试适应社会发展需要的新内容新方式,从而丰富发展人们关于社会发展的认识,促进社会全面进步;还有助于人们注重人与自然的和谐发展以及城市与乡村、东部与西部等区域的协调充分发展,考虑社会发展与社会的承受能力的平衡性以及城乡和不同区域发展之间的协调性,推动经济社会绿色发展和协调发展,从而使人们对于社会主义现代化建设的认识也更加全面和完善。最后,它们强调国内与国外两个市场、两种资源联动的开放发展,奉行互利共赢的开放战略和推进更高层次的开放型经济的发展,这不仅有助于进一步推动我国"引进来"和"走出去"的对外开放战略的深入落实,为经济社会持续健康发展提供新的突破口和重要动力,从而展示我国和平崛起的决心和信心;而且有助于推动人们对于社会主义现代化建设认识的开放性和包容性,促使人们充分利用各种资源推动习近平新时代中国特色社会主义思想理论体系的创新和发展。故而,在这个意义上可以说,坚持科学的社会发展理念的引导是人们在社会主义现代化建设中推动社会认识生成发展和习近平新时代中国特色社会主义思想理论体系创新发展的思想基础和重要条件。

第四,建立科学合理的社会评价机制。科学合理的社会评价是贯穿人们有效从事社会实践活动顺利推动社会发展及人们在这一过程中本真地揭示和领悟社会生活世界始终的重要因素。从社会认知过程看,科学合理的社会评价通过对相关社会事实、社会信息及其附着的社会价值、对这些社会事实和社会信息所产生的影响进行准确判断和合理评估,进而制约和规范人们在社会实践活动中本真性揭示和领悟社会生活世界的目的、角度、内容、方向和结果。从社会认知结果看,它通过对人们的思想、言论、行为及其结果等方面的反思、批判、提升和规范,引导人们在他人、群体、社会对自身的看法、议论、评价中实现自我认识和自我评价,由此在实践活动中不断调整、变更、革新自己已有的关于社会生活世界的认知成果和落实这些认知成果的目的、方向、手段和方式,从而突破自身主观偏见的束缚和社会条件的自然直接性限制,借鉴和利用各种思想资源及社会有利条件,努力形成关于社会生活世界的正确合理性认知并将其落实于社会实践活动中,有效推动经济社会持续健康发展。尤其是科学合理的价值标准,它作为科学合理的社会评价的重要参照标准和衡量尺度,则是人们科学合理地认识和评价事物的最终的和决定性的标准,从根本上影响社会认识的生成发展。对于此,安启念教授就认为,"一旦价值尺度发生变化,人们对一切事物的认识和评价都必然改变"[1]。

改革开放四十年多来,社会评价从突破以"两个凡是"为代表的意识形态价值评价标准到经济领域确立生产力标准再到确立"三个有利于"标准,再到政治领域的党建方面提出"三个代表"重要思想,再到在国家整体发展层面提出"科学发展观",再到党的十八大以来,针对新时代我国社会主要矛盾"人民日益增长的美好生活需要和不平衡不充分的发展之间的矛盾"[2],坚持以人民为中心的立场,把增进民生福祉作为发展的根本目的,"保证全体人民在共建共享发展中有更多获得感,不断促进人的全面发展、全体人民共同富裕"[3],从而把不断实现人民对美好生活的向往作为奋斗目标和价值评价标准,人们对社会认识和社会实践的价值评价标准和衡量尺度在社会持续健康发展中不断丰富和完善。

与此相应,改革开放以来,人们对于我国社会主义现代化建设的认识和理解,也经历了以高度集中的计划经济体制为基础的"传统社会主义"到以确立和完善社会主义市场经济体制为基础的"中国特色社会主义",建构和丰富了中国特色社会主义理论体系;再到新时代中国特色社会主

---

[1] 安启念:《新编马克思主义哲学发展史》(第三版),中国人民大学出版社2015年版,第281页。
[2] 《〈党的十九大报告〉学习辅导百问》,学习出版社,党建读物出版社2017年版,第15页。
[3] 《〈党的十九大报告〉学习辅导百问》,学习出版社,党建读物出版社2017年版,第19页。

义,形成和建构了习近平新时代中国特色社会主义思想,进一步深化和发展了中国特色社会主义理论体系,人们对社会生活的认识和把握在改革开放的持续推进中也不断深化和发展。总而言之,由于科学合理的社会评价立足于社会生活本身,依据实际的社会生活辩证发展过程去客观地评价人们在社会实践活动中形成的社会认识,并且它既肯定、承认和尊重人们关于社会生活世界认知的个体性和相对性,又肯定和认同人们对于社会生活世界不同认知之间的可通约性和一致性,因此能够为人们自主探索和思考关于社会生活科学认知注入活力,进而促进社会认识的创新和发展。故而可以说,建立科学合理的社会评价机制,是人们推动社会认识生成发展和习近平新时代中国特色社会主义思想理论创新发展的重要条件。

参考文献

一、中文文献

(一)中文著作

[1]汪子嵩,范明生等.希腊哲学史(第一卷)[M].北京:人民出版社,2014年.

[2]马克思恩格斯文集(第一卷)[M].中央编译局编译.北京:人民出版社,2009.

[3]马克思恩格斯文集(第二卷)[M].中央编译局.北京:人民出版社2009.

[4]马克思恩格斯全集(第十九卷)[M].中央编译局.北京:人民出版社1963.

[5]马克思恩格斯文集(第十卷)[M].中央编译局.北京:人民出版社2009.

[6]马克思恩格斯全集(第三卷)[M].中央编译局编译.北京:人民出版社,2002.

[7]马克思恩格斯选集(第三卷)[M].中央编译局编译.北京:人民出版社,1995.

[8]马克思.1844年经济学哲学手稿[M].中央编译局编译.北京:人民出版社,2000.

[9][德]黑格尔.精神现象学(上)[M].贺麟,王玖兴译.北京:商务印书馆1997.

[10][德]黑格尔.精神现象学[M].先刚译.北京:人民出版社2013.

[11][德]黑格尔.历史哲学[M].王造时译.上海:上海世纪出版集团 2006.

[12]黑格尔通信百封[M].苗力田译编.北京:中国人民大学出版社 2015.

[13][美]刘易斯·科瑟.社会学思想名家[Z].石人译.北京:中国社会科学出版社 1990.

[14][德]格奥尔格·伽达默尔.真理与方法[M].洪汉鼎译.上海:上海译文出版社 1994.

[15]张庆熊.现代西方哲学(导论)[M].北京:商务印书馆,2017 年.

[16][古希腊]柏拉图.理想国[M].郭斌和,张竹明译.北京:商务印书馆,1986 年版.

[17][英]弗朗西斯·麦克唐纳·康福德.苏格拉底前后[M].孙艳萍,石冬梅译.上海:格致出版社·上海人民出版社 2009。

[18][英]安东尼·吉登斯.社会学方法的新规则——一种对解释社会学的建设性批判[M].田佑中,刘江涛译.北京:社会科学文献出版社 2003.

[19][德]哈贝马斯.交往行动理论[M].洪佩郁等译.重庆出版社 1994.

[20][英]安东尼·吉登斯.社会理论与现代社会学[M].文军,赵勇译.北京:社会科学文献出版社 2003.

[21][英]罗宾·科恩.全球社会学[M].文军等译.北京:社会科学文献出版社 2001.

[22][法]皮埃尔·布尔迪厄.实践与反思——反思社会学导引[M].李猛,李康译.邓正来校.北京:中央编译出版社 1998.

[23]中国现象学与哲学评论——现象学与纯粹哲学(第九辑)[M].上海:上海译文出版社 2007.

[24]梁启超.清代学术概论[M].上海:上海古籍出版社 2011.

[25]衣俊卿,陈树林.当代学者视野中的马克思主义哲学:东欧和苏联学者卷(下)(第二版)[M].北京:北京师范大学出版社 2012.

[26][德]弗里德里希·威廉·尼采.〈反基督〉尼采论宗教文选[M].陈君华译.石家庄:河北教育出版 2003.

[27]康德.历史理性批判文集[M].何兆武译.北京:商务印书馆 1990.

[28][法]埃米尔·迪尔凯姆.社会学方法的规则[M].胡伟译.北京:华夏出版社1999.

[29][英]戴维·麦克莱.马克思以后的马克思主义[M].郑一明等译.北京:中国人民大学出版社2004.

[30][德]卡尔·洛维特.世界历史与救赎历史——历史哲学的神学前提[M].李秋零,田薇译.上海:生活·读书·新知三联出版社2002.

[31][德]卡尔·洛维特.从黑格尔到尼采[M].李秋零译.上海:生活·读书·新知三联书店2014.

[32][德]亨利希·库诺.马克思的历史、社会和国家学说[M].袁志英译.上海:上海世纪集团2006.

[33][意]维柯:新科学[M].朱光潜译.北京:商务印书馆1989.

[34][美]理查德·罗蒂.偶然、反讽与团结[M].徐文瑞译.北京:商务印书馆2003.

[35][德]海德格尔.论真理的本质——柏拉图的洞喻和《泰阿泰德》讲疏[M].赵卫国译.北京:华夏出版社2008.

[36][德]海德格尔.路标.孙周兴译[M].北京:商务印书馆2000.

[37][德]海德格尔.存在与时间[M].陈嘉映等译.北京:生活读书新知三联书店2006.

[38][德]海德格尔.哲学论稿:从本有而来[M].孙周兴译.北京:商务印书馆2012.

[39]陈嘉映.海德格尔哲学概论[M].北京:商务印书馆2016年.

[40][德]威廉·狄尔泰.历史中的意义[M].艾彦,逸飞译.北京:中国城市出版社2002.

[41]狄尔泰.狄尔泰全集(第一卷)[M].转自李勇的《社会认识进化论》.武汉:武汉大学博士学位论文1998.

[42][法]亨利·列斐伏尔.马克思的社会学[M].谢永康,毛林林译.北京:北京师范大学出版社2018年.

[43][德]卡尔·雅斯贝尔斯.论历史的起源与目标[M].李雪涛译.上海:华东师范大学出版社2018.

[44][德]卡尔·雅斯贝尔斯.生存哲学[M].王玖兴译.上海:上海译文出版社2013.

[45]欧阳康.人文社会科学哲学[M].武汉:武汉大学出版社2001.

[46]欧阳康.哲学研究方法论[M].武汉:武汉大学出版社1998.

[47]欧阳康.社会认识论导论[M].北京:中国社会科学出版社1990.

[48]安启念.新编马克思主义哲学发展史(第三版)[M].北京:中国人民大学出版社2015.

[49]马天俊.真理的境遇[M].吉林:吉林人民出版社1999.

[50]景天魁.社会发展的时空结构[M].黑龙江人民出版社2002.

[51]全增嘏.西方哲学史(上)[M].上海:上海人民出版社1985.

[52]黄裕生.真理与自由——康德哲学的存在论诠释[M].江苏:江苏人民出版社2002.

[53]邓晓芒.思辨的张力——黑格尔辩证法新探[M].北京:商务印书馆2008.

[54]苏宝荣.〈说文解字〉今注[M].陕西:陕西人民出版社2000.

[55]方克立.中国哲学大辞典[M].北京:中国社会科学出版社1996.

[56]刘振铎.新编中国四大辞书·古代汉语辞海[M].黑龙江:黑龙江人民出版社2002.

[57]黄克剑,钟小霖.当代新儒学八大集〈唐君毅集〉[M].北京:群言出版社1993.

[58]吕思勉.中国通史[M].北京:民主与建设出版社2015.

[59]冯契.认识世界和认识自己:前附〈智慧说三篇〉导论〈冯契文集〉[M].上海:华东师范大学出版社1996.

[60][法]莱昂·罗斑.希腊思想和科学精神的起源[M].陈修斋译,段德智修订.桂林:广西师范大学出版社2003.

[61]姚介厚.西方哲学史〈古代希腊与罗马哲学〉(上)(学术版)[M].江苏:凤凰人民出版社,江苏人民出版社2005.

[62]柏拉图.柏拉图全集[M].王晓朝译.北京:人民出版社2002.

[63]亚里士多德.形而上学[M].苗力田译.中国人民大学出版社1993.

[64][德]海德格尔.林中路[M].孙周兴译.上海:上海世纪出版集团2008.

[65][德]海德格尔.现象学之基本问题[M].丁芸译.上海:上海译文出版社2008.

[66][德]君特·沃尔法特.尼采遗稿选[M].虞龙发译.上海:上海世纪出版集团2005.

[67][美]威廉詹姆士.实用主义[M].陈羽纶,孙瑞禾译.北京:商务

印书馆 1979.

[68] 劳思光. 新编中国哲学史(三卷上)[M]. 广西:广西师范大学出版社 2005.

[69] 冯契,徐孝通主编. 外国哲学大辞典[M]. 北京:商务印书馆 2000.

[70] 张岱年. 中国哲学大辞典[M]. 上海:上海辞书出版社 2010.

[71] 牟宗三著,罗义俊编. 中西哲学之会通十四讲[M]. 上海:上海古籍出版社 2007.

[72] 牟宗三. 寂寞中的独体[M]. 北京:新星出版社 2005.

[73] 李建华. 科学哲学[M]. 北京:中共中央党校出版社 2004.

[74] 梁启超. 中国近三百年学术史[M]. 北京:商务印书馆 2016.

[75] [美]希拉里·普特南. 理性、真理与历史[M]. 童世骏,李光程译. 上海:上海译文出版社 2005.

[76] 周丽昀. 科学实在论与社会建构论比较研究——兼议从表象科学观到实践科学观[M]. 上海:复旦大学博士论文 2004 年.

[77] 常春兰. 科学哲学中的相对主义及其超越[M]. 上海:复旦大学博士学位论文 2006.

[78] 全增嘏. 西方哲学史(下册)[M]. 上海:上海人民出版社 1985.

[79] 黑格尔. 小逻辑[M]. 贺麟译. 北京:商务印书馆 1980.

[80] 高家方. 从"理性的颠倒"到"实践的颠倒"[M]. 长春:吉林大学博士论文 2006.

[81] 江怡. 西方哲学史〈现代英美分析哲学〉(学术版)(第八卷)(上卷)[M]. 江苏:凤凰人民出版社,江苏人民出版社 2005.

[82] [法]迪昂. 物理学理论的目的和结构[M]. 李醒民译. 北京:华夏出版社 1999.

[83] [美]梯利. 西方哲学史[M]. 葛力译. 北京:商务印书馆 2005.

[84] D.J. 奥康诺. 批评的西方哲学史[M]. 洪汉鼎等译. 北京:东方出版社 2005.

[85] 艾耶尔. 语言、真理与逻辑[M]. 尹大贻译. 上海:上海译文出版社 1981.

[86] 艾耶尔. 二十世纪哲学[M]. 李步楼等译. 上海译文出版社 1987.

[87] [美]威廉·詹姆斯. 实用主义[M]. 北京:商务印书馆 1979.

[88] [美]杜威. 我们怎样思维[M]. 姜文闵译. 北京:人民教育出版

社 2005.

[89]谢地坤.西方哲学史〈现代欧洲大陆哲学〉(学术版)(第七卷)[M].江苏:凤凰人民出版社,江苏人民出版社 2005.

[90]马克思恩格斯全集(第一卷)[M].中央编译局编译.北京:人民出版社 1995.

[91]马克思恩格斯全集(第二卷)[M].中央编译局编译.北京:人民出版社 1957.

[92][德]路德维希·费尔巴哈.费尔巴哈著作选集(下卷)[M].荣震华,王太庆等译.北京:商务印书馆 1984.

[93]马克思恩格斯全集(第四十二卷)[M].中央编译局.北京:人民出版社 1979.

[94]吴宏政.历史生存论观念[M].吉林大学博士论文 2004.

[95]马克思恩格斯选集(第四卷)[M].中央编译局.北京:人民出版社 1995.

[96]欧阳康.对话与反思.当代英美哲学、文化及其他[M].北京:人民出版社 2005.

[97]郑文先.社会理解论[M].武汉:武汉大学出版社 1998.

[98][匈]G.卢卡奇.关于社会存在的本体论(下卷)[M].白锡堃译.重庆:重庆出版社 1993.

[99]马克思恩格斯全集(第十九卷)[M].中央编译局.北京:人民出版社 1963.

[100][德]马丁.马克思、韦伯、施米特论人与社会的关系[M].成官泯译.转自《施米特与政治法学》.上海:上海三联出版社 2002.

[101][美]帕森斯.论社会的各个分支及其相互关系[M].鲁品越译.转自《二十世纪西方社会理论文选〈社会理论的诸理论〉》.上海:上海三联书店 2005.

[102][英]安东尼·吉登斯.社会学(第四版)[M].赵旭东等译.北京:北京大学出版社 2003.

[103][英]马克·J.史密斯.文化——再造社科学[M].张美川译.吉林:吉林人民出版社 2005.

[104]亨利·列斐伏尔.马克思主义的当前问题[M].李元明译.北京:三联书店 1966.

[105][波兰]莱泽克·科拉科夫斯基.走向马克思主义的人道主

义——关于当代左派的文集[M].姜海波译.哈尔滨:黑龙江大学出版社 2013.

[106]马尔库塞.理性与革命:黑格尔与社会理论的兴起[M].程志民等译.重庆:重庆出版社 1993.

[107]马克思恩格斯选集(第二卷)[M].中央编译局.北京:人民出版社 1995.

[108]黑格尔.哲学史讲演录(第一卷)[M].贺麟译.北京:三联书店 1956.

[109]马克思恩格斯全集(第二十卷)[M].北京:人民出版社 1971.

[110]欧阳康主编.马克思主义哲学原理[M].武汉:武汉大学出版社 2003.

[111]柏拉图.申辩篇[M].载于《柏拉图对话全集,附信札》.王太庆译.北京:商务印书馆 2004.

[112]柏拉图.高尔吉亚篇[M].载于《柏拉图对话全集,附信札》.王太庆译.北京:商务印书馆 2004.

[113][英]弗朗西斯·麦克唐纳·康福德.苏格拉底前后[M].孙艳萍,石冬梅译.上海:格致出版社,上海人民出版社 2009.

[114]柏拉图.国家篇[M].王晓朝译.载于《柏拉图全集》(第二卷).北京:人民出版社 2003 年版.

[115]亚里士多德.尼各马可伦理学[M].廖申白译.北京:商务印书馆 2003 年版.

[116]西方哲学原著选读(上卷)[M].北京大学哲学系外国哲学史教研室编译.北京:商务印书馆 1981.

[117]笛卡尔.哲学原理[M].关文运译.北京:商务印书馆 1958.

[118]高清海文集(第四卷)[M].长春:吉林人民出版社 1997.

[119]周晓亮.西方哲学史〈近代:理性主义和经验主义,英国哲学〉(学术版)(第四卷)[M].江苏:凤凰人民出版社,江苏人民出版社 2005.

[120][美]M.怀特.分析的时代:二十世纪的哲学家[M].杜任之主译.北京:商务印书馆 1981.

[121]欧仕金.存在的真理[M].长春:吉林大学博士学位论文 2008.

[122]马克思恩格斯全集(第十三卷)[M].中央编译局编译.北京:人民出版社 1998.

[123]马克思恩格斯全集(第四卷)[M].中央编译局编译.北京:人民

出版社 1995.

[124][俄]普列汉诺夫. 论一元论历史观之发展[M]. 博古译. 北京: 三联书店 1961.

[125]普列汉诺夫哲学著作选集(第三卷)[M]. 曹葆华译. 北京: 三联书店 1984.

[126][匈]卢卡奇. 历史和阶级意识[M]. 张西平译. 重庆: 重庆出版社 1989.

[127][匈]卢卡奇. 历史和阶级意识[M]. 杜章智等译. 北京: 商务印书馆 1992.

[128]安启念. 新编马克思主义哲学发展史[M]. 北京: 中国人民大学出版社 2004.

[129]戴维·麦克莱伦. 马克思以后的马克思主义[M]. 林春等译. 东方出版社 1986.

[130][意]葛兰西. 实践哲学[M]. 徐崇温译. 重庆: 重庆出版社 1990.

[131]徐崇温. 西方马克思主义[M]. 天津: 天津人民出版社 1982.

[132]张一兵, 胡大平. 西方马克思主义哲学的历史逻辑[M]. 南京: 南京大学出版社 2003.

[133]欧阳康. 哲学研究方法论[M]. 武汉: 武汉大学出版社 1998.

[134][德]霍克海默. 批判理论[M]. 李小兵译. 重庆: 重庆出版社 1989.

[135][德]霍克海默, 阿多尔诺. 启蒙辩证法[M]. 洪佩郁译. 重庆: 重庆出版社 1990.

[136]法兰克福学派论著选辑(上卷)[M]. 北京: 商务印书馆 1998.

[137]马尔库塞. 单向度的人: 发达工业社会意识形态研究[M]. 张峰等译. 重庆: 重庆出版社 1988.

[138]哈贝马斯. 交往与社会进化[M]. 张博树译. 重庆: 重庆出版社 1989.

[139]俞吾金主编. 二十世纪哲学经典文本(西方马克思主义卷)[M]. 上海: 复旦大学出版社 1999.

[140]劳思光. 当代西方思想的困局[M]. 上海: 华东师范大学出版社 2016.

[141]中国现象学与哲学评论(第十二辑)[M]. 上海: 上海译文出版社 2012.

[142][南斯拉夫]马尔克维奇,彼得洛维奇.南斯拉夫"实践派"的历史和理论[M].重庆:重庆出版社 1994.

[143]艾彦.知识社会学问题〈以人为中心的现象学知识社会学〉[M].北京:华夏出版社 2000.

[144]埃德蒙德·胡塞尔.欧洲科学的危机与超越论现象学[M].王炳文译.北京:商务印书馆 2001.

[145]胡塞尔.欧洲科学的危机与先验现象学[M].张庆熊译.上海:上海译文出版社 1988.

[146][德]恩斯特·卡西尔.人论[M].甘阳译.上海:上海译文出版社 2013.

[147]列宁全集(第三十八卷)[M].中央编译局编译.北京:人民出版社 1986.

[148]康德.未来形而上学导论[M].李秋零译.北京:中国人民大学出版社 2013.

[149]吴晓明主编.当代学者视野中马克思主义哲学〈西方学者卷〉(上)(第二版)[M].北京:北京师范大学出版社 2012.

[150]李德顺.价值论(第 2 版)[M].北京:中国人民大学出版社 2007.

[151]王晓磊.社会空间论[M].武汉:华中科技大学博士论文 2010.

[152]周国平.尼采与形而上学[M].上海:生活·读书·新知 2017.

[153][德]君特·沃尔法特.尼采遗稿选[M].虞龙发译.上海:上海世纪出版集团 2005.

[154]中国现象学与哲学评论〈现象学与政治哲学〉(第十辑)[M].上海:上海译文出版社 2008.

[155]中国社会科学院哲学研究所西方哲学史研究室编.国外黑格尔哲学新论[M].北京:中国社会科学出版社 1982.

[156]费多益.论科学的合理性[M].北京:中国社会科学院研究生院博士论文 2001.

[157]法伊尔·阿本德.自由社会中的科学[M].兰征译.上海:上海译文出版社 1990.

[158][法]迪昂.物理学理论的目的和结构[M].李醒民译.北京:华夏出版社 1999.

[159][英]卡尔·波普尔.历史决定论的贫困[M].杜汝楫,邱仁宗

译.上海:上海人民出版社 2009.

[160]钱穆.中国思想史[M].北京:九州出版社 2012.

[161]费孝通.文化与文化自觉[M].北京:群言出版社 2016.

[162]张岱年.中国哲学大纲——中国哲学问题史[M].北京:商务印书馆 2015.

[163][波兰]莱泽克·科拉科夫斯基.走向马克思主义的人道主义——关于当代左派的文集[M].姜海波译.长春:黑龙江大学出版社 2013.

[164]刘放桐.马克思主义哲学与现代西方哲学研究[M].北京:北京师范大学出版社 2012.

[165]袁贵仁,杨耕.马克思主义哲学与现代西方哲学研究(总序)[M].北京:北京师范大学出版社 2012.

[166][德]卡尔·雅斯贝尔斯.时代的精神状况[M].王德峰译.上海:上海译文出版社 2013.

[167][德]卡尔·雅斯贝尔斯.论历史的起源与目标[M].李雪涛译.上海:华东师范大学出版社 2018.

[168]徐长福.理论思维与工程思维——两种思维方式的僭越与划界[M].重庆:重庆出版社 2013.

[169][苏]阿尔森·古留加.密涅瓦的猫头鹰——黑格尔[M].张荣,孙先武编译.中华工商联合出版社 2015.

[170]张一兵,胡大平.西方马克思主义哲学的历史逻辑[M].南京:南京大学出版社 2003.

[171][美]威廉·巴雷特.非理性的人.段德智译[M].上海:上海译文出版社 2012.

(二)中文期刊

[1]欧阳康.面向 21 世纪人类文明的社会认识论[J].北京大学学报(哲学社会科学版),2001 年第 4 期.

[2]欧阳康.新时代社会认识与国家治理现代化——马克思主义哲学的本真精神、演进逻辑及其当代价值[J].哲学研究.2018 年第 10 期.

[3]欧阳康.深入探析人类社会自我认识之谜——社会认识论研究的回顾、透视和展望[J].武汉大学学报(人文科学版).1993 年第 6 期.

[4]欧阳康.中国道路及其价值意蕴[J].马克思主义与现实.2011 年

第 3 期.

[5]孙利天.马克思主义哲学在改革实践中的创新性发展[J].中国社会科学.2018 年第 11 期.

[6]陈晏清.增强哲学研究的问题意识[J].人民日报.2015 年 12 月 1 日第 16 版.

[7]隽鸿飞.实践唯物主义的困境与出路[J].人文杂志.2015 年第 6 期.

[8]王炳权.深入理解社会思潮的基本内涵[J].高校理论战线.2010 年第 11 期.

[9]仰海峰.劳动成为商品意味着什么——关于〈资本论〉的经济学——哲学研究[J].中国高校社会科学.2015 年第 2 期.

[10]张曙光.价值研究的哲学奠基[J].社会科学战线.2013 年第 11 期.

[11]兰久富.倡导社会主义核心价值观的理论前提[J].哲学研究.2014 年第 8 期.

[12]孙周兴.人文科学如何面对人工智能时代[J].哲学分析.2018 年 4 月第 9 卷第 2 期.

[13]孙周兴.哲学的批判与创新思维——以德国哲学为主要考察背景[J].中国社会科学报.2015 年 8 月 17 日.

[14]许斗斗.真理必须走向现实——马克思对黑格尔真理观的批判与超越[J].哲学动态.2019 年第 3 期.

[15]愚樵.论社会领域真理的客观性[J].齐鲁学刊.1979 年第 2 期.

[16]田心铭.恩格斯捍卫和发展历史唯物主义的重要贡献[J].思想理论教育导刊.2012 年第 1 期.

[17]刘同舫.在应对当代各种思潮的挑战中发挥马克思主义的威力[J].马克思主义研究.2010 年第 3 期.

[18]金民卿.大力加强网络文化的价值观引导[J].光明日报.2014 年 4 月 21 日第 11 版.

[19]顾肃.当代社会思潮中的激进与保守、左与右之争[J].浙江学刊.2013 年第 1 期.

[20]乔瑞.当代中国社会思潮研究的前提性批判[J].思想理论教育导刊.2018 年第 3 期.

[21][英]麦克莱伦,林进平.马克思意识形态理论的九大问题[J].马

克思主义与现实. 2011 年第 6 期.

[22] 顾肃. 当代社会思潮中的激进与保守、左与右之争[J]. 浙江学刊. 2013 年第 1 期.

[23] 关凯. 民族问题:必须澄清的几个认识[J]. 读书. 2016 年第 2 期.

[24] 郝立忠. 运用唯物主义辩证法应对全盘西化和文化复古两大思潮的挑战[J]. 山东社会科学. 2015 年第 1 期.

[25] 苏珍. 要有文化自信亦要警惕复古主义思潮[J]. 人民论坛. 2015 年第 11 期(中).

[26] 张曙光. 价值是作为问题存在的[J]. 中国社会科学报. 2012 日 6 月 4 日 B01 期.

[27] 韩庆祥. 积极掌握意识形态的话语权[J]. 人民论坛. 2015 年第 1 期(上).

[28] 卞绍斌. 马克思与正义:从罗尔斯的观点看[J]. 哲学研究. 2014 年第 8 期.

[29] 韩震. 社会主义核心价值观引领人类社会前行. 中国教育报, 2014-4-7(1).

[30] 吴晓明. 当代思潮与中国经验[J]. 中国社会科学报. 2010 年第 6 期.

[31] 吴晓明. 辩证法的本体论基础:黑格尔与马克思[J]. 哲学研究. 2018 年第 10 期.

[32] 林泰, 蒋耘中. 社会思潮概念辨析[J]. 思想教育研究. 2016 年 5 月第 5 期.

[33] 邢贲思, 江涛. 当代西方思潮评析[J]. 中国社会科学. 2000 年第 1 期.

[34] 姜朝晖. 论马克思主义对当代中国社会思潮的引领[J]. 社会学辑刊. 2010 年第 5 期.

[35] 刘书林. 引领社会思潮是维护社会安定局面的重要战线[J]. 青海社会科学. 2011 年第 5 期.

[36] 陈红, 张福红. 西方社会思潮与大学生社会主义核心价值观教育[J]. 思想政治教育研究. 2014 年 2 月第 30 卷第 1 期.

[37] 贺来. 论真理的社会生活本性[J]. 江海学刊. 2006 年第 3 期.

[38] 贺来. "思维"与"存在"的异质性与辩证法的批判本质[J]. 天津社会科学. 2015 年第 3 期.

[39]贺来.哲学以何种方式改变世界——纪念"实践是检验真理的唯一标准"发表40周年[J].江海学刊.2018年第4期.

[40]杨耕.关于马克思价值论的再思考[J].江汉论坛.2018年第11期.

[41]龚群.哈贝马斯的社会真理观[J].哲学研究.1998年第12期.

[42]陈志尚.论社会真理的阶级性[J].哲学动态.1979年第6期.

[43]高清海.突破真理论的传统狭隘视界[J].哲学研究.1995年第8期.

[44]张明仓.社会真理:深化真理论研究的一个重要领域[J].社会科学辑刊.1997年第3期.

[45]龚颖."哲学""真理""权利"在日本的定译及其他[J].哲学译丛.2001年第3期.

[46][苏]T·A·库尔萨诺夫.真理的定义和结构的辩证法[J].张曙光译,吴铮校.哲学译丛.1982年第1期.

[47][意]托马斯·阿奎那.真理论[J].傅安乐译.哲学译丛.1978年第5期.

[48]钱宁.超越知识论的真理观[J].云南大学学报(社会科学版).2003年第2卷第2期.

[49]王路.论"真"与"真理"[J].中国社会科学.1996年第6期.

[50]孙正聿.真理观的哲学视野[J].天津社会科学.1998年第4期.

[51]陈亚军.超越绝对主义和相对主义——普特南哲学的终极意义[J].厦门大学学报(哲学社会科学版).2002年第1期.

[52]郭贵春,成素梅.当代科学实在论的困境与出路[J].中国社会科学.2002年第2期.

[53]郭贵春.当代科学实在论的走向[J].哲学研究.2003年第6期.

[54][美]R·T·列赫.论连贯性是真理的标准和本性[J].文志玲摘译,伊丛校.哲学译丛.1984年第4期.

[55][德]雅思贝尔斯.论真理[J].袁义江,刘向东译,孟庆时校.哲学译丛.1984年第4期.

[56]钟晨发.马克思真理观的形成极其伟大的生命力[J].华中师范大学学报(人文社会科学版).1983年第2期.

[57]高清海.马克思对"本体思维方式"的历史性变革[J].现代哲学.2002年第2期.

[58]崔秋锁.主体实践的合理社会价值观念——社会历史真理观探析[J].长白山学刊.1996年第4期.

[59]夏甄陶,欧阳康.论人类掌握世界的方式(上)[J].人文杂志.1987年第6期.

[60][苏]科尔舒诺夫,曼塔托夫.真理和理性[J].方影译,李翔宇校.现代外国哲学社会科学文摘.1991年第4期.

[61]欧阳康.论人文社会科学的客观性、真理性、合理性[J].华中师范大学学报(哲学社会科学版).1997年第7期,第36卷第4期.

[62]张曙光.对社会规律与人类活动的关系的再思考[J].哲学研究.1988年第6期.

[63]袁祖社."社会价值"的合理内蕴[J].教学与研究.2005年第5期.

[64]庞卓恒.时代精神与历史真理[J].史学理论研究.2006年第4期.

[65]高家方.马克思对黑格尔理性真理观的实践颠倒[J].江汉论坛.2008年第12期.

[66]吴宁.在虚拟生存与现实生存之间[J].天津社会科学.2001年第4期.

[67]蔡东伟.试论社会信息中阈的社会真理[J].理论与现代化.2009年第1期.

[68]夏甄陶.关于认识的语言符号中介[J].哲学研究.1994年第6期.

[69]章国锋.话语—权力—真理—社会正义与话语的伦理[J].社会科学.2006年第2期.

[70]仰海峰.劳动成为商品意味着什么——关于〈资本论〉的经济学——哲学研究[J].中国高校社会科学.2015年第2期.

[71]贺来.辩证法的生存论基础——马克思辩证法的当代阐释[J].中国人民大学出版社2004.

[72][英]丹西.当代认识论中真理的连贯论[J].段丽萍译,李国海校.国外社会科学文摘.1990年第1期.

[73]项松林.马克思的社会交往理论与现时代[J].重庆师范大学学报(哲学社会科学版).2003年第4期.

[74]欧阳康.中国高等教育30年的观念创新和实践变革[J].中国高

等教育.2008年第17期.

[75]欧阳康.中国道路及其价值意蕴[J].马克思主义与现实.2011年第3期.

[76]陈凤敏.社会交往的特征及其精神生产力功能[J].河南师范大学学报(哲学社会科学版).2004年第31卷第4期.

[77]仰海峰.现代性的架构:世界性与民族性的双重审视[J].哲学动态.2014年第4期.

[78]刘同舫.在应对当代各种思潮的挑战中发挥马克思主义的威力[J].马克思主义研究.2010年第3期.

[79]林泰,蒋耘中.社会思潮概念辨析[J].思想教育研究.2016年5月第5期.

[80]龚书铎.历史虚无主义二题[J].高校理论战线.2005年第5期.

[81]贾立政.2014年中外十大思潮(上)[J].人民论坛.2015年第1期(上).

[82]俞吾金.价值四论[J].哲学分析.2010年8月第1卷第2期.

[83]俞吾金.马克思使用过中性意义上的Ideology概念吗?[J].当代国外马克思主义评论.2010年12月31日.

(三)其他作品

[1]〈党的十九大报告〉学习辅导百问[M].学习出版社·党建读物出版社2017.

[2]习近平在庆祝改革开放四十周年大会上的讲话[N].新华网,2018年12月18日.

[3]习近平在庆祝改革开放四十周年大会上的讲话[N].新华网.2018年12月18日.

[4]习近平新时代中国特色社会主义思想学习纲要[M].学习出版社·人民出版社2019年版.

[5]谢伏瞻.加快构建中国特色哲学社会科学学科体系、学术体系、话语体系[N].中国社会科学报.2019年5月6第2期.

[6]胡锦涛.高举中国特色社会主义伟大旗帜,为夺取全面建设小康社会新胜利而奋斗——在中国共产党第十七次全国代表大会上的报告[N].人民日报.2007年10月25日.

[7]胡锦涛.胡锦涛在庆祝中国共产党成立90周年大会上的讲话

[N].人民日报.2011年7月1日.

[8]陈继勇,张艳国.不断深化对社会主义建设规律的认识[N].湖北日报.2003年12月第1期.

[9]韩庆祥.公平正义改革理论:新一届中央领导集体理论创新的增长点[N].光明网-理论频道.2013年12月22日.

[10]陈曙光.历史和人民选择了马克思主义[N].人民日报(理论版).2019年6月第13期.

[11]王芳.提高反对历史虚无主义的能力水平[N].贵州日报.2018年1月23日.